国家社会科学基金资助项目"武夷山片区城乡居民基本养老保险筹资机制研究"（14BJY203）最终成果
湖南省科技计划项目（2016RS2021）成果
吉首大学武陵山片区可持续发展研究中心成果

# 贫困地区城乡居民基本养老保险筹资机制研究
## ——以武陵山片区为例

李琼 朱鹏 ◎ 著

中国社会科学出版社

## 图书在版编目(CIP)数据

贫困地区城乡居民基本养老保险筹资机制研究：以武陵山片区为例 / 李琼，朱鹏著. —北京：中国社会科学出版社，2018.12（2019.7 重印）

ISBN 978-7-5203-3895-0

Ⅰ.①贫… Ⅱ.①李…②朱… Ⅲ.①贫困区-山区-居民-基本养老保险基金-融资机制-研究-湖南 Ⅳ.①F812.44

中国版本图书馆 CIP 数据核字(2018)第 296169 号

| 出版人 | 赵剑英 |
|---|---|
| 责任编辑 | 任　明 |
| 责任校对 | 王　龙 |
| 责任印制 | 郝美娜 |

| 出　　版 | 中国社会科学出版社 |
|---|---|
| 社　　址 | 北京鼓楼西大街甲 158 号 |
| 邮　　编 | 100720 |
| 网　　址 | http://www.csspw.cn |
| 发 行 部 | 010-84083685 |
| 门 市 部 | 010-84029450 |
| 经　　销 | 新华书店及其他书店 |
| 印刷装订 | 北京君升印刷有限公司 |
| 版　　次 | 2018 年 12 月第 1 版 |
| 印　　次 | 2019 年 7 月第 2 次印刷 |
| 开　　本 | 710×1000　1/16 |
| 印　　张 | 22 |
| 插　　页 | 2 |
| 字　　数 | 360 千字 |
| 定　　价 | 120.00 元 |

凡购买中国社会科学出版社图书，如有质量问题请与本社营销中心联系调换
电话：010-84083683
版权所有　侵权必究

# 摘　　要

《贫困地区城乡居民基本养老保险筹资机制研究——以武陵山片区为例》立足我国政府重视民生、统筹城乡发展的时代背景，聚焦武陵山片区农民和城镇无职业、无收入城镇居民的社会化养老问题。2014年2月7日，国务院决定合并新农保和城镇居保，建立全国统一的城乡居民基本养老保险制度（简称城乡居保制度）。城乡居保制度可视作中国式的退休金制度，是由政府建立统一的最低标准的国民基础养老保险制度，初步实现了人人"老有所养"的千年夙愿。

武陵山片区包括湘鄂渝黔四省（市）交界地区的71个县（市、区），是全国14个集中连片特困地区之一。片区经济发展水平落后于全国大多数地区，农村人口数量占总人口比例偏大，农民人均纯收入低，财政收支矛盾突出，土地和家庭养老长期处于主导地位。在这样的背景下，测算农民、财政合理的筹资标准及能力，寻求高效灵活的筹资方式，建构和完善科学的筹资机制，不仅有利于城乡居保制度的健康可持续性运行，而且对制定城乡居民基本养老保险政策特别是武陵山片区城乡居保政策具有十分重要的理论指导意义。

《贫困地区城乡居民基本养老保险筹资机制研究——以武陵山片区为例》由14章内容及附录组成。第一章至第二章运用文献研究法对研究的背景、文献、研究方法与创新、理论基础以及国外养老保险筹资实践等进行了系统梳理和总结，目的是通过有理有据、深入浅出的描述与分析，从国内和国外两个维度呈我国城乡居保制度所处的历史地位和理论界研究的特点及不足，以获得武陵山片区城乡居保筹资机制研究的新思路。第三章至第六章分别对2003—2015年湖南、重庆、湖北、贵州武陵山片区71县（市区）的GDP、人均GDP、财政收支、城乡居民人均纯收入以及城镇化率等经济指标变化情况进行了较全面、系统的梳理和分析，目的是为建立和完善片区城乡居保筹资机制提供现实的经济基础和第一手材料。第七章至第十一章采用定性与定量、规范与实证相结合的方法，运用计量经济中的博弈模型、一般均衡模型、协方差分析模型、多元回归模型等分析研究武陵山片区城乡居民基本养老保险筹资模式、财政及个人筹资标准及能力、筹资方式、筹资原则等，提出武陵山片区城乡居保制度科学的筹资机制，包括：部分积累制的筹资模式，财政与个人为主体、其他主体共同参与的筹资主体渠道，强制性的筹资原则，银行代扣、持卡缴费、微信支付等灵活的筹资方式。第十二章至第十三章运用调查法、多重回归法、有序 Probit 回归法、二元回归法等分析研究武陵山片区城乡居保筹资水平、居民参保意愿的影响因素。目的在于使问题的解决具有针对性，聚焦主要矛盾，解决主要问题。实证分析结果表明，影响城乡居保筹资水平的主要因素有：人均 GDP、财政收入、农村居民人均纯收入、农村人口数、城镇居民人均可支配收入、财政支出、城镇居民人均消费支出、农民人均消费支出、社会保障和就业支出、税收收入、参保人数等。影响居民参保意愿的因素包括文化程度、年龄、"养儿防老"观念、家庭子女数、家庭人均耕地、财政补贴满意度、财政补贴对参保选择的重要性及对基础养老金的态度等。第十四章运用定性法、规范法等方法从总体思路和具体对策两个方面提出完善武陵山片区城乡居民保险筹资机制的建议。总体思路包括处理好四对关系，一是处理好强制性与自愿性之间的关系，二是处理好公平与效率的关系，三是处理好各级财政责任大小的关系，四是处理好城乡居保基金安全与增值之间的关系。具体对策包括：高效优质地发展经济；壮大农村集体经济实力，增加集体补助能力；选择部分积累制筹资模式；探索灵活多样的筹资方式；设计合理的个人筹资激励机；建立基础养老金正常调整机制；拓宽筹资渠道，增强资金的供给能力；合理划分各级财政的筹资责任；优化财政支出结构，保证包括养老在内的民生项目支出；探索基金保值增值的途径；建立风险准备金制度，保障财政筹资主体的筹资能力；重视教育，增加居民的社会化养老意识；多渠道多方式地加强政策宣传，提高参保率。

# 序

2014年2月7日，国务院决定合并新型农村养老保险制度和城镇居民养老保险制度，建立全国统一的城乡居民基本养老保险制度（简称城乡居保制度）。城乡居保制度可视作中国式的退休金制度，是由政府建立统一的最低标准的国民基础养老保险制度，初步实现了人人"老有所养"的千年夙愿。就城乡居民基本养老保险筹资机制而言，目前的研究大致有两种思路，其一，借鉴城镇职工基本养老保险制度的经验，采用部分积累制的筹资模式。其二，在和城镇职工基本养老保险制度比较研究的基础上，提出实现以政府为主导的筹资主体。应该说，现有探索各有其存在之理。然而，武陵山片区经济社会发展水平落后，农民人均纯收入低，财政收支矛盾突出，因而全国行之有效的方法不可能完全适合武陵山片区。那么，在农民收入偏低的情况下，如何获得持续足额的资金支持，保证武陵山片区城乡居保制度健康可持续运行，则需要立足片区实际进行系统深入的探索。

李琼和朱鹏同志的新著《贫困地区城乡居民基本养老保险筹资机制研究——以武陵山片区为例》立足我国政府重视民生、统筹城乡发展的时代背景，聚焦武陵山片区农民和无职业、无收入城镇居民的社会化养老问题，较为全面和系统地探讨了武陵山片区城乡居保制度的筹资问题。我认为本书在研究思路、研究方法和研究结论方面具有以下几个特点：

其一，遵循一般到特殊再到一般的研究思路。从现代社会养老保险的理论角度梳理城乡居民基本养老保险筹资机制产生的理论根源，结合武陵山片区经济发展现状，探索社会养老保险筹资机制历史演化规律，对各种影响因素进行相关性分析，以此提出科学、合理的筹资机制对策建议。这一思路既体现了对前人学术成果的传承和尊重，又体现了作者在该学术领域内容的创新。

其二，研究方法上，本书以经济学、人口学、福利经济学、社会保障理论和公共政策理论为理论基础，综合运用了定性分析法、定量分析法、历史文献法以及问卷调查法等方法。尤其值得提倡的是，课题组成员利用寒暑假多次深入实际进行野外调查，围绕武陵山片区农民的参保意愿、缴费方式、筹资原则、缴费标准等进行一对一访谈，了解影响农民参加城乡居民基本养老保险制度的经济、社会、文化因素，并以此为依据进行归纳性分析，提出了具有较强现实针对性的理论思考及政策建议。这是难能可贵的治学精神。

其三，在理论分析、现实比较、现实调查的基础上，作者提出了一些富有新意的观点。如总体思路方面提出"坚持社会保险的强制性和社会化原则，公平与效率并重；安全性为前提突出收益性；合理划分各级财政责任"等。具体对策方面提出"探索灵活多样的筹资方式；设计个人筹资激励机制；建立基础养老金正常调整机制；重视教育、增加居民的社会化养老意识"等。

可以说，本书顺应了时代和实践的要求，把握了贫困地区城乡居保制度的关键问题。在以人为本、全面建成小康社会的时代背景下，关注武陵山片区等贫困地区农民的生存权和养老权，并坚持理论和实践相结合的研究方法，基于文献和数据进行细致、扎实的研究，很好地反映出作者科研视角的敏锐性和学术作风的严谨性。

李琼同志长期从事社会保障的理论和实践研究，形成了较为系统的研究成果。多年在地处武陵山片区的湘西自治州从事教学科研工作，对武陵山片区农村养老保险制度有独到的看法。作者治学严谨，注重理论和实践相结合。花费近 3 年时间完成了本书的写作，实属难能可贵。

包括城乡居保制度在内的社会保障制度改革与探索需要长期的努力。社会和谐、公平正义需要发挥养老保险制度的稳定器、调节器的功能，时代发展呼唤更多的立足社会经济文化现实的理论成果，以有效应对我国老龄化、城镇化、工业化对传统养老带来的冲击。愿本书的出版进一步推进武陵山片区农村养老问题的理论研究和实践工作，希望作者在今后的工作中取得更加丰硕的成果。

中国科学院　陆大道[①]

2018 年 5 月 15 日

---

① 陆大道系中国科学院院士。

# 目　录

第一章　导论 …………………………………………………………（1）
　第一节　研究背景 ……………………………………………………（1）
　　一　我国人口老龄化程度加剧 ……………………………………（1）
　　二　农村传统养老模式弱化 ………………………………………（4）
　　三　我国城乡收入差距大 …………………………………………（8）
　第二节　研究文献回顾 ………………………………………………（9）
　　一　社会养老保险筹资模式 ………………………………………（9）
　　二　社会养老保险筹资主体 ………………………………………（12）
　　三　城乡居民基本养老保险筹资机制 ……………………………（14）
　第三节　研究思路、方法与创新 ……………………………………（16）
　　一　研究思路 ………………………………………………………（16）
　　二　研究方法与创新 ………………………………………………（21）
　第四节　基本概念 ……………………………………………………（23）
　　一　社会养老保险制度 ……………………………………………（23）
　　二　城乡居民基本养老保险筹资机制 ……………………………（26）
　　三　武陵山片区 ……………………………………………………（27）
第二章　社会养老保险筹资机制的理论基础 …………………………（28）
　第一节　理论基础 ……………………………………………………（28）
　　一　福利经济学 ……………………………………………………（28）
　　二　消费理论 ………………………………………………………（30）
　　三　凯恩斯的政府干预理论 ………………………………………（30）
　　四　贝弗里奇计划 …………………………………………………（32）
　第二节　国外实践及经验借鉴 ………………………………………（32）

一　瑞典养老保险筹资机制实践及借鉴 ……………………(33)
　　二　新加坡养老保险筹资机制实践及借鉴 …………………(39)
　　三　智利养老保险筹资机制实践及借鉴 ……………………(42)
　　四　美国社会养老保险筹资机制实践及借鉴 ………………(49)

第三章　湖南武陵山片区社会经济条件分析 …………………(52)
　第一节　湖南社会经济发展情况 ………………………………(52)
　　一　经济发展总量及人均 GDP ………………………………(52)
　　二　财政收支 …………………………………………………(55)
　　三　城乡居民人均纯收入 ……………………………………(57)
　　四　城镇化率 …………………………………………………(58)
　　五　社会养老保险参保人数 …………………………………(58)
　第二节　湖南片区社会经济条件分析 …………………………(60)
　　一　GDP 总量及人均 GDP …………………………………(60)
　　二　财政收入 …………………………………………………(66)
　　三　农村居民人均纯收入 ……………………………………(68)
　　四　城镇化率 …………………………………………………(70)
　第三节　湖南片区与湖南省主要经济指标比较 ………………(72)
　　一　GDP 总量及人均 GDP …………………………………(72)
　　二　财政收支 …………………………………………………(74)
　　三　城乡居民人均纯收入 ……………………………………(75)
　　四　城镇化率 …………………………………………………(77)

第四章　重庆武陵山片区社会经济条件分析 …………………(78)
　第一节　重庆市社会经济发展情况 ……………………………(78)
　　一　GDP 总量及人均 GDP …………………………………(78)
　　二　财政收入 …………………………………………………(79)
　　三　城乡居民人均纯收入 ……………………………………(80)
　　四　城镇化率 …………………………………………………(81)
　　五　社会养老保险参保人数 …………………………………(82)
　第二节　重庆片区社会经济条件分析 …………………………(83)
　　一　GDP 总量及人均 GDP …………………………………(84)
　　二　财政收入 …………………………………………………(88)
　　三　农村人均纯收入 …………………………………………(89)

四　城镇化率 …………………………………………………… (91)
　第三节　重庆片区与重庆市主要经济指标比较 ………………… (93)
　　一　GDP 总量及人均 GDP ……………………………………… (93)
　　二　财政收支 …………………………………………………… (94)
　　三　城乡居民人均可支配收入 ………………………………… (96)
　　四　城镇化率 …………………………………………………… (98)

第五章　湖北武陵山片区社会经济条件分析 ……………………… (100)
　第一节　湖北省社会经济发展情况 ……………………………… (100)
　　一　GDP 总量及人均 GDP …………………………………… (100)
　　二　财政收支 …………………………………………………… (101)
　　三　城乡居民人均纯收入 ……………………………………… (102)
　　四　城镇化率 …………………………………………………… (105)
　　五　社会养老保险参保人数 …………………………………… (106)
　第二节　湖北片区社会经济条件分析 …………………………… (107)
　　一　GDP 总量及人均 GDP …………………………………… (107)
　　二　财政收支 …………………………………………………… (110)
　　三　城乡居民人均纯收入 ……………………………………… (111)
　　四　城镇化率 …………………………………………………… (113)
　第三节　湖北片区与湖北省主要经济指标比较 ………………… (114)
　　一　GDP 总量及人均 GDP …………………………………… (114)
　　二　财政收支 …………………………………………………… (115)
　　三　城乡居民人均纯收入 ……………………………………… (118)
　　四　城镇化率 …………………………………………………… (119)

第六章　贵州武陵山片区社会经济条件分析 ……………………… (121)
　第一节　贵州省经济社会发展情况 ……………………………… (121)
　　一　GDP 总量及人均 GDP …………………………………… (121)
　　二　财政收支 …………………………………………………… (122)
　　三　城乡居民人均纯收入 ……………………………………… (124)
　　四　城镇化率变化 ……………………………………………… (127)
　　五　养老保险参保人数 ………………………………………… (128)
　第二节　贵州片区社会经济条件分析 …………………………… (129)
　　一　GDP 总量及人均 GDP …………………………………… (130)

二　财政收支 …………………………………………………（134）
　　三　农村人均纯收入 ……………………………………………（143）
　　四　城镇化率 ………………………………………………………（146）
　第三节　贵州片区与贵州省主要经济指标比较 …………………（146）
　　一　GDP 总量及人均 GDP ………………………………………（146）
　　二　财政收支 ………………………………………………………（148）
　　三　农村人均纯收入 ………………………………………………（150）
　　四　城镇化率 ………………………………………………………（152）

第七章　武陵山片区城乡居民基本养老保险筹资模式分析 ………（153）
　第一节　社会养老保险筹资模式的类型 …………………………（153）
　　一　现收现付制 ……………………………………………………（153）
　　二　完全积累制 ……………………………………………………（154）
　　三　部分积累制 ……………………………………………………（155）
　第二节　社会养老保险筹资模式的经济影响分析 ………………（156）
　　一　筹资模式与帕累托效率 ………………………………………（156）
　　二　筹资模式与储蓄效应 …………………………………………（158）
　　三　筹资模式与经济增长 …………………………………………（161）
　第三节　武陵山片区城乡居民基本养老保险筹资模式选择 ……（163）
　　一　现付现收制不适应未来人口结构变化 ………………………（163）
　　二　完全积累制不利于公平目标的实现 …………………………（168）
　　三　完全积累制下基金保值增值困难 ……………………………（169）
　　四　现收现付和部分积累筹资模式的实证分析 …………………（171）

第八章　武陵山片区城乡居民基本养老保险个人筹资标准及
　　　　能力分析 ……………………………………………………（174）
　第一节　城乡居民基本养老保险个人筹资标准及能力分析 ……（174）
　　一　个人筹资主体及筹资能力衡量指标 …………………………（174）
　　二　全国居民筹资标准测算 ………………………………………（175）
　　三　个人最大缴费率、最小缴费率及最大缴费能力 ……………（178）
　第二节　武陵山片区城乡居民基本养老保险个人筹资标准及
　　　　　能力测算 …………………………………………………（179）
　　一　湖南片区个人筹资能力及档次测算 …………………………（179）
　　二　湖北片区个人筹资能力及标准测算 …………………………（184）

三　重庆片区个人筹资能力及标准测算 …………………… (186)
　　四　贵州片区个人筹资能力及标准测算 …………………… (190)
　　五　结论 ………………………………………………………… (193)
**第九章　武陵山片区城乡居民基本养老保险财政筹资分析** ……… (194)
　第一节　城乡居民基本养老保险财政筹资的必要性 ……………… (194)
　　一　个人养老问题的短视行为 …………………………………… (194)
　　二　城乡居民基本养老保险制度的外部性 …………………… (195)
　　三　城乡居民基本养老保险制度的准公共品属性 …………… (199)
　第二节　武陵山片区城乡居民基本养老保险财政筹资的
　　　　　博弈分析 …………………………………………………… (200)
　　一　城乡居民基本养老保险财政筹资的博弈分析框架 ……… (200)
　　二　财政筹资的最优策略 ………………………………………… (204)
　　三　结论 ………………………………………………………… (206)
　第三节　武陵山片区城乡居民基本养老保险财政筹资能力
　　　　　测算 ………………………………………………………… (207)
　　一　财政收入与GDP相关性分析 ……………………………… (207)
　　二　全国财政筹资能力测算 …………………………………… (208)
　　三　静态测算武陵山片区财政筹资能力 ……………………… (211)
　　四　动态测算武陵山片区财政筹资能力 ……………………… (216)
**第十章　武陵山片区城乡居民基本养老保险筹资原则分析** ……… (223)
　第一节　城乡居民基本养老保险筹资原则的演变 ……………… (223)
　　一　探索阶段的强制原则 ………………………………………… (223)
　　二　完善推广阶段的自愿原则 …………………………………… (224)
　　三　停滞与整顿阶段的自愿原则 ………………………………… (224)
　　四　新型农村养老保险制度阶段的半强制原则 ……………… (225)
　　五　城镇居民养老保险制度试点的自愿原则 ………………… (226)
　　六　城镇居民基本养老保险制度的自愿原则 ………………… (226)
　第二节　武陵山片区城乡居民基本养老保险筹资原则
　　　　　实证分析 …………………………………………………… (227)
　　一　制度运行及问卷调查分析 …………………………………… (228)
　　二　多元回归分析 ………………………………………………… (238)
　　三　筹资原则座谈摘要 …………………………………………… (240)

  四 结论 ………………………………………………… (242)

## 第十一章 武陵山片区城乡居民基本养老保险筹资方式分析 …… (244)
 第一节 社会养老保险筹资方式概述 ………………………… (244)
  一 社会养老保险筹资方式类型 ……………………………… (244)
  二 不同类型社会养老筹资方式比较 ………………………… (248)
 第二节 我国社会养老保险税费之争 ……………………………… (250)
  一 税费之争的背景 …………………………………………… (250)
  二 税费之争的代表性观点 …………………………………… (254)
  三 税费之争的实质及比较 …………………………………… (258)
 第三节 武陵山片区城乡居民基本养老保险筹资方式选择 …… (260)
  一 社会养老保险筹资方式的演变 …………………………… (260)
  二 武陵山片区城乡居民基本养老保险筹资方式变迁 ……… (263)
  三 筹资方式的实证分析 ……………………………………… (267)
  四 结论 ………………………………………………………… (275)

## 第十二章 武陵山片区城乡居民基本养老保险筹资水平的
     影响因素分析 …………………………………………… (276)
 第一节 城乡居民基本养老保险筹资水平分析 ………………… (276)
  一 全国筹资水平分析 ………………………………………… (276)
  二 各地区筹资水平分析 ……………………………………… (277)
  三 武陵山片区城乡居保筹资水平分析 ……………………… (281)
 第二节 武陵山片区城乡居保筹资水平影响因素的
     实证分析 ………………………………………………… (282)
  一 研究方法的选取及数据来源 ……………………………… (282)
  二 实证分析过程 ……………………………………………… (283)
  三 深度分析及结论 …………………………………………… (290)

## 第十三章 武陵山片区城乡居民基本养老保险参保意愿的
     实证研究 ………………………………………………… (292)
 第一节 农民参加城乡居民基本养老保险意愿影响的实证 …… (292)
  一 研究设计 …………………………………………………… (292)
  二 计量模型及变量的确定 …………………………………… (293)
  三 计量模型的估计结果与解释 ……………………………… (294)
  四 结论与建议 ………………………………………………… (300)

第二节　城镇居民参加城乡居民基本养老保险意愿的实证 …… (301)
　　一　问卷设计与数据来源 ……………………………… (301)
　　二　调查对象的说明 …………………………………… (301)
　　三　模型构建、变量赋值 ……………………………… (301)
　　四　数据分析结果及讨论 ……………………………… (303)
　　五　结论及对策 ………………………………………… (308)
**第十四章　武陵山片区城乡居民基本养老保险筹资机制完善的对策建议** …………………………………………………… (309)
第一节　总体思路 …………………………………………… (309)
　　一　自愿和强制之间的关系 …………………………… (309)
　　二　公平与效率之间的关系 …………………………… (310)
　　三　各级财政责任大小的关系 ………………………… (312)
　　四　基金安全与增值之间的关系 ……………………… (313)
第二节　具体对策建议 ……………………………………… (315)
　　一　发展经济，夯实制度财力基础 …………………… (315)
　　二　壮大农村集体经济 ………………………………… (315)
　　三　立足实情，选择部分积累制模式 ………………… (316)
　　四　探索灵活多样的筹资方式 ………………………… (317)
　　五　设计个人筹资激励机制 …………………………… (317)
　　六　建立基础养老金正常调整机制 …………………… (318)
　　七　拓宽筹资渠道，增强资金的供给能力 …………… (320)
　　八　合理划分各级财政的筹资责任 …………………… (320)
　　九　探索基金保值增值的途径 ………………………… (321)
　　十　建立风险准备金制度 ……………………………… (321)
　　十一　优化财政支出结构 ……………………………… (322)
　　十二　加强政策宣传，提高参保率 …………………… (322)
　　十三　重视教育，增加居民的社会化养老意识 ……… (322)
**附录1　城乡居民基本养老保险制度运行情况调查** ………… (324)
**附录2　农民参加城乡居民基本养老保险制度意愿调查** …… (326)
**附录3　城镇居民参加城乡居民基本养老保险意愿调查** …… (328)
**参考文献** …………………………………………………………… (330)

# 第一章

# 导　论

## 第一节　研究背景

在我国，城乡居民基本养老保险制度从无到有经历了一个漫长的过程。随着社会经济的不断发展，人民生活水平的日益提高，党和政府越来越重视养老保险问题，尤其是在我国人口老龄化程度日益加剧的特定背景下，建立和完善养老保险制度已经刻不容缓。

### 一　我国人口老龄化程度加剧

#### （一）我国人口老龄化情况

根据国际上的定义，人口老龄化是指一个国家或地区总人口中年轻人口比重下降，老年人口上升的动态过程。老龄化意味着人口年龄老化，社会进入年龄老化社会。根据1956年联合国《人口老龄化及其社会经济后果》确定的划分标准，当一个国家或地区65岁及以上老年人口数量占总人口比例超过7%时，则意味着这个国家或地区进入老龄化。1982年维也纳老龄问题世界大会确定60岁及以上老年人口占总人口比例超过10%，意味着这个国家或地区进入老龄化。

我国在20世纪末就进入了老龄社会，且呈现出老龄人口增长速度快、规模大、未富先老等特征。2000—2015年，我国60岁老年人口数由1.29亿人上升到2.22亿人，占总人口的比重由10%上升到16.15%，这表明，进入21世纪以来，我国人口老龄化程度日益加剧，速度日益加快。《中国养老金融发展报告（2016）》指出，我国老龄化呈现老得快、农村老人多等特点。2030年，我国老龄人口将达到2.8亿人，2055年，老龄人口将达到4亿人，我国老龄化达到峰值。在2040年以前，农村65岁以上老龄人口占比每年上升1个百分点,速度是全国的两倍。据世界卫生组织预测,到2050年,我国将有35%的人口超过60岁,成为世界上老龄化最严重的国家。

人口老龄化既是由年龄金字塔底部少儿人口减慢所造成,也可以是顶部的老年人口增长加速所导致。① 发达国家经历了由底部老龄化到顶部老龄化的漫长演变过程。在我国,由于计划生育政策和人口预期寿命的延长,造成底部老龄化与顶部老龄化同时"夹击"。计划生育政策实行以来,我国15岁以下人口比例呈现出不断下降的过程。1982年我国15岁以下人口34146万人,占总人口的33.6%。2016年我国15岁以下人口降到22715万人,占总人口的比重下降到16.7%,下降幅度达一倍以上(图1-1)。

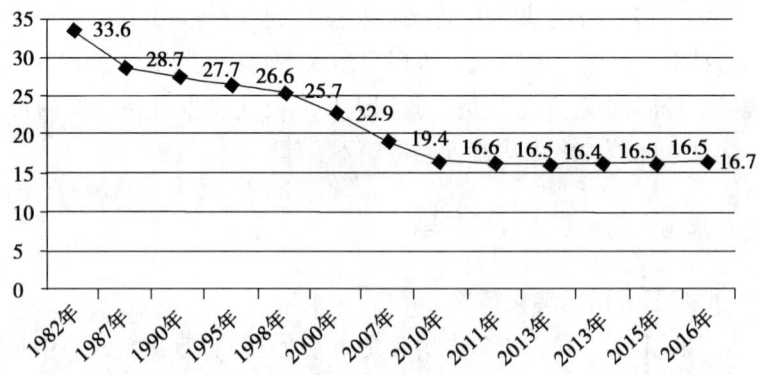

图1-1 1982—2016年我国15岁以下人口比重(单位:%)

表明了我国15岁以下人口的绝对量和相对量下降的趋势,如果不采取弹性的计划生育政策,我国金字塔底部少儿人口减慢所造成的人口老龄化具有加速趋势。在少子化的同时,我国65岁以上人口的比重却在加速上升。1982年65岁以上人口的绝对数为4991万人,2015年达14386万人,34年间增长了9395万人,年均增长320.72万人。65岁以上人口比重由1982年的4.9%上升到2015年的10.5%,上升了5.6个百分点(图1-2)。

15岁以下人口比重和65岁以上人口比重两个指标很直观地反映了我

---

① 周莹:《中国农村养老保障制度的路径选择研究》,上海社会科学院出版社2009年版,第33页。

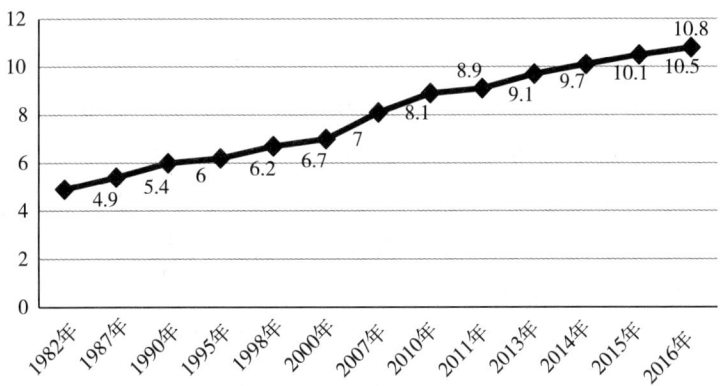

**图 1-2　1982—2016 年我国 65 岁以上人口比重**（单位：%）

国的老龄化发展的进程。除了这两个指标外，人口自然增长率也从另一个方面反映一个国家的老龄化程度。人口自然增长率=出生率-死亡率，所以自然增长率反映了国家或地区的新增人口的比例。自然增长率越高，说明青少年比例大；反之，说明青少年比例小。当自然增长率持续低水平发展（例如德国、日本、俄罗斯，他们的自然增长率接近负值，也就是说人口总数减少），青少年比例越来越小，加上生活水平提高和医疗技术的进步，死亡率下降，65 岁以上老年人的比例越来越大，出现了老龄化。1978—2015 年，我国人口自然增长率由最高点 12‰ 下降到 4.96‰。其中，1987 年为最高点 16.61‰，2010 年、2011 年连续两年为最低点 4.79‰，从 2012 年开始，人口自然增长率虽然有所上升，但上升的比例不大，是否形成持续性的上升具有不确定性（如图 1-3）。

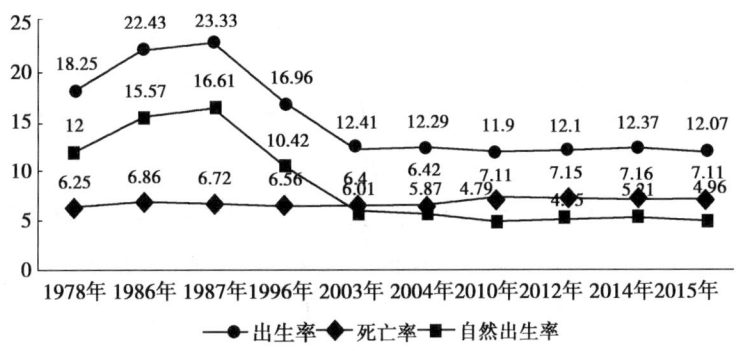

**图 1-3　1978—2015 年我国人口出生率、死亡率及自然增长率情况**（单位：‰）

## (二) 我国老龄化社会特征

我国老龄化社会有四大特征：一是未富先老。发达国家一般在人均GDP为5000—10000美元时进入老龄化社会，如美国1950年60岁以上人口占12.5%，人均GDP为10645美元；日本1970年60岁以上人口占10.6%，人均GDP为11579美元；而2000年我国60岁以上人口占10.1%时，人均GDP仅为3976美元。二是未备先老。特别是社会养老保障和养老服务体系尚未做好应对人口老龄化的准备。2015年清华大学就业与社会保障研究中心和《中国经济周刊》联合发布《中国老龄社会与养老保障发展报告（2014）》，报告三大指数显示：2013年，"医疗保障发展指数"从2012年的62.7分升至63.5分，是唯一及格的；"养老金发展指数"得分略有提高，但仍未达及格线；尤为值得注意的是，"老龄社会与银发经济发展指数"不及格，且得分比上年进一步降低。这说明我国人口老龄化形势更加严峻，发展"银发经济"的战略准备仍然不足。三是抚养比高。到老龄化高峰期，我国的老年人抚养比将达到78%，相当于三个劳动力养两个老年人。四是我国老龄化呈现加速化的趋势。从2001年到2100年，我国的人口老龄化可以分为三个阶段。

第一阶段：快速老龄化阶段（2001—2020年）。此阶段的老年人口年均增长率达到3.28%。到2020年，老龄化水平将达到17.17%，老年人口将达到2.48亿人。其中，80岁及以上老年人口将达3067万人，占老年人口的12.37%。

第二阶段：加速老龄化阶段（2021—2050年）。到2023年，我国老年人口数量将增加到2.7亿人，与0—14岁少儿人口数量相等。到2050年，老年人口总量将超过4亿人，其中，80岁及以上老年人口将达9448万人，占老年人口的21.78%。2030年到2050年是我国人口老龄化最严峻的时期，人口总抚养比将最终超过50%，有利于发展经济的低抚养比的"人口黄金时期"将于2033年结束。

第三阶段：稳定的重度老龄化阶段（2051—2100年）。此阶段，老龄化水平基本稳定在31%。老年人口规模将稳定在3亿—4亿人，其中，80岁及以上老年人占老年人口的比重将保持在25%—30%。

## 二 农村传统养老模式弱化

家庭和土地是我国农村传统养老方式赖以维系的基础，也一直是广大农民养老保障的主要方式。然而，随着我国市场经济体制改革的深入以及工业化、城镇化进程加快，这两类传统养老保障方式的功能持续弱化，由此放大了农村人口老龄化的风险。

**（一）家庭养老功能衰退**

家庭养老是指人们在年老丧失劳动能力、生活不能自理时，依靠子女、配偶或其他家庭成员提供经济支持或服务照料的一种养老方式。家庭养老的存在离不开三个层层递进、互相促进的条件：一是需要有子女、配偶等家庭成员；二是家庭成员有一定的经济收入，既能保证自己的基本生活需要，又能提供家庭养老资源；三是子女等家庭成员有养老意愿。赫斯科维茨（Herskovits）认为，在传统社会里，家庭或者亲属家族很重要，可以保护家庭成员抵御不确定性，当人们遇到天灾人祸时，可以依靠其亲属之间的相互帮助来克服危机。① 加里·贝壳尔（Cary Becher）也认为，一个家庭就好像一个相当有效的"保险公司"。② 由此可见，在一个社会的发展中，抵御风险的首选是家庭及有血缘关系的亲属。

在我国，赡养老人一直受到社会的认可和提倡。"老吾老以及人之老""父母在，不远游"等养老文化几千年来延续至今，赡养父母作为中华民族的一项传统美德，在农村地区更显突出。在传统社会里，计划生育观念较弱，社会孝道观念较强，长者对家庭资源有效控制权和土地经营收益相对较高，家庭养老是养老保险的基本模式。但是，随着社会经济的变化，我国农村家庭养老保障方式维系的基础开始出现变化。

第一，支持养老的家庭成员数量减少。计划生育政策和人们的生育观的改变导致少子化。家庭规模缩小，减少了家庭养老的照料和赡养源。2016年全国家庭平均规模为3.11人/户，而在1982年家庭人口全国平均规模为4.3人/户。③ 家庭结构发生重大变化，代际之间的独立性增加降低了家庭凝聚力。家庭结构日益小型化、核心化，农民养老保障失去了原本可依赖的互助共济的大家族之间的关系网。

第二，家庭组织内部经济资源的控制权发生转移。随着以社会分工为

---

① ［美］M. J. 赫斯科维茨：《经济人类学》，1965；转引自［美］加里·S. 贝壳尔《家庭经济分析》，华夏出版社1987年版，第277页。

② ［美］加里·S. 贝壳尔：《人力资本和变化着的环境》，1979年；转引自加里S. 贝壳尔《家庭经济分析》，华夏出版社1987年版，第277页。

③ 《中国统计年鉴 1983年》《中国统计年鉴 2017年》。

特征的工业社会到来,"子承父业"不复存在,父子两代除了血缘关系和未成年时的抚养关系之外几乎没有其他关系。父母不可能像传统社会一样控制子女的劳动和收入,子女也不可能像小农经济时代一样听命于父母,而以继承父母的土地和家庭财产为提供赡养的条件,市场经济的发展动摇了家庭养老的思想和道德基础。

第三,城乡人口迁移导致大量留守老人的出现。我国城镇化的推进导致大量的青年农民涌向城市,父母子女异地居住。2015年,我国流动人口规模达到2.47亿人,其中以农村向城市流动人口占绝大多数。空间距离的拉大弱化了家庭成员之间的内部联系,另外,经过城市文化的洗礼,年轻农民回乡意愿低,青年农民已不像传统老年农民那样尽职尽责地守"孝道",传统的"养儿防老"正在逐步走向解体。留守老人基本得不到子女们的生活照料,更不用说精神慰藉了。都市文化对年轻农民的影响日益加大,农村传统的"孝"文化出现衰微,动摇了家庭养老的文化基础,弱化了家庭对老年人的支持保障功能。

### (二) 土地养老保障功能弱化

土地保障在农村传统养老保障方式中占据重要的位置。但在今天,对于一直在土地上劳作的农民,土地给他们的保障水平始终低下,农业生产经营风险的加大使这种保障越来越不稳定。

1. 依赖于土地的家庭性经营收入比重下降

农业是国民经济的基础产业,农业在我国具有极其重要的战略地位。然而农业是一个自然再生产与经济再生产交织的产业,受自然因素影响和自然灾害危害很大。我国是自然灾害多发国家,农业长期遭受涝灾、旱灾、风灾、雹灾、冻灾、震灾等侵袭,造成了严重的经济损失。2012年上半年,区域旱灾、雪灾低温突出显著,损失主要集中在中西部。自然灾害共造成农作物受灾面积1 173.28万公顷,绝收98.85万公顷,经济损失巨大。[①] 2014年,风雹灾害共造成农作物受灾面积3225.4千公顷,其中绝收457.7千公顷,直接经济损失276.7亿元。台风灾害共造成农作物受灾面积2483.1千公顷,其中绝收348.7千公顷,直接经济损失693.4亿元。干旱灾害共造成农作物受灾面积12271.7千公顷,其中绝收1484.7千公顷,直接经济损失835.6亿元。洪涝和地质灾害共造成农作

---

① 高云、詹慧龙等:《自然灾害对我国农业的影响研究》,《灾害学》2013年第3期。

物受灾面积 4738.9 千公顷，其中绝收 628.2 千公顷，直接经济损失 1029.8 亿元。2015 年，干旱灾害共造成农作物受灾面积 10610 千公顷，其中绝收 1484.7 千公顷，直接经济损失 835.6 亿元。洪涝和地质灾害共造成农作物受灾面积 5620 千公顷，其中绝收 628.2 千公顷，直接经济损失 1029.8 亿元。①

农业不仅受到自然风险威胁，还受到市场风险威胁。农业的市场风险表现为农产品价格受供求波动大。生活水平的不断提高，人们对农产品的需求呈现出多样性。不同层次的群体对规格不同、品种不同、品质不同的农产品呈现出不同的偏好。受信息不畅、交通闭塞以及农民整体知识水平有限等因素制约，农民对市场农产品的价格、供求走向很难做出准确的判断。在农民的收入构成中，依赖于土地的家庭经营比重在稳步下降。1990 年，家庭经营收入比重为 75.5%，2016 年，家庭经营收入占比下降到 42.64%。工资性收入上升速度加快，1990 年，工资性收入比重为 20.2%，2013 年工资性收入比重占比上升到 45.25%。从 2016 年开始，工资性收入的绝对额超过了家庭经营收入。

2. 农村土地流转制度进一步弱化了土地的保障功能

我国土地流转历程的开启始于 20 世纪 80 年代。《中共中央关于一九八四年农村工作的通知》（中发〔1984〕1 号）指出，继续稳定和完善联产承包责任制，鼓励土地逐步向种田能手集中。《国务院批转农业部〈关于稳定和完善土地承包关系的意见〉的通知》（国发〔1995〕7）号中明确提出"建立土地承包经营权流转机制"。之后，国家颁布政策和法规力推土地承包经营权流转，但是土地流转的速度和范围一直不尽如人意，家庭经营仍是农业生产的主要经营方式。进入 21 世纪，在工业化、城镇化快速发展背景下，大量人口和劳动力离开农村，承包农户不经营自己承包地的情况越来越多，承包权与经营权分离的条件基本成熟。② 2008 年，十七届三中全会通过《中共中央关于推进农村改革发展若干重大问题的决定》，明确指出建立健全土地承包经营权流转市场，允许农民以转包、出租、互换、转让等形式流转土地承包经营权，发展多种形式的适度规模经

---

① 《2014 年全国农作物受灾面积达 24890.7 千公顷》中国农村网资讯，www.nongcun5.com/。

② 黄东东、王子毅：《土地补偿费农户间的分配：秩序与法治》，《吉首大学学报》（社会科学版）2014 年第 6 期。

营。土地流转意味着新型农业经营主体的出现,包括专业大户、家庭农场、农民合作社、农业产业化龙头企业等,传统的一家一户的农业经营方式将不复存在。大量的农民将暂时或永久性地失去对土地的经营权,土地作为单个家庭生活资料和生产资料的保障功能也逐渐弱化。

### 三 我国城乡收入差距大

改革开放以来,我国的经济增长取得了举世瞩目的成就。1978—2008年间,年均增长率达9.38%。[①] 1978—2016年,我国GDP总量由3645.2亿元增加到741140.1亿元,后者为前者的170倍之多。人均国内生产总值由381元增加到53980元。城镇居民人均可支配收入由343.4元上升到33616.2元,农村家庭人均纯收入由133.6元增加到2016年的12363.4元。[②] 特别值得一提的是,2010年第4季度,我国经济总量超过日本成为全球第二大经济体,2016年国内生产总值达到74.114万亿元,在世界主要经济体中名列前茅。但同时,不容忽视的事实是,以效率为先的发展理念造成了财富分配状态的失衡,地区之间、行业之间、城乡之间越来越大的差距成了社会安全稳定的隐患。国际上常用基尼系数衡量一个国家和地区财富的不公平程度。基尼系数处于0—1之间波动,0.4为临界值,当基尼系数大于0.4时表明社会财富分配不平等差距很大。20世纪以前,我国的基尼系数落在公平值范围之内,如:1995—1999年分别为0.389、0.375、0.379、0.397。进入21世纪,我国的基尼系数迅速上升到2016年的0.465(见图1-4)。我国基尼系数在2008年达到峰值(0.491)后,逐年在下降,彰显我国政府在缩小收入差距方面取得了有效成绩,但总体差距依然明显。根据李实(2008)对于收入分配不平等因素的分解研究,发现我国城乡居民收入差距贡献了收入分配不平等的2/3。

如果考虑到城乡完善的社会保障体系,城镇居民实际人均收入应该是农村居民实际人均收入的5倍或6倍(朱红恒,2010)。当前,缩小城乡收入差别除了大力发展农村经济、加快城镇化建设外,很重要的一项措施是将长期排斥在社会保障体系之外的农民纳入其内,为农民建立包括医疗、养老保险在内的社会保障制度,使农民共享经济发展带来的成果。

---

[①] 孙菲菲:《低碳经济下中国经济增长方式转变研究》,《北方经贸》2011年第5期。
[②] 根据2017年《中国统计年鉴》整理。

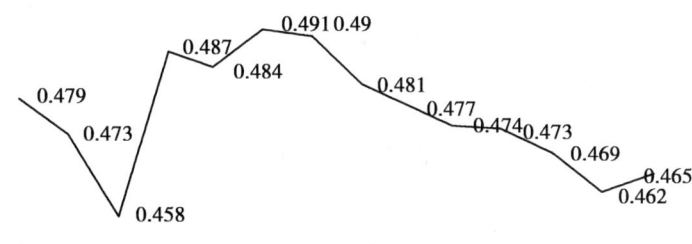

图 1-4　2003—2016 年我国基尼系数

## 第二节　研究文献回顾

我国理论界关于社会养老保险筹资问题的研究始于 20 世纪 90 年代。1991 年，国务院颁布《关于企业职工养老保险制度改革的决定》，标志着我国全面铺开社会养老保险制度改革，社会养老保险的筹资研究也是从这个时候开始展开的。代表性的研究集中在三个方面：第一，社会养老保险筹资模式的选择；第二，社会养老保险筹资主体负担能力。第三，社会养老保险筹资机制。

### 一　社会养老保险筹资模式

在国外因高福利导致国家财政危机重重时，改革养老保险制度的财务制度的呼声日益高涨，基金积累制度的模式被人们看好。正是在这一背景下，我国的社会养老筹资模式从一开始就受到争论。借鉴国外研究成果，我国理论界将社会养老保险筹资模式分为现收现付制和基金积累制。究竟哪一种模式更适合我国的现实，各位学者是仁者见仁，智者见智。

总结起来，共有三派观点。

#### （一）主张实行现收现付制

刘昌平、孙静（2002）认为现收现付制的再分配效应要强于基金制度，代勇（2004）通过建立宏观经济学框架阐述了现收现付制和积累制两种不同养老保险模式运行的内在机制，他认为基金制的引入并不会改变行为人的最优行为，而现收现付制的引入却会改变行为人的最优行为。王瑜、李艳军（2007）运用一个两期的世代交叠模型，分析现收现付模式和基金积累制对储蓄的影响。模型显示，前者降低储蓄，后者则没有影响。由此，他提出在现行消费不足的情况下，维持现收现付制有利于刺激消费而降低储蓄。陈婷、丁建定（2009）构建了一个代际交叠模型，以中国农村为研究对象，对实行现收现付制的条件进行定量分析，发现在现有的条件下，现收现付制是比较理想的选择。刘健、马滋滋（2010）从收入再分配的角度对现收现付制和部分积累制进行福利分析，得出现收现付制有利于提高福利水平的结论，从而主张实行现收现付制的筹资模式。储昭将（2012）认为我国虽然已是事实上的部分积累制度，但并不意味着是我国最终的筹资模式。庞凤喜、潘孝珍（2012）认为基本的筹资方式主要考量的因素是成本，当前情况下我国储蓄率高企，现收现付制应成为养老保险筹资模式的基本选择。所以，个人账户可以选择名义性的个人账户。常维全（2011）以寿光市新农保为研究对象，根据艾隆条件及经济动态效率的实证研究，结合当地经济发展水平，认为实行现收现付制更具有合理性。董文毓（2014）认为当前我国实行积累制已有困难，主张完善现收现付制筹资模式。同时提出调整退休年龄，增加公共财政一般预算。

### （二）主张部分积累制

宋科凡（2002）认为筹资模式的选择除了制度本身特征需要考虑外，还要考虑资本市场的完善与否、"转制成本"以及"人口年龄"变动趋势等因素。综合人口结构、"转制成本"、社会经济承受力等因素，部分积累制是我国养老保险筹资模式的最优选择。何丰（2003）在肯定部分积累制度的基础上，提出现收现付制度过渡时期政府应发挥主导作用。同时，部分积累制度中积累起来的基金需要加强监管，力争保值增值以保证老年人养老待遇的支付。苏春红（2006）通过分析现收现付制及基金积累制度的经济影响后，认为虽然过渡到基金积累制度不是唯一选择，但现实的经济情况及老龄化的特殊性，决定了目前应实现向基金积累制的转变。李杨、浦千里（2007）通过对瑞典社会养老保险制度改革历程的梳理，认为单纯的基金积累制和完全的现收现付制都有天然的缺陷，科学的融资模式应当是二者相互借鉴。陈婷、丁建定（2009）分析了现收现付制转变积累制后对女性造成的不公平，提出政府应通过政策调整实现对女性有效的保护。

刘林奇、杨新荣（2012）运用 ANCOVA 模型针对部分积累制和现收现付制筹资模式进行实证分析后发现，二者在提高储蓄和推动经济增长方面都能发挥一定的作用，但部分积累制度的作用要大于现收现付制度。从 Granger 因果检验的结果上看，部分积累制也不是推动经济的主要因素，因此，我国还需要对部分积累制进行改革。赵科平（2013）以美国、瑞典、智利为例，分析了三种筹资模式在各国的适用性，得出部分基金制更适合我国国情的结论。杨新荣（2013）通过测算我国未来人口老龄化规模后认为，现收现付制养老保险融资模式不能有效化解我国越来越严重的养老风险，无法应对我国老龄化人口加速化发展的现实。但是完全的基金积累制度不利于实现社会公平互助的收入再分配功能，因而，部分积累制度应为必然选择。孟晓薇（2015）倾向于部分积累制度，因为该模式克服了现收付现制和完全积累制的不足，但如何合理地确定费率和积累率是该模式面临的最大困难。孟晓薇（2015）认为现收现付制以公平为主导，体现了代与代之间在收入分配方面的互助共济，但也可能引起"代际矛盾"。完全积累制能有效地应对老年化社会，但没有再分配功能，同时管理成本的要求高。部分积累制度可以有效克服二者的不足，同时将二者的优点利用起来。

### （三）主张完全积累制

陈泽华、袁友文（2006）认为中国的人口转变为经济增长提供了"人口红利"，但随着人口老龄化趋势的加快，"人口红利"将逐渐演变为人口负债。通过对现收现付制与完全积累制进行分析比较，认为建立以完全积累制为主体的三支柱养老保险体系，将更有助于充分挖掘和延长"人口红利"。李菁（2013）将世代交叠模型与新经济增长理论结合起来，研究我国养老保险制度变迁前后收入分配效应的变化情况，得出基金积累制度的分配效应要强的结论。戚晓明、周应恒（2013）通过对两种基本养老保险筹资模式的合理搭配，认为建立一个多支柱的以完全积累制为核心的养老保险筹资模式，不仅能应对未来可能发生的养老保险金的支付危机，更大的意义在于能充分挖掘中小企业发展潜力，减轻它们的负担，促进经济健康快速地发展。

## 二 社会养老保险筹资主体

### (一) 城镇职工基本养老保险主体

车同侠 (2000) 认为养老金收缴与筹资的主要困难在于主体缴费不力,解决这个问题的关键在于建立个人、企业缴费的激励机制。葛开明 (2007) 对改革开放后国民收入初次分配中居民个人、企业及国家所占比重进行分析后,认为个人所得份额偏低,但是养老保险个人缴费率偏高,这是我国现行养老保险筹资困难的根源。班晓娜 (2007) 通过建立时间趋势模型预测,认为11%的社会保险个人缴费水平不会破坏居民现有的消费支出结构。刘畅 (2007) 通过测算认为,目前个人缴费率相对于职工个人的缴费承受能力来说是一个较低的水平,个人完全可以承受再提高几个点的缴费率。同时,主张通过提高个人缴费比例充实社会养老保险统筹基金。陆满平 (2009) 通过对世界各国企业缴纳的基本养老保险缴费率的研究发现,现行各国的个人养老缴费率为10%,而我国企业平均缴费率高达23%,远远超过了20%的国际警戒线。朱顺贤 (2009) 认为我国社会养老保险缴费的比例结构缺乏公正性和合理性。因为现行的缴费制度实际上是建立在劳动密集型工业基础上的:一个企业雇用的人员越多、招募的人员越多,工资总额就越大,工薪者晋升的机会就越多,缴纳的养老保险费也越多。相反,一个企业解雇的人员越多,工资支付就越少,缴纳的养老保险费就越少。刘鑫宏 (2009) 通过实证测算的结果:企业有能力承受强制性的社会保险费率的区间为 [0,18.68%]。通过修正缴费基数统计偏差,企业社会保险缴费水平最高限额约为44.0%,适度水平一般应维持在38.0%左右。测算结果显示,目前企业社会保险缴费率在较高水平上运行,职工个人的缴费过重。

### (二) 城乡居民基本养老保险筹资主体

刘学侠 (2007) 主张国家、个人和集体三方联合筹资。其中,个人缴费为主,集体适当资助,国家提供政策支持。个人和集体所缴资金实行基金积累的个人账户模式。当集体资助出现不确定性时,国家财政起保底作用。叶汉雄 (2007) 认为应从中央和地方财政划分的角度确定基本养老保险筹资的主体。由我国地方政府承担基本养老保险筹资是不合理的,因为基本养老保险制度可以看成全国性的公共品,理应由中央财政进行全国统筹。韩龙菲 (2008) 认为我国农村经济落后,长期以来农民收入水平低。农民不应该,也没有能力承担农村社会养老的大部分责任。马红鸽、麻学锋(2010)认为多方筹资主体之间的博弈,在一定程度上降低制度实施的效果。应通过建立农村社会养老筹资主体利益均衡机制,保证新农保筹集到足额资金。赵燕妮(2011)利用近几年全国人口、财政等方面的数据,分别对新农保中个人、集体、中央财政和地方财政的筹资能力做出分析。通过分析发现,公共财政和农民均有能力支付现行的保险金额,集体负担能力则有限。

李升、薛兴利(2012)运用博弈理论与方法,阐明了新农保筹资主体的博弈机制,确定了筹资主体选择的混合战略纳什均衡点,并据此提出了建立财政补贴资金的保障机制、合理划分各级政府的出资责任、完善农民的利益诉求机制、加快社会养老保险立法和完善监管体系等实现新型农村社会养老保险筹资主体利益均衡的对策。朱小娟、毛羽(2012)以湖北的新农保为研究对象,研究表明,地方财政存在持续筹资风险,落后地区农民无力承受个人缴费部分。宋凯(2012)详细地梳理了我国农村社会养老保险筹资的历史演变,认为多方筹资负责制度是科学合理的。但目前公共财政分担机制不合理、个人责任不明及集体责任缺位等问题。今后还需要明确三方主体各自的责任,形成政府主导责任,集体合理负担和个人自我保障并举的格局。

张丽(2013)在筹资主体行动嵌入性分析的基础上,研究了个人、财政主体的筹资能力。认为各类主体基于自身利益最大化出发,会导致筹资动力不足。需要完善制度设计,提高个人和地方政府的筹资水平。李玉英、朱璐华(2013)认为在农村社会养老保险筹资中存在三个不可忽视的问题,一是集体补助资金缺位;二是年轻农民参保比例低;三是基金监督不力,农民社会养老信任度低。因此,应建立集体补助硬性约束机制,加强基金监管,提高农民社会养老信任度,鼓励中青年农民积极参保。柯华、柯元(2014)认为要对多方主体利益进行均衡,就必须建立和完善以下四种机制,即各级财政补贴资金的保障机制、通过梯度缴费补贴促进农民积极参保缴费的激励机制、集体补助约束机制、农民利益诉求和表达机制,使四方筹资主体在信任中实现合作博弈。李海燕(2015)认为在我国社会养老保险筹资过程中存在三方面问题,一是责任不明确,集体和政府责任空缺;二是筹资比例小,集体和政府负担过低;三是筹资标准过低,无法达到养老目的。并强调在筹资上,我国目前仍然坚持以"个人缴纳为主，集体补助为辅，国家给予政策扶持"的原则。

除了对筹资主体的数量关注，理论界还关注到了筹资能力。周志凯、徐子唯、林梦芸（2015）对财政筹资主体的责任进行了全面审视，认为中央财政有完全的筹资能力，并且应分担困难地区的责任。刘海英（2015）基于效率与公平的双重标准考量了财政的责任和能力，提出了财政筹资拓展的空间。薛惠元、鲁欢、仙蜜花等（2014）以湖南省为例，认为多缴多补和长缴多得这两个激励机制的激励效果都不理想，若想保障参保者的未来生活，完善激励机制是必由之路。杨斌、丁建定（2016）将全国财政筹资主体划分双高型、中间型、双低型、经济偏向型和保障偏向型等五个等级，区域经济增长与养老保险政府财政支出的均衡，是未来我国城乡居民养老保险制度改革的重要方向。郭婷（2016）从地方政府财政负担和城乡居民基本生存需求两个方面进行分析，认为中央财政补贴政策具有一定的不公平性。徐晓君、薛兴利（2016）对莒南县464个农民的调查数据，运用有序logistic回归模型分析了影响农民主体缴费水平的影响因素，发现性别对缴费水平的选择具有显著影响，男性比女性更倾向于选择更高档次的缴费水平；农民的收入、对城乡居民基本养老保险的了解程度、所在地的宣传情况对缴费水平的选择具有正向影响，而受教育程度与缴费水平呈负相关关系。项洁雯（2016）认为"多缴多得"为主的激励政策效果有待考证。

## 三 城乡居民基本养老保险筹资机制

张玲、姜良全、薛兴利（2005）在剖析了筹资机制现状之后，认为目前筹资机制存在着筹集比重不合理、个人承担比重过高和筹资标准过低等问题。对此，他认为应提高政府的筹资比重，个人与财政为筹资主体，引入集体和其他社会组织。只有这样，农村养老保险制度才有效发挥养老保障功能。李强、薛兴利、魏欣芝（2007）对筹资渠道、筹资比例及筹资方式进行了探讨。认为筹资渠道应当多元化，除了"政府、个人、集体"这三个渠道外，还可以扩展其他的渠道，争取尽可能多的资金援助。依据农民收入、国家财政以及集体经济发展情况，他们提出了具体的分担比例。认为政府承担比例为50%—60%，个人为30%—40%，集体企业为5%—10%。针对现行村干部上门征收养老保险费的方式，他们主张采取更灵活的方式。因为上门收缴的方式不仅成本高，而且容易引起农民个人的抵触情绪。筹资时间可以采取多次分缴，可以实行"产品换保障""土地换保障""产品换保障+土地换保障"等多样化缴费形式。

张芳芳（2010）指出我国区域经济发展差距很大，对筹资结构的划分不能过于简单化。应该依据经济社会发展条件将全国划分为有贫困、中等和富裕地区，而不能简单地分为中西部地区。薛惠元、张德明（2010）将新农保筹资机制定义为"个人缴费+集体补助+政府补贴"。并且运用全国财政、人口等方面的数据对筹资主体进行能力方面的分析。分析表明，全国大多数农民有缴费能力，中央财政"不差钱"，集体可补可不补。但地方财政的补贴不可持续，特别是贫困地区的地方财政。因此，需要重构中央财政和地方财政的补助责任。韩林（2010）指出我国新农保以政府为主导的多元化筹资机制正逐步形成。今后应逐步明确公共财政的补贴标准，真正实行筹集渠道的多元化。龙玉其（2010）从公平、正义、共享的角度研究了社会养老保险筹资机制，认为筹资机制要体现科学性和公平性。坚持公共财政的主要责任，个人缴费义务，集体量力而行。主张筹资方式仍采取缴费的形式，但要纳入年度预算。耿燕、侯树芬（2010）对新农保的自愿性参保原则进行了质疑，认为自愿性原则容易导致实施效果达不到预定的目标。张红梅、杨敏（2010）认为筹集机制是养老保险制度的核心内容。稳定足额的资金来源需要坚持多渠道原则，但是由于近年来收入不稳定，农民应当承担较少的责任，突出政府和集体经济这两个渠道的主要责任。

张惠英（2011）认为新农保集体补助具有不确定性，且没有企业（雇主）这一缴费的主体，因此，需要开辟社会公益基金投入新农保基金渠道中来。黄晗（2011）通过对未来养老金支付的测算，发现以现行的个人缴费标准和财政标准，未来养老金支付难以满足老年农民的需要。必须提高现行的筹资标准，同时加强养老保险基金的管理和营运，实行基金的保值、增值。崔文娟（2011）结合大连地区对失地农民的养老保险筹资机制进行了研究，并运用SPSS16.0统计软件进行相关性分析。结论表明，失地农民养老保险筹资标准与最低生活保障、在岗职工平均工资、社会平均工资、人均待遇存在着明显的相关关系。而与经济发展水平和消费者价格指数的相关性不明显。常维全（2011）在调查问卷和访谈的基础上分析了寿光市新农保现状，认为现行筹资机制存在渠道狭窄、保障水平低、分担比例不合理等问题。

封铁英、董璇（2012）将精算方法运用于陕西省的新农保资金规模的测算，认为新农保在初期能满足农民的基本需求，但随着老年抚养比的加大，筹资规模将有不足的问题出现。提出引入基础养老金变动机制、提高个人缴费率，以保证养老金基本保障功能。戚晓明、周应恒（2013）基于山西省的试点调查数据，对筹资机制进行分析，发现存在个人缴费方式、集体筹资模式、政府激励性政策安排等方面的问题。温雪萍（2013）认为社会养老保险资金筹措机制存在的问题主要有三个方面，一是缴费水平较低；二是各级政府的财政分担比例不科学；三是农村社会养老保险基金投资运行机制不完善。朱莉莉、褚福灵（2016）认为现行的城乡居民基本养老保险筹资机制采用的个人定额缴费制，缺少必要的缴费增长机制，存在缴费水平低、待遇保障水平低等问题，无法满足城乡居民老年的基本生活需要，主张建立以"保基本"为目标的城乡居民养老保险筹资增长机制。

## 第三节  研究思路、方法与创新

### 一  研究思路

城乡居民基本养老保险制度的建立必须依存现实的社会经济条件，足够的财力支持是该制度运行的基础保障之一。要获得持续足额的资金支持，建立科学的筹资机制是关键。筹资机制的产生与发展始终与现代经济理论的发展结合在一起，从现代社会养老保险的理论角度梳理城乡居民基本养老保险筹资机制产生的理论根源，结合武陵山片区经济发展现状，探索社会养老保险筹资机制历史演化规律，对各种影响因素进行相关性分析，以此提出科学、合理的筹资机制对策建议。

本书研究的目的是，在梳理和总结社会养老保险筹资机制一般理论的基础上，提出适合武陵山片区实际的城乡基本养老保险筹资机制。比较不同筹资模式的经济效应，实现城乡基本养老保险制度财务平衡。在充分分析武陵山片区4省（市）71个县（市、区）各主体能力的基础上，建立可续性的筹资机制，以保证武陵山片区统一的城乡居民基本养老保险制度的持续养老保障功能。本书首先对城乡居民基本养老保险制度产生的背景进行了分析，我国人口老龄化程度加剧和传统农村养老保障功能弱化是改革和完善养老保险制度的深层原因。对国内外关于社会养老保险筹资问题的研究进行了梳理,特别是对国内外关于养老保险三种财务模式进行了比较研究。其次,以历史和发展的观点看问题,把握武陵山片区城乡居民基本养老保险筹资机制的演化规律,从完全的个人筹资到"政府、集体、个人"三方筹资,是建立在一定的社会经济发展水平基础上的。对这些社会现实进行分析,并提出未来筹资主体的构成。再次,从实践的角度,对武陵山片区城乡居民基本养老保险筹资标准、筹资方式、筹资原则以及筹资水平的影响因素进行了考察。在大量调研数据和访谈基础上,测算出符合片区城乡居民的筹资标准,提出符合片区实际的筹资方式、原则以及待遇领取标准。最后,本书对武陵山片区城乡居民基本养老保险参保意愿进行了实证研究,并结合地区养老文化习俗提出了具体的对策建议。

本书的具体研究思路:充分借鉴国外福利经济学、社会保障等有关理论,结合我国经济社会发展水平特别是武陵山片区71个县(市、区)的实际,探索行之有效的城乡居民养老保险筹资机制。以经济福利理论、消费理论、凯恩斯政府干预理论以及贝弗里奇计划运用于所研究的对象,借鉴国外典型国家社会养老保险筹资机制的成功做法,分析比较不同融资模式的财务风险、收益水平等;以社会养老保险计划的收支平衡为主线、综合消费经济理论、生命周期理论、福利经济学和人口经济学等建立养老保险融资模式的分析框架、分析比较不同融资模式的财务风险、收益水平等;从制度实践的角度对社会养老保险筹资模式进行分析;分析研究我国现行的社会养老保险筹资模式的运行效果;用规范研究的方法提出解决问题的对策。本书共分十四章。图1-5是本书的技术路线图。

第一章 导言。该章共4节内容。包括研究背景、国内外研究现状、研究思路、研究方法、研究创新及基本概念。

第二章 社会养老保险筹资机制的基本理论与国外实践。该章共2节内容。第一节深入分析了社会养老筹资机制的一般理论基础。包括福利经济学理论、消费理论、凯恩斯的政府干预理论、贝弗里奇计划等理论。福利经济学理论,将其分为旧福利经济学、新福利经济学。消费理论包括凯恩斯的绝对收入说、持久收入假说、生命周期假说、世代交替理论。凯恩斯的政府干预理论包括有效需求管理理论、国家干预经济的政策主张。第二节分析了瑞典、新加坡、智利及美国的社会养老保险筹资机制的具体做法及对我城乡居民基本养老保险筹资机制的启示。

第三章　湖南片区社会经济条件分析。该章共3节内容。第一节分析了湖南省的经济发展总量及人均GDP、财政收支、城乡居民收入、城镇化率、养老保险参加人数等；第二节分析了湖南片区的GDP总量、财政收入状况、城乡居民收入增长、城镇化率；第三节对比分析湖南片区与湖南省的主要经济指标，指标包括GDP总量及人均GDP、城乡居民纯收入、城镇化率等。

第四章　重庆片区社会经济条件分析。该章共3节内容。第一节分析了重庆的经济发展总量及人均GDP、财政收支、城乡居民收入、城镇化率、养老保险参加人数；第二节分析了重庆片区的GDP总量、财政收入、城乡居民收入、城镇化率等；第三节对比重庆片区与重庆市的主要经济指标，指标包括GDP总量及人均GDP、财政收支、城乡居民纯收入、城镇化率等。

第五章　湖北片区社会经济条件分析。该章共3节内容。第一节分析了湖北省的经济发展总量及人均GDP、财政收支、城乡居民收入、城镇化率、养老保险参加人数情况；第二节分析了湖北片区的GDP总量增长、财政收入、城乡居民收入、城镇化率；第三节对比分析湖北片区与湖北省的主要经济指标，指标包括GDP总量及人均GDP、财政收支、城乡居民纯收入、城镇化率等。

第六章　贵州片区社会经济条件分析。该章共3节内容。第一节分析了贵州省的经济总量、人均GDP、财政收支情况、城乡居民收入增长情况、城镇化率、养老保险参加人数情况；第二节分析了贵州片区的GDP总量、财政收入、城乡居民收入、城镇化率；第三节对比分析了贵州片区与贵州省的主要经济指标，指标包括GDP总量及人均GDP、财政收支、城乡居民纯收入、城镇化率等。

第七章　武陵山片区城乡居民基本养老保险筹资模式分析。该章共3节内容。第一节分析社会养老保险筹资模式，对三种模式各自的特点及优缺点进行分析与比较。第二节分析社会养老保险筹资模式的经济影响，包括筹资模式与帕累托效应、筹资模式选择与储蓄效应、筹资模式与经济增长。第三节武陵山片区城乡居民基本养老保险筹资模式的选择，从未来人口结构的变化、社会公平目标、资本市场发展阶段等方面分析后，得出不适合采用现收现付制度和完全积累制的结论。通过建立一般均衡模型，选取武陵山片区的农村生产总值、农村固定资本投资、农业从业人员的数量等指标，对现收现付制度和部分积累制进行实证分析，得出部分积累制优于现付现付制度的结论。通过协方差分析模型关于两种筹资模式对储蓄的影响，得出部分积累制比现收现付制效果更明显的结论。

第八章　武陵山片区城乡居民基本养老保险个人标准及能力分析。该章共两节内容。第一节全国及三大区域城乡居保个人筹资能力测算。分别测算了东中部地区平均筹资标准，精算了个人最大缴费率、最小缴费率以及最大缴费能力。第二节武陵山片区城乡居民基本养老保险个人筹资标准及能力测算。将武陵山片区分成湖南、湖北、重庆及贵州四个小片区，分别就小片区的个人筹资标准档次、个人最大缴费率、最小缴费率以及最大缴费能力等进行了测算。

第九章　武陵山片区城乡居民基本养老保险财政筹资能力分析。该章共3节内容。第一节分析城乡居民基本养老保险制度财政筹资的必要性，包括个人养老的短视性、城乡居保制度的外部性以及准公共品属性等。第二节武陵山片区城乡居民基本养老保险财政筹资的博弈、分析，构建双人博弈模型，分析双人博弈的纳什均衡条件。得出两个结论：一是无论政府资助与不资助，选择缴费参保都是居民的最优策略；二是为了最大限度地激励居民参保，政府可以制订弹性的筹资标准和档次，设置科学的筹资分摊比例。第三节武陵山片区城乡居民基本养老保险制度财政筹资能力测算，从动态和静态角度测算后，发现武陵山片区地财政有完全的筹资能力。

第十章　武陵山片区城乡居民基本养老保险筹资原则分析。该章共2节内容。第一节分析了武陵山片区城乡居民基本养老保险筹资原则的类型及演化过程。第二节对武陵山片区城乡居民基本养老保险筹资原则的调查及实证。对不同年龄与筹资原则、居住区域不同的对象与筹资原则、是否参保与强制性筹资原则等进行交叉分析。以参保原则为因变量，性别、居住地等14个指标为自变量，进行多元回归分析，并对武陵山片区城乡居民基本养老保险制度运行及筹资原则座谈的观点进行了梳理。得出两个结论：一是筹资原则对居民是否参保有一定的影响；二是强制性原则并不必然引起居民的反感。

第十一章　武陵山片区城乡居民基本养老保险筹资方式分析。该章共3节内容。第一节分析社会养老保险筹资方式的类型，分析缴费和征税制筹资的特点并进行比较。第二节 我国社会养老保险筹资方式的税费之争。梳理了代表性学者及代表性观点，并对社会税费之争的实质进行比较。第三节分析了社会养老保险筹资方式的演变，武陵山片区筹资方式的变迁及实证。进行居民对筹资方式的认可度分析、不同年龄阶段对象对筹资方式的认可度分析。以"年龄""性别"等19个因素为自变量进行多元回归分析，得出两个结论：一是武陵山片区城乡居民基本养老保险筹资方式在不断完善；二是缴费方式仍然是武陵山片区城乡居民基本养老保险制度的最佳筹资方式。

第十二章　武陵山片区城乡居民基本养老保险筹资水平影响因素的实证分析。该章共2节内容。第一节分析了我国城乡居民基本养老保险筹资水平，对2010—2015年31省城乡居民基本养老保险筹资总水平进行了归类统计，并计算了各地人均筹资水平，进行人均筹资水平的排序。第二节采用多元回归方法，分析影响武陵山片区筹资总水平和人均筹资水平的因素。回归分析结果表明：在12个自变量中，有10个自变量对筹资总水平和人均筹资水平的影响是同方向的，但影响程度有大小之分；农村人口数、参保人数等两个因素对二者的影响方向相反，即农村人口数、城乡居保参保人数与筹资总水平正方向变化，而与人均筹资水平反方向变化；财政收入无论是对筹资总水平还是人均筹资水平均有显著影响。为此，应大力发展农村经济，夯实物质基础；优化财政支出结构，实现地方财政分担责任制度化；完善缴费激励机制，激励居民选择高档次缴费。

第十三章　武陵山片区城乡居民基本养老保险参保意愿的实证研究。该章共2节内容。第一节 分析农民参加城乡居民基本养老保险意愿的影响因素，对自变量进行有序Probit模型估计，结果显示，性别、文化程度等8个变量通过了显著水平的检验。基于分析结论，提出政策建议：一是多渠道多方式地加强城乡居保制度政策宣传；二是制订有效的参保激励机制。第二节 分析城镇居民参加城乡居保制度意愿的影响因素，二元Logistic回归模型显示，文化程度、年龄等9个变量对参保意愿影响显著。结论具有如下政策含义：第一，政府应当承担合理的出资责任，提高财政支持力度，积极探索多种途径的支持政策；第二，加大城乡居保制度的宣传力度，让城镇居民理解政策的惠普性；第三，依据经济发展阶段和物价水平，动态上调基础养老金，使基础养老金成为老年生活的重要来源。

第十四章　武陵山片区城乡居民基本养老保险筹资机制完善的对策建议。该章共2节内容。第一节提出了武陵山片区城乡居民基本养老保险筹资机制完善的总体思路。关键要处理好四对关系：一是自愿和强制之间的关系；二是公平与效率之间的关系；三是各级财政责任大小的关系；四是基金安全与增值之间的关系。第二节提出了武陵山片区城乡居民基本养老保险筹资机制完善的具体对策。包括：高效优质地发展经济；选择统账结合的部分积累制；探索灵活多样的筹资方式；设计合理的个人筹资激励机制；建立基础养老金正常调整机制；拓展城乡居民基本养老保险制的筹资渠道；合理划分各级财政的筹资责任；优化财政支出结构；探索基金保值增值的途径；建立风险准备金制度；重视教育，增加居民的社会化养老意识；多渠道多方式地加强政策宣传，提高参保率。

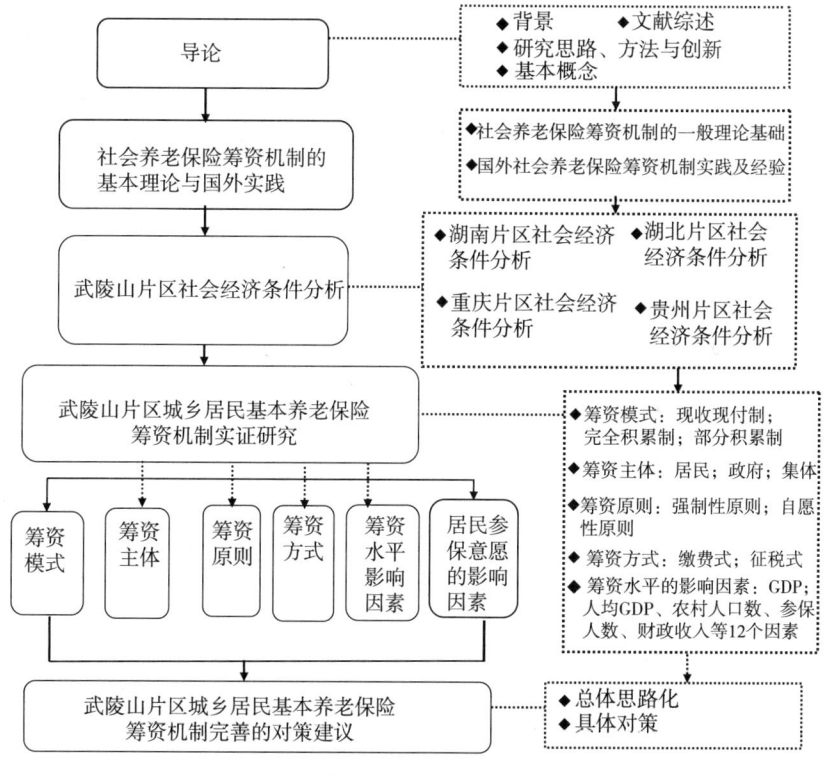

图 1-5 技术路线

## 二 研究方法与创新

### （一）研究方法

本书以经济学、人口学、福利经济学、社会保障理论和公共政策理论为理论基础，综合运用了定性分析法、定量分析法、历史文献法以及问卷调查等方法。具体来说，第一章、第二章以文献研究法为主，梳理了理论界代表性观点以及基本理论。第三章至第十三章采用了定性与定量相结合的方法，对武陵山片区的个人筹资标准、筹资档次以及个人最大筹资能力进行了定量分析；对武陵山片区财政筹资能力进行了定性分析，构建博弈模型，分析双人博弈的纳什均衡条件。调查问卷法主要用于第九章与第十一章，分析武陵山片区城乡居民对筹资原则的看法，分析强制性筹资原则在制度推进中的意义、个人的接受程度，分析影响主体参保意愿的影响因素等。问卷调查武陵山片区城乡居保需求主体对征税性筹资方式的认可度，调查武陵山片区现有的筹资方式以及存在的问题。第十二章、第十三章采用多重 Logistic、有序 Probit、二元 Logistic 回归法等实证分析影响筹资水平的因素、居民参保的影响因素。第十四章采用定性和规范方法提出完善武陵山片区城乡居保筹资机制的对策。

### （二）可能的创新

本书系统地梳理了城乡居民基本养老保险筹资机制的理论基础，分析了武陵山片区城乡居民基本养老保险筹资机制建立的经济社会条件，进而对武陵山片区城乡居民基本养老保险制度的个人、财政筹资标准能力进行了测算，以调研数据为依据，定量与定性相结合，分析了武陵山片区的筹资原则、筹资方式以及筹资模式，并在比较和借鉴国外社会养老保险筹资机制经验的基础上，提出了武陵山片区城乡居民基本养老保险筹资机制完善的总体思路和具体对策。本书的可能创新点如下：

1. 立足于武陵山片区社会经济条件，以城乡居民基本养老保险制度的历史变迁为线索，对旧农保和新农保、城镇居保以及城乡居保的筹资模式、主体、方式以及原则进行了深入全面的分析，提出完善片区筹资机制的总体思路和具体对策，这对于武陵山片区以及整个连片特困地区建立和完善养老保险筹资机制，具有重要的借鉴意义和示范价值。

2. 本书以经济学、社会学、社会保障学、财政学等学科作为理论支撑，采用定性、定量、文献研究、问卷调查等方法，对影响武陵山片区居民参加城乡居保的因素、筹资水平、筹资方式、筹资原则等进行了多元回归分析，进行多次筛选，精准找出主要的影响因素，对于片区政府更有效地进行制度建设具有一定的参考意义。

3. 本书对武陵山片区城乡居民基本养老保险筹资机制的社会经济指标进行了系统的归类和分析。以历史的和逻辑的方法对于 71 个县市的经济发展总量、发展速度，城镇化率、人均可支配收入等进行了严格的统计和计算，为武陵山片区相关研究工作提供较为翔实的参考数据。

本研究在系统梳理和归纳理论界有关城乡居保筹资机制研究的基础上，以武陵山片区为区域对象，以片区农民和城镇居民为制度需求主体，详尽分析了城乡居保制度运行的经济条件，通过长期跟踪调查，提出适合武陵山片区可以接受的筹资原则、筹资方式、筹资标准。通过采用计量经济学中的因子分析、主成分分析及博弈方法，对片区财政筹资主体负担和居民筹资主体的影响因素进行实证分析，建立起科学合理的财政分担机制。

## 第四节 基本概念

### 一 社会养老保险制度

社会养老保险制度是社会保障制度的重要组成部分之一，它是有别于商业保险的一种养老保险形式。以是否盈利为目的，养老保险可分为商业养老保险和社会养老保险，是否盈利，是区别这两种保险的最重要标志。社会养老保险制度是根据立法，由劳动者及劳动者所在单位或社区以及国家三方面共同筹资，为解决劳动者在达到国家规定的解除劳动义务的劳动年龄界限，或因年老丧失劳动能力退出劳动岗位后的基本生活而建立的一种社会保险制度。从世界范围内的实践看，社会养老保险制度分为两大类。一类是强制储蓄型社会养老保险制度。以新加坡、智利为代表，强调自我保障，建立个人公积金账户。另一类是福利型养老保险制度，代表性的国家包括英国、瑞典、挪威、澳大利亚、加拿大等，该制度实行完全的"现收现付"制度，并按"支付确定"的方式来确定养老金水平。制度强调效率，但忽视公平，难以体现社会保险的保障功能。无论是强制储蓄型还是福利型社会养老保险制度，作为社会养老保险制度，都具备了三个特点：一是由政府根据立法主导建制，实行强制性参加原则；二是社会养老保险基金来源于国家、单位或个人，并实现广泛的社会互济；三是养老待遇的领取须达到一定的条件，养老金起保障居民晚年基本生活的作用。

我国的社会养老保险制度，最初仅仅指城镇职工养老保险制度，机关事业单位人员的养老保险制度是从镇职工养老保险制度中分离出来的，其后，在制度变革过程中又经历了合并和分离的过程。目前我国社会养老保险体制构架按主体身份分为三大类,即城镇职工基本养老保险制度、机关事业单位养老保险制度以及城乡居民基本养老保险制度(见图1-6)。

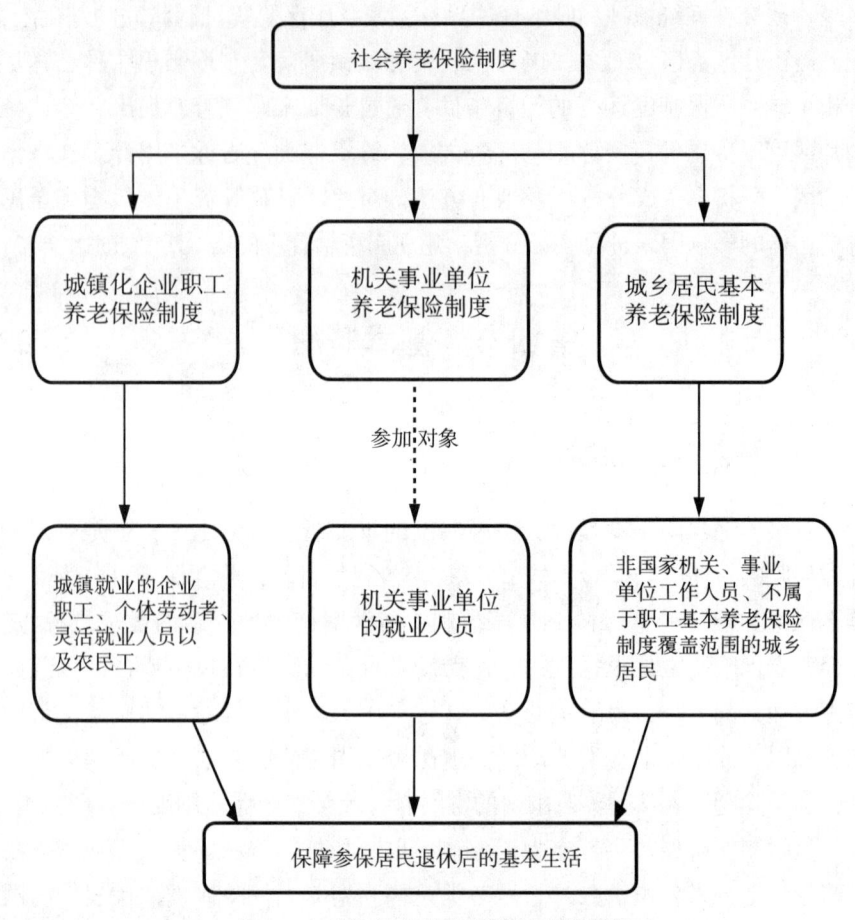

图1-6 我国社会养老保险制度的类型

### (一) 城镇企业职工养老保险制度

城镇职工基本养老保险制度是针对城镇就业的企业职工、个体劳动者、灵活就业人员以及农民工的社会养老保险制度,采取强制性的筹资原则,用人单位及其职工应当依法参加基本养老保险,并按时足额缴纳基本养老保险费。其中,职工所在企业缴纳20%,职工个人承担8%。企业基本养老保险制度遵循权利与义务相对应、保障水平与经济发展水平和社会承受能力相适应的原则,采取社会统筹与个人账户相结合的基本制度。个人账户全部由个人缴费形成,单位缴费形成社会统筹,职工退休后领取基本养老金由基础养老金和个人账户养老金组成。其中,基础养老金以当地上年度在岗职工月平均工资和本人指数化月平均缴费工资的平均值为基数，缴费每满 1 年发给 1%。个人账户养老金月标准为个人账户储存额除以计发月数。基本养老保险金的目的是保障城镇企业职工离退休后的基本生活。

**（二）机关事业单位养老保险制度**

机关事业单位养老保险是针对机关事业单位的就业人员的社会养老保险制度。由财政筹资的负责筹资责任，职工个人和用人单位无须缴纳保险费，退休后按本人退休前基本工资的一定比例（公务员为 50%—90%，事业单位工作人员为 70%—90%）领取养老金。2008 年，国务院选择广东、山西、浙江、上海、重庆等五省市进行事业单位职工养老保险改革，具有经营性质的事业单位，参照企业职工养老保险，实行单位和个人缴费。2015 年 1 月 14 日，国务院印发《关于机关事业单位工作人员养老保险制度改革的决定》，决定从 2014 年 10 月 1 日起对机关事业单位养老保险制度进行改革，建立与城镇职工统一的养老保险制度。基本养老保险费由单位和个人共同负担，单位缴纳本单位工资总额的 20%，个人缴纳本人缴费工资的 8%，由单位代扣。按本人缴费工资 8% 的数额建立基本养老保险个人账户，全部由个人缴费形成。个人缴费年限累计满 15 年的人员，退休后按月发给基本养老金。基本养老金由基础养老金和个人账户养老金组成。退休时的基础养老金月标准以当地上年度在岗职工月平均工资和本人指数化月平均缴费工资的平均值为基数，缴费每满 1 年发给 1%。个人账户养老金月标准为个人账户储存额除以计发月数，计发月数根据本人退休时城镇人口平均预期寿命、本人退休年龄、利息等因素确定。

**（三）城乡居民基本养老保险制度**

城乡居民基本养老保险制度是由将新型农村养老保险制度和城镇居民养老保险制度整合而来。参保对象为年满 16 周岁（不含在校学生），非国家机关和事业单位工作人员及不属于职工基本养老保险制度覆盖范围的城乡居民。实行"自愿"的筹资原则，采取"个人缴费+集体补助+财政补贴"的筹资机制。其中，个人缴费为 12 个档次（100—2000 元）。政府筹资根据参保人选择档次不同有所不同，参保人选择 100 元缴费的，政府补助不低 30 元缴费。参保人选择 500 元缴费的，政府补助不低 60 元的缴费。补助标准各地在国家统一的基础上可以有所差异。国家为每个参保人员建立终身记录的养老保险个人账户，个人缴费、地方人民政府对参保人的缴费补贴、集体补助及其他社会经济组织、公益慈善组织、个人对参保人的缴费资助，全部记入个人账户。参加城乡居民养老保险的个人，年满60周岁、累计缴费满15年，且未领取国家规定的基本养老保障金待遇的，可以按月领取城乡居民养老保险待遇。城乡居民养老保险待遇由基础养老金和个人账户养老金构成，支付终身。其中，基础养老金由中央确定最低标准，个人账户养老金的月计发标准，目前为个人账户全部储存额除以139。

## 二 城乡居民基本养老保险筹资机制

机制，是引起、制约事物运动、转化、发展的内在结构和作用方式，包括事物内部因素的耦合关系、各因素相互作用的形式、功能作用的程序以及转变的契机等。社会养老保险筹资机制是指在社会养老保险资金筹集活动中，为提高养老保险资金筹集质量（如来源稳定、保障有效、各方负担可承受）、降低筹资成本和管理费用，而由养老保险管理者实施的一整套制度规则和制度安排。筹资机制反映了社会养老保险资金筹集的内在机制与制衡，是养老保险资金得以形成的基础和前提。一个完整的社会养老保险筹资机制应该包括参保对象、筹资原则、筹资模式、筹资标准、筹资方式等部分。

城乡居民社会养老保险筹资机制是指在资金筹集过程中，为保障城乡居民年老后基本生活需求、确保城乡居保资金来源的稳定性和可持续性，在选择科学的筹资原则、科学选择筹资模式、合理确定筹资主体、选择灵活多样的筹资方式、合理安排政府、集体和个人三方筹资责任等前提下，由养老保险管理者制定和实施的一整套制度规则和安排（见图1-7）。其中，筹资原则包括强制性筹资原则和自愿性筹资原则，原则的选择关系到城乡居保制度的参保率的高低和覆盖面的宽窄；筹资模式包括现收现付制、完全积累制以及部分积累制三种，模式选择的依据是经济发展阶段，人口结构情况以及资本市场的完善程度；筹资方式包括缴费性和征税性两种，筹资方式关系到基金征缴成本的大小以及基金征缴率的高低；筹资主体可以为一元主体，也可以为多元主体，筹资主体的确定关系到城乡居保资金规模的大小。城乡居民基本养老保险保筹资机制运行的目标有两个方面：一方面要能确保筹集到的资金能够负担城乡居民年老后的基本生活支出，另一方面要保证城乡居民基本养老保险金来源的稳定性和可持续性。

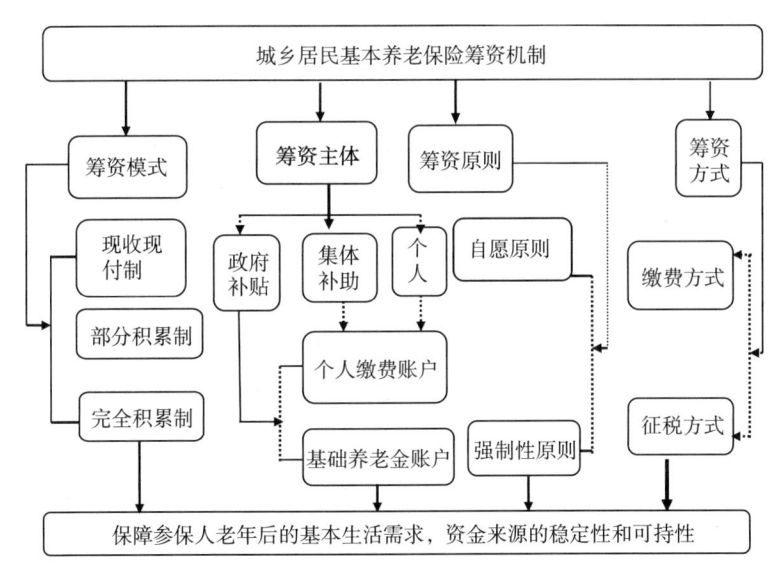

图 1-7 城乡居民基本养老保险筹资机制

### 三 武陵山片区

武陵山片区涉及 11 个地州市，覆盖 71 县市区，其中，湖南 37 县市区、贵州 16 县市区、湖北 11 县市、重庆 7 县区，国土面积 17.18 万平方公里，人口 3645 万（2011 年），境内有土家族、苗族、侗族、布依族等 9 个世居少数民族。

武陵山片区 71 县市区具体如下：吉首市、泸溪县、凤凰县、花垣县、保靖县、古丈县、永顺县、龙山县、永定区、武陵源区、慈利县、桑植县、鹤城区、中方县、洪江市、沅陵县、辰溪县、溆浦县、会同县、麻阳苗族自治县、新晃侗族自治县、芷江侗族自治县、靖州苗族侗族自治县、通道侗族自治县（洪江区管委会）、新化县、涟源市、冷水江市、石门县、安化县、恩施、利川、建始、巴东县、宣恩县、咸丰县、来凤县、鹤峰县、秭归县、长阳土家族自治县、五峰土家族自治县、万山区、玉屏侗族自治县、松桃苗族自治县、印江土家族自治县、沿河土家族自治县、思南县、江口县、石阡县、德江县、道真自治县、务川自治县、正安县、湄潭县、凤冈县、余庆县、黔江县、丰都县、武隆县、石柱县、秀山县、酉阳县、彭水县。

# 第二章

# 社会养老保险筹资机制的理论基础

## 第一节 理论基础

社会养老保险筹资机制的一般理论通常包括福利经济学、消费理论、凯恩斯的政府干预理论以及贝弗里奇计划,目前世界各国的社会养老保险制度及筹资实践基本上都遵循这些理论。

### 一 福利经济学

福利经济学是社会养老保险筹资机制的重要理论基础,诞生于19世纪20年代的英国。1920年,阿瑟·塞西尔·庇古(Arthur Cecil pigou,1877—1959)的《福利经济学》出版,标志着福利经济学的产生,庇古也被称为"福利经济学之父"。庇古首先对什么是福利进行了界定,他指出,"福利"是指个人得到某种效用与满足,一类是广义的福利,即社会福利,另一类是狭义的福利,即经济福利,经济福利对社会福利有决定的影响。因此,福利经济学主张研究经济福利。

(一) 两个基本命题

第一,"国民收入"是经济福利的同义语,即一国的国民收入总量越大,所带来的效用越大,福利也越大。第二,边际效用是递减的。对这个命题庇古进行了详细的论述。他指出:"正是由于经济福利是可以直接或间接地与货币量相联系的那部分总福利,国民收入是可以用货币衡量的那部分社会收入……所以,这两个概念,经济福利和国民收入是对等的,对其中之一的内容任何表述,就意味着对另一个内容的相应表述。"① 对于

---

① [英]庇古:《福利经济学》,金镝译,华夏出版社2007年版,第55—56页。

国民收入的定义，庇古接受了马歇尔的基本论点。"一国的劳动和资本作用于它的自然资源时，每年生产一定的纯商品总量，其中有的是物质的，有的是非物质的，各种服务也包括在内。"[①] 马歇尔强调的"纯"商品总量，意指从总产品中减去补偿原料或半成品的消耗以及机器设备再生产中的耗损和折旧，体现为 V+M 两部分的价值总和。第二个命题强调了货币对于不同收入的人有不同的效用构成，货币收入越多货币的边际效用越少。如：穷人手里一元钱的效用比富人手里一元钱的效用大。这样，如果把富人的一部分货币收入转给穷人，将会增加穷人的效用，而不会减少富人的效用，从而增加一国的经济福利。

**（二）两个命题推论**

根据两个基本命题，庇古引申出两个推论。第一，要使国民收入最大化，必须使资源的配置达到最优状态。在说明如何做到社会资源最优配置的，庇古采用边际私人纯产值和边际社会纯产值关系的对比。他认为在完全竞争的条件下，通过竞争与资源的自由流动，最终会使边际私人纯产值等于边际社会纯产值。在二者相等时，社会资源配置达到了最优状态，可以使国民收入达到极大。但是，在现实中由于种种原因，边际私人纯产值与边际社会纯产值往往并不相等。为此，庇古认为，边际私人纯产值的部门大于那些边际社会纯产值的部门，国家应该通过税收政策加以限制，对于那些边际社会纯产值大于边际私人纯产值的部门，国家应通过补贴政策加以鼓励，以求最大经济福利。第二，要使经济福利的最大化，必须使国民收入的分配最优化。庇古关于收入分配对经济福利的影响的论述是从这样一个基本观点出发的："以下情况中的任何一种情况，即或者使国民收入增加，而不减少穷人在其中占有的绝对份额，或者使穷人占有绝对份额增加，而不减少国民收入，都一定会增加经济福利。"这里所研究的主要是后一种情况。在分析这一问题时，庇古假设货币的边际效用也是递减的，一个人的货币收入愈多，其边际效用愈小；而货币收入愈少，其边际效用愈大。因此，穷人的货币收入的边际效用大于富人，把货币收入由富人转移给穷人就可以增加社会的总效用，可以增加经济福利。所以，他认为一国政府如果采取收入再分配政策，通过建立包括养老、失业等在内的

---

[①] [英] 马歇尔：《经济学原理》（下册），朱志泰、陈良璧译，商务印书馆1981年版，第196—197页。

社会保障制度可以促进"收入均等化",也将有助于经济福利的增大。

## 二 消费理论

米尔顿·弗里德曼于20世纪50年代提出了持久收入理论,但是,真正奠定消费理论基础的是弗郎克·莫迪安尼提出的生命周期理论,而大大增加消费理论对现实的解释能力的是70年代兴起的理性预期学派(rational expection)。当代消费理论研究消费与收入关系的过程中,认为一个人在确定自己的消费行为时,不仅取决于当期收入,还受预期的未来收入、积累的财富、政府的税收政策等多种要素的影响。在研究消费与社会保障问题时,采用的一个主要的理论工具是由阿莱(Allais, 1947)、萨缪尔森(Samulson, 1958)和戴蒙德(Diamond, 1965)等人所创立的交叠世代模型(Overlapping Generation Model),该理论将人的一生分为三个阶段:儿童、成年和老年。假定只有在成年阶段才工作,有收入,那么一个人必然要在工作期间把他的收入分成三个部分,一部分用于当期自身消费,一部分用于老年退休后的消费,还有一部分赡养下一代。如何划分这三个部分,取决于对当前和未来消费的偏好和选择。一个人的消费行为与他的收支心理预期紧密相关。当一个消费者感觉自己的切身保障只能通过自己的收入来保证时,他的消费行为肯定是不积极的。一旦社会保障制度可以承担他的失业、养老、医疗等需求时,他的消费行为必然是积极的。对于不同消费偏好的个人和群体,政府通过强制储蓄、课税方式、积累资金,以备其未来之用。同时,对处于贫困线以下的人群提供最低收入保护,以实现整体社会稳定和发展的目的。

## 三 凯恩斯的政府干预理论

### (一) 有效需求管理理论

凯恩斯(1883—1946)是英国著名的经济学家,他对1929—1933年的资本主义经济危机进行深入的思考,于1936年发表《就业、利息和货币通论》,提出国家干预经济理论及其政策主张。凯恩斯认为造成经济危机的根本原因在于有效需求不足,而有效需求不足是由三个"基本心理规律"作用造成的。第一,边际消费倾向(MPC)递减规律。虽然影响消费的因素很多,但只假定收入是消费的函数,边际消费倾向大于0小于1。收入的增加,会导致消费的增加,但消费增加的比例不及收入增加的比例。随着收入持续地增加，用于消费的比例越来越少，由此导致有效需求不足。第二，资本边际效率（MEC）递减规律。资本边际效率在心理上是对资本未来收益的预期，即预期收益率。在其他条件相同的情况下，随着投资增加，预期的收益减少而资本品的市场价格上升，这就引起资本边际效率递减。由于这一规律的作用，企业家的投资在达到一定程度后会减少，故而导致社会投资有效需求不足。第三，流动偏好规律。流动性偏好是指人们由于交易、谨慎和投机动机以现金形式保持一部分财富的愿望。流动性偏好可以分为三种动机：一是交易动机。这一货币需求量主要决定于收入，收入越高，交易数量越大，所需货币数量越多。二是谨慎动机。这一货币需求量主要决定于个人对意外事件的看法，但从整个社会来看，同收入是密切相关的。三是投机动机。这一货币需求量取决于利率的高低。在利率极高时，投机动机引起的货币需求量等于零，而当利率极低时，投机动机引起的货币需求量将是无限的。由于上述三种基本心理造成的消费需求与投资需求即有效需求不足，社会总需求低于社会总供给，从而导致现实就业水平总是低于充分就业水平。如何来改变这种现实，凯氏提出了相应的政策主张。

（二）国家干预经济的政策主张

围绕如何扩大有效需求解决失业问题，凯恩斯提出了一系列政策主张。包括财政政策、货币政策以及收入政策。

（1）货币政策方面：主张通过一系列货币政策手段改变社会经济生活中的货币供应量，特别是经济危机和失业严重的情况下，增加货币供给量，从而增加社会购买力，提高消费水平，促进社会产品供给，提高就业水平，增加收入。收入增加又进一步刺激消费，形成短期的供求良性循环。通过降低再贴现率，增加对投资的贷款，增加对商品供给，提高就业水平和收入的水平；通过降低法定存款金率，使商业银行的供款能力增强。

（2）财政政策方面：包括财政收入和财政支出两方面。他主张实行相机抉择的财政政策，财政收入主要是税收政策。主张实行高额累进税政策进行收入分配，以提高消费倾向进而提高全社会的供给能力和就业水平。财政支出主要有公共投资和转移支付两方面。通过增加公共工程投资提高就业水平和收入水平进而增加消费；通过转移支付，开展社会保障与福利活动，增加低收入社会成员的收入，提高其消费水平。

(3) 收入政策方面：凯恩斯主张政府直接增加工资，或者提高转移支付水平线，扩大转移支付量以增加收入，进而启动国内消费市场，相应的供给市场也启动了，就业水平会提高，收入也随之提高，形成了正常的经济循环。

### 四 贝弗里奇计划

1942 年 11 月，英国社会保险和相关服务部际协调委员会主席贝弗里奇提交了题为"社会保险和相关服务"的报告，这就是著名的"贝弗里奇报告"。报告建议社会保障计划包括三种社会保障政策：社会保险、社会救济和自愿保险。社会保险确定为提供收入保障、消除贫困的一项基本社会政策，用于满足居民的基本需要；社会救济主要针对贫困的居民；自愿保险满足收入较多的居民较高的要求。报告中明确了社会保障中国家与居民个人的关系，二者应该是一种合作关系，承担共同的责任。社会保障制度是由国家强制实施制度，但国家在承担相应责任的同时，不能大包大揽，应该给个人参加自愿保险和储蓄留出一定的空间。贝弗里奇还提出了六条改革原则：第一，基本生活资料补贴标准一致；第二，保险费标准一致；第三，补助金必须充分；第四，全面和普遍性；第五，管理责任统一；第六，区别对待。报告指出，社会保障应遵循以下四项基本原则：一是普遍性原则，社会保障应该满足全体居民不同的社会保障需求；二是保障基本生活原则，即社会保障只能确保每一个公民最基本的生活需要；三是统一原则，即社会保障的缴费标准、待遇支付和行政管理必须统一；四是权利和义务对等原则，即享受社会保障必须以劳动者缴纳保险费为条件。

## 第二节 国外实践及经验借鉴

第二次世界大战后，社会保障制度在世界范围内得到普遍发展。许多发达国家和发展中国都建立了具有自己特点的养老保险制度。各国的社会保险制度既有特色，同时还具有一般性。目前，瑞典、新加坡、智利、美国等四个国家代表了世界几种不同的社会保障制度。本书对瑞典的高福利社会养老保险制度、新加坡的中央公积金制以及智利的强制性储蓄制度作了比较详细的介绍，了解其最初的形成、制度遇到的瓶颈、改革的措施及制度特征，揭示制度运行的规律，为我国建立城乡居民基本养老保险机制的建立和完善提供有效的经验。

## 一 瑞典养老保险筹资机制实践及借鉴

### （一）瑞典社会养老保险筹资机制的发展历程

瑞典是福利国家的典型代表，其养老保险制度从诞生至今已有100多年的历史。政府于1905年依据瑞典养老保险委员会长达5年的调查报告，制定了养老金法案，并于1913年在议会获得通过。此社会养老保险法案的成功颁布，标志着瑞典正式开始建立全民性的养老金制度。根据该法案的规定，养老保险制度的参保者需要履行缴费义务。参保对象为所有18—65岁的瑞典公民。瑞典政府对于那些确实无能力缴费的公民，进行养老救济。1946年，瑞典引入国民基础养老金制度，所有参加养老金制度的67岁的老人都可以领取基本养老金。1976年，瑞典形成包括三个层次的养老保险体系。第一层次为国民基础养老金，资金来源于一般税收，提供最基本的生存保障。第二层次为国民附加养老金，养老金来源于企业以及基金利息收入。第三层次为"部分养老金"，资金来源于雇主或是个体经营者以及基金产生的利息。

20世纪80年代，在经济低迷和人口老龄化的双重压力下，瑞典政府又一次开始了养老保险制度的改革。抛弃传统的现收现付筹资模式，确立起积累制的筹资模式。同时，改待遇确定性缴费为缴费确定型模式。从1999年开始，瑞典全面实行新的养老保险制度。新的制度包括不同于以往的三个层次。即公共基础养老金、工作单位养老金以及商业养老金。公共基础养老金是新制度的第一层次，由最低保证金和收入关联金组成。其中，最低保证金保障的对象是没有收入来源或者低收入的老年群体。收入关联养老金来源于个人、雇主以及国家财政。个人缴费记入个人名义账户，财政补贴与雇主的缴费一并计入现收现付基金。参保者个人达到领取养老金的年龄时，有权利领取退休金，具体的标准与名义账户中的个人缴费相关联。工作单位养老金属于第二个层次，这一制度的对象不具有普遍性，主要适用于白领，中央组织的工作岗位强制适用。商业养老金又称私人养老金，为第三层次，由商业保险公司提供，公民自愿选择是否参加，目的在于满足公民多层次的养老需求，保证公民退休后生活质量不降低。

### （二）瑞典养老保险筹资机制的基本内容

1. 账户模式、筹资方式及标准

公共基础养老金由最低保证金和收入关联金组成。最低保证金制度不需要公民缴费，资金完全来源于国家税收。收入关联养老金的资金来源于劳动者、政府和企业三个渠道。筹资标准为工资总额的 18.5%，由劳动者和雇主均等分担。所缴费用的去向为两个账户，一是名义缴费确定型账户（NDC），二是实账缴费确定型账户。NDC 账户计入缴费总额的 16%，采用现收现制模式，支付同期退休人员的养老金，这体现了养老金在代与代之间的转移功能。实账缴费确定型账户记入缴费总额的 2.5%，采用完全积累的基金模式（FDC）。两个账户的收益率有所区别，NDC 账户的利率就是对象工资的增长率，FDC 账户除了工资增长率以外还附加了投资收益率。参保人死亡的，个人账户的储蓄余额不用于继承，而是分配给健在的同龄参保人。NDC 虽然记录了个人的缴费情况，但只是名义上的，里面的保险费随时会发放给当期的退休人员。

2. 养老金待遇及领取条件

领取最低养老保证金的老年人，必须在瑞典不少于 3 年的居住时间。收入关联养老金的领取者没有居住时间的限制，达到法定退休年龄就可以获得（65 岁）养老金支付。瑞典实行弹性的退休年龄制度，提前退休者可以从 61 岁开始领取养老金，但不能足额领取。每提前一年按相应的比例减少领取的养老金的数量，65 岁以前领取的养老金低于按法定从 65 岁退休所领取的养老金水平。达到法定退休年龄者也可以推迟领取退休金，但最迟不能超过 70 岁。每推迟一年，领取的养老金按一定的比例增加。最低保证金给予单身者的水平要高于已婚者。最低保证金对于全额领取者有严格的条件。一是退休年龄的要求，要达到法定的退休年龄（65 岁）或是 65 岁以上。二是居住时间的要求，必须是从 25 岁开始在瑞典居住满 40 年。收入关联养老金与最低保证金挂钩，国家负责补助低于一定标准的收入关联养老金。以 2005 年为例，参保公民的收入关联养老金低于 44000 克朗时，国家负责补助 26000 克朗，达到 70000 克朗的标准。参保公民的收入关联金在 44000—105000 克朗时，国家财政采取比例补助。国民年金随收入关联养老金的增加而递减，当收入关联养老金超过 105000

克朗时，则不再享受任何国民年金。①

3. 养老基金的管理及运营

瑞典社会保障实行分级管理，议会是最高立法机关，负责社会保障法律的最终批准。全国社会保障管理机构由社会事务部、卫生部、劳动部和工商部 4 个部门组成，各部门之间分工合作。社会事务部下设 15 个局，国有社会保险局在地方设有 21 个机构。国有社会保险局负责具体的社会保险事务。养老保险资金的支付和养老服务等工作由 240 个基层社会保障办公室具体负责。实账缴费确定型账户中积累的资金，将由国家进行投资运营。投资的渠道主要是进入资本市场。投资收益关乎着退休者领取养老金水平的高低，因此，瑞典政府成立了国家养老金管理局，对个人账户实行严格规范的管理。国家养老金管理局实施一系列的管理行为，包括详细记录公民的缴费情况、基金投资收益、转移养老基金买卖的净差额以及集中投资指令。国家基金管理局每年要统一向制度参加者发布年度末的账户说明书，而制度参加者要承担一定比例的费用。②

**（三）城乡居民基本养老保险筹资机制的特征**

1. 账户模式

我国传统的农村养老保险制度实行的是完全的个人账户模式。个人所缴保险费完全记入个人账户，政府给予政策支持，养老保险金实际上是参保居民的个人储蓄，缺乏收入分配功能。参照城镇企业职工基本养老保险制度，城乡居民基本养老保险制度也采用了社会统筹与个人账户结合的模式。个人账户资金由个人缴费、政府补贴以及集体补助组成，产权归个人所有。参保人或领取人中途死亡的，个人账户中的资金可以由继承人继承，个人账户储存额按国家规定计息，明晰的产权调动了参保居民的积极性。基础养老金采取社会统筹模式，资金来源于税收，很好地体现了税收取之于民用之于民的职能。同时，来自中央财政的基础养老金，实现了收入分配向农村居民与城镇居民的转移，体现了公共财政的收入分配职能。

2. 筹资方式及标准

城乡居民养老保险制度的对象针对年满 16 周岁，不是国家机关和事业单位或没有参加职工基本养老保险制度的城乡居民，不包括在校学生。

---

① 张民省：《瑞典的多支柱养老金制度及启示》，《中国行政管理》2008 年第 10 期。
② 刘晓梅：《中国农村社会养老保险理论与实务研究》，科学出版社 2010 年版，第 68 页。

该制度基本上保留了新农保制度和城居保制度的筹资机制，实行"个人、政府及集体"三方共担筹资方式。

(1) 个人缴费

与城镇企业职工基本养老保险制度个人缴费占工资的8%不同，城乡居民基本养老保险制度规定了固定的档次和标准。在新农保和城居保的基础上增加了三档，个人筹资标准为100—2000元12档次，其中100—1000元每增100元上升一个档次，共10档，1500元为第11档次，2000元为第12档。各地区可以根据实际情况增设缴费档次。从全国制度运行来看，各地区在国家规定的标准及档次上各具特色。如湖南省的个人缴费为14档次，标准为100—3000元。海南省个人缴费档次为13档，标准为100—3000元，福建省个人缴费档次为20档，标准为100—2000元。缴费档次和标准的规定考虑了我国农村居民收入的差异性，目的是将所有符合条件的居民纳入制度内，实现尽可能高的参保率。

(2) 政府补贴

城乡居民基本养老保险制度属于全国范围的公共品，由政府提供可以很好地克服市场失灵的问题。按照规定，地方财政主要是从"进口"进行补贴。对于选择年缴费为100元的参保居民，地方财政给予不少于30元的补贴。对于选择500元及以上标准参保的居民地方财政给予不少于60元的缴费补贴。地方财政补贴与个人缴费部分一并记入个人账户。但对于选择100元以上的参保居民，各地梯次补贴的标准有很大的不同。如，青海省，个人缴费选择100元的居民地方财政补30元；100—500元之间，每增加100元，增加10元；500—1000元，每增加100元，增加10元；1500元补165元；2000元补185元。各地区给予个人缴费的财政补贴体现了激励作用，对选择高档次缴费的更多的补助，有助于参保者尽可能选择更高的档次。这种梯次财政补贴，改变了目前大多数选择最低档的现状，同时有利于壮大城乡居民基本保险基金规模，使参保者60岁以后能享受到更高的养老待遇。

(3) 集体补助

参保居民可以享受到集体经济组织的补助，由村民委员会召开村民会议民主确定具体的补助数额。国家鼓励其他社会经济组织、公益慈善组织、个人为参保人缴费提供资助。补助、资助金额不超过当地设定的最高缴费档次标准。① 集体能否成为城乡居民基本养老保险制度的主体，还应视地区而言。在发达地区，集体经济发达，有能力为参保居民提供补助资金。而在集体经济不发达的地区，城乡居民基本养老保险制度的筹资主体实质上只有个人和政府。

3. 待遇享受水平

城乡居民基本养老保险制度规定，参保居民缴费满 15 年的，年满 60 周岁，可以领取养老金，按月领取，支付终身。养老金由基础养老金和个人账户养老两部分组成。其中，个人账户养老金根据个人账户储蓄额除以 139。基础养老金来源于中央财政，2009 年试点新农保时，基础养老金为 55 元，西部地区参保居民全额领取基础养老金，东部地区给予 50% 的基础养老金补助。2015 年，基础养老金最低标准提高至每人每月 70 元，提高待遇从 2014 年 7 月 1 日算起。尽管基础养老金提高幅度达到了 27.3%，个人养老金待遇依然偏低。以选择 100 元缴费为例，缴满 15 年后，按 4% 的利率计算，个人养老金的待遇为 [1300+（100+30）×4%×15] /139+70=84.96（元/月），明显低于现行居民平均最低生活保障水平标准（419.5 元/人·月）。城乡居民基本养老保险制度，免除了新农保或城居保制度实施时已年满 60 周岁的居民的缴费，这部分群体的养老金待遇完全由中央财政支付，直至终身。

4. 养老基金的管理及运营

城乡居民养老保险基金实行县级统筹，纳入财政专户，由县级财政机构管理运营，实行"收支两条线"管理。按照国家的规定投资运营，实现保值增值。目前，城乡居民养老保险基金主要投资渠道是银行存款和购买国债。县社会养老保险局履行监管职责，财政部门、审计部门监督基金的收支、管理和投资运营情况。

**（四）瑞典社会养老保险筹资机制的启示**

1. 选择与经济协调发展的筹资模式

改革以前，瑞典的养老保险制度带来了沉重的财务负担。围绕减轻财政负担、防范未来支付风险的改革，瑞典建立起了部分积累制度的养老保险制度，有效地抑制了养老金支出的快速增长。养老保险制度与经济增长

---

① 《国务院关于建立统一的城乡居民基本养老保险制度的意见》，国发〔2014〕8 号：http://www.gov.cn/zwgk/2014-02/26/content_ 2621907.htm。

趋于协调。2004年，瑞典养老金支出占GDP的37.9%，在2000年（37.3%）的基础上仅提高0.6个百分点。养老金支出增长的减缓大大减轻了社会福利支出压力。2004年，瑞典社会福利的支出占GDP的比重为32.7%，在1995年（34.6%）的基础上下降了1.9个百分点，这为瑞典经济的可持续发展创造了条件。① 我国处于老龄快速发展期，资本市场发展不完善，现收现付制和完全积累制均难以很好地满足我国养老需求。部分积累制度由于具备了现收现付制和完全积累制度的优点，应当之无愧地成为城乡居民基本养老保险最佳筹资模式。

2. 注重公平与效率相统一

瑞典的养老保险制度的设计充分体现了公平与效率相结合的原则。在养老金待遇给付方面，养老保险的待遇水平只根据个人缴费的多少以及缴费时间长短进行确定，完全不考虑个人退休前的收入情况。除了保证低收入群体的最低养老金有居住年限（按瑞典法律规定，最低时间为3年）要求外，收入关联养老金不设时间限制。最低保证养老金的资金筹资完全来自国家的一般税收，公民不缴纳社会保险，这体现了国家保证公民公平的基本生存的权利。个人账户的积累资金将直接进入资本市场，进行投资经营。城乡居民基本养老保险制度作为面向农民和城镇居民的一项新型制度，应公平地对待每一位参保的城乡居民，保证其参与的机会公平与年老时待遇公平。同时，还应体现制度的效率性，拓展投资渠道，选择有效的投资工具，保证养老基金的保值增值。

3. 建立多层次的居民养老保障体系

瑞典养老保险制度具有三个层次，属于典型的多支柱养老保险制度。最低层次具有普惠性质，针对全体国民，目的是保障国民的基本生活，属于生存保障。严格意义上来说，我国的城乡居民基本养老保险制度属于最低层次的保障制度，基础养老金具有普惠性特征。由于参保人数众多，基础养老金大幅提高是不现实的。但是，单纯靠基础金养老，一方面，保障不了老年农民的基本生活；另一方面，同一标准的养老金待遇已不适应农民群体分层的现实。我国区域发展不平衡，即使在同一区域内部也存在不小的差异。阶层分化派生出养老需求的多样性，社会化的养老金待遇远远满足不了收入较高的农民群体。因此，建立以城乡居民基本养老保险制度

---

① 袁群：《瑞典养老保险制度改革及对我国的启示》，《商场现代化》2007年第6期。

为第一层次，商业保险为最高层次的多支柱的养老保障体系是满足不同阶层农民养老需求的必然选择。

## 二 新加坡养老保险筹资机制实践及借鉴

新加坡位于北纬1°18′，东经103°51′，毗邻马六甲海峡南口，北隔狭窄的柔佛海峡与马来西亚紧邻，并建有两条长堤相通。国土面积为718.3平方公里，截至2014年6月，新加坡常住总人口临时数字为547万，其中334万人属于新加坡公民和53万个"永久居民"，有约160万人的外籍人士。新加坡是亚洲的发达国家，被誉为"亚洲四小龙"之一，其经济模式被称作为"国家资本主义"。根据2014年的全球金融中心指数（GFCI）排名报告，新加坡是继纽约、伦敦、香港之后的第四大国际金融中心，也是亚洲重要的服务和航运中心之一。新加坡是东南亚国家联盟（ASEAN）成员国之一，也是世界贸易组织（WTO）、英联邦（The Commonwealth）以及亚洲太平洋经济合作组织（APEC）成员经济体之一。新加坡人主要是由近一百多年来从欧亚地区迁移而来的移民及其后裔组成的。其移民社会的特性加上殖民统治的历史和地理位置的影响，使得新加坡呈现出多元文化的社会特色。

### （一）新加坡公积金筹资机制发展历程

新加坡社会养老保险制度的特殊之处在于通过中央公积金制度，为世界各国提供了一种与传统现收现付式完全不同的养老保障模式选择并运行至今，以至于许多国际社会保障专家都更愿意将它视为一种基于国家"父爱"主义强制实施的个人储蓄计划，而不是一种典型的社会保障制度。1953年，新加坡颁布了《中央公积金法》，公积金法令规定了一个强制性储蓄的制度，目的是使职工在退休后或不能再工作时享有经济上的保障。1955年7月，新加坡成立中央公积金局（Central Provident Fund Board，CPFB）专门负责公积金管理，这标志着新加坡中央公积金型社会保障制度的正式建立。自创立到1965年这段时期，中央公积金制度从内容来看属于单一养老保障项目阶段。新加坡1965年才成为独立的国家，政府的主要精力是厘清各方面的关系，对中央公积金制度建设不够。1965年新加坡独立以后，开始扩展中央公积金的功能。1968年10月，政府开始实行"居者有其屋"的公共建屋计划，允许参与者动用公积金储蓄购买政府租屋。这是新加坡政府首次动用公积金储蓄以实现国家的政策目标。它标志着中央公积金制度的使用范围逐步拓宽，保障项目已经由以前的单一养老保障发展成包含退休保障、住房保障等内容在内的综合保障体系。1986年，新加坡政府允许公积金参与者将公积金储蓄投资于有风险的金融资产。这是中央公积金储蓄首次被允许投资于证券市场，投资工具逐步增多，投资组合更加灵活。半个世纪以来，随着社会经济的发展和人民生活水平的提高，逐步发展演变成一个包括养老、住房、医疗、家庭保护等方面内容的综合性的社会保障制度。同时，还根据各个时期的具体情况，制定了一些规定或补充办法，逐步完善扩大公积金的使用范围，以适应当时社会和个人的需要。

（二）新加坡中央公积金筹资主体框架及特征

1. 个人账户

每名公积金会员拥有三个户头，即普通户头、保健储蓄户头和特别户头。30%的公积金总缴费额是按一定比例分别存到三个户头上的。普通户头设立于20世纪70年代，其中的存款可以作为购买产业、获得批准的投资、保险、教育之用。特别户头（专用账户）设立于1977年7月，积累的公积金用于为公积金参与者积累退休金，还可以投资于退休关联的金融产品，旨在提供养老保障。保健储蓄户头设立于1984年4月，积累的公积金可以为公积金参与者及其直系亲属支付住院、门诊医疗服务、缴纳疾病保险费等。当公积金参与者年满55周岁时，个人账户变为退休账户和医疗账户，资金来源于普通账户和专门账户，年满62岁时开始支付养老金。普通户头最低存款要达到13.1万新元，保健户头最低存款要达到3.6万新元时，从65岁以后每位退休人员可以按月领取1170新元的养老金。该制度按照20年给付完毕设计，直到85周岁。[①] 新加坡中央公积金局2014年5月宣布，新加坡公积金最低存款余额的下限将从2014年的14.8万新元调高至15.5万新元。户头余额若少于这个数额，则须全数保留，不得自由支取。

2. 资金筹集

中央公积金缴费一部分来自雇员，一部分来自雇主。缴费按照不同比例计入各个账户。1955年创立公积金制度时，当时雇员和雇主各自提供工资的5%。1968年二者的供款比例各增至6.5%，并可用于购买住房。

---

① 张建华：《公积金制度下的新加坡社保》，《中国人力资源社会保障》2012年第7期。

1984年这一比率提高到工资的25%。后来由于经济衰退，1993年总供款额降低为工资的40%，其中雇主18%，雇员22%。1994年7月1日起，公积金按雇员工资的40%缴纳，由雇主和雇员各负担一半。每月的最高缴费额以月薪6000新元为上限，即雇主和雇员每月各自缴费不超过1200新元。当雇员工资低于一定水平时雇员不需缴费（从2014年1月1日开始标准为每月500新元）或可以少缴费（每月750新元）。公积金缴费率与参加公积金计划成员的年龄相关，年轻时多缴纳，逐步递减，退休前后大幅降低；新加坡政府成立了公积金局，对公积金进行全国统一管理和使用。公积金存款的利率则由政府决定。根据规定，政府对普通账户资金支付2.5%的利息，对医疗和特别账户支付4%的利息。

（三）经验及启示

1. 完全积累制有效应对了人口老龄化挑战

与其他发达国家一样，新加坡人口老龄化问题也日趋严峻。新加坡65岁以上的人口数目急增，1980年老龄人口11.2万人，老龄人口与劳动人口的比例是1∶14；2005年老龄人口29.1万人，老龄人口与劳动人口的比例是1∶9。据中央公积金局预计，到2030年，将有20%的新加坡人成为60岁以上的老人。国民平均寿命的延长意味着必须增加公积金账户的储蓄额度来应付日益增加的养老费用。中央公积金制度通过强制储蓄，实行与个人收入关联的完全积累制的筹资模式，增加个人收入和公积金存款，以使自己退休后过上体面的老年生活。我国城乡居民基本养老保险制度正是在我国人口老龄化加快化、农村大量年轻人口流向城市的背景下产生的，现收现付制的筹资模式显然是不合适的。

2. 中央公积金制具有基本的保障功能

法律规定每个国民不分职业，只要是受雇员工，都要缴纳约20%的薪水到他个人的公积金账户里，雇主则要缴纳约16%到员工的账户内。中央公积金制度通过强制性储蓄来实现职工对其本人退休养老的自我保障机制。即自存自用而不作保险的制度，并以自存自用为基础，在积累逐渐充裕的条件下，逐步地、审慎地发展一部分保险功能。由于公积金制采取基金的筹集方式，因此具有很强的积累功能。通过家庭保障计划和"填补最低存款"政策的实施，强化了公民对家庭、社会的责任意识，使得家庭各成员之间的社会保障利益相关联，加强了家庭和国家的凝聚力，增强了家庭保障功能。

### 3. 中央公积金制度具有有效的激励机制

新加坡政府在政策制定上，有意在各个环节上安排有差别的待遇，医疗、教育、住房等都有不同的档次待遇，多赚钱、多存款才能多受益，有效地防止了平均主义和"吃大锅饭"问题，提供了很强的激励机制。人们为了获得可靠的保障，就必须努力工作，争取更多的收入，从而在个人账户中积累更多。2013年，新加坡中央公积金总余额高达2000亿美元，相当于其2012年GDP的74%。实行中央公积金制度，为新加坡政府进行公共建设和投资提供了廉价的巨额资金，也增强了新加坡政府的财务能力。

## 三 智利养老保险筹资机制实践及借鉴

### （一）智利养老保险筹资机制的内容

智利位于南美洲西南部，安第斯山脉西麓。南纬18°—57°，西经81.5°—68.5°。东同阿根廷为邻，北与秘鲁、玻利维亚接壤，西临太平洋，南与南极洲隔海相望。海岸线总长约1万公里，南北长4352公里，东西最窄96.8公里、最宽362.3公里，是世界上地形最狭长的国家。智利国土面积756626平方公里（其中陆地面积756253平方公里，岛屿面积373平方公里），在南美国家中居第七位。智利全国总人口17402630人（2013年估算），其中城市人口占86.9%。智利属于中等发展水平国家。矿业、林业、渔业和农业是国民经济四大支柱。

### 1. 基金的筹集、领取与管理

智利模式是指智利政府实行的由个人缴费、个人所有、完全积累、私人机构运营的养老金私有化模式①。私有化改革模式是对传统养老保险制度的一种创新，是在人口老龄化、经济危机、政府发生财政支付危机的情况下推行的一种变革。1924年，智利建立了深受德国模式影响的现收现付制度，以税收的形式筹集养老资金，基金由政府统一管理、统一发放。但现收现付财务模式在实施过程中遇到了很大的问题，一是人口结构发生变化，人口平均寿命延长，人口出生率下降，老龄化问题突出；二是因为智利政治、经济环境的恶劣，资金出现赤字。到了20世纪70年代，管理

---

① 王晓晶：《智利模式下对我国企业养老保险改革的思考》，《企业技术开发》2014年第3期。

混乱的智利社会养老保险制度饱受赤字、分配不公、退休金支付不足等问题的困扰。[①] 1980年，智利颁布《养老保险法》。1981年，对社会养老保险制度进行私有化改革，变革传统的现收现付制为个人基金制。

（1）资金的筹集与领取

政府实行强制性的个人缴费，智利政府规定，凡是1982年12月31日参加工作的公营和私营单位的所有从业人员都必须参加养老保险。每月从职工工资中扣除10%金额计入自愿账户，雇主不承担缴费义务。个体经营者可以自愿参加。个人退休后能领取到的养老金数额取决于个人缴费的多少以及AFP的投资收益情况。个人缴费形成的积累基金由多个私人基金管理公司管理，并允许进入资本市场。职工达到退休年龄符合领取条件时，可以选择"购买终身年金、制订计划提款方案及临时提款加终身年金等"中的任何一种方式。购买终身年金是由AFP将退休者个人账户积累额向人寿保险公司购买终身年金，由人寿保险公司每月支付养老金，直到死亡，年金不能继承。制订计划提款方案是由AFP为退休者制订提款计划，个人将基金存放在基金管理公司，每月领取，余额继续按投资回报率计息。领取人死亡，个人账户存款可以继承。领取人将积累额领取完还存活的，享受财政支付的最低养老金（150美元/月）。如果退休者选择临时提款加终身年金方式，意味着可以将个人账户积累提取一部分，剩余的部分由AFP转入人寿保险公司，享受保险公司支付的终身年金。领取待遇有年龄和缴费时间要求，个人缴费需20年，男需要年满65周岁，女需要年满60周岁。

（2）养老金基金的管理

养老基金由退休基金管理公司（AFP）进行管理，这些公司须经国家批准成立。职工个人可以选择任意一家公司，有权四次转换自己开户的养老基金管理公司。每个AFP只管理一个基金，负责基金的管理、投资及给付，根据政府规定的投资项目、投资工具开展投资，并负责将基金运营的收入分配到所管理的个人账户中。政府对养老金投资范围、投资工具、投资数量以及投资收益等方面都做出了严格的规定。投资范围包括安全级别较高的政府及银行债券以及投资收益较高的股票。投资工具由私人评估

---

[①] 郑军、张海川：《智利养老保险制度早期发展脉络的政治经济学分析》，《拉丁美洲研究》2010年第3期。

风险公司进行风险评估和分类,得到政府认可的投资工具才能成为私人基金管理公司的投资对象。除了政府债券外,投资的项目比重不得超过基金总额的30%。政府规定了AFP投资的最低回报率,每月的投资收益率不得低于过去12个月全部养老金平均实际收益率的2个百分点。[①] 当养老金管理公司真实收益率比AFPS的平均真实率高50%以上或是超过平均真实收益率的2个百分点以下时,AFPS将超额的部分作为储备基金。当AFPS的投资收益低于担保最低收益率,公司必须动用储备基金以及自有资产弥补缺口。如果养老管理公司动用了储备基金和自有资产还不足以弥补缺口,那么,这家养老金管理公司将宣布破产,政府最终出面弥补资金缺口。

### (二)智利养老保险制度筹资机制的基本特征

智利养老保险制度的特征体现在以下四个方面:

第一,强化了个人养老责任,将强制储蓄的功能私人化。每个雇员每个月交纳个人工资的10%存入个人资本积累账户。个人储蓄账户建立后,就被纳入新的养老保险制度,不因失业、工作调动等原因而被终止。个人储蓄账户产权归自己,死亡后个人基金余额可以由其配偶和子女继承。

第二,突出了市场的力量。AFP是完全的私人基金管理公司,引入竞争机制推动养老保险基金收益率的提高。政府从完全包揽中抽出来,转向主导养老保险制度的建设。政府成立专门机构养老金监管局行使对AFP的监管职能,对AFP的资金流向、贷款发放、投资领域等进行全面的监督。对基金管理公司的证券发行进行限制,以保障职工个人的权益。

第三,强制与自愿选择相结合。智利政府规定1983年以后所有公营和私营企业的劳动者,必须参加养老保险制度。1983年以前参加工作的人员和已退休职工,由其自行选择是否参加,但国家提供相关优惠条件鼓励他们参加。对于有雇用单位的劳动者,实施强制性参加原则。但对于自我雇用的个体劳动者,可以自愿选择是否加入新制度。参保者将账户基金交由AFP管理是强制性的,但交由哪一家公司参保者可以拥有充分的选择权。

第四,体现了公平与效率的结合。智利私人养老保险模式效率原则体

---

① 翁枫:《智利的养老保险制度对我国社会保障模式的启示》,《现代商业》2008年第23期。

现于，抛弃了养老制度下政府包揽一切的做法，政府的角色成功转变为立法、监督和政策制定者，还投资权利于市场。AFP之间充分竞争，职工个人根据AFP的投资收益、管理成本等情况，决定选择是否加入。也可以根据自己的意愿中途转入另一家公司。政府对旧制度下的老年人给予公平的待遇，由财政统一支付。

**(三) 城乡居民基本养老保险制度的运行现状**

2014年2月，国务院决定将新农保和城居保两项制度合并实施，在全国范围内建立统一的城乡居民基本养老保险制度。截至2015年4月，全国31个省、自治区、直辖市和新疆生产建设兵团相继出台了制度整合的政策文件，基本实现了制度名称、经办服务、政策标准以及信息系统的统一。在国家高度重视、地方政府有力推动下，参加城乡居民基本养老保险制度的人数出现了较快增长。2010—2016年，参保人数分别为由10276.5万人增加到50847万人。2011年基金收入1069.7亿元，基金支出587.7亿元，基金1199.2亿元。2016年基金收入2933.3亿元，基金支出2150.5亿元，累计结余5385.2亿元。[①]

城乡居民养老保险制度是针对年满16周岁（不含在校学生），非国家机关和事业单位工作人员及不属于职工基本养老保险制度覆盖范围的城乡居民的一项社会养老保险制度。该制度基本上保留了新农保制度和城居保制度的筹资机制。

1. 资金的筹资

城乡居民养老保险的基金主要来源于政府、集体和个人等三个渠道。个人筹资标准为100—2000元12档次，其中100—1000元每增100元上升一个档次，共10档，1500元为第11档次，2000元为第12档。各地区可以根据实际情况增设缴费档次。从全国制度运行来看，各地区在国家规定的标准及档次上各具特色（表2-1）。地方财政对选择100元档次的参保者给予不低于30元的缴费补贴，对多缴者适当增加补贴金额。对选择500元以上的参保者，地方财政给予不低于60元的缴费补贴。从全国运行实际来看，地方财政缴费补贴既考虑了本地财政负担能力，又充分体现了《意见》的精神。如，个人年缴费选择100元的参保居民，各地政府均给予了30元的"入口"补贴，个人年缴费选择500元的参保居民，各

---

① 数据来源：根据2011—2017年的《中国统计年鉴》整理。

地政府均给予了60元的"入口"补贴。但对于选择100元以上的参保居民，各地梯次补贴的标准有很大的不同。如，吉林省个人缴费标准100—2000元，补贴从30元起步，每档增加10元，最高到170元。青海省个人缴费选择在100—500元之间的，100元补30元，每增加100元，增加10元；个人缴费选择500—1000元，每增加100元，增加10元；个人缴费选择1500元的补165元，2000元补185元。集体应当对参保的居民进行补助，但数量并没有规定，由各地区村民委员会召开村民会议民主确定补助标准。除了东部地区集体经济发达对参保居民进行补助外，中西部地区的集体经济补助流于形式。个人账户积累额由包括了参保者个人缴费、地方财政补贴、集体补助以及社会其他组织的资助，个人账户储存额按国家规定计息。

表 2-1　31个地区城乡居民基本养老保险制度个人年缴费档次及标准

单位：元

| 地区 | 档次 | 缴费标准 | 地区 | 档次 | 缴费标准 |
| --- | --- | --- | --- | --- | --- |
| 北京 | 12 | 1000—9000 | 宁夏 | 6 | 100—2000 |
| 福建 | 20 | 100—2000 | 浙江 | 12 | 100—2000 |
| 河南 | 15 | 200—5000 | 云南 | 12 | 100—2000 |
| 湖南 | 13 | 200—3000 | 青海 | 12 | 100—2000 |
| 海南 | 13 | 200—5000 | 广西 | 12 | 100—2000 |
| 内蒙古 | 13 | 100—3000 | 江苏 | 12 | 100—2500 |
| 贵州 | 13 | 100—2000 | 山东 | 12 | 100—5000 |
| 四川 | 13 | 100—3000 | 山西 | 12 | 100—2000 |
| 辽宁 | 12 | 100—2000 | 上海 | 10 | 500—5300 |
| 吉林 | 12 | 100—2000 | 江西 | 12 | 100—2000 |
| 西藏 | 12 | 100—2000 | 湖北 | 12 | 100—2000 |
| 重庆 | 12 | 100—2000 | 天津 | 10 | 600—3300 |
| 甘肃 | 12 | 100—2000 | 广东 | | 120—3600 |
| 新疆 | 14 | 100—3000 | 黑龙江 | 12 | 100—2000 |
| 河北 | 13 | 100—3000 | 陕西 | 12 | 100—2000 |
| 安徽 | 13 | 100—3000 | | | |

资料来源：根据各省（市区）政府《关于建立统一的城乡居民基本养老保险制度的实施意见》整理。

## 2. 养老金的领取

参保居民在年满 60 周岁，累计缴费满 15 年，有权利领取养老金。养老金由基础养老金和个人账户养老金组成。其中，基础养老金由中央财政支付，中西部地区参保居民享受中央财政支付的全额补助（目前是 70 元），对东部地区参保居民享受中央财政支付基础养老金的 50%，个人账户养老金每月领取数为个人账户储存额除以 139。待遇领取人员死亡的，个人账户养老基金可以继承。

**表 2-2　31 个地区城乡居民基本养老保险制度月基础养老金标准** 单位：元

| 地区 | 标准 | 地区 | 标准 | 地区 | 标准 | 地区 | 标准 | 地区 | 标准 |
|---|---|---|---|---|---|---|---|---|---|
| 上海 | 850 | 甘肃 | 85 | 山东 | 85 | 吉林 | 80 | 安徽 | 70 |
| 北京 | 610 | 云南 | 75 | 辽宁 | 85 | 江西 | 80 | 贵州 | 70 |
| 天津 | 245 | 河北 | 80 | 内蒙古 | 110 | 湖北 | 70 | 河南 | 80 |
| 重庆 | 80 | 新疆 | 115 | 广东 | 120 | 山西 | 80 | 福建 | 100 |
| 西藏 | 140 | 陕西 | 75 | 浙江 | 135 | 江苏 | 115 | 湖南 | 85 |
| 海南 | 130 | 四川 | 75 | 宁夏 | 120 | 广西 | 90 | 青海 | 140 |
| 黑龙江 | 90 | | | | | | | | |

## 3. 养老基金的管理

城乡居民养老保险基金实行县级统筹，纳入财政专户，由县级财政机构管理运营，实行"收支两条线"管理。按照国家统一规定投资运营，实现保值增值。目前，城乡居民养老保险基金主要投资渠道是银行存款和购买国债。县社会养老保险局履行监管职责，财政部门、审计部门监督基金的收支、管理和投资运营情况。

### （四）智利模式经验借鉴

#### 1. 合理界定政府在养老保险制度建设中的责任

智利政府在养老保险制度建设中承担有限责任。由过去由现收现付制下的统一征税、统一管理、统一发放，转变为立法、监督和兜底责任。我国城乡居民基本养老保险制度建设中，政府扮演了立法、政策制定、财政、监督等众多角色，在这些众多角色中政府大包大揽，众多角色相互矛盾和冲突。借鉴智利有限政府的经验，应当改变政府"家长式"的大包大揽，形成政府主导、社会力量积极参与的建设模式，创新管理模式，畅通社会力量参与社会养老管理的渠道，还养老保险管理于民。

2. 处理好社会公平与效率的关系

智利养老保险制度强调养老金收益与贡献紧密联系，劳动者退休后获得养老金的数量主要取决于个人年轻时缴费的多少。同时，对无法实现最低限度保障的劳动者，由国家通过补贴的方式帮助其获得最低养老金待遇，较好地体现了社会公平原则。我国的城乡居民基本养老保险制度建立不久，制度设计上体现了公平优先的原则。首先，参保居民可以领取中央财政提供的基础养老金，这与缴费的多少没有关系。其次，地方财政对参保居民不低于30元的缴费补贴，连同个人缴费部分记入个人账户。但这种公平性更多地是一种横向公平，即对选择同一档次的参保居民同等补贴。但从纵向来看，政府对选择较高档次的个人较多的补贴，现实的情况是收入较高的个人选择了较高档次，这违背了公共财政更多支持弱势群体的原则，也降低了社会养老的整体效率。

3. 建立长效稳固的筹资机制

智利的社会养老保险制度的地位由法律确认。根据1980年《养老保险法》规定，凡1983年开始参加工作的所有劳动者必须加入社会养老保险制度，个人缴纳相当于工资10%的保险费，雇主负责职工个人缴费的代缴代扣，如果不这样做，意味着触犯法律。我国的城乡居民养老保险规定了筹资的主体及标准。但目前还没有专门针对养老保险的法律，各方主体的权利和义务不清晰，这势必成为制度可持续发展的潜在风险。今后，可以借鉴智利的做法，由法律将城乡居民基本养老保险制度运行的各个环节加以规范，用法律明晰财政责任以及集体个人的责任。做到有法可依，有法必依。

4. 引进市场化运作机制，实现养老保险基金的保值增值

智利的养老保险个人账户交由多家具有竞争关系的基金管理公司进行管理和投资，管理成本低，很好地实现了基金的增值保值，参保人回报颇丰。现行的政策规定，我国的城乡居民基本养老保险基金主要存入银行和购买国债，个人账户储存余额按国家规定计息。长期来看，城乡居民基本养老保险基金由政府统一管理，管理成本高，收益低效，基金贬值的可能性大。借鉴智利模式，我国的城乡居民基本养老保险制度在发挥政府作用的同时，应同时发挥市场的作用，逐渐拓展基金投资渠道。

## 四 美国社会养老保险筹资机制实践及借鉴

1929—1933 年,资本主义世界最具破坏力的经济危机,导致美国大量工厂倒闭、失业工人人数成千上万。面对如此严峻的形势,美国政府于 1935 年正式颁布社会保障法,试图解决社会中面临的经济问题。

### (一) 传统的筹资模式面临危机

1. 代际失衡的筹资结构

在现收现付模式运行的初期,第一代退休者获益最大。美国最初的养老保险参与者得到了超高的回报。[①] 然而,该体系的顺利实施是以存在大量的年轻劳动者和相对比较小的老年退休者为前提条件的。一旦出生率下降、人口老龄化加速以及预期寿命延长等因素出现,其结果必然会出现正在工作的一代人所缴的养老保费满足不了当期退休者的需求,发生支付危机。如果要保证退休者的生活水平不下降,一个办法可以通过提高缴费率,另一个办法是政府通过征税筹集额外的资金应对养老金债务缺口,但会加重正在工作一代人的养老负担,引起代际矛盾。由于现收现付制内部融资结构问题日趋严重,美国不同年龄组别的内部报酬率差距很大。以 2001 年出生并在其工作年龄阶段进入现收现付制模式的养老体系为例,其预期能够获得的养老金收益只相当于其所缴保费的 76%。

2. 不堪重负的财政支出

美国 1935 年颁布社会保障法之后,养老保险的实际支付时间是 1940 年。在建立现收现付制度模式的初期,要求在 1935—1942 年退休的人向联邦政府一次性实行总额缴纳。从 1936 年开始,所有符合条件的个人加入该体制,并且在 1942 年之后将根据其收入所得记录按月领取养老金收益。对于缴纳年限及额度不足的个人,联邦政府代缴参保费,以确保他们退休后达到既定的生活水平。很显然,在现收现付制下,如果社会保障支出总量所占比重呈现增长趋势,那么,养老保险的筹资难度将进一步增加。

### (二) 混合型资金筹资制度

美国现收现付制体系是通过工薪税、利息以及对保障收益部分的课税

---

① 程刚:《新加坡中央公积金制度介绍》,《中国劳动保障报》2004 年第 9 期。

来进行融资的,这三个部分的社会保障基金分别贡献了84%、14%以及2%。社会养老保险筹资由雇主和雇员分别承担一半,随着基金规模的不断增大,社会保障工薪税率呈现不断提高的趋势。社会保障工薪税为特定税,专门用于投入总的保障基金,并且直接对当期的养老受益者进行支持。其中由雇员缴纳的部分实行以某个指数比例封顶,该封顶数额每年都会根据经济情况及工资整体水平有所不同。而雇主必须就雇员的整体工资收入按照实际比例进行计算和缴纳,并无类似的封顶上限规定。自1990年以来,OASDI 税率一直固定为 12.4%,雇员与雇主各缴付 6.2%。相应地,自雇者单方缴付 12.4% 的工薪税。由于 OASDI 是采用纳税方式来融资的,因此,它的强制性有法律的高度保证,实施起来更为威严而有效,个人自主经营则承担双方的缴费义务。

### (三)美国社会养老保险筹资机制的借鉴和启示

**1. 建立养老保险信托基金**

目前,我国城乡居保基金按规定只能存入银行和购买国债,收益低,基金面临很大的贬值风险。而且我国养老保险基金收支不平衡问题也很严重,有些地区虽然能实现结余,但追溯基金构成可以看到,财政资金支持是产生结余的根本原因。这说明养老保险基金自身运营增值的效果并不理想,政府的"输血"还未转变为"造血"。同时,政府部门既负责基金使用的监督,又承担投资运营工作,所有权和经营权尚未分离,管理工作暗含多种风险,不利于人力、物力、财力资源的优化。因此,美国养老信托基金管理经验可以成为我国城乡居保基金保值增值的有益借鉴。

**2. 做实"个人账户"实现"部分积累"**

美国社会养老保险是全国统筹、联邦统管。在财务预算模式上,自从 1983 年以来,美国开始采用"部分储备融资"模式,现行的 OASDI 计划在形式上仍为现收现付制,但实质上它已具有一定程度的"部分积累制"特性。不过,它的"部分"积累不是通过"个人账户"来实现的,而主要体现在 OASDI 信托基金的"非充分性"储备原则中。它采用 10 年和 75 年的"滚动"精算,从动态意义上,借用现行的"部分"超额积累去抵补未来的可能"缺口"。我国社会养老保险制度不但多轨运行,而且只能实行形式上的"省级统筹"、分散管理。我国城镇职工基本养老保险计划正在向真正意义上的"统账结合"的"部分"积累制过渡，最终目标也就是要将名义上的、空账运行的"个人账户"做实。我国城乡居保制度在财务模式上应借鉴美国的做法，通过做实"个人账户"实现"部分积累"，而"统筹账户"则仍旧为"现收现付"方式。这一改革的成功必将有助于我们的社会养老保险顺利渡过人口老龄化难关。

# 第三章

# 湖南武陵山片区社会经济条件分析

## 第一节 湖南社会经济发展情况

### 一 经济发展总量及人均GDP

#### （一）经济总量

湖南省的经济发展可以分为两个阶段，第一个阶段是1952—1977年，经济缓慢增长；第二个阶段从1978年至今，经济快速增长。1952年地区生产总值为27.9亿元，1978年时GDP总量为129.17亿元。26年间地区总产值绝对量增加了101.27亿元，增长了3.6倍，年均名义增速为6.1%。1979—2016年，GDP总量由146.99亿元增加到31551.37亿元，37年间绝对量增加31404.38亿元，增长了213倍，年均名义增速为15.86%。2003—2016年，年均增速为16.02%（图3-1）。[①]

分区域看，2015年，长株潭地区GDP总量12548.3亿元，比上年增长9.8%；湘南地区GDP总量6031.8亿元，增长8.7%；大湘西地区GDP总量4897.1亿元，增长8.6%；洞庭湖地区GDP总量6949.7亿元，增长8.7%。2014年，长株潭地区GDP总量11555.9亿元，比上年增长10.5%；湘南地区GDP总量5568.1亿元，增长10.2%；大湘西地区GDP总量4520.6亿元，增长8.3%；洞庭湖地区GDP总量6436.7亿元，增长10.1%。2013年，长株潭城市群GDP总量10539.2亿元，比上年增长11.5%；环长株潭城市群GDP总量19645.4亿元，增长11%；湘南地区

---

① 根据湖南省相关年份的统计年鉴整理计算。

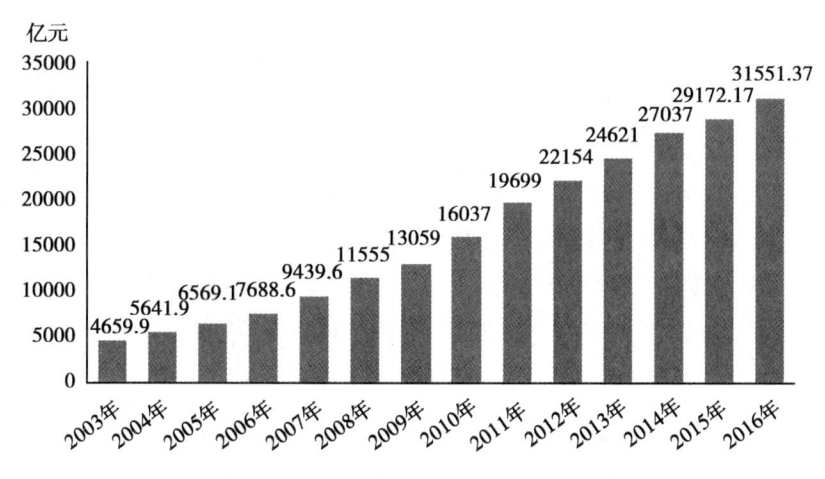

## 图 3-1 2003—2016 年湖南省 GDP 总量

资料来源：根据 2003—2016 年《湖南统计年鉴》整理。

GDP 总量 5016.7 亿元，增长 10.3%；大湘西地区 GDP 总量 3141.2 亿元，增长 8.8%；洞庭湖生态经济区 GDP 总量 6246.1 亿元，增长 10.5%。

2012 年，长株潭地区 GDP 总量 9441.7 亿元，比上年增长 12.7%；环长株潭城市群 GDP 总量 17660.7 亿元，增长 12.4%；湘南地区 GDP 总量 4523.5 亿元，增长 11.8%；大湘西地区 GDP 总量 2870.1 亿元，增长 11.3%。2011 年，长株潭地区 GDP 总量 8320.62 亿元，比上年增长 14.4%；环长株潭城市群 GDP 总量 15499.08 亿元，增长 14.2%；湘南地区 GDP 总量 4055.10 亿元，增长 13.9%；大湘西地区 GDP 总量 2499.57 亿元，增长 13.2%。2010 年，长株潭地区 GDP 总量 6715.91 亿元，增长 15.5%；环长株潭（"3+5"）城市群地区 GDP 总量 12560.17 亿元，增长 15.2%；湘南地区 GDP 总量 3269.27 亿元，增长 15.0%；大湘西地区 GDP 总量 2027.25 亿元，增长 13.7%。

2009 年，长株潭三市 GDP 总量 5506.71 亿元，增长 14.5%；环长株潭 "3+5" 地区 GDP 总量 10347.52 亿元，增长 14.0%。大湘西地区开发加快，实现 GDP 总量 1696.4 亿元，增长 13.0%。湘南地区实现 GDP 总量 2629.59 亿元，增长 14.9%，成为区域发展的新亮点。2008 年，长株潭地区 GDP 总量 4565.31 亿元，占全省地区 GDP 总量的 40.9%，比上年提高 3.2 个百分点；增长 14.5%，增速比全省平均水平高 1.7 个百分点。环长株潭 "3+5" 地区 GDP 总量 8760.51 亿元，增长 13.7%，增速比全省平均水平高 0.9 个百分点。大湘西地区 GDP 总量 1203.72 亿元，增长 11.6%。湘南地区 GDP 总量 2326.83 亿元，增长 10.7%。

2007 年，长株潭三市 GDP 总量 3461.78 亿元，比上年增长 15.7%，比全省快 1.3 个百分点；环长株潭"3+5"地区 GDP 总量 6923.58 亿元，增长 15.3%，比全省快 0.9 个百分点。大湘西地区开发初见成效，实现 GDP 总量 998.86 亿元，比上年增长 13.3%，加快 1.7 个百分点。2006 年，长株潭三市 GDP 总量达 2818 亿元，增长 14.1%，比全省快 2 个百分点；大湘西地区开发稳步推进，GDP 总量为 814.24 亿元，增长 11.6%。"3+5"地区 GDP 总量为 5644.98 亿元，增长 13.2%。（见表 3-1）

表 3-1　　　　湖南省区域 2006—2016 年 GDP 总量及增速　单位：亿元；%

| 年份 | 长株潭地区 | | 湘南地区 | | 大湘西地区 | | 环长株潭城市群 | | 湖南省 | |
| --- | --- | --- | --- | --- | --- | --- | --- | --- | --- | --- |
| | 总量 | 增速 | 总量 | 增速 | 总量 | 增速 | 总量 | 增速 | 总量 | 增速 |
| 2006 年 | 2818 | 14.1 | — | — | 814.24 | 11.6 | 5644.98 | 11.6 | 7688.67 | 12.8 |
| 2007 年 | 3461.78 | 15.7 | — | — | 998.86 | 13.3 | 6923.58 | 15.3 | 9439.6 | 15 |
| 2008 年 | 4565.31 | 14.5 | 2326.83 | 10.7 | 1203.72 | 11.6 | 8760.51 | 13.7 | 11555 | 13.9 |
| 2009 年 | 5506.71 | 14.5 | 3269.27 | 14.9 | 1696.4 | 13 | 10347.52 | 14 | 13059.69 | 13.7 |
| 2010 年 | 6715.91 | 15.5 | 3269.27 | 15 | 2027.25 | 13.3 | 12560.17 | 15.2 | 16037.96 | 14.6 |
| 2011 年 | 8320.62 | 14.4 | 4055.1 | 13.9 | 2499.57 | 13.2 | 15499.08 | 14.2 | 19635.19 | 12.8 |
| 2012 年 | 9441.7 | 11.5 | 4523.5 | 10.3 | 2870.1 | 8.8 | 17660.7 | 12.4 | 22154.2 | 11.3 |
| 2013 年 | 10539.2 | 11.5 | 5016.7 | 10.3 | 3141.2 | 8.8 | 17660.7 | 11 | 24621.7 | 10.1 |
| 2014 年 | 11555.9 | 10.5 | 5568.1 | 10.2 | 4520.6 | 8.3 | 21600.43 | 10.2 | 27037.32 | 9.8 |
| 2015 年 | 12548.3 | 9.8 | 6031.8 | 8.7 | 4897.1 | 8.6 | 23391.3 | 9.2 | 28902.21 | 6.9 |
| 2016 年 | 13712.5 | 9 | 6644.04 | 8.1 | 5340.63 | 7.8 | 25526.77 | 8.5 | 31511.37 | 9 |

资料来源：根据《湖南统计年鉴》（2007—2016）整理。

从区域发展来看，长株潭地区经济增长最快，年均增速达到了 13.2%，超过全省（12.09%）1.11 个百分点。大湘西地区年增速为 11.09%，低于全省 1 个百分点。环长株潭城市群的经济总量占全省的 70% 之多。

（二）人均 GDP

湖南省的人均 GDP 由 1952 年的 86 元到 2016 年的 46382 元，年均增速达到了 10.33%。1955 年人均 GDP 进入 100 元，1970 年进入 200 元，人均 GDP 从 100 元进入 200 元花了 15 年时间。1989 年，人均 GDP 进入

1000 元，1994 年，人均 GDP 进入 2000 元，人均 GDP 从 1000 元进入 2000 元花了 5 年时间。2005 年，人均 GDP 达到 10562 元。人均 GDP 从 1000 元进入 10000 元花了 16 年时间。2009 年，人均 GDP 进入 20000 元，人均 GDP 从 10000 元进入 20000 元花了 4 年时间。2012 年人均 GDP 进入 30000 元，人均 GDP 从 20000 元进入 30000 元花了 3 年时间。2016 年，人均 GDP 达到 46382 元（见图 3-2）。

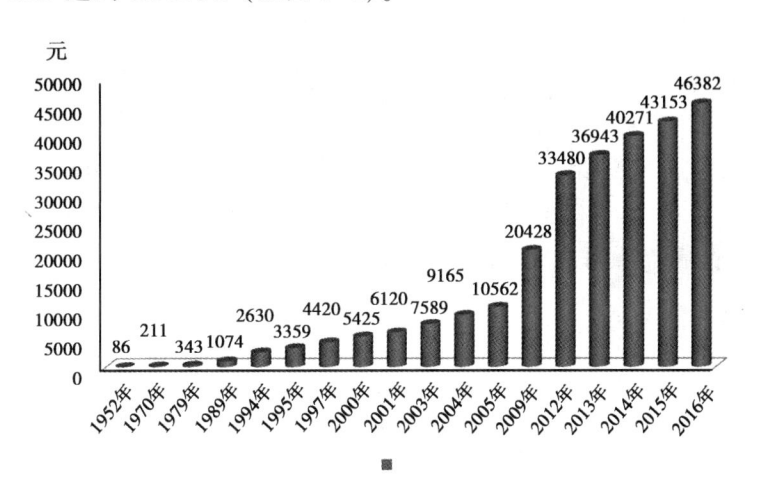

**图 3-2　1952—2016 年湖南省人均 GDP**

资料来源：根据《湖南统计年鉴》（1953—2017 年）整理。

## 二　财政收支

1978—2016 年，湖南省财政收入由 27.98 亿元上升到 4252 亿元，年均增速 14.14%。财政支出由 24.46 亿元上升到 6337 亿元，年均增速 15.75%。1978 年财政收入为 27.98 亿元，财政支出为 24.46 亿元，收支差额为 3.52 亿元。1982 年财政收入为 30.33 亿元，财政支出为 24.46 亿元，收支差额为 5.87 亿元。1989 年财政收入为 68.86 亿元，财政支出为 74.23 亿元，收支差额为 -5.37 亿元。1989 年财政收入为 171.84 亿元，财政支出为 151.49 亿元，收支差额为 20.35 亿元。1995 年财政收入为 204.02 亿元，财政支出为 173.94 亿元，收支差额为 30.26 亿元。1997 年财政收入为 254.98 亿元，财政支出为 230.82 亿元，收支差额为 24.16 亿元。

2000 年财政收入为 321.85 亿元，财政支出为 347.83 亿元，收支差额为-25.98亿元。2001年财政收入为361.71亿元，财政支出为431.7亿元，收支差额为-69.99亿元。2003年财政收入为489.75亿元，财政支出为573.75亿元，收支差额为-84亿元。2004年财政收入为612.4亿元，财政支出为719.5亿元，收支差额为-107.1亿元。2005年，财政收入为747.3亿元财政支出为873.42亿元，收支差额为-126.12亿元。2009年财政收入为1507.24亿元，财政支出为2210.48亿元，收支差额为-703.24亿元。2012年财政收入2937.95亿元，财政支出为4119亿元，收支差额为-1181.05亿元。2013年财政收入3315.02亿元，财政支出为4690.89亿元，收支差额为-1374.98亿元。2014年财政收入3629.7亿元，财政支出为5024.5亿元，收支差额为-1394.8亿元。2015年财政收入4011.04亿元，财政支出为5728.72亿元，收支差额为-1717.68亿元。2016年财政收入4252.1亿元，财政支出为6337.0亿元，收支差额为-2084.9亿元（见图3-3）。

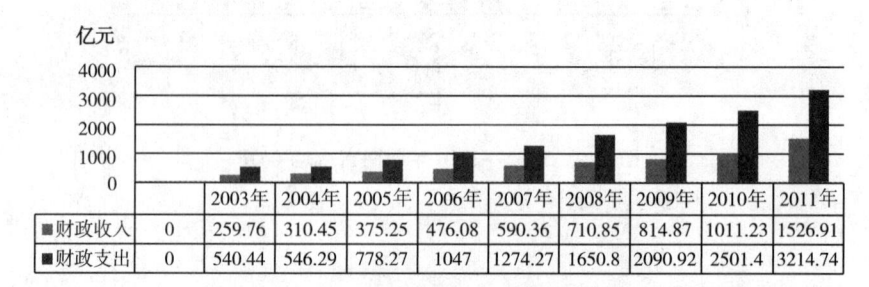

| 亿元 | | 2003年 | 2004年 | 2005年 | 2006年 | 2007年 | 2008年 | 2009年 | 2010年 | 2011年 |
|---|---|---|---|---|---|---|---|---|---|---|
| 财政收入 | 0 | 259.76 | 310.45 | 375.25 | 476.08 | 590.36 | 710.85 | 814.87 | 1011.23 | 1526.91 |
| 财政支出 | 0 | 540.44 | 546.29 | 778.27 | 1047 | 1274.27 | 1650.8 | 2090.92 | 2501.4 | 3214.74 |

**图3-3　1978—2016年湖南财政收支情况**

资料来源：根据《湖南统计年鉴》（1953—2017年）整理。

由统计的结果可知，2003年以前，财政收支以顺差为多。2003年以后，财政收支出现了逆差，且逆差的规模越来越大，这与我国为不断完善社会保障制度的财政投入增加分不开。2003年全国试点建立新农合制度，地方财政补助由试点时期的参保人员10元上升到2015年的200元左右。2007年试点建立城镇居民医保制度，2009年试点建立新农保制度，2011年建立城镇居民基本养老保险制度，2014年统一的城乡居保制度在全国建立。随着我国全民的养老和医疗保制度的建立，地方财政的负担会不断加重。

## 三 城乡居民人均纯收入

2001年农村居民人均纯收入为2299元，城镇居民人均可支配收入6718元；2002年农村居民人均纯收入为2398元，城镇居民人均可支配收入6959元；2003年农村居民人均纯收入为2533元，城镇居民人均可支配收入7674元；2004年农村居民人均纯收入为2838元，城镇居民人均可支配收入8617元；2005年农村居民人均纯收入为3118元，城镇居民人均可支配收入9524元；2006年农村居民人均纯收入为3390元，城镇居民人均可支配收入10505元；2007年农村居民人均纯收入为3904元，城镇居民人均可支配收入12294元；2008年农村居民人均纯收入为4513元，城镇居民人均可支配收入13821元；2009年农村居民人均纯收入为4910元，城镇居民人均可支配收入15084元。2010年农村居民人均纯收入为5622元，城镇居民人均可支配收入16566元。2011年农村居民人均纯收入为6567元，城镇居民人均可支配收入18844元。2012年农村居民人均纯收入为7440元，城镇居民人均可支配收入21319元。2013年农村居民人均纯收入为9029元，城镇居民人均可支配收入24352元。2014年农村居民人均纯收入为10060元，城镇居民人均可支配收入26570元。2015年农村居民人均纯收入为10993元，城镇居民人均可支配收入28838元。2016年农村居民人均纯收入为11930元，城镇居民人均可支配收入31284元（见图3-4）。

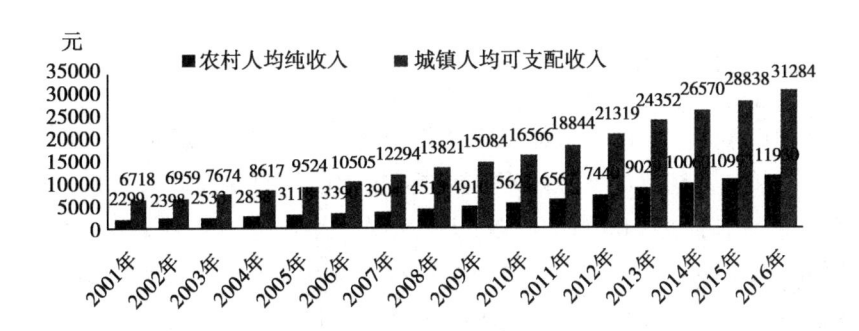

图3-4 2001—2016年湖南城乡居民年均收入

## 四 城镇化率

2001—2016 年,湖南城镇化率有了较大提高,城镇化率年均增速为 0.39 个百分点。

2001 年城镇人口为 2031.52 万人,总人口 6595.82 万人,城镇化率为 30%。2002 年,城镇人口为 2121.12 万人,总人口 6628.5 万人,城镇化率为 32%。2003 年城镇人口为 2232.04 万人,总人口 6662.8 万人,城镇化率为 33.5%。2004 年,城镇人口为 2377.68 万人,总人口 6697.7 万人,城镇化率 35.5%。2005 年城镇人口为 2490.88 万人,总人口 6732.1 万人,城镇化率为 37%。2006 年城镇人口为 2619.93 万人,总人口 6768.1 万人,城镇化率为 38.71%。2007 年,城镇人口为 2752.91 万人,总人口 6805.7 万人,城镇化率为 40.45%。2008 年城镇人口为 2885.25 万人,总人口 6845.2 万人,城镇化率为 42.15%。2009 年城镇化人口为 2980.89 万人,总人口 6900.2 万人,城镇化率为 43.12%。2010 年城镇化人口为 3069.77 万人,总人口 7089.53 万人,城镇化率为 43.3%。2011 年城镇化人口为 3218.16 万人,总人口 7145.6 万人,城镇化率 45.1%。2012 年城镇人口为 3349.41 万人,总人口 7179.87 万人,城镇化率 46.65%。2013 年城镇人口为 3427.84 万人,总人口 7147.28 万人,城镇化率为 47.96%。2014 年城镇人口为 3549.29 万人,总人口 7202.29 万人,城镇化率为 49.28%。2015 年城镇化人口为 3451.9 万人,总人口 6783.0 万人,城镇化率为 50.89%%。2016 年城镇化人口为 3598.6 万人,总人口 6822.0 万人,城镇化率为 52.75%。

## 五 社会养老保险参保人数

2009 年末,湖南省参加城镇基本养老保险职工人数为 879.17 万人,比上年末增加 50.11 万人。新型农村养老保险试点工作顺利推进,14 个试点县全面启动,106 万 60 岁以上老年农民领取了基本养老金。年末全省领取失业保险金职工人数 18.16 万人。2010 年末,全省参加城镇基本养老保险职工人数 937.66 万人,比上年末增加 58.59 万人。2011 年末,全省参加城镇基本养老保险职工人数 988.45 万人,比上年末增加 49.55 万人。新型农村养老保险参保人数 938.2 万人。城市低保对象月人均补助 185 元,比上年增加 30 元;农村低保对象月人均补助 70 元,比上年增加

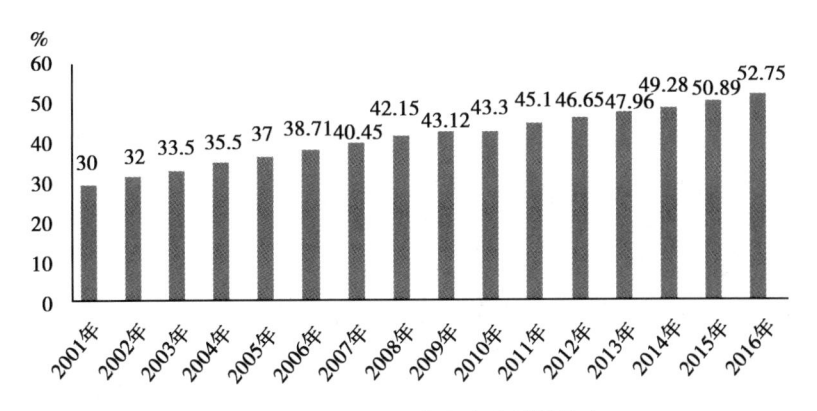

图 3-5　2001—2016 年湖南省城镇化率

15 元。2012 年末，全省参加城镇基本养老保险职工人数 1048.1 万人，比上年末增加 60 万人。新型农村养老保险参保人数 3414 万人，增加 680.2 万人。2013 年，参加城镇基本养老保险职工人数 1091.7 万人，比上年末增加 43.6 万人，新型农村养老保险登记参保人数 3381.0 万人。2014 年，参加城镇基本养老保险职工人数 1118.89 万人，新型农村养老保险登记参保人数 3284.0 万人。2014 年末，参加城镇基本养老保险职工人数 1160.7 万人。2015 年，参加城镇基本养老保险职工人数 1160.06 万人，比上年末增加 41.17 万人，新型农村养老保险登记参保人数 3280.1 万人。2016 年参加城乡居民养老保险人数 3320.5 万人。由图 3-6 可知，2011—2015 年，湖南省城乡居民基本养老保险参保人数由 938.2 万人增加到 3320.5 万人，绝对人数增加了 2382.3 万人，年均增速达 28.76%。同期，城镇养老保险参保人数增加了 215.45 万人，年均增速为 4.02%。

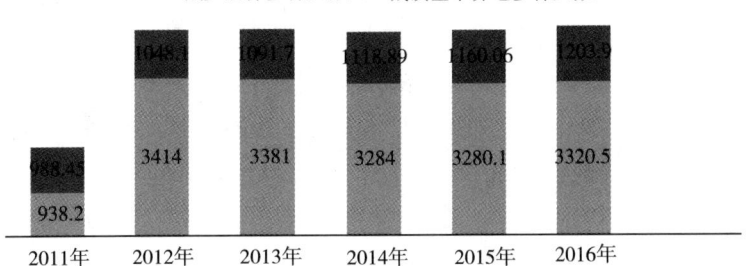

图 3-6　2011—2016 年湖南省社会养老保险参保人数（单位：万人）

资料来源：根据《湖南统计年鉴》（2012—2017）整理。

## 第二节　湖南片区社会经济条件分析

### 一　GDP总量及人均GDP

湖南武陵山片区包括37个县市区：吉首市、泸溪县、凤凰县、花垣县、保靖县、古丈县、永顺县、龙山县、永定区、武陵源区、慈利县、桑植县、鹤城区、中方县、沅陵县、辰溪县、溆浦县、会同县、麻阳县、新晃县、芷江县、靖州县、通道县、洪江市、石门县、安化县、新化县、冷水江市、涟源市、新邵县、邵阳县、隆回县、洞口县、绥宁县、新宁县、城步县、武冈市。

#### （一）GDP总量

湖南片区37个县市区经济发展规模不断增长，2003—2016年，GDP年均增速为15.5%。其中，2003年为6650836万元，2007年为14104149万元，2008年为16399656万元，2009年为18735037万元，2010年为22150516万元，2011年为27415769万元，2012年为31642001万元，2013年为34723255万元，2014年为37902319万元，2015年为41084580万元，2016年为43311091万元。

分地区来看，2003年，怀化市12县区GDP总量为1857431万元，湘西自治州8县市681687万元，张家界市4县区为583628万元，常德市石门县GDP总量为386150万元，益阳市安化县GDP总量为260956万元，娄底市3县市GDP总量为1040414万元，邵阳市8县市1840570万元；2008年，怀化市12县区GDP总量为4878687万元，湘西自治州8县市2290691万元，张家界市4县区为1734482万元，常德市石门县GDP总量为766746万元，益阳市安化县GDP总量为633287万元，娄底市3县市GDP总量为2919172万元，邵阳市8县市3176591万元。2009年，怀化市12县区GDP总量为5455463万元，湘西自治州8县市2689707万元，张家界市4县区为2036137万元，常德市石门县GDP总量为1031952万元，益阳市安化县GDP总量为750570万元，娄底市3县市GDP总量为3149791万元，邵阳市8县市3621417万元。

2010年，怀化市12县区GDP总量为6505191万元，湘西自治州8县市3035363万元，张家界市4县区为2436947万元，常德市石门县GDP

总量为 1222254 万元，益阳市安化县 GDP 总量为 885044 万元，娄底市 3 县市 GDP 总量为 3713291 万元，邵阳市 8 县市 4352426 万元；2011 年，怀化市 12 县区 GDP 总量为 8135418 万元，湘西自治州 8 县市 3613657 万元，张家界市 4 县区为 3007829 万元，常德市石门县 GDP 总量为 1464056 万元，益阳市安化县 GDP 总量为 1117235 万元，娄底市 3 县市 GDP 总量为 4621770 万元，邵阳市 8 县市 5455804 万元。2012 年，怀化市 12 县区 GDP 总量为 9668074 万元，湘西自治州 8 县市 3975085 万元，张家界市 4 县区为 3418910 万元，常德市石门县 GDP 总量为 1629301 万元，益阳市安化县 GDP 总量为 1322533 万元，娄底市 3 县市 GDP 总量为 5452387 万元，邵阳市 8 县市 6175711 万元。2013 年，怀化市 12 县区 GDP 总量为 10894502 万元，湘西自治州 8 县市 4189429 万元，张家界市 4 县区为 3705649 万元，常德市石门县 GDP 总量为 1629301 万元，益阳市安化县 GDP 总量为 1464844 万元，娄底市 3 县市 GDP 总量为 6119226 万元，邵阳市 8 县市 6720304 万元。

2014 年，怀化市 12 县区 GDP 总量为 11461819 万元，湘西自治州 8 县市 4570045 万元，张家界市 4 县区为 4153700 万元，常德市石门县 GDP 总量为 1938447 万元，益阳市安化县 GDP 总量为 1628404 万元，娄底市 3 县市 GDP 总量为 6637225 万元，邵阳市 8 县市 7512679 万元。2015 年，怀化市 12 县区 GDP 总量为 12311807 万元，湘西自治州 8 县市 4974432 万元，张家界市 4 县区为 4531716 万元，常德市石门县 GDP 总量为 2113881 万元，益阳市安化县 GDP 总量为 1750207 万元，娄底市 3 县市 GDP 总量为 7111483 万元，邵阳市 8 县市 8291054 万元。2016 年，怀化市 12 县区 GDP 总量为 13559240 万元，湘西自治州 8 县市 5308679 万元，张家界市 4 县区为 5004611 万元，常德市石门县 GDP 总量为 2398622 万元，益阳市安化县 GDP 总量为 196266 万元，娄底市 3 县市 GDP 总量为 7756787 万元，邵阳市 8 县市 9086685 万元。

**（二）GDP 总量增速**

2003—2016 年，湖南片区 37 个县市 GDP 年均增速为 15.5%。分地区来看，怀化市 GDP 年均增速为 16.5%。湘西自治州 8 县市年均增速为 17.1%。张家界市 4 县区年均增速为 17.8%。常德市石门县年均增速为 15.1%。益阳市安化县 GDP 年均增速为 9.78%。娄底市 3 县市 GDP 年均增速为 16.7%。邵阳市 8 县市年均增速为 13.1%。最高与最低增速之间相差 8 个百分点，超过平均水平 15.5%的有怀化市（16.5%）、湘西自治州 8 县市（17.1%）、张家界市 4 县区（17.8%）、娄底市 3 县市（16.4%）。邵阳市 8 县市、安化县、石门县增速低于平均水平（见图 3-7）。

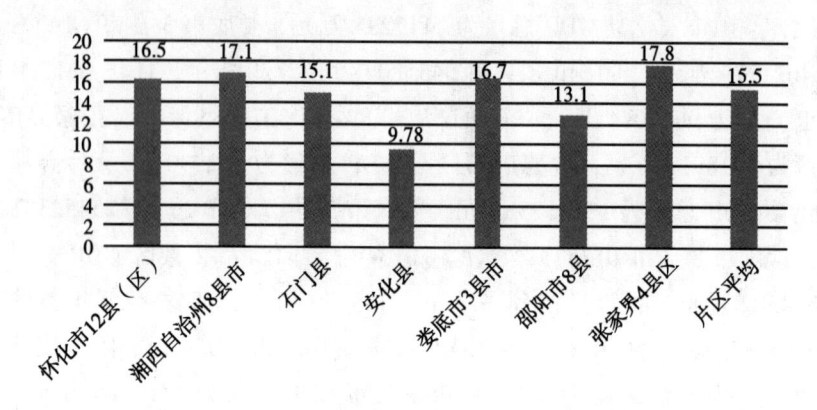

**图 3-7　2003—2016 年湖南片区 GDP 增速**（单位:%）

资料来源：根据《湖南统计年鉴》（2004—2017）公布的数据计算。

### （三）人均 GDP

#### 1. 人均 GDP 绝对增长量

2003—2016 年，湖南片区 37 个县市区人均 GDP 由 4430 元上升到 26785 元，年均增速 14.85%。2007 年为 9325 元，2008 年为 10962 元，2009 年为 12243 元，2010 年为 14077 元，2011 年为 16984 元，2012 年为 19442 元，2013 年为 21149 元，2014 年为 22867 元，2015 年为 24599 元，2016 年为 26785 元。

分地区看，2003 年，怀化市 12 县区人均 GDP 为 4264.67 元，湘西自治州 8 县市 3387.38 元，张家界市 4 县区人均 GDP 为 6737.25 元，常德市石门县人均 GDP 为 6323 元，益阳市安化县人均 GDP 为 3030 元，娄底市 3 县市人均 GDP 为 5824.67 元，邵阳市 8 县市 3916.11 元；2007 年，怀化市 12 县区人均 GDP 为 8888.08 元，湘西自治州 8 县市 8168.75 元，张家界市 4 县区人均 GDP 为 15812 元，常德市石门县人均 GDP 为 11760 元，益阳市安化县人均 GDP 为 6130 元，娄底市 3 县市人均 GDP 为 13629.67 元，邵阳市 8 县市人均 GDP 为 6375 元；2009 年，怀化市 12 县区人均 GDP 为 11856.67 元，湘西自治州 8 县市人均 GDP 为 11376.13 元，张家界市 4 县区人均 GDP 为 20721.5 元，常德市石门县人均 GDP 为 17355 元，益阳市安化县人均 GDP 为 8528 元，娄底市 3 县市人均 GDP 为 17466.67 元，邵阳市 8 县市人均 GDP 为 7315.38 元。

2010 年，怀化市 12 县区人均 GDP 为 13889 元，湘西自治州 8 县市人均 GDP 为 12544 元，张家界市 4 县区人均 GDP 为 22817 元，常德市石门县人均 GDP 为 20501 元，益阳市安化县人均 GDP 为 9924 元，娄底市 3 县市人均 GDP 为 20408 元，邵阳市 8 县市人均 GDP 为 8486 元；2011 年，怀化市 12 县区人均 GDP 为 16963 元，湘西自治州 8 县市人均 GDP 为 14671 元，张家界市 4 县区人均 GDP 为 26347 元，常德市石门县人均 GDP 为 24409 元，益阳市安化县人均 GDP 为 12374 元，娄底市 3 县市人均 GDP 为 27484 元，邵阳市 8 县市人均 GDP 为 10356 元。2012 年，怀化市 12 县区人均 GDP 为 20031 元，湘西自治州 8 县市人均 GDP 为 16027 元，张家界市 4 县区人均 GDP 为 30012 元，常德市石门县人均 GDP 为 27137 元，益阳市安化县人均 GDP 为 14567 元，娄底市 3 县市人均 GDP 为 32000 元，邵阳市 8 县市人均 GDP 为 11628 元。

2013 年，怀化市 12 县区人均 GDP 为 22210 元，湘西自治州 8 县市人均 GDP 为 16709 元，张家界市 4 县区人均 GDP 为 32300 元，常德市石门县人均 GDP 为 30054 元，益阳市安化县人均 GDP 为 16071 元，娄底市 3 县市人均 GDP 为 35484 元，邵阳市 8 县市人均 GDP 为 12568 元。2014 年，怀化市 12 县区人均 GDP 为 23373 元，湘西自治州 8 县市人均 GDP 为 18109 元，张家界市 4 县区人均 GDP 为 36227 元，常德市石门县人均 GDP 为 32286 元，益阳市安化县人均 GDP 为 17840 元，娄底市 3 县市人均 GDP 为 35484 元，邵阳市 8 县市人均 GDP 为 13971 元。2015 年，怀化市 12 县区人均 GDP 为 24978 元，湘西自治州 8 县市人均 GDP 为 19494 元，张家界市 4 县区人均 GDP 为 39256 元，常德市石门县人均 GDP 为 35202 元，益阳市安化县人均 GDP 为 19174 元，娄底市 3 县市人均 GDP 为 37982 元，邵阳市 8 县市人均 GDP 为 15335 元。2016 年，怀化市 12 县区人均 GDP 为 27362 元，湘西自治州 8 县市人均 GDP 为 20563 元，张家界市 4 县区人均 GDP 为 43522 元，常德市石门县人均 GDP 为 39871 元，益阳市安化县人均 GDP 为 21499 元，娄底市 3 县市人均 GDP 为 43146 元，邵阳市 8 县市人均 GDP 为 16661 元。

表 3-2　　　　2003—2016 年湖南武陵山片区 37 个县市区
人均 GDP 变化情况　　　　　单位：元

| 地区 | 2003 年 | 2007 年 | 2009 年 | 2010 年 | 2011 年 | 2012 年 | 2013 年 | 2014 年 | 2015 年 | 2016 年 |
|---|---|---|---|---|---|---|---|---|---|---|
| 新邵县 | 3824 | 5961 | 6681 | 7825 | 10127 | 11514 | 12649 | 14085 | 15249 | 16397 |
| 邵阳县 | 2633 | 4704 | 6201 | 7352 | 8792 | 9653 | 10531 | 11739 | 12866 | 13932 |
| 隆回县 | 3238 | 4477 | 5888 | 6944 | 8509 | 9572 | 10191 | 11486 | 12777 | 13887 |
| 洞口县 | 5040 | 7013 | 7873 | 9331 | 11678 | 13240 | 14480 | 16024 | 17523 | 19132 |
| 绥宁县 | 5975 | 10283 | 10645 | 12280 | 14294 | 16069 | 17604 | 19428 | 21042 | 22734 |
| 新宁县 | 3259 | 5389 | 6748 | 7779 | 9442 | 10732 | 11834 | 13209 | 14673 | 16172 |
| 城步县 | 3940 | 6839 | 6690 | 7628 | 9260 | 10132 | 10595 | 11663 | 12865 | 13744 |
| 武冈市 | 3934 | 6334 | 7797 | 8749 | 10746 | 12112 | 12657 | 14135 | 15688 | 17286 |
| 石门县 | 6323 | 11760 | 17355 | 20501 | 24409 | 27137 | 30054 | 32286 | 35202 | 39871 |
| 永定区 | 4522 | 15497 | 20139 | 23441 | 27701 | 31253 | 33337 | 36900 | 39748 | 43699 |
| 武陵源区 | 16078 | 33716 | 43812 | 44590 | 48270 | 55458 | 59885 | 67903 | 73455 | 82353 |
| 慈利县 | 3875 | 7841 | 10653 | 13345 | 16696 | 18714 | 20303 | 22584 | 24747 | 27029 |
| 桑植县 | 2474 | 6194 | 8282 | 9893 | 12722 | 14624 | 15672 | 17518 | 19075 | 21008 |
| 安化县 | 3030 | 6130 | 8528 | 9924 | 12374 | 14567 | 16071 | 17840 | 19174 | 21499 |
| 鹤城区 | 5765 | 21805 | 29498 | 29398 | 32192 | 39577 | 43132 | 44008 | 47190 | 52190 |
| 中方县 | 4985 | 10660 | 16912 | 21265 | 26145 | 30846 | 34218 | 35747 | 37870 | 41634 |
| 沅陵县 | 6226 | 10669 | 13596 | 16385 | 20453 | 24194 | 26525 | 27798 | 27318 | 29374 |
| 辰溪县 | 2972 | 6556 | 9099 | 11367 | 14509 | 17026 | 18986 | 20132 | 21550 | 23466 |
| 溆浦县 | 3529 | 6603 | 7855 | 9186 | 11749 | 13863 | 15330 | 15331 | 16743 | 18475 |
| 会同县 | 4843 | 6992 | 8069 | 9679 | 12212 | 14334 | 16023 | 17040 | 18404 | 20455 |
| 麻阳县 | 2927 | 5962 | 8044 | 10097 | 11862 | 13744 | 15420 | 16700 | 18334 | 20272 |
| 新晃县 | 3286 | 6812 | 8029 | 10221 | 13002 | 15412 | 17193 | 18328 | 19851 | 21709 |

续表

| 地区 | 2003年 | 2007年 | 2009年 | 2010年 | 2011年 | 2012年 | 2013年 | 2014年 | 2015年 | 2016年 |
|---|---|---|---|---|---|---|---|---|---|---|
| 芷江县 | 4247 | 8115 | 11462 | 14069 | 17762 | 20518 | 22994 | 24134 | 26175 | 28689 |
| 靖州县 | 5608 | 9246 | 11994 | 14104 | 17550 | 20348 | 22774 | 25078 | 27127 | 29475 |
| 通道县 | 2854 | 5331 | 7491 | 8794 | 11003 | 12781 | 14134 | 14871 | 16106 | 17587 |
| 洪江市 | 3934 | 7906 | 10227 | 12107 | 15117 | 17733 | 19786 | 21314 | 23072 | 25024 |
| 新化县 | 2667 | 4806 | 7037 | 8582 | 11135 | 13398 | 15063 | 16620 | 17929 | 19720 |
| 冷水江市 | 11405 | 27434 | 35033 | 43373 | 55692 | 64257 | 70781 | 75181 | 78672 | 83756 |
| 涟源市 | 3402 | 8648 | 10330 | 12269 | 15624 | 18346 | 20607 | 22145 | 23773 | 25962 |
| 吉首市 | 7123 | 17584 | 22675 | 24730 | 28482 | 31537 | 33904 | 35806 | 39364 | 42043 |
| 泸溪县 | 2940 | 6244 | 11100 | 13518 | 17236 | 17472 | 16876 | 18529 | 18644 | 18507 |
| 凤凰县 | 2984 | 5524 | 8412 | 9801 | 11974 | 13382 | 15368 | 17265 | 19362 | 21499 |
| 花垣县 | 2765 | 14473 | 18150 | 17517 | 18850 | 20337 | 19980 | 20450 | 20056 | 19868 |
| 保靖县 | 2945 | 7282 | 10974 | 11906 | 13374 | 14563 | 12695 | 13954 | 15331 | 16272 |
| 古丈县 | 2767 | 5085 | 7061 | 8301 | 10086 | 11580 | 13345 | 15258 | 16893 | 17913 |
| 永顺县 | 2436 | 4456 | 6051 | 7057 | 8667 | 9590 | 10712 | 11628 | 12918 | 13666 |
| 龙山县 | 3139 | 4702 | 6586 | 7524 | 8701 | 9754 | 10791 | 11980 | 13383 | 14736 |
| 平均 | 4430 | 9325 | 12243 | 14077 | 16984 | 19442 | 21149 | 22867 | 24599 | 26785 |

资料来源：根据《湖南统计年鉴》（2004—2017）公布的数据整理。

2. 人均GDP增速

2003—2016年，武陵山湖南片区人均GDP年均增速为14.85%。其中，邵阳市8县市人均GDP年均增速为11.64%，石门县为15.22%，安化县为16.27%，怀化12县市为15.37%，湘西自治州8县市为14.88%，娄底市3县市为19.11%，张家界4县区为15.43%（图3-2）。从县级层面看，人均GDP增速排在前三位的分别是永定区（18.20%）、鹤城区（17.55%）、桑植县（16.88%）。年均增速排在后三位的分别是城步县（9.53%）、洞口县（10.01%）、绥宁县（10.17%）。

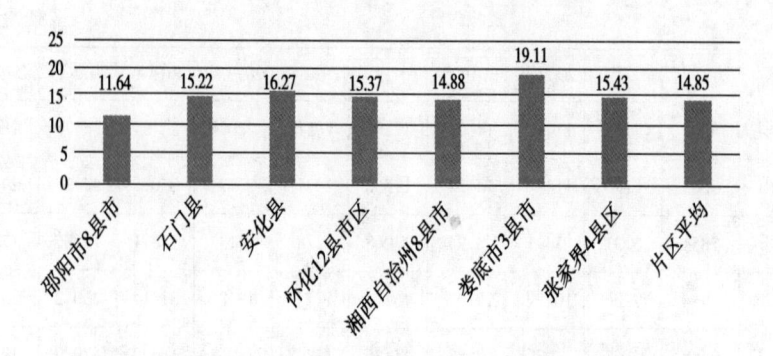

图 3-8　2003—2016 年湖南武陵山片区人均 GDP 增速

资料来源：根据《湖南统计年鉴》（2004—2017）公布的数据计算。

## 二　财政收入

财政作为城乡居民基本养老保险制度的筹资主体，必须保证一定的增长速度。2003—2016 年，湖南片区财政收入由 25.19 亿元上升到 196.67 亿元，年均增速为 17.13%。其中，怀化市 12 市县区财政收入由 7.17 亿元上升到 49.202 亿元，年均增速为 15.33%。张家界市 4 县区财政收入 3.11 亿元上升到 19.995 亿元，年均增速为 15.4%。常德市石门县财政收入由 1.53 亿元上升到 7.5831 亿元，年均增速为 13.1%。益阳市安化县财政收入 0.36 亿元上升到 6.75 亿元，年均增速为 26.68%。娄底市 3 县市财政收入由 2.34 亿元上升到 26.89 亿元，年均增速为 20.7%。邵阳市 8 县市财政收入由 7.5 亿元上升到 49.32 亿元，年均增速为 16.0%。

2003 年，湖南武陵山片区 37 县市区财政收入处于后三位的分别是古丈县（1278 万元）、泸溪县（2686 万元）、中方县（2712 万元）。2003 年湖南片区财政收入处于前三位的分别是石门县（15308 万元）、邵阳县（12894 万元）、隆回县（12393 万元）；2015 年，湖南片区 37 县市区财政收入处于后三位的分别是古丈县（18481 万元）、保靖县（18496 万元）、通道县（19540 万元）。财政收入处于前三位的分别是冷水江市（90298 万元）、沅陵县（85679 万元）、新化县（68515 万元）；2016 年，湖南片区 37 县市区财政收入处于后三位的分别是古丈县（21530 万元）、通道县（22159 万元）、靖州县（26409 万元）。财政收入处于前三位的分别是冷水江市（111431 万元）、新邵县（82087 万元）、涟源市（79598 万元）（见表 3-3）。

表 3-3　　　　　　　　2003—2016 年湖南片区 37 县财政收入　　　　单位：万元

| 地区 | 2003 年 | 2007 年 | 2009 年 | 2010 年 | 2012 年 | 2014 年 | 2016 年 |
|---|---|---|---|---|---|---|---|
| 吉首市 | 8851 | 24499 | 28658 | 33126 | 47022 | 65925 | 75614 |
| 泸溪县 | 2686 | 7968 | 14034 | 15880 | 18425 | 26475 | 34209 |
| 凤凰县 | 3273 | 9475 | 14772 | 18666 | 40651 | 54808 | 77359 |
| 花垣县 | 4927 | 32410 | 30508 | 32797 | 33178 | 42049 | 52366 |
| 保靖县 | 3449 | 7348 | 12191 | 12889 | 19259 | 18496 | 27328 |
| 古丈县 | 1278 | 2316 | 4006 | 4878 | 10840 | 18481 | 21503 |
| 永顺县 | 4241 | 5953 | 9890 | 11761 | 22066 | 26545 | 33323 |
| 龙山县 | 5997 | 9961 | 14123 | 14951 | 21853 | 32059 | 47459 |
| 永定区 | 7683 | 13033 | 20121 | 23003 | 34581 | 48651 | 53353 |
| 武陵源区 | 7022 | 15884 | 17328 | 20746 | 31145 | 36831 | 40547 |
| 慈利县 | 8735 | 15022 | 26854 | 31761 | 49977 | 60364 | 72851 |
| 桑植县 | 7709 | 7832 | 14009 | 16264 | 24806 | 32024 | 33199 |
| 鹤城区 | 4553 | 13006 | 24366 | 33931 | 63345 | 55143 | 64982 |
| 中方县 | 2712 | 8538 | 15386 | 18983 | 34883 | 30562 | 33095 |
| 沅陵县 | 11588 | 20080 | 29668 | 37328 | 67740 | 85679 | 70973 |
| 辰溪县 | 7050 | 15327 | 22087 | 26057 | 46049 | 40505 | 46588 |
| 溆浦县 | 10456 | 16001 | 24439 | 28680 | 45786 | 36642 | 43111 |
| 会同县 | 5694 | 8218 | 12850 | 15881 | 29500 | 27447 | 31188 |
| 麻阳县 | 4326 | 5526 | 8686 | 10171 | 21586 | 24975 | 29691 |
| 新晃县 | 3571 | 4402 | 6838 | 8346 | 17011 | 20816 | 28547 |
| 芷江县 | 5025 | 7882 | 14234 | 18477 | 35696 | 40057 | 51866 |
| 靖州县 | 4888 | 7204 | 10635 | 12456 | 23751 | 21968 | 26409 |
| 通道县 | 3290 | 4271 | 6584 | 8111 | 16559 | 19540 | 22159 |
| 洪江市 | 8499 | 11648 | 25056 | 25147 | 62395 | 51593 | 43393 |
| 石门县 | 15308 | 26993 | 31477 | 38239 | 54833 | 61259 | 75831 |
| 安化县 | 3571 | 16046 | 21636 | 27178 | 45672 | 61914 | 67474 |
| 新化县 | 7683 | 23217 | 28201 | 33073 | 57647 | 68515 | 77912 |
| 冷水江市 | 7022 | 38351 | 55755 | 71363 | 105416 | 90298 | 111431 |
| 涟源市 | 8735 | 30176 | 37685 | 42618 | 70745 | 66583 | 79598 |
| 新邵县 | 4555 | 14509 | 18200 | 23544 | 38419 | 66116 | 82087 |

续表

| 地区 | 2003年 | 2007年 | 2009年 | 2010年 | 2012年 | 2014年 | 2016年 |
| --- | --- | --- | --- | --- | --- | --- | --- |
| 邵阳县 | 12894 | 13247 | 18254 | 22675 | 37642 | 53446 | 67781 |
| 隆回县 | 12393 | 15736 | 22279 | 26580 | 42506 | 62065 | 74873 |
| 洞口县 | 9647 | 14654 | 19238 | 22279 | 37496 | 52933 | 71417 |
| 绥宁县 | 8191 | 11639 | 11201 | 12209 | 22240 | 30883 | 36288 |
| 新宁县 | 8500 | 13441 | 18794 | 23311 | 39067 | 47085 | 57049 |
| 城步县 | 5313 | 6824 | 7282 | 9169 | 16073 | 26011 | 29668 |
| 武冈市 | 10551 | 17858 | 24393 | 27062 | 48685 | 58045 | 74078 |
| 总计 | 251866 | 516495 | 721718 | 859590 | 1434545 | 1633716 | 1966600 |

资料来源：根据《湖南统计年鉴》（2004—2017）的数据整理。

由表3-3可知：伴随经济的高速增长，湖南武陵山片区地方财政收入无论是绝地规模还是年均增速均呈现快速增势的特征，这为城乡居民基本养老保险制度提供了坚实的物质保障。但片区各县市区增速各有不同，有些县财政收入总量少，增速也落后于片区的平均速度。如古丈县、保靖县等县。

### 三 农村居民人均纯收入

2003年湖南武陵山片区农村居民人均纯收入1728元，2007年农村人均纯收入为2539元，2008年农村人均纯收入2782元，2009年农村人均纯收入为2926元，2010年农村人均纯收入为3421元，2011年农村人均纯收入为4024元，2012年农村人均纯收入为4678元。2013农村人均纯收入为6025元，2014农村人均纯收入为6748元，2015农村人均纯收入为7532元，2016农村人均纯收入为8365元。2003—2016年，湖南片区农村居民人均纯收入绝对量增加6637元。

2015年，农村人均纯收入排在前三位的分别是冷水江市（18239元）、鹤城区（10657元）、武陵源区（10001元）。农村人均纯收入排在后三位的分别是古丈县（5262元）、城步县（5332元）、通道县（5339元）。农村人均纯收入在10000元以上的有冷水江市（18239元）、鹤城区（10657元）、武陵源区（10001元）等3市区；农村人均纯收入在8000—10000元之间的有（6县市）石门县（8778元）、武冈市（8540元）、中方县（8443元）、溆浦县（8379元）、洪江市（8325元）、新邵县（8149

元）；37 县市中，有 24 县低于湖南片区平均水平。2014 年，农村人均纯收入排在前三位的分别是冷水江市（16921 元）、鹤城区（9608 元）、武陵源区（8899 元）。农村人均纯收入排在后三位的分别是古丈县（4626 元）、城步县（4687 元）、桑植县（4719 元）。农村人均纯收入在 9000 元以上的有冷水江市（16921 元）、鹤城区（9608 元）等 2 市区；农村人均纯收入在 8000—9000 元为武陵源区（8899 元）；农村人均纯收入在 7000—8000 元之间有 8 县（市）：吉首市（7018 元）、中方县（7577 元）、溆浦县（7575 元）、洪江市（7519 元）、慈利县（7019 元）、新邵县（7269 元）、邵阳县（7040 元）、武冈市（7596 元）；37 县市中，有 22 县低于湖南片区平均水平（见表 3-4）。

表 3-4　　　　2003—2016 年湖南片区农村居民人均纯收入　　　　单位：元

| 地区 | 2003 年 | 2007 年 | 2008 年 | 2009 年 | 2010 年 | 2011 年 | 2012 年 | 2013 年 | 2014 年 | 2016 年 |
|---|---|---|---|---|---|---|---|---|---|---|
| 吉首市 | 1975 | 2778 | 2984 | 3307 | 3687 | 4162 | 4823 | 6269 | 7018 | 8749 |
| 泸溪县 | 1245 | 2224 | 2551 | 2855 | 3143 | 3647 | 4089 | 4707 | 5256 | 6724 |
| 凤凰县 | 1354 | 2280 | 2774 | 3145 | 3460 | 4012 | 4681 | 5733 | 6415 | 8213 |
| 花垣县 | 1262. | 2292 | 2705 | 2980 | 3290 | 3783 | 4354 | 4903 | 5509 | 7055 |
| 保靖县 | 1267 | 2237 | 2539 | 2796 | 3228 | 3705 | 4191 | 5482 | 6168 | 7772 |
| 古丈县 | 1234 | 1943 | 2148 | 2381 | 2620 | 3086 | 3596 | 4127 | 4626 | 5981 |
| 永顺县 | 1338 | 2107 | 2417 | 2662 | 2942 | 3406 | 3963 | 4361 | 4906 | 6288 |
| 龙山县 | 1465 | 2281 | 2510 | 2775 | 3077 | 3628 | 4164 | 4361 | 6095 | 7632 |
| 永定区 | 1715 | 2939 | 3329 | 2394 | 4236 | 4593 | 4961 | 6054 | 6640 | 8175 |
| 武陵源区 | 1950 | 3717 | 4184 | 4976 | 5085 | 5714 | 6465 | 7862 | 8899 | 10985 |
| 慈利县 | 1701 | 2849 | 3193 | 4620 | 3955 | 4451 | 5032 | 6245 | 7091 | 8730 |
| 桑植县 | 1223 | 1890 | 2163 | 2371 | 2642 | 3020 | 3406 | 4226 | 4719 | 6264 |
| 鹤城区 | 2750 | 3469 | 3989 | 4038 | 4830 | 5902 | 7080 | 8506 | 9608 | 11818 |
| 中方县 | 2002 | 2717 | 3730 | 2142 | 4234 | 5151 | 6082 | 6830 | 7577 | 9275 |
| 沅陵县 | 1348 | 1721 | 2996 | 2488 | 2627 | 3630 | 4265 | 5681 | 6402 | 7796 |
| 辰溪县 | 1762 | 2192 | 1940 | 2488 | 2983 | 3840 | 4777 | 6038 | 6693 | 8187 |
| 溆浦县 | 2611 | 3301 | 2334 | 2489 | 4281 | 4834 | 5453 | 6943 | 7575 | 9300 |
| 会同县 | 2300 | 2115 | 3547 | 2490 | 3243 | 3848 | 4632 | 6124 | 6672 | 8181 |
| 麻阳县 | 1428 | 1884 | 2276 | 2491 | 2600 | 3590 | 4300 | 4794 | 5373 | 6763 |
| 新晃县 | 1302 | 1615 | 2007 | 2492 | 2380 | 3203 | 3936 | 4874 | 5393 | 6732 |
| 芷江县 | 1776 | 2186 | 1754 | 2493 | 3513 | 3975 | 4535 | 5217 | 5838 | 7285 |

续表

| 地区 | 2003年 | 2007年 | 2008年 | 2009年 | 2010年 | 2011年 | 2012年 | 2013年 | 2014年 | 2016年 |
|---|---|---|---|---|---|---|---|---|---|---|
| 靖州县 | 2471 | 2997 | 2363 | 2494 | 3981 | 4570 | 5397 | 5490 | 6435 | 7914 |
| 通道县 | 1289 | 1567 | 3118 | 2495 | 2501 | 3300 | 3696 | 4274 | 4784 | 5906 |
| 洪江市 | 2675 | 3426 | 1757 | 2496 | 4821 | 5600 | 6554 | 7193 | 7519 | 9148 |
| 石门县 | 2035 | 3460 | 3831 | 4138 | 4825 | 5564 | 6156 | 7259 | 8066 | 9552 |
| 安化县 | 1392 | 2210 | 2431 | 2490 | 2669 | 3150 | 3528 | 5722 | 6196 | 7423 |
| 新化县 | 1320 | 1761 | 1951 | 2500 | 2350 | 2726 | 3342 | 5197 | 5819 | 7174 |
| 冷水江市 | 2548 | 4376 | 5173 | 6131 | 7278 | 8516 | 10441 | 15407 | 16921 | 19614 |
| 涟源市 | 1737 | 32450 | 2769 | 2502 | 2996 | 3586 | 4308 | 5962 | 6639 | 8180 |
| 新邵县 | 1560 | 2396 | 2569 | 2699 | 2894 | 3353 | 3986 | 6505 | 7269 | 9065 |
| 邵阳县 | 1188 | 2038 | 2201 | 2399 | 2652 | 3055 | 3499 | 6316 | 7040 | 8780 |
| 隆回县 | 1210 | 1923 | 2066 | 2232 | 2280 | 2675 | 3178 | 5637 | 6358 | 8094 |
| 洞口县 | 2392 | 3267 | 3598 | 3537 | 2836 | 3220 | 3793 | 6178 | 6920 | 8681 |
| 绥宁县 | 2579 | 3820 | 3016 | 3243 | 4072 | 4647 | 4990 | 5860 | 6592 | 8221 |
| 新宁县 | 1160 | 1800 | 2180 | 2144 | 2376 | 2773 | 3288 | 5722 | 6375 | 8101 |
| 城步县 | 1221 | 1969 | 1973 | 2351 | 2518 | 2877 | 3272 | 4140 | 4687 | 6167 |
| 武冈市 | 2145 | 2770 | 3892 | 3243 | 3507 | 4096 | 4864 | 6722 | 7596 | 9595 |
| 平均 | 1728 | 2539 | 2783 | 2926 | 3422 | 4024 | 4678 | 6025 | 6748 | 8365 |

## 四 城镇化率

2003—2016年，湖南武陵山片区城镇化率由24.87%上升到42.12%，上升了17.25个百分点。其中，湘西自治州8县市由26.79%上升到43.71%，上升了16.92个百分点。张家界市4县区由33.70%上升到48.64%，上升了14.94个百分点。怀化市12县市区由26.45%上升到41.37%，上升了14.92个百分点。石门县由20.80%上升到42.19%，上升了21.39个百分点。安化县由13.96%上升到30.95%，上升了16.04个百分点。娄底市3县市由33.03%上升到47.98%，上升了16.99个百分点。邵阳8县市由15.00%上升到37.79%，上升了22.79个百分点。从区域来看，城镇化率最高的是张家界市，最低的是安化县。13年间，城镇化率上升最快的地区是邵阳8县市，上升得最慢的是怀化市。2016年，在37个县市中，城镇化率排在后三位的分别是安化县（30.95%）、新华县（33.48%）、隆回县（33.74%）。城镇化率排在前三位的分别是鹤城区（92.85%）、冷水江市（76.85%）、吉首市（73.52%）。

表 3-5　　　　　　　2003—2016 年湖南片区城镇化率　　　　　单位:%

| 地区 | 2003 年 | 2007 年 | 2008 年 | 2012 年 | 2013 年 | 2014 年 | 2016 年 |
|---|---|---|---|---|---|---|---|
| 吉首市 | 55.42 | 63.18 | 65.54 | 72.21 | 72.27 | 73.24 | 73.52 |
| 泸溪县 | 24.33 | 28.09 | 31.09 | 37.8 | 38.94 | 40.44 | 41.98 |
| 凤凰县 | 17.21 | 25.19 | 26.86 | 27.27 | 29.21 | 30.71 | 37.34 |
| 花垣县 | 20.2 | 30.66 | 32.56 | 35.38 | 36.4 | 37.37 | 37.65 |
| 保靖县 | 21.56 | 26.96 | 29.05 | 34.55 | 35.81 | 37.22 | 39.54 |
| 古丈县 | 28.6 | 24.43 | 25.75 | 33.95 | 34.93 | 35.23 | 38.2 |
| 永顺县 | 23.75 | 29.68 | 30.81 | 32.49 | 33.64 | 34.89 | 37.73 |
| 龙山县 | 23.24 | 32.27 | 33.78 | 31.96 | 33.41 | 34.12 | 38.37 |
| 永定区 | 40.09 | 46.08 | 47.29 | 49.37 | 49.84 | 50.79 | 51.88 |
| 武陵源区 | 50.66 | 56.26 | 57.53 | 62.2 | 62.5 | 62.64 | 58.02 |
| 慈利县 | 25.72 | 32.81 | 34.38 | 37.84 | 39.41 | 40.52 | 43.67 |
| 桑植县 | 18.34 | 27.36 | 28.99 | 33.36 | 34.61 | 35.89 | 41 |
| 鹤城区 | 41.83 | 84.22 | 86.73 | 91.91 | 92.38 | 92.38 | 92.85 |
| 中方县 | 16.13 | 17.9 | 19.92 | 27.07 | 30.4 | 31.03 | 35.74 |
| 沅陵县 | 25.55 | 28.64 | 30.16 | 32.31 | 33.51 | 33.95 | 35.61 |
| 辰溪县 | 32.62 | 34.68 | 35.19 | 31.75 | 31.99 | 32.3 | 35.64 |
| 溆浦县 | 23.45 | 25.71 | 27.7 | 30.82 | 31.63 | 33.41 | 36.56 |
| 会同县 | 25.94 | 28.87 | 29.39 | 29.62 | 29.9 | 32.29 | 34.94 |
| 麻阳县 | 20.27 | 24.01 | 25.03 | 29.11 | 29.87 | 29.97 | 35.11 |
| 新晃县 | 26.54 | 20.59 | 22.56 | 27.40 | 30.36 | 31.23 | 34.96 |
| 芷江县 | 22.86 | 24.21 | 26.21 | 27.52 | 28.12 | 29.57 | 34.34 |
| 靖州县 | 27.00 | 35.63 | 36.92 | 43.00 | 43.03 | 43.28 | 45.95 |
| 通道县 | 23.05 | 21.33 | 22.3 | 25.90 | 28.01 | 28.07 | 34.22 |
| 洪江市 | 32.10 | 34.1 | 36.1 | 37.25 | 37.41 | 37.81 | 40.51 |
| 石门县 | 20.8 | 24.76 | 27.07 | 33.52 | 37.41 | 37.46 | 42.19 |
| 安化县 | 13.96 | 17.13 | 23.71 | 26.41 | 27.6 | 28.53 | 30.95 |
| 新化县 | 14.24 | 17.13 | 18.26 | 26.80 | 28.73 | 29.89 | 33.48 |
| 冷水江市 | 57.24 | 74.07 | 74.18 | 76.42 | 76.65 | 76.7 | 76.85 |

续表

| 地区 | 2003年 | 2007年 | 2008年 | 2012年 | 2013年 | 2014年 | 2016年 |
| --- | --- | --- | --- | --- | --- | --- | --- |
| 涟源市 | 27.59 | 33.23 | 34.05 | 28.85 | 30.69 | 31.88 | 37.37 |
| 新邵县 | 14.51 | 19.58 | 20.55 | 30.21 | 31.00 | 31.88 | 36.33 |
| 邵阳县 | 13.78 | 21.43 | 22.24 | 30.21 | 32.49 | 34.81 | 38.8 |
| 隆回县 | 10.84 | 20.49 | 21.31 | 24.05 | 26.56 | 28.9 | 33.74 |
| 洞口县 | 19.37 | 25.95 | 26.65 | 33.01 | 35.2 | 37.8 | 42.44 |
| 绥宁县 | 12.9 | 21.9 | 22.57 | 23.94 | 26.81 | 29.1 | 33.96 |
| 新宁县 | 12.03 | 28.37 | 28.58 | 32.31 | 34.2 | 35.31 | 39.77 |
| 城步县 | 17.23 | 20.73 | 21.5 | 26.14 | 27.93 | 30.14 | 34.98 |
| 武冈市 | 19.36 | 21.43 | 22.46 | 33.15 | 35.23 | 37.68 | 42.32 |
| 平均 | 24.87 | 31.15 | 32.95 | 36.3 | 37.79 | 38.9 | 42.12 |

资料来源：城镇化率＝城镇人口/常住总人口。城镇人口和常住人口根据各县市区国民经济和社会发展统计公报进行整理。

## 第三节　湖南片区与湖南省主要经济指标比较

为了更具体了解武陵湖南山片区的发展实力，本书将从地区 GDP 总量、人均 GDP、财政收支增速等主要经济指标同湖南省进行对比。

### 一　GDP 总量及人均 GDP

2003—2016 年，湖南武陵山片区经济增长势头很快，GDP 总量由 665.0836 亿元增加到 4507.7276 亿，人均 GDP 由 4430 增加到 26785 元，年人均 GDP 增速为 14.85%。但相对全省来说，经济总量少，人均 GDP 较低。

第一，湖南片区 GDP 占湖南省 GDP 的比重。2003 年为 14.27%，2007 年为 14.94%，2008 年为 14.19%，2009 年为 13.63%，2010 年为 13.81%，2011 年占比为 13.94%，2012 年占比为 14.28%，2013 年占比为 14.17%，2014 年占比为 14.02%，2015 年占比为 14.08%，2016 年占比为 14.29%。

第二，湖南片区人均 GDP 占湖南省人均 GDP 的比重。2003 年为 58.37%，2007 年为 65.13%，2008 年为 72.08%，2009 年为 59.74%，

2010年为56.76%，2011年为56.94%，2012年为58.07%，2013年为57.75%，2014年为56.92%，2015年为57%，2016年为57.75%（见表3-6）。

表3-6  2003—2016年湖南武陵山片区与湖南省主要经济指标比较

| 年份 | 湖南省 GDP（亿元） | 湖南省 人均GDP | 湖南武陵山片区 GDP | 湖南武陵山片区 人均GDP | 均GDP占全省比重（%） | GDP占全省比重（%） |
|---|---|---|---|---|---|---|
| 2003年 | 4659.99 | 7589 | 665.08 | 4430 | 58.37 | 14.27 |
| 2007年 | 9439.6 | 14405 | 1410.41 | 9382 | 65.13 | 14.94 |
| 2008年 | 11555 | 17521 | 1639.97 | 12629 | 72.08 | 14.20 |
| 2009年 | 13059.69 | 20428 | 1780.63 | 12203 | 59.74 | 13.63 |
| 2010年 | 16037.96 | 24373 | 2215.05 | 14077 | 57.76 | 13.81 |
| 2011年 | 19669.56 | 29828 | 2741.58 | 16984 | 56.94 | 13.94 |
| 2012年 | 22154.23 | 33480 | 3164.2 | 19442 | 58.07 | 14.28 |
| 2013年 | 24621.7 | 36763 | 3472.32 | 21149 | 57.53 | 14.17 |
| 2014年 | 27037.3 | 40271 | 3790.23 | 22922 | 56.92 | 14.02 |
| 2015年 | 29172.17 | 43153 | 4108.46 | 24599 | 57 | 14.08 |
| 2016年 | 31551.37 | 46382 | 4331.11 | 26785 | 57.75 | 14.29 |

资料来源：根据《湖南统计年鉴》（2003—2017）整理计算。

由此可见，虽然湖南武陵山片区的GDP总量和人均量虽然有了较大的提高，但与湖南省的差距不是缩小而是拉大了。特别需要指出的是，在湖南武陵山片区内区域之间发展不平衡的问题也很突出。以2015年为例，湘西自治州人均GDP为19494元，张家界4县区平均GDP为39256元，怀化12县市区人均GDP为24978元，常德市石门县GDP为35202元，益阳市安化县人均GDP为19174元，娄底市3县市人均GDP为37982元，邵阳市8县市人均GDP为15335元。最高的娄底3县市是最低邵阳市8县市的2.49倍。2015年，37个县市区中，人均GDP后4位的分别是隆回县（12777元）、城步县（12865元）、邵阳县（12866元）、永顺县（12918元）等4县，分别为武陵山湖南片区人均GDP（24599元）的51.94%、52.30%、52.30%、52.51%。人均GDP最高的冷水江市为78672元，而最低的隆回县仅为12777元，前者为后者的6倍之多。

## 二 财政收支

2003年湖南省财政收入为489.75亿元,湖南武陵山片区为25.19亿元,每个县市区平均为0.68亿元。2008年湖南省财政收入为1314.27亿元,湖南片区为60.17亿元,每个县市区平均财政收入1.63亿元。2009年湖南省财政收入为1507.24亿元,湖南片区为72.17亿元,每个县市区为1.95亿元。2010年湖南省财政收入为1878.71亿元,湖南片区为85.96亿元,每个县市区平均为2.32亿元。2011年湖南省财政收入为2523.49亿元,湖南片区为111.17亿元,每个县市区平均为3.00亿元。2012年湖南省财政收入为2937.95亿元,湖南片区为143.46亿元,每个县市区平均为3.88亿元。2013年湖南省财政收入为3351.02亿元,湖南片区为162.85亿元,每县市区平均为3.88亿元。2014年,湖南省财政收入为3636.7亿元,湖南片区财政收入为163.37亿元(见表3-7)。

2003年,湖南省财政支出为489.75亿元,湖南武陵山片区为80.07亿元,后者占前者的比重为14.90%。2008年,湖南省财政支出为1765.22亿元,湖南片区财政支出为80.07亿元,后者占前者的比重为15.66%。2009年,湖南省财政支出为2210.44亿元,湖南片区财政支出为366.40亿元,后者占前者的比重为16.58%。2010年,湖南省财政支出为2702.48亿元,湖南片区财政支出为438.90亿元,后者占前者的比重为15.52%。2011年,湖南省财政支出为3520.76亿元,湖南片区财政支出为546.51亿元,后者占前者的比重为15.52%。2012年,湖南省财政支出为4119.00亿元,湖南片区财政支出为680.64亿元,后者占前者的比重为16.52%。2013年,湖南省财政支出为4690.89亿元,湖南片区财政支出为782.08亿元,后者占前者的比重为16.67%。2014年,湖南省财政支出为5017.8亿元,湖南片区财政支出为902.31亿元,后者占前者的比重为17.98%。2015年,湖南省财政支出为5728.72亿元,湖南片区财政支出为1097.9亿元,后者都占前者的比重为19.16%(见表3-7)。

表3-7　　　　2003—2015年湖南片区和湖南省财政收入　　　　单位:亿元

| 年份 | 财政收入 | | | 财政支出 | | |
| --- | --- | --- | --- | --- | --- | --- |
| | ①湖南省 | ②湖南武陵山片区 | ②/① | ①湖南省 | ②湖南武陵山片区 | ②/① |
| 2003年 | 489.75 | 25.19 | 5.14% | 537.35 | 80.07 | 14.90% |

续表

| 年份 | 财政收入 | | | 财政支出 | | |
|---|---|---|---|---|---|---|
| | ①湖南省 | ②湖南武陵山片区 | ②/① | ①湖南省 | ②湖南武陵山片区 | ②/① |
| 2008 年 | 1314.27 | 60.17 | 4.57% | 1765.22 | 279.50 | 15.66% |
| 2009 年 | 1507.24 | 72.17 | 4.79% | 2210.44 | 366.40 | 16.58% |
| 2010 年 | 1878.71 | 85.96 | 4.58% | 2702.48 | 438.90 | 16.24% |
| 2011 年 | 2523.49 | 111.17 | 4.41% | 3520.76 | 546.51 | 15.52% |
| 2012 年 | 2937.95 | 143.46 | 4.88% | 4119.00 | 680.64 | 16.52% |
| 2013 年 | 3351.02 | 162.85 | 4.86% | 4690.89 | 782.08 | 16.67% |
| 2014 年 | 3636.7 | 163.37 | 4.49% | 5017.8 | 902.31 | 17.98% |
| 2015 年 | 4011.04 | 181.92 | 7.23% | 5728.72 | 1097.9 | 19.16% |
| 2016 年 | 4252.1 | 196.66 | 4.63% | 6337 | 1198.3 | 18.9% |

由表 3-7 不难发现，湖南武陵山片区财政收支情况不容乐观。2003—2016 年 13 年间，虽然片区财政收入绝对量在增加，但是占湖南省的比重不足 8 个百分点。财政收入主要来源于税收，税收的多少又取决于经济发展的总体状况。湖南武陵山片区的财政支出占湖南省财政支出的比重占了 15% 以上，且最近几年支出比重逐步上升，这与财政收入所占的比重远远不匹配。相对湖南省其他地区，武陵山片区的 37 个县市区经济发展滞后，财政收支矛盾突出。

### 三 城乡居民人均纯收入

2003 年，湖南武陵山片区农村人均纯收入 1728 元，湖南省为 2533 元，绝对差为 805 元。2008 年，武陵山湖南片区农村人均纯收入 2783 元，湖南省为 4512 元，绝对差为 1729 元。湖南武陵山片区城镇人均可支配收入 9621 元，湖南省为 13821 元，绝对差为 4560 元。2009 年，湖南武陵山片区农村人均纯收入 2969 元，湖南省为 4910 元，绝对差为 1984 元。湖南武陵山片区城镇人均可支配收入 10533 元，湖南省为 15084 元，绝对差为 4551 元。

2010 年，湖南武陵山片区农村人均纯收入 3422 元，湖南省为 5622 元，绝对差为 2200 元。湖南片区城镇人均可支配收入 11726 元，湖南省城镇为 16566 元，绝对差为 4840 元。2011 年，武陵山湖南片区农村人均纯收入4024元，湖南省为6567，绝对差为1890元。湖南片区城镇人均可支配收入13152元，湖南省为18844元，绝对差为5692元。2012年，湖南片区农村人均纯收入4677元，湖南省为7440，绝对差为2763元。湖南片区城镇人均可支配收入15178元，湖南省为21319元，绝对差为6141元。

2013年，湖南片区农村人均纯收入6030元，湖南省为8372元，绝对差为2242元。湖南片区城镇人均可支配收入23414元，湖南省为16052元，绝对差为6909元。2014年，湖南武陵山片区农村人均纯收入7532元，湖南省为10060元，绝对差为3312元。湖南片区城镇人均可支配收入17052元，湖南省为26570元，绝对差为9068元。2015年，湖南片区农村人均纯收入7532元，湖南省为10993元，绝对差为3461元。湖南片区城镇人均可支配收入18906元，湖南省为28838元，绝对差为9932元。2016年，湖南片区农村人均纯收入8365元，湖南省为11930元，绝对差为3461元。湖南片区城镇人均可支配收入20566元，湖南省为31284元，绝对差为10718元（见表3-8）。

表3-8　2003—2016年湖南武陵山片区和湖南省城乡居纯收入比较

单位：元

| 年份 | 农村人均收入 | | | 城镇人均可支配收入 | | |
| --- | --- | --- | --- | --- | --- | --- |
| | ①湖南省 | ②湖南武陵山片区 | ①—② | ①湖南省 | ②湖南武陵山片区 | ①—② |
| 2003年 | 2533 | 1728 | 805 | 7674 | — | — |
| 2008年 | 4512 | 2783 | 1729 | 13821 | 9261 | 4560 |
| 2009年 | 4910 | 2926 | 1984 | 15084 | 10533 | 4551 |
| 2010年 | 5622 | 3422 | 2200 | 16566 | 11726 | 4840 |
| 2011年 | 6567 | 4024 | 1890 | 18844 | 13152 | 5692 |
| 2012年 | 7440 | 4677 | 2763 | 21319 | 15178 | 6141 |
| 2013年 | 8372 | 6030 | 2242 | 23414 | 16052 | 6909 |
| 2014年 | 10060 | 6748 | 3312 | 26570 | 17502 | 9068 |
| 2015年 | 10993 | 7532 | 3461 | 28838 | 18906 | 9932 |
| 2016年 | 11930 | 8365 | 3565 | 31284 | 20566 | 10718 |

资料来源：《湖南统计年鉴》（2004—2016）。

表3-8表明，在十多年的发展过程中，湖南武陵山片区的人均纯收入与湖南省人均纯收入绝对额的差距在不断拉大。特别是城市的人均差距由2008年的4560元增加到了9068元。因此，在湖南省发展的过程中，

促进各县市区平衡协调发展，缩小城乡差距以及地区差距，是一项长期复杂的工作。

### 四 城镇化率

2003年，湖南武陵山片区的城镇化率为24.87%，湖南省为33.5%，片区落后省平均8.63个百分点。2007年，湖南武陵山片区的城镇化率为31.15%，湖南省为40.45%，片区落后省平均9.30个百分点。2008年，湖南武陵山片区的城镇化率为33.11%，湖南省为42.15%，片区落后省平均9.04个百分点。2012年，湖南武陵山片区的城镇化率为36.37%，湖南省为46.65%，片区落后省平均9.98个百分点。2013年，湖南武陵山片区的城镇化率为37.79%，湖南省为47.96%，片区落后省平均10.17个百分点。2014年，湖南武陵山片区的城镇化率为38.9%，湖南省为49.28%，片区落后省平均10.38个百分点。2015年，湖南武陵山片区的城镇化率为40.38%，湖南省为52.63%，片区落后省平均12.25个百分点（表3-9）。

表3-9　　　2003—2016年湖南武陵山片区和湖南省城镇化率　　　单位：%

| 年份 | ①湖南片区 | ②湖南省 | ②—① |
| --- | --- | --- | --- |
| 2003年 | 24.87 | 33.5 | 8.8 |
| 2007年 | 31.15 | 40.45 | 9.30 |
| 2008年 | 33.11 | 42.15 | 9.04 |
| 2012年 | 36.37 | 46.65 | 9.98 |
| 2013年 | 37.79 | 47.96 | 10.17 |
| 2014年 | 38.9 | 49.28 | 10.38 |
| 2015年 | 40.38 | 52.63 | 12.25 |
| 2016年 | 42.12 | 52.75 | 10.63 |

资料来源：湖南省武陵山片区的城镇化率根据城镇人口与常住人口计算，湖南省的城镇化率根据湖南省相关年份的国民经济和社会发展统计公报整理。

表3-9表明，在我国城镇化稳步推进过程中，湖南武陵山片区的城镇化建设取得了很大的进步，城镇化率有所提高，但提高的速度比较慢，13年间提高幅度仅17.25个百分点。另外，湖南武陵山片区城镇化的速度远慢于湖南省的城镇化的速度，二者的差距由8.63%上升到10.63%。

# 第四章

# 重庆武陵山片区社会经济条件分析

## 第一节 重庆市社会经济发展情况

### 一 GDP 总量及人均 GDP

**（一）GDP 总量**

重庆市经济发展可以分为两个阶段。一是 1949—1978 年，二是 1978 年至今。在第一个阶段，GDP 总量从 1949 年的 13.98 亿元增加到 1978 年的 71.70 亿元。29 年间，绝对额增长了 57.72 亿元，这个阶段经济总量小，增速较缓慢。1978 年改革开放以后，GDP 总量由 1978 年的 71.70 亿元，增加到 2016 年的 17558.76 亿元，38 年间绝对额增加了 17487.06 亿元，年均增速达 15.8%。

2003—2016 年，经济总规模由 2555.72 亿元增加到 17558.76 亿元，年均增速达 15.98%。其中，2003 年 GDP 总量为 2555.72 亿元；2004 年 GDP 总量为 3034.58 亿元；2005 年 GDP 总量为 3467.72 亿元；2006 年 GDP 总量为 3907.23 亿元；2007 年 GDP 总量为 4676.13 亿元；2008 年 GDP 总量为 5793.66 亿元；2009 年 GDP 总量为 6530.01 亿元；2010 年 GDP 总量为 7925.58 亿元；2011 年 GDP 总量为 10011.37 亿元；2012 年 GDP 总量为 11409.6 亿元；2013 年 GDP 总量为 12783.26 亿元；2014 年 GDP 总量为 14262.6 亿元；2015 年 GDP 总量为 15717.27 亿元，2016 年为 17558.76 亿元。

**（二）人均 GDP**

1949—1978 年，重庆市人均 GDP 从 87 元上升到 287 元。29 年间，绝对额增长了 200 元。1978—2016 年，重庆市人均 GDP 从 287 元增加到

57903 元。36 年间绝对额增加了 57616 元。

2003—2016 年,重庆市人均 GDP 从 9098 元增加到 57903 元,年均增速达 15.29%。其中,2003 年人均 GDP 为 9098 元;2004 年人均 GDP 为 10845 元;2005 年人均 GDP 为 12404 元;2006 年人均 GDP 为 13939 元;2007 年人均 GDP 为 16629 元;2008 年人均 GDP 为 20490 元;2009 年人均 GDP 为 22920 元;2010 年人均 GDP 为 27596 元;2011 年人均 GDP 为 34500 元;2012 年人均 GDP 为 38914 元;2013 年人均 GDP 为 43223 元;2014 年人均 GDP 为 47850 元;2015 年人均 GDP 为 52321 元;2016 年人均 GDP 为 57903 元(见图 4-1)。

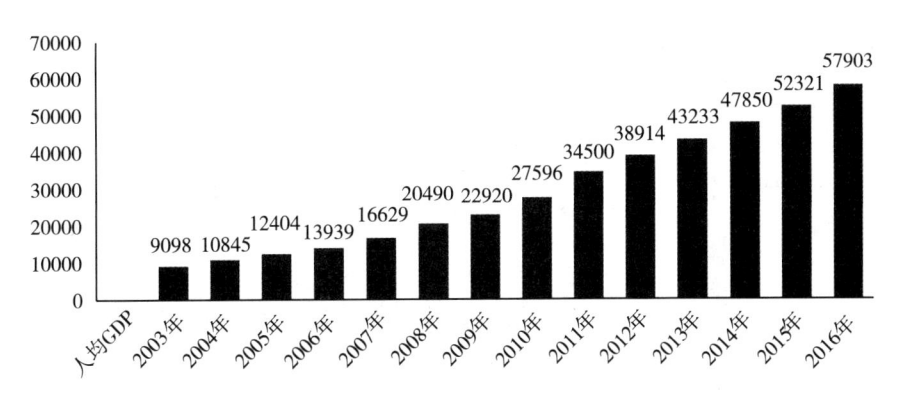

**图 4-1 2003—2016 年重庆市人均 GDP**(单位:元)

资料来源:根据《重庆市统计年鉴》整理。

## 二 财政收入

2003—2016 年,重庆市财政收入由 161.56 亿元增加到 2228 亿元,年均增速为 22.37%。财政支出由 341.58 亿元上升到 4002 亿元,年均增速 20.84%。

2003 年,财政收入为 161.56 亿元,财政支出为 341.58 亿元,收支差额为 180.02 亿元。2004 年,财政收入为 200.62 亿元,财政支出为 487.35 亿元,收支差额为 195.1 亿元。2005 年,财政收入为 256.81 亿元,财政支出为 487.35 亿元,收支差额为 286.73 亿元。2006 年,财政收入为 317.72 亿元,财政支出为 594.25 亿元,收支差额为 276.53 亿元 2007 年,财政收入为 442.7 亿元,财政支出为 768.84 亿元,收支差额为 326.14 亿元。2008 年,财政收入为 577.57 亿元,财政支出为 1016.01 亿元,收支差额为 438.44 亿元。2009 年,财政收入为 681.82 亿元,财政支出为 1318.09 亿元,收支差额为 636.27 亿元。

2010 年,财政收入为 1018.29 亿元,财政支出为 1769.11 亿元;2011 年,财政收入为 1488.33 亿元,财政支出为 2570.24 亿元;2012 年,财政收入为 1465.59 亿元,财政支出为 2717.79 亿元;2013 年,财政收入为 1686.87 亿元,财政支出为 3062.28 亿元;2014 年,财政收入为 1922.02 亿元,财政支出为 3304.39 亿元;2015 年,财政收入为 2154.83 亿元,财政支出为 3792 亿元;2016 年,财政收入 2227.9 亿元亿元,财政支出为 4001.9 亿元(见图 4-2)。

| | 2003年 | 2004年 | 2005年 | 2006年 | 2007年 | 2008年 | 2009年 | 2010年 | 2011年 | 2012年 | 2013年 | 2014年 | 2015年 | 2016年 |
|---|---|---|---|---|---|---|---|---|---|---|---|---|---|---|
| 财政支出 | 341.5 | 395.7 | 487.3 | 594.2 | 768.3 | 1016 | 1318 | 1786 | 2570 | 2717 | 3062 | 3304 | 3792 | 4002 |
| 财政收入 | 161.5 | 200.6 | 256.8 | 317.7 | 422.7 | 577.5 | 681.8 | 1018 | 1488 | 1465 | 1693 | 1922 | 2154 | 2228 |

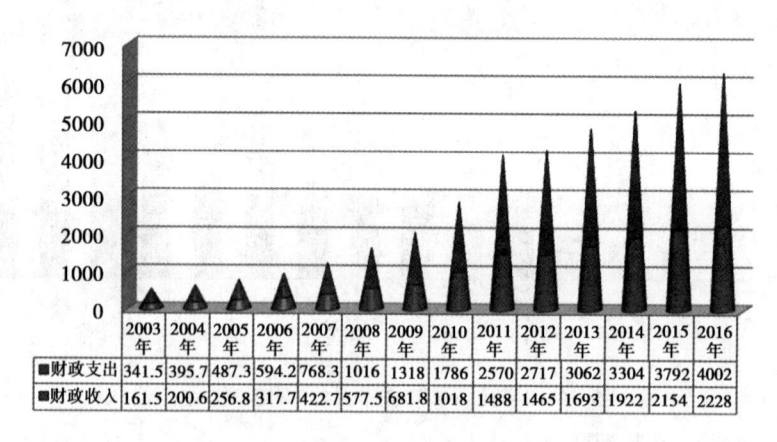

**图 4-2　2003—2016 年重庆市财政收入与支出**(单位:亿元)

资料来源:根据《重庆市统计年鉴》(2004—2016)整理。

由图 4-2 不难看出,随着时间的推移,重庆市财政收支差额扩大化趋势明显,收支矛盾日益突出。

### 三　城乡居民人均纯收入

2003—2016 年,重庆市农村居民人均纯收入由 2215 元增加到 11549 元,年均增速 13.54%。城镇居民人均可支配收入由 8093 元增加到 29610 元,年均增速 10.49%。

2003 年,农村人均纯收入为 2215 元,城镇居民人均可支配收入为 8093 元;2004 年农村人均纯收入为 2510 元,城镇居民人均可支配收入 9220 元;2005 年农村人均纯收入为 2809 元,城镇居民人均可支配收入

10244 元；2006 年农村人均纯收入为 2874 元，城镇居民人均可支配收入 11570 元；2007 年农村人均纯收入为 3509 元，城镇居民人均可支配收入 13715 元；2008 年农村人均纯收入为 4126 元，城镇居民人均可支配收入 14368 元；2009 年农村人均纯收入为 4478 元，城镇居民人均可支配收入 15749 元。

2010 年农村人均纯收入为 5277 元，城镇居民人均可支配收入 17532 元；2011 年农村人均纯收入为 6480 元，城镇居民人均可支配收入 20250 元；2012 年农村人均纯收入为 7383 元，城镇居民人均可支配收入 22968 元；2013 年农村人均纯收入为 8943 元，城镇居民人均可支配收入 23058 元；2014 年农村人均纯收入为 9490 元，城镇居民人均可支配收入 25147 元；2015 年农村人均纯收入为 10505 元，城镇居民人均可支配收入 27239 元；2016 年农村人均纯收入为 11549 元，城镇居民人均可支配收入 29610 元（见图 4-3）。

|  | 2003年 | 2004年 | 2005年 | 2006年 | 2007年 | 2008年 | 2009年 | 2010年 | 2011年 | 2012年 | 2013年 | 2014年 | 2015年 | 2016年 |
|---|---|---|---|---|---|---|---|---|---|---|---|---|---|---|
| ■系列1 | 2215 | 2510 | 2809 | 2874 | 3509 | 4126 | 4478 | 5277 | 6480 | 7383 | 8393 | 9490 | 10505 | 11549 |
| ■系列2 | 8093 | 9221 | 10244 | 11570 | 13715 | 14368 | 15749 | 17532 | 20249 | 22968 | 23058 | 25417 | 27239 | 29610 |
| ■系列3 |  |  |  |  |  |  |  |  |  |  |  |  |  |  |

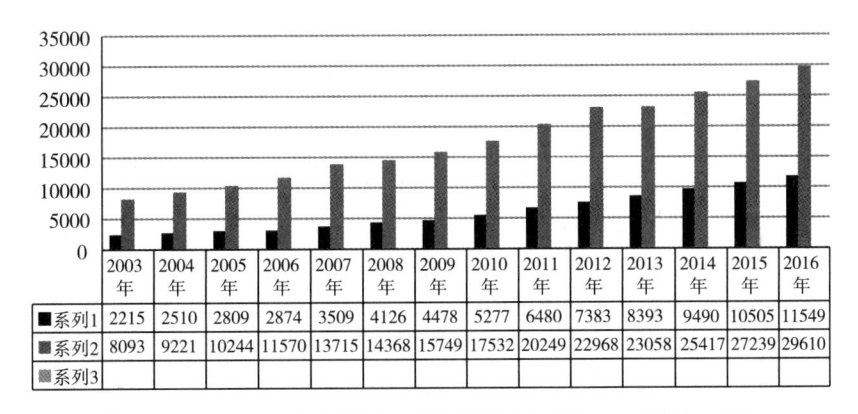

**图 4-3  2003—2016 年重庆市城乡居民人均纯收入**（单位：元）

资料来源：根据《重庆市统计年鉴》（2004—2017）整理。

### 四　城镇化率

2003—2016 年，重庆市城镇化率稳步提高，由 2003 年的 41.9% 提高到 2016 年的 62.6%，年均提高率为 3.14%。2003 年重庆市城镇化率为 41.9%，2004 年重庆市城镇化率为 43.5%，2005 年重庆市城镇化率为 45.2%，2006 年重庆市城镇化率为 46.7%，2007 年重庆市城镇化率为 48.3%，2008 年重庆市城镇化率为 49.99%，2009 年重庆市城镇化率为 51.6%，2010 年重庆市城镇化率为 53%，2011 年重庆市城镇化率为 55%，

2012年重庆市城镇化率为57%,2013年重庆市城镇化率为58.3%,2014年重庆市城镇化率为59.6%,2015年重庆市城镇化率为60.1%,2016年重庆市城镇化率为62.6%(见图4-4)。

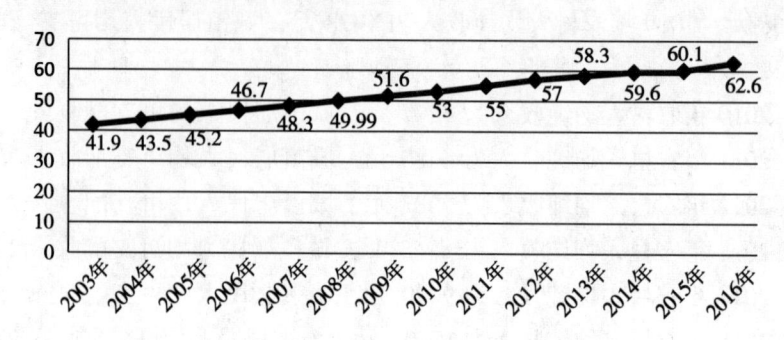

图 4-4　2003—2016年重庆市城镇化率（单位:%）

资料来源：根据《重庆市统计年鉴》(2004—2017) 整理。

## 五　社会养老保险参保人数

2003—2016年,重庆市参加城镇基本养老保险的人数由278.08万人,上升到862.25万人。当年实际缴纳保险金由39.01亿元增加到753.38亿元,当年基金支出由53.36亿元增加到659.12亿元,社会化发放人数由92.02万人上升到302.34万人。当年发放金额由52.88亿元增加到541.26亿元。城乡居民基本养老保险的人数由2009年的268万人,上升到1111.06万人。机关事业单位参保人员由2009年的14.58万人,下降到12.08万人。2003—2011年,当年结余由13.84亿元增加到326.18亿元,绝对增加额为312.34亿元（见表4-5）。

表 4-5　　　　　　2003—2016年重庆市养老保险制度运行情况

单位：万人,亿元

| 年份 | 参加城镇基本养老保险的人数 | 当年实际缴纳保险金 | 当年基金支出 | 当年结余 | 社会化发放人数 | 发放金额 | 城乡居民社会养老保险参保人数 | 机关事业参保人数 |
|---|---|---|---|---|---|---|---|---|
| 2003年 | 278.08 | 39.01 | 53.36 | 13.84 | 92.02 | 52.88 | — | — |
| 2004年 | 282.13 | 44.52 | 60.40 | 18.27 | 96.46 | 58.76 | — | — |
| 2005年 | 288.28 | 57.25 | 65.43 | 29.70 | 100.12 | 65.43 | | |

续表

| 年份 | 参加城镇基本养老保险的人数 | 当年实际缴纳保险金 | 当年基金支出 | 当年结余 | 社会化发放人数 | 发放金额 | 城乡居民社会养老保险参保人数 | 机关事业参保人数 |
|---|---|---|---|---|---|---|---|---|
| 2006年 | 301.69 | 79.46 | 91.10 | 45.31 | 104.37 | 91.10 | — | — |
| 2007年 | 329.17 | 110.21 | 110.76 | 77.47 | 109.19 | 110.76 | — | — |
| 2008年 | 391.76 | 156.21 | 150.69 | 124.31 | 127.56 | 150.69 | — | — |
| 2009年 | 520.25 | 254.01 | 208.11 | 201.08 | 173.25 | 230.94 | 268 | 14.58 |
| 2010年 | 569.77 | 225.14 | 260.85 | 247.29 | 189.23 | 260.85 | 807.36 | 14.59 |
| 2011年 | 633.22 | 321.43 | 332.15 | 326.18 | — | 306.23 | 1125.12 | 14.34 |
| 2012年 | 703.57 | 531.13 | 408.47 | — | 244.09 | 376.16 | 1130.95 | 13.28 |
| 2013年 | 760.9 | 602.13 | 503.63 | — | 272.77 | 461.76 | 1122.92 | 12.23 |
| 2014年 | 814.76 | 673.29 | 568.87 | — | 287.71 | 541.26 | 1112.54 | 12.08 |
| 2015年 | 837.38 | 753.38 | 659.12 | — | 302.34 | — | 1111.06 | — |
| 2016年 | 862.25 | 815 | 736 | — | 316.33 | — | 1115.82 | 90 |

资料来源：根据《重庆市统计年鉴》（2004—2017）整理。

由表4-1可知，2003—2016年，重庆市城乡居民基本养老保险试点以来参保人数大幅增加，绝对人数增加了847.82万人，年均增速达22.5%。同期，城镇基本养老保险参保人数绝对数增加了584.17万人，年均增速为7%。很显然，城乡居保制度参保人数增速远远快于城镇居民基本养老保险制度的参保人数，这与城乡居保制度参保主体为农村居民有关。

## 第二节 重庆片区社会经济条件分析

重庆武陵山片区包括7个县区：黔江区、丰都县、武隆县、石柱县、秀山县、酉阳县、彭水县。2015年，该片区户籍总人口334.5万人，其中，城镇人口127.36万人。

## 一 GDP 总量及人均 GDP

### (一) GDP 总量

1. GDP 增长情况

2003—2016 年，重庆武陵山片区 GDP 总量稳步增长。由 2003 年的 146.09 亿元增加到 2016 年的 1089.23 亿元，年均增速为 16.7%。

2003 年，黔江区 GDP 总量为 25.42 亿元，丰都县为 29.94 亿元，武隆县为 20.82 亿元，石柱县为 17.02 亿元，秀山县为 18.93 万元，酉阳县为 14.73 亿元，彭水县为 19.26 亿元。2004 年，黔江区 GDP 总量为 28.9 亿元，丰都县为 33.96 亿元，武隆县为 25.67 亿元，石柱县为 20.37 亿元，秀山县为 23.31 亿元，酉阳县为 17.53 亿元，彭水县为 23.30 亿元。2005 年，黔江区 GDP 总量为 36.62 亿元，丰都县为 36.82 亿元，武隆县为 29.88 亿元，石柱县为 25.23 亿元，秀山县为 27.41 亿元，酉阳县为 20.12 亿元，彭水县为 29.22 亿元。

2006 年，黔江区 GDP 总量为 39.92 亿元，丰都县为 39.95 亿元，武隆县为 33.55 亿元，石柱县为 29.02 亿元，秀山县为 29.64 亿元，酉阳县为 22.217 亿元，彭水县为 30.47 亿元。2007 年，黔江区 GDP 总量为 49.13 亿元，丰都县为 47.97 亿元，武隆县为 40.03 亿元，石柱县为 35.52 亿元，秀山县为 39.66 亿元，酉阳县为 27.64 亿元，彭水县为 37.60 亿元。2008 年，黔江区 GDP 总量为 60.48 亿元，丰都县为 57.47 亿元，武隆县为 49.81 亿元，石柱县为 43.95 亿元，秀山县为 50.04 亿元，酉阳县为 32.92 亿元，彭水县为 50.05 亿元。

2009 年，黔江区 GDP 总量为 79.1 亿元，丰都县为 65.71 亿元，武隆县为 59.2 亿元，石柱县为 53.91 亿元，秀山县为 62.16 亿元，酉阳县为 47.7 亿元，彭水县为 58.14 亿元。2010 年，黔江区 GDP 总量为 100.12 亿元，丰都县为 77.12 亿元，武隆县为 72.42 亿元，石柱县为 64.81 亿元，秀山县为 75.91 亿元，酉阳县为 58.16 亿元，彭水县为 66.39 亿元。2011 年，黔江区 GDP 总量为 129.19 亿元，丰都县为 99.77 亿元，武隆县为 86.58 亿元，石柱县为 80.15 亿元，秀山县为 93.49 亿元，酉阳县为 76.96 亿元，彭水县为 76.49 亿元。2012 年，黔江区 GDP 总量为 148 亿元，丰都县为 111.07 亿元，武隆县为 98.4 亿元，石柱县为 93.1 亿元，秀山县为 106.08 亿元，酉阳县为 89.29 亿元，彭水县为 85.78 亿元。

2013年，黔江区GDP总量为167.81亿元，丰都县为119.69亿元，武隆县为107.91亿元，石柱县为107.43亿元，秀山县为114.62亿元，酉阳县为100.25亿元，彭水县为97.46亿元。2014年，黔江区GDP总量为186.31亿元，丰都县为135.37亿元，武隆县为119.98亿元，石柱县为119.95亿元，秀山县为126.50亿元，酉阳县为110.42亿元，彭水县为108.8亿元。2016年，黔江区GDP总量为218.84亿元，丰都县为170.56亿元，武隆县为145.61亿元，石柱县为145.42亿元，秀山县为150.62亿元，酉阳县为129.48亿元，彭水县为128.69亿元（表4-2）。

表4-2　　　　　2003—2016年重庆片区各县GDP总量　　　单位：亿元

| 年份 | 黔江区 | 丰都县 | 武隆县 | 石柱县 | 秀山县 | 酉阳县 | 彭水县 | 总计 |
| --- | --- | --- | --- | --- | --- | --- | --- | --- |
| 2003年 | 25.42 | 29.94 | 20.82 | 17.02 | 18.93 | 14.73 | 19.26 | 146.12 |
| 2004年 | 28.9 | 33.96 | 25.67 | 20.37 | 23.31 | 17.53 | 23.30 | 173.04 |
| 2005年 | 36.62 | 36.82 | 29.88 | 25.23 | 27.41 | 20.12 | 29.22 | 205.30 |
| 2006年 | 39.92 | 39.95 | 33.55 | 29.02 | 29.64 | 22.217 | 30.47 | 224.77 |
| 2007年 | 49.13 | 47.97 | 40.03 | 35.52 | 39.66 | 27.64 | 37.60 | 277.55 |
| 2008年 | 60.48 | 57.47 | 49.81 | 43.95 | 50.04 | 32.92 | 50.05 | 344.72 |
| 2009年 | 79.1 | 65.71 | 59.20 | 53.91 | 62.12 | 47.7 | 58.14 | 425.88 |
| 2010年 | 100.12 | 77.12 | 72.42 | 64.81 | 75.91 | 58.16 | 66.39 | 514.98 |
| 2011年 | 129.2 | 99.73 | 86.58 | 80.15 | 93.49 | 76.96 | 76.49 | 642.64 |
| 2012年 | 148 | 111.07 | 98.40 | 93.1 | 106.08 | 89.29 | 85.78 | 731.72 |
| 2013年 | 167.81 | 119.69 | 107.91 | 107.43 | 114.62 | 100.25 | 97.46 | 815.16 |
| 2014年 | 186.31 | 135.37 | 119.98 | 119.95 | 126.50 | 110.42 | 108.8 | 970.33 |
| 2015年 | 202.55 | 150.19 | 131.4 | 129.24 | 138.19 | 116.97 | 115.97 | 984.51 |
| 2016年 | 218.84 | 170.56 | 145.61 | 145.42 | 150.62 | 129.48 | 128.69 | 1089.22 |

资料来源：根据各县2004—2017年统计年鉴整理计算。

2. GDP增速

2003—2016年，重庆武陵山片区7个区县GDP年均增速为16.7%。分地区来看，黔江区GDP年均增速为18.01%，丰都县年均增速为14.32%，武隆县GDP年均增速为16.14%，石柱县年均增速为17.94%，秀山县GDP年均增速为17.3%，酉阳县GDP年均增速为18.2%，彭水县年均增速为15.74%，最高与最低增速之间相差3.9个百分点，超过平均水平（15.43%）的有黔江区（16.62%）、石柱县（16.56%）、秀山县

(15.97%)、酉阳县（16.8%）。丰都县、武隆县、彭水县增速低于平均水平（图 4-5）。

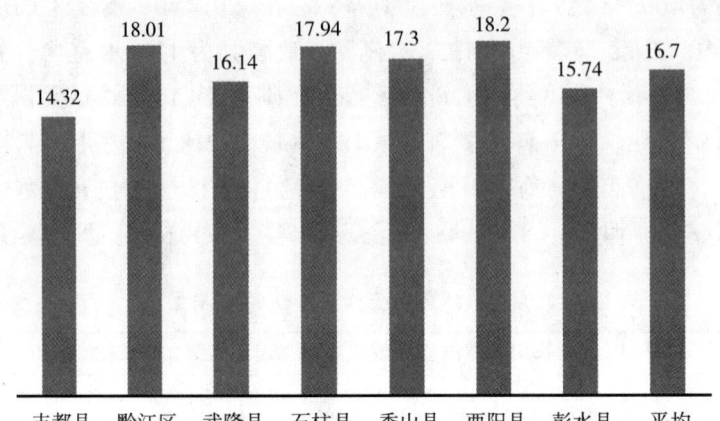

**图 4-5　2003—2016 年重庆片区各县 GDP 增速**（单位:%）

丰都县 14.32　黔江区 18.01　武隆县 16.14　石柱县 17.94　秀山县 17.3　酉阳县 18.2　彭水县 15.74　平均 16.7

资料来源：根据《重庆统计年鉴》（2004—2017）公布的数据计算。

## （二）人均 GDP

### 1. 人均 GDP 绝对量

2003—2016 年，重庆武陵山片区人均 GDP 由 4276 元上升到 33663 元，年均增加 2249 元，年均增速 17.2%。

2003 年，黔江区人均 GDP 为 5838 元，丰都县为 4573 元，武隆县为 5907 元，石柱县为 3852 元，秀山县为 3762 元，酉阳县 2515 元，彭水县为 3485 元。2004 年，黔江区人均 GDP 为 6605 元，丰都县为 5248 元，武隆县为 7357 元，石柱县为 4670 元，秀山县为 4642 元，酉阳县 3023 元，彭水县为 4270 元。2005 年，黔江区人均 GDP 为 8288 元，丰都县为 5693 元，武隆县为 8574 元，石柱县为 5786 元，秀山县为 5452 元，酉阳县 3485 元，彭水县为 5374 元。

2006 年，黔江区人均 GDP 为 9080 元，丰都县为 6202 元，武隆县为 9655 元，石柱县为 6685 元，秀山县为 5926 元，酉阳县 3856 元，彭水县为 5625 元。2007 年，黔江区人均 GDP 为 11229 元，丰都县为 7479 元，武隆县为 11581 元，石柱县为 8235 元，秀山县为 7966 元，酉阳县 4822 元，彭水县为 6979 元。2008 年，黔江区人均 GDP 为 13873 元，丰都县为 8982 元，武隆县为 14489 元，石柱县为 10246 元，秀山县为 10099 元，酉阳县 5769 元，彭水县为 9331 元。

2009年，黔江区人均GDP为18090元，丰都县为10252元，武隆县为17192元，石柱县为12541元，秀山县为12516元，酉阳县8350元，彭水县为10822元。2010年，黔江区人均GDP为24960元，丰都县为11878元，武隆县为20632元，石柱县为15613元，秀山县为15133元，酉阳县10060元，彭水县为12179元。2011年，黔江区人均GDP为28990元，丰都县为15484元，武隆县为24756元，石柱县为19396元，秀山县为18715元，酉阳县13354元，彭水县为14091元。

2012年，黔江区人均GDP为33046元，丰都县为17519元，武隆县为28188元，石柱县为22612元，秀山县为21381元，酉阳县15626元，彭水县为16019元。2013年，黔江区人均GDP为37201元，丰都县为19167元，武隆县为30871元，石柱县为26487元，秀山县为23235元，酉阳县17711元，彭水县为18467元。2014年，黔江区人均GDP为40960元，丰都县为21972元，武隆县为34404元，石柱县为30321元，秀山县为25751元，酉阳县19609元，彭水县为20903元。2016年，黔江区人均GDP为47184元，丰都县为28836元，武隆县为42042元，石柱县为37776元，秀山县为30814元，酉阳县23370元，彭水县为25619元（见图4-6）。

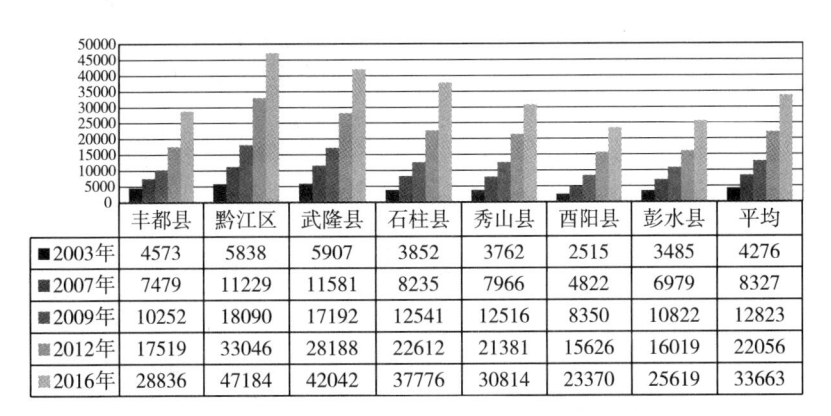

| | 丰都县 | 黔江区 | 武隆县 | 石柱县 | 秀山县 | 酉阳县 | 彭水县 | 平均 |
|---|---|---|---|---|---|---|---|---|
| 2003年 | 4573 | 5838 | 5907 | 3852 | 3762 | 2515 | 3485 | 4276 |
| 2007年 | 7479 | 11229 | 11581 | 8235 | 7966 | 4822 | 6979 | 8327 |
| 2009年 | 10252 | 18090 | 17192 | 12541 | 12516 | 8350 | 10822 | 12823 |
| 2012年 | 17519 | 33046 | 28188 | 22612 | 21381 | 15626 | 16019 | 22056 |
| 2016年 | 28836 | 47184 | 42042 | 37776 | 30814 | 23370 | 25619 | 33663 |

**图4-6　2003—2016年重庆片区人均GDP**（单位：元）

2. 人均GDP增速

2003—2016年，重庆武陵山片区人均GDP年均增速为17.2%。其中，增速排在前三位的分别是石柱县、酉阳县、秀山县。GDP年均增速排在后三位的分别是丰都县、武隆县、彭水县。值得一提的是，虽然酉阳县年均增速较快，但人均GDP的绝对量依然很低，2016年，酉阳县人均

GDP 为 23370 元，远远低于片区 33663 元的平均水平（见图 4-7）。

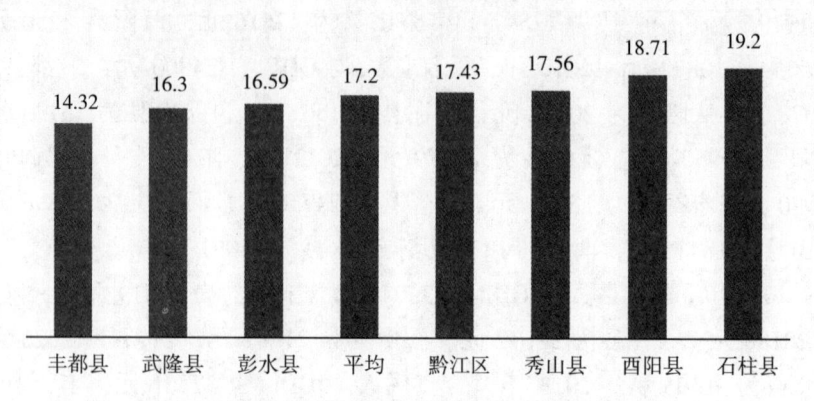

图 4-7 2003—2016 年重庆片区人均 GDP 年均增速（单位：%）

丰都县 14.32　武隆县 16.3　彭水县 16.59　平均 17.2　黔江区 17.43　秀山县 17.56　酉阳县 18.71　石柱县 19.2

资料来源：根据《重庆统计年鉴》（2004—2017）的数据整理计算。

## 二 财政收入

重庆武陵山片区地方财政收入由 2003 年的 7.41 亿元上升到 2016 年的 106.35 亿元，年均增速 22.74%。

2003 年黔江区地方财政收入 1.74 亿元，丰都县为 1.48 亿元，石柱县为 0.71 亿元，武隆县为 1.06 亿元，秀山县为 0.76 亿元，酉阳县为 0.59 亿元，彭水县为 1.07 亿元。2007 年，黔江区地方财政收入 4.65 亿元，丰都县 2.46 亿元，武隆县 2.72 亿元，石柱县 1.80 亿元，秀山县 2.64 亿元，酉阳县 1.52 亿元，彭水县 2.46 亿元。

2008 年黔江区地方财政收入 6.83 亿元，丰都县为 3.69 亿元，武隆县为 3.74 亿元，石柱县为 2.83 亿元，秀山县为 4.01 亿元，酉阳县为 2.54 亿元，彭水县地方财政收入 3.52 亿元。2009 年黔江区地方财政收入 9.64 亿元，丰都县为 5.65 亿元，武隆县为 4.89 亿元，石柱县为 4.3 亿元，秀山县为 5.96 亿元，酉阳县为 4.61 亿元，彭水县地方为 5.05 亿元。

2010 年黔江区地方财政收入 15.18 亿元，丰都县为 8.50 亿元，武隆县地方财政收入 7.10 亿元，石柱县为 8.21 亿元，秀山县为 10.07 亿元，酉阳县为 7.66 亿元，彭水县为 8.60 亿元。2011 年黔江区为 22.85 亿元，丰都县为 12.30 亿元，武隆县为 11.41 亿元，石柱县为 11.75 亿元，秀山县为 13.09 亿元，酉阳县为 12.25 亿元，彭水县为 12.09 亿元。2012 年黔江区财政收入15.52亿元,丰都县为8.52亿元,武隆县为8.69亿元,石柱县为7.14亿元,秀山县为10.08亿元,酉阳县为12.25亿元,彭水县为7.56亿元。

2013年黔江区财政收入7.38亿元,丰都县为7.52亿元,武隆县为8.69亿元,石柱县为11.79亿元,秀山县为12,48亿元,酉阳县为12.25亿元,彭水县为8.64亿元。2014年,黔江区财政收入20.08亿元,丰都县为12.81亿元,武隆县为11.61亿元,石柱县为11.1亿元,秀山县为14.15亿元,酉阳县为10.55亿元,彭水县为10.27亿元。2015年,黔江区为21.2亿元,丰都县为14.5亿元,武隆县为13.6亿元,石柱县为12.6亿元,秀山县为12.5亿元,酉阳县为12亿元,彭水县为12.5亿元。

表4-3　　　　　　　2003—2016年重庆片区财政收入　　　　　单位:万元

| 地区 | 2003年 | 2007年 | 2008年 | 2010年 | 2011年 | 2014年 | 2016年 |
| --- | --- | --- | --- | --- | --- | --- | --- |
| 丰都县 | 14773 | 24641 | 36863 | 85046 | 123039 | 128096 | 147799 |
| 黔江区 | 17408 | 82816 | 68337 | 151831 | 228481 | 200871 | 214601 |
| 武隆县 | 10550 | 27155 | 37395 | 71004 | 114128 | 116077 | 170006 |
| 石柱县 | 7063 | 18021 | 28275 | 82080 | 117487 | 111033 | 135380 |
| 秀山县 | 7641 | 26371 | 40092 | 100709 | 130856 | 141527 | 120269 |
| 酉阳县 | 5915 | 15177 | 25419 | 76596 | 122509 | 105540 | 136055 |
| 彭水县 | 10719 | 24601 | 35150 | 86033 | 120870 | 102702 | 139358 |
| 总计 | 74069 | 218782 | 271531 | 653299 | 957370 | 905846 | 1063468 |

资料来源:根据各县2004—2016年统计年鉴整理。

## 三　农村人均纯收入

### (一) 农村人均纯收入绝对量

2003—2016年,重庆武陵山片区7县(区)农村人均纯收入由1710元上升到8828元,增长了4.24倍,年均增速为13.46%。其中,2003年为1700元,2007年为2776元,2008年为3290元,2009年为3656元,2010年为4354元,2011年为5440元,2012年为6338元,2013年为7074元,2014年为7859元,2015年为8828元,2016年为7859元。

2003年黔江区农村人均纯收入1716元,丰都县为1925元,武隆为

1942元，石柱县为1586元，秀山县为1552元，彭水县为1674元，秀山县为1552元。2004年黔江区农村人均纯收入1968元，丰都县为2193元，武隆县为2203元，石柱县为1586元，秀山县为1552元，酉阳县为1745元，彭水县为1962元。2007年黔江区农村人均纯收入2828元，丰都县3028元，武隆县2935元，石柱县为3002元，秀山县为2609元，酉阳县为2354元，彭水县为2674元。2008年黔江区农村人均纯收入3332元，丰都县为3591元，武隆县为3475元，石柱县为3579元，秀山县为3102元，酉阳县2778元，彭水县3174元。

2009年黔江区农村人均纯收入3696元，丰都县为3992元，武隆县3863元，石柱县3998元，秀山县为3447元，酉阳县为3082元，彭水县为3517元。2010年黔江区农村人均纯收入4417元，丰都县为4766元，武隆县为4604元，石柱县为4765元，秀山县4088元，酉阳县为3655元，彭水县为4182元。2011年黔江区农村人均纯收入5452元，丰都县为5991元，武隆县为5792元，石柱县为5981元，秀山县为5110元，酉阳县为4539元，彭水县为5215元。2012年黔江区农村人均纯收入6215元，丰都县为6932元，武隆县为6696元，石柱县为6848元，秀山县为5861元，酉阳县为5152元，彭水县为5959元。

2013年黔江区农村人均纯收入7060元，丰都县7861元，武隆县7633元，石柱县7765元，秀山县6647元，酉阳县5832元，彭水县6723元。2014年黔江区农村人均纯收入7878元，丰都县8679元，武隆县8489元，石柱县8586元，秀山县7341元，酉阳县6479元，彭水县7469元。2014年农村人均纯收入排在前三位的分别是丰都县（8679元）、石柱县（8586元）、武隆县（8489元）。农村人均纯收入排在后三位的分别是酉阳县（6479元）、秀山县（7341元）、彭水县（7469元）。7县中，有3县低于重庆片区平均水平。2015年农村人均纯收入排在前三位的分别是丰都县（9729元）、石柱县（9642元）、武隆县（9562元）。农村人均纯收入排在后三位的分别是酉阳县（7263元）、秀山县（8360元）、彭水县（8388元）。7县中，有3县低于重庆片区平均水平（见表4-4）。

表4-4　　　　　2003—2016年重庆片区农村居民纯收入　　　　单位：元

| 地区 | 2003年 | 2007年 | 2008年 | 2009年 | 2010年 | 2011年 | 2012年 | 2013年 | 2014年 | 2016年 |
|---|---|---|---|---|---|---|---|---|---|---|
| 丰都县 | 1925 | 3028 | 3591 | 3992 | 4766 | 5991 | 6932 | 7861 | 8679 | 10770 |

续表

| 地区 | 2003年 | 2007年 | 2008年 | 2009年 | 2010年 | 2011年 | 2012年 | 2013年 | 2014年 | 2016年 |
|---|---|---|---|---|---|---|---|---|---|---|
| 黔江区 | 1716 | 2828 | 3332 | 3696 | 4417 | 5452 | 6215 | 7060 | 7878 | 9820 |
| 武隆县 | 1942 | 2935 | 3475 | 3863 | 4604 | 5792 | 6696 | 7633 | 8489 | 10643 |
| 石柱县 | 1586 | 3002 | 3579 | 3998 | 4765 | 5981 | 6848 | 7765 | 8586 | 10674 |
| 秀山县 | 1552 | 2609 | 3102 | 3447 | 4088 | 5110 | 5861 | 6647 | 7341 | 9263 |
| 酉阳县 | 1510 | 2354 | 2778 | 3082 | 3655 | 4539 | 5152 | 5832 | 6479 | 8069 |
| 彭水县 | 1674 | 2674 | 3174 | 3517 | 4182 | 5215 | 5959 | 6723 | 7469 | 9294 |
| 平均 | 1700 | 2776 | 3290 | 3656 | 4354 | 5440 | 6338 | 7074 | 7859 | 9790 |

资料来源：《重庆统计年鉴》（2004—2017）。（说明：统计数据主要证明增长趋势，重在起止年份，且个别年份数据未得到。）

**（二）农村人均纯收入增速**

2003—2016年，重庆武陵山片区农村人均纯收入年均增速为14.36%。其中，增速排在前三位的分别是石柱县、秀山县、黔江区；排在后三位的分别是酉阳县、武隆县和彭水县。农村纯收入年均增速低于片区平均年增速的有酉阳县、黔江区、武隆县、彭水县和丰都县（见图4-8）。

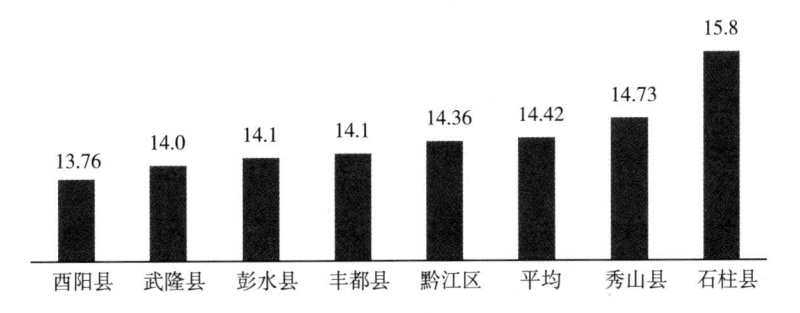

**图4-8 2003—2016年重庆片区农村人均纯收入年均增速**（单位:%）

## 四 城镇化率

2003—2016年，重庆武陵山片区城镇化率由17.84%上升到39.62%，年均上升6.3个百分点。

2003年重庆武陵山片区城镇化率17.84%。其中，黔江区为25.3%，丰都县为20.9%，武隆县为22.7%，石柱县为15.8%，秀山县15.4%，酉阳县为 12.8%，彭水县为 12%；2004 年重庆武陵山片区城镇化率 19.62%。其中，黔江区 26.44%，丰都县 22.62%，武隆县 24.11%，石柱县城为 17.23%，秀山县为 17.32%，酉阳县为 14.33%，彭水县为 15.32%；2005 年重庆武陵山片区城镇化率 21.14%。其中，黔江区城为 27.9%，丰都县城镇化率为 24.1%，武隆县城镇化率为 25.6%，石柱县为 18.7%，秀山县为 18.9%，酉阳县为 15.8%，彭水县为 17%。

2007 年重庆武陵山片区城镇化率 24.01%。其中，黔江区为 30.9%，丰都县为 27%，武隆县为 28.4%，石柱县为 21.5%，秀山县为 21.9%，酉阳县为 18.6%，彭水县为 19.8%；2008 年重庆武陵山片区城镇化率 25.54%。其中，黔江区为 32.55%，丰都县为 28.51%，武隆县为 29.94%，石柱县为 23.03%，秀山县为 23.44%，酉阳县为 20.03%，彭水县为 21.32%；2009 年重庆武陵山片区城镇化率 27.19%。其中，黔江区为 34.3%，丰都县 30.1%，武隆县为 31.6%，石柱县城为 24.7%，秀山县为 25.1%，酉阳县为 21.6%，彭水县为 22.9%。

2010 年重庆武陵山片区城镇化率 31.03%。其中，黔江区为 39.1%，丰都县为 34.5%，武隆县为 32.3%，石柱县为 32.3%，秀山县为 30%，酉阳县为 23.8%，彭水县为 25.2%；2011 年重庆武陵山片区城镇化率 32.07%。其中，黔江区城为 40.8%，丰都县为 36.1%，武隆县城为 34.6%，石柱县为 34%，秀山县为 26.8%，酉阳县为 25.4%，彭水县为 26.8%；2012 年重庆武陵山片区城镇化率 34.49%。其中，黔江区为 42.53%，丰都县为 37.91%，武隆县为 36.17%，石柱县为 35.72%，秀山县为 33.41%，酉阳县为 27.12%，彭水县为 28.54%。

2013 年重庆武陵山片区城镇化率 35.76%。其中，黔江区为 43.79%，丰都县为 39.24%，武隆县为 37.41%，石柱县为 36.98%，秀山县为 34.67%，酉阳县为 28.36%，彭水县为 29.84%。2014 年重庆武陵山片区城镇化率 37.1%。其中，黔江区为 45.12%，丰都县为 40.66%，武隆县为 38.7%，石柱县为 38.36%，秀山县为 36.01%，酉阳县为 29.66%，彭水县为 31.19%。2015 年，重庆武陵山片区城镇化率 38.31%。其中，黔江区为 46.13%，丰都县为 41.94%，武隆县为 39.86%，石柱县为 39.59%，秀山县为 37.31%，酉阳县为 30.91%，彭水县为 32.42%（见表 4-5）。

| 表 4-5 | | | 2003—2015 年重庆片区城镇化率 | | | | | 单位:% |
|---|---|---|---|---|---|---|---|---|
| 年份 | 黔江区 | 丰都县 | 武隆县 | 石柱县 | 秀山县 | 酉阳县 | 彭水县 | 平均 |
| 2003 年 | 25.3 | 20.9 | 22.7 | 15.8 | 15.4 | 12.8 | 12 | 17.84 |
| 2004 年 | 26.44 | 22.62 | 24.11 | 17.23 | 17.32 | 14.33 | 15.32 | 19.62 |
| 2005 年 | 27.9 | 24.1 | 25.6 | 18.7 | 18.9 | 15.8 | 17 | 21.14 |
| 2006 年 | 29.3 | 25.5 | 27 | 20.1 | 20.4 | 17.2 | 18.4 | 22.56 |
| 2007 年 | 30.9 | 27 | 28.4 | 21.5 | 21.9 | 18.6 | 19.8 | 24.01 |
| 2008 年 | 32.55 | 28.51 | 29.94 | 23.03 | 23.44 | 20.03 | 21.32 | 25.54 |
| 2009 年 | 34.3 | 30.1 | 31.6 | 24.7 | 25.1 | 21.6 | 22.9 | 27.19 |
| 2010 年 | 39.1 | 34.5 | 32.3 | 32.3 | 30 | 23.8 | 25.2 | 31.03 |
| 2011 年 | 40.8 | 36.1 | 34.6 | 34 | 26.8 | 25.4 | 26.8 | 32.07 |
| 2012 年 | 42.53 | 37.91 | 36.17 | 35.72 | 33.41 | 27.12 | 28.54 | 34.49 |
| 2013 年 | 43.79 | 39.24 | 37.41 | 36.98 | 34.67 | 28.36 | 29.84 | 35.76 |
| 2014 年 | 45.12 | 40.66 | 38.7 | 38.36 | 36.01 | 29.66 | 31.19 | 37.1 |
| 2015 年 | 46.13 | 41.94 | 39.86 | 39.59 | 37.31 | 30.91 | 32.42 | 38.31 |
| 2016 年 | 47.49 | 43.31 | 41.13 | 40.9 | 38.64 | 32.15 | 33.7 | 39.62 |

资料来源:根据《重庆统计年鉴》(2004—2017)整理。

## 第三节 重庆片区与重庆市主要经济指标比较

### 一 GDP 总量及人均 GDP

2003—2016 年,重庆片区 GDP 总量由 146.09 亿元增加到 1089.22 亿元,重庆市 GDP 由 2250.6 亿元增加到 17558.76 亿元。重庆市 GDP 年均增速为 16.45%,重庆片区年均增速为 15.8%。2003—2016 年,重庆片区人均 GDP 由 4276 元增加到 33663 元,重庆市由 9098 元增加到 57903 元。重庆市人均 GDP 年均增速为 14.13%,重庆片区为 15.88%。片区人均 GDP 增速要快于重庆市,但相对全市来说,经济总量少,人均 GDP 较低。

从 GDP 总量来看:2003 年片区 GDP 总量占全市比重为 6.49%,2004—2016 年分别为 6.49%、5.25%、5.94%、5.93%、5.95%、5.86%、6.50%、6.41%、6.41%、6.44%、6.36%、6.26%、6.2%。从人均 GDP 来看:2003 年片区人均 GDP 为全市的 47.00%;2004—2016 年分别为 47%、47.17%、

48.2%、50.01%、50.75%、55.93%、57.18%、55.81%、51.53%、57.8%、57.89%、57.81%、58.13%。

表 4-6　　2003—2016 年重庆片区与重庆市 GDP、人均 GDP

| 年份 | 重庆市 | | | 重庆武陵山片区 | | 人均 GDP 占全市比重（%） | GDP 占全省比重（%） |
|---|---|---|---|---|---|---|---|
| | GDP（亿元） | GDP 增速 | 人均 GDP（元） | GDP（亿元） | 人均 GDP（元） | | |
| 2003 年 | 2250.56 | 9.5 | 9098 | 146.09 | 4276 | 47 | 6.49 |
| 2004 年 | 2665.39 | 14.3 | 10845 | 173.05 | 5116 | 47.17 | 6.49 |
| 2005 年 | 3070.49 | 13.8 | 12404 | 205.3 | 6093 | 49.12 | 5.25 |
| 2006 年 | 3907.23 | 15.4 | 13939 | 224.74 | 6718 | 48.2 | 5.94 |
| 2007 年 | 4676.13 | 18.4 | 16629 | 277.54 | 8327 | 50.01 | 5.93 |
| 2008 年 | 5793.66 | 14.5 | 20490 | 344.72 | 10398 | 50.75 | 5.95 |
| 2009 年 | 6530.01 | 14.9 | 22920 | 382.94 | 12821 | 55.93 | 5.86 |
| 2010 年 | 7925.58 | 17.1 | 27596 | 514.93 | 15779 | 57.18 | 6.50 |
| 2011 年 | 10111.37 | 16.4 | 34500 | 642.65 | 19255 | 55.81 | 6.41 |
| 2012 年 | 11409.6 | 13.6 | 38914 | 731.78 | 22055 | 51.53 | 6.41 |
| 2013 年 | 12656.9 | 12.3 | 42795 | 815.17 | 24734 | 57.8 | 6.44 |
| 2014 年 | 14262.6 | 12.7 | 47850 | 907.33 | 27703 | 57.89 | 6.36 |
| 2015 年 | 15717.3 | 10.2 | 52322 | 984.5 | 30248 | 57.81 | 6.26 |
| 2016 年 | 17558 | 11.71 | 57903 | 1089.2 | 33663 | 58.13 | 6.20 |

资料来源：《重庆统计年鉴》（2004—2017）。

重庆武陵山片区 7 县区存在发展不平衡问题，2014 年，人均 GDP 排在一、二位的黔江区以及武隆县人均 GDP 分别为 37201 元、30871 元，超过了片区的平均水平 24734 元。处于末位的酉阳县人均 GDP 为 17711 元，仅为片区平均水平的 71%，为重庆市人均 GDP（42795 元）的 41.39%。人均 GDP 处于片区 7 县区平均水平的还有彭水县 18467 元、丰都县（19167 元）、秀山县（23235 元）。

二　财政收支

由于重庆武陵山片区 7 县区仅占全市县区（38 县区）的比重 18.42%，财政收支总量不具有可比性。本书通过计算出人均财政收支，在此基础上加以对比，更具有实际意义（见表 4-7）。

2003年，重庆市人均财政收入为661元，重庆片区财政收入为188元，后者为前者的28.44%。重庆市人均财政支出为1250元，重庆片区人均财政支出为746元，后者为前者的59.68%。2004年，重庆市人均财政收入为1473元，重庆片区财政收入为223元，后者为前者的15.14%。重庆市人均财政支出为1543元，重庆片区人均财政支出为828元，后者为前者的53.66%；2005年，重庆市人均财政收入为1833元，重庆片区财政收入为260元，后者为前者的14.18%。重庆市人均财政支出为1973元，重庆片区人均财政支出为981元，后者为前者的49.73%。

2006年，重庆市人均财政收入为2294元，重庆片区财政收入为309元，后者为前者的13.50%。重庆市人均财政支出为2654元重庆，片区人均财政支出为1271元，后者为前者的47.89%；2007年，重庆市人均财政收入为3268元，重庆片区财政收入为456元，后者为前者的15.44%。重庆市人均财政支出为3407元，重庆片区人均财政支出为1624元，后者为前者的47.67%；2008年，重庆市人均财政收入为3961元，重庆片区财政收入为665元，后者为前者的16.79%。重庆市人均财政支出为4447元，重庆片区人均财政支出为2397元，后者为前者的53.90%；2009年，重庆市人均财政收入为4687元，重庆片区财政收入为961元，后者为前者的20.5%。重庆市人均财政支出为5514元，重庆山片区人均财政支出为3119元，后者为前者的56.57%。

2010年，重庆市人均财政收入为7587元，重庆片区财政收入为1544元，后者为前者的20.35%。重庆市人均财政支出为8429元，重庆片区人均财政支出为4210元，后者为前者的51.03%；2011年，重庆市人均财政收入为8736元，重庆片区财政收入为2260元，后者为前者的25.87%。重庆市人均财政支出为9024元，重庆片区人均财政支出为5806元，后者为前者的64.3%；2012年，重庆市人均财政收入为4956元，重庆片区财政收入为1888元，后者为前者的38.09%。重庆市人均财政支出为8052元，重庆片区人均财政支出为5686元，后者为前者的70.62%；2013年，重庆市人均财政收入为5238元，重庆片区财政收入为1841元，后者为前者的35.15%。重庆市人均财政支出为9062元，片区人均财政支出为6027元，后者为前者的66.5%。

2014年，重庆市人均财政收入为5695元，重庆片区财政收入为2118元，后者为前者的37.19%。重庆市人均财政支出为9790元，重庆片区人均财政支出为 6677 元，后者为前者的 67.2%；2015 年，重庆市人均财政收入为 6523 元，重庆片区财政收入为 2160 元，后者为前者的 33.11%。重庆市人均财政支出为 11479 元，重庆片区人均财政支出为 7191 元，后者为前者的 62.64%。重庆市人均财政支出为 12515 元，重庆片区人均财政支出为 8047 元，后者为前者的 64.3%（表 4-7）。

表 4-7　　　　2003—2016 年重庆片区和重庆市人均财政收支　　　单位：元

| 年份 | 人均财政收入 | | | 人均财政支出 | | |
|---|---|---|---|---|---|---|
| | ①重庆市 | ②重庆片区 | ②/① | ①重庆市 | ②重庆片区 | ②/① |
| 2003 年 | 661 | 188 | 28.44% | 1250 | 746 | 59.68% |
| 2004 年 | 1473 | 223 | 15.14% | 1543 | 828 | 53.66% |
| 2005 年 | 1833 | 260 | 14.18% | 1973 | 981 | 49.73% |
| 2006 年 | 2294 | 309 | 13.50% | 2654 | 1271 | 47.89% |
| 2007 年 | 3268 | 456 | 15.44% | 3407 | 1624 | 47.67% |
| 2008 年 | 3961 | 665 | 16.79% | 4447 | 2397 | 53.90% |
| 2009 年 | 4687 | 961 | 20.5% | 5514 | 3119 | 56.57% |
| 2010 年 | 7587 | 1544 | 20.35% | 8249 | 4210 | 51.03% |
| 2011 年 | 8736 | 2260 | 25.87% | 9024 | 5806 | 64.3% |
| 2012 年 | 4956 | 1888 | 38.09% | 8052 | 5686 | 70.62% |
| 2013 年 | 5238 | 1841 | 35.15% | 9062 | 6027 | 66.5% |
| 2014 年 | 5695 | 2118 | 37.19% | 9790 | 6677 | 67.2% |
| 2015 年 | 6523 | 2160 | 33.11% | 11479 | 7191 | 62.64% |
| 2016 年 | 7529 | 2656 | 35.27% | 12515 | 8047 | 64.3% |

资料来源：根据各县 2004—2017 年统计年鉴公布的财政收支数和户籍人口数计算。

由表 4-7 可知，重庆武陵山片区人均收支在稳定增长，但与重庆市人均财政收支相比，收支矛盾更加突出。一方面表现在片区人均财政支出远超过人均财政收入，另一方面表现为片区人均财政收入占重庆市人均财政收入 40% 不到，但人均财政支出却超过了 50%。

### 三　城乡居民人均可支配收入

2003 年，重庆片区农村人均纯收入 1701 元，重庆市为 2215 元，绝对差为 514 元。2004 年，重庆片区农村人均纯收入 1970 元，重庆市为 2510 元，绝对差为 540 元。2005 年重庆片区农村人均纯收入 2178 元，重庆市为 2809 元，绝对差为 631 元。2006 年，重庆片区农村人均纯收入 2301 元，重庆市为 2874 元，绝对差为 573 元。2007 年，重庆片区农村人均纯收入 2775 元，重庆市为 3509 元，绝对差为 734 元。2008 年重庆武陵山片区农村人均纯收入 3290 元，重庆市为 4126 元，绝对差为 836 元。

2009 年，重庆片区农村人均纯收入 3656 元，重庆市为 4478 元，绝对差为 822 元。重庆片区城镇人均可支配收入 15749 元，重庆市为 12305 元，绝对差为 3444 元。2010 年，重庆武陵山片区农村人均纯收入 4354 元，重庆市为 5277 元，绝对差为 923 元。重庆片区城镇人可支配收入 17532 元，重庆市为 13743 元，绝对差为 3789 元。2011 年，重庆片区农村人均纯收入 5440 元，重庆市为 6480 元，绝对差为 1040 元。重庆片区城镇人均可支配收入 15895 元，重庆市为 20249 元，绝对差为 4354 元。

2012 年，重庆片区农村人均纯收入 6238 元，重庆市为 7383 元，绝对差为 1145 元。重庆片区城镇人均可支配收入 18167 元，重庆市为 22968 元，绝对差为 4801 元。2013 年，重庆片区农村人均纯收入 7074 元，重庆市为 8393 元，绝对差为 1319 元。重庆片区城镇人均可支配收入 20173 元，重庆市为 23058 元，绝对差为 2885 元；2014 年，重庆片区农村人均纯收入 7859 元，重庆市为 9490 元，绝对差为 1631 元。重庆片区城镇人均可支配收入 21921 元，重庆市为 25147 元，绝对差为 3226 元。2015 年，重庆片区农村人均纯收入 8829 元，重庆市农村人均纯收入为 10505 元，绝对差为 1676 元。重庆片区城镇人均可支配收入 24089 元，重庆市城镇可支配收入为 27239 元，绝对差为 3150 元。2016 年，重庆片区农村人均纯收入 9790 元，重庆市为 11549 元，绝对差为 1795 元。重庆片区城镇人均可支配收入 24089 元，重庆市城镇可支配收入为 27239 元，绝对差为 3150 元。（见表 4-8；图 4-9）。

表 4-8　　　　2003—2016 年重庆片区和重庆市城乡居民纯收入　　　　单位：元

| 年份 | 农村人均收入 | | | 城镇人均可支配收入 | | |
| --- | --- | --- | --- | --- | --- | --- |
| | ①重庆市 | ②重庆片区 | ①-② | ①重庆市 | ②重庆片区 | ①—② |
| 2003 年 | 2215 | 1701 | 514 | 8094 | — | — |
| 2004 年 | 2510 | 1970 | 540 | 9221 | — | — |
| 2005 年 | 2809 | 2178 | 631 | 10244 | — | — |
| 2006 年 | 2874 | 2301 | 573 | 11570 | — | — |
| 2007 年 | 3509 | 2775 | 734 | 13715 | — | — |

续表

| 年份 | 农村人均收入 | | | 城镇人均可支配收入 | | |
|---|---|---|---|---|---|---|
| | ①重庆市 | ②重庆片区 | ①-② | ①重庆市 | ②重庆片区 | ①-② |
| 2008 年 | 4126 | 3290 | 836 | 14368 | — | — |
| 2009 年 | 4478 | 3656 | 822 | 15749 | 12305 | 3444 |
| 2010 年 | 5277 | 4354 | 923 | 17532 | 13743 | 3789 |
| 2011 年 | 6480 | 5440 | 1040 | 20249 | 15895 | 4354 |
| 2012 年 | 7383 | 6238 | 1145 | 22968 | 18167 | 4801 |
| 2013 年 | 8393 | 7074 | 1319 | 23058 | 20173 | 2885 |
| 2014 年 | 9490 | 7859 | 1631 | 25147 | 21921 | 3226 |
| 2015 年 | 10505 | 8829 | 1676 | 27239 | 24089 | 3150 |
| 2016 年 | 11549 | 9790 | 1795 | 29610 | 26442 | 3168 |

资料来源：根据《重庆统计年鉴》（2004—2017）整理计算。

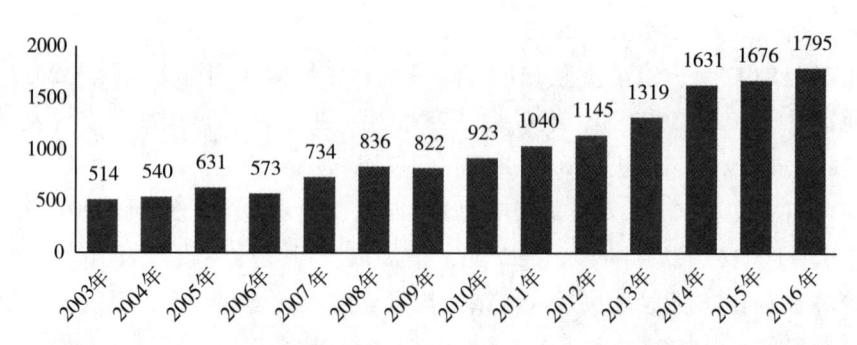

图 4-9　2003—2016 年重庆片区和重庆市农村人均收入差距（单位：元）

表 4-8 和图 4-9 表明，在十多年的发展过程中，重庆武陵山片区的人均纯收入与重庆市农村人均纯收入绝对额的差距在不断拉大。

### 四　城镇化率

2003 年，重庆片区的城镇化率为 17.84%，重庆市为 41.9%，片区落后市平均 24.06 个百分点。2004 年，重庆片区的城镇化率为 19.62%，重庆市为 43.5%，片区落后市平均 23.88 个百分点。2005 年，重庆片区的城镇化率为 21.14%，重庆市为 45.2%，片区落后市平均 24.06 个百分点。2006 年，重庆片区的城镇化率为 22.56%，重庆市为 46.7%，片区落后市平均 24.12 个百分点。2007 年，重庆武陵山片区的城镇化率为 24.01%，重庆市为48.3%，片区落后市平均24.29个百分点。2008年，重庆武陵山片区的城镇化率为25.55%，重庆市为49.99%，片区落后市平均24.44个百分点。

2009年，重庆片区的城镇化率为27.19%，重庆市为51.6%，片区落后市平均24.41个百分点。2010年，重庆片区的城镇化率为31.03%，重庆市为53%，片区落后市平均21.97个百分点。2011年，重庆片区的城镇化率为32.76%，重庆市为55%，片区落后市平均22.93个百分点。2012年，重庆片区的城镇化率为34.49%，重庆市为57%，片区落后市平均22.51个百分点。2013年，片区的城镇化率为35.76%，重庆市为58.3%，片区落后市平均22.6个百分点；2014年，重庆片区的城镇化率为37.1%，重庆市为59.6%，片区落后市平均22.5个百分点；2015年，重庆片区的城镇化率为38.31%，重庆市为60.1%，片区落后市平均22.5个百分点（见图4-10）。

| | 2003年 | 2007年 | 2009年 | 2011年 | 2014年 | 2016年 |
|---|---|---|---|---|---|---|
| ■重庆片区 | 17.84 | 24.01 | 27.19 | 32.07 | 37.1 | 39.62 |
| ■重庆市 | 41.9 | 48.3 | 51.6 | 55 | 59.6 | 62.6 |
| ■二者之差 | 24.06 | 24.29 | 24.41 | 22.93 | 22.5 | 22.98 |

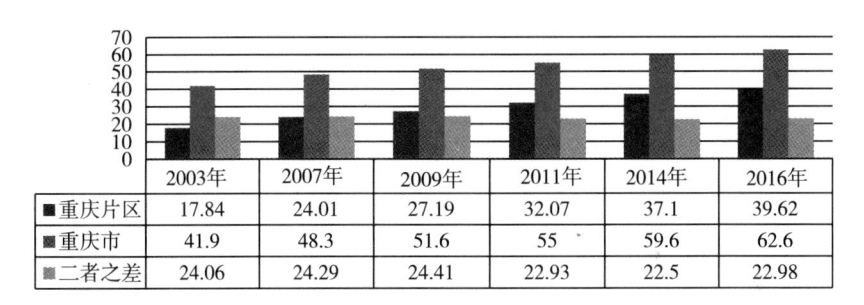

**图4-10　2003—2016年重庆片区与重庆市城镇化率**（单位:%）

图4-10可知：随着经济的发展，重庆武陵山片区的城镇化率在稳定上升，12年间上升了21.78个百分点。同期，重庆市城镇化率上升了20.7个百分点。片区的城镇化率上升的速度快于重庆市的速度，但与此同时二者的差距仍然在20个百分点以上。

# 第五章

# 湖北武陵山片区社会经济条件分析

## 第一节 湖北省社会经济发展情况

湖北省位于长江中游、洞庭湖之北,春秋战国时为楚国地,宋时为荆湖北路,元属湖南江北行省,清置湖北省。湖北省现有12个省辖市、1个自治州、38个市辖区、24个县级市(其中3个直管市)、38个县、2个自治县、1个林区。全省面积18万多平方千米,省会武汉。

### 一 GDP总量及人均GDP

**(一) GDP总量**

1952—1978年,湖北省经济增长较慢,经济规模小。1952年GDP总量为24.51亿元,1975年GDP总量突破100亿元,达到120.1亿元。1978—2016年,GDP总量由151亿元增加到32297.91亿元,年均增速14.75%。其中,1978年,GDP总量为151亿元,1988年为626.52亿元,2001年突破4000亿元,2008年突破10000亿元,2012年突破20000亿元,2016年突破30000亿元,达到32297.91亿元(见图5-1)。

**(二) 人均GDP增长情况**

1952—1978年,湖北省人均GDP从90元上升到151元,上升速度比较慢,年均增速为2.01%。1978—2016年,人均GDP快速增长,由332元增加到55191元,年均增速达14.4%。其中,1978年人均GDP为332元;1988年为626.52元;2001年为6867元;2002年为7437元;2003年人均GDP为8378元;2004年人均GDP为9898元;2005年人均GDP为11554元;2006年人均GDP为13360元;2007年人均GDP为16386元;2008年人均GDP为19858元;2009年人均GDP为22677元;2010

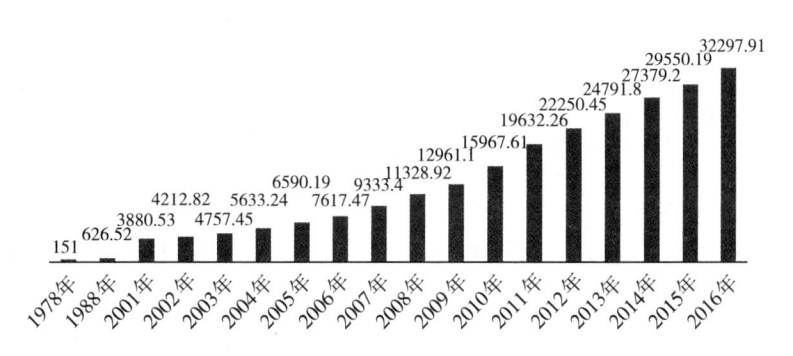

图 5-1　1978—2016 年湖北省 GDP（单位：亿元）

资料来源：根据相关年份的《湖北统计年鉴》进行整理。

年人均 GDP 为 27906 元；2011 年人均 GDP 为 34197 元；2012 年人均 GDP 为 38572 元；2013 年人均 GDP 为 42826 元；2014 年人均 GDP 为 47145 元；2015 年人均 GDP 为 50654 元；2016 年人均 GDP 为 55191 元（见图 5-2）。

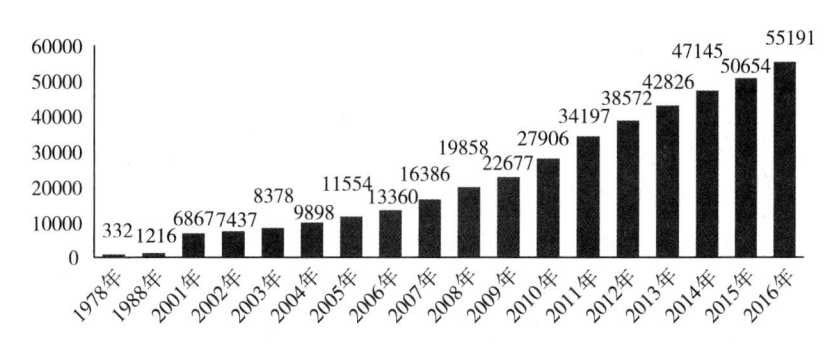

图 5-2　1978—2016 年湖北省人均 GDP（单位：元）

资料来源：根据相关年份的《湖北统计年鉴》进行整理。

## 二　财政收支

1952—2016 年，湖北省财政收入由 3.81 亿元上升到 3102.02 亿元，年均增速达 11.04%。公共财政支出由 1.96 亿元上升到 6453.07 亿元，年均增速达 13.49%。2003—2016 年，政收入由 259.76 亿元上升到 3102.02 亿元，年均增速达 21.02%。公共财政支出由 540.44 亿元上升到 6453.07 亿元，年均增速达 21.02%。

1990年以前，财政收入以顺差为主。1990年以后，财政收支出现逆差且二者的绝对差不断扩大。1990年公共财政收入为77.83亿元，公共财政支出为84.62亿元，收支差额为6.79亿元。2003年公共财政收入为259.76亿元，公共财政支出为540.44亿元，收支差额为280.68亿元。

2004年公共财政收入为310.45亿元，公共财政支出为646.29亿元，收支差额为335.84亿元。2005年公共财政收入为375.52亿元，公共财政支出为778.29亿元，收支差额为402.77亿元。2006年公共财政收入为476.08亿元，公共财政支出为1047亿元，收支差额为570.92亿元。2007年公共财政收入为590.36亿元，公共财政支出为1274.27亿元，收支差额为683.91亿元。2008年公共财政收入为710.85亿元，公共财政支出为1650.28亿元，收支差额为939.43亿元。2009年公共财政收入为710.85亿元，公共财政支出为1650.28亿元，收支差额为939.43亿元。

2010年公共财政收入为1011.23亿元，公共财政支出为2501.4亿元，收支差额为1490.17亿元。2011年公共财政收入为1526.91亿元，公共财政支出为3214.74亿元，收支差额为1687.83亿元。2012年公共财政收入为1823.05亿元，公共财政支出为3759.79亿元，收支差额为1936.74亿元。2013年公共财政收入为2191.22亿元，公共财政支出为4371.85亿元，收支差额为2180.63亿元。2014年公共财政收入为2566.9亿元，公共财政支出为4934.15亿元，收支差额为2367.25亿元。2015年公共财政收入为3005.53亿元，公共财政支出为6132.84亿元，收支差额为3127.31亿元。2015年公共财政收入为3005.53亿元，公共财政支出为6132.84亿元，收支差额为3127.31亿元。2016年公共财政收入为3102.02亿元，公共财政支出为6453.07亿元，收支差额为3351.05亿元（见图5-3）。

### 三 城乡居民人均纯收入

1978—2016年，湖北省城乡居民收入呈现快速增长趋势，农村居民纯收入年均增长率为13.32%，城镇居民人均可支配收入年均增长率达12.58%。

1978年农村居民人均纯收入为110元，城镇居民人均可支配收入325

| | 2003年 | 2004年 | 2005年 | 2006年 | 2007年 | 2008年 | 2009年 | 2010年 | 2011年 | 2012年 | 2013年 | 2014年 | 2015年 | 2016年 |
|---|---|---|---|---|---|---|---|---|---|---|---|---|---|---|
| 财政收入 | 259.76 | 310.45 | 375.25 | 476.08 | 590.36 | 710.85 | 814.87 | 1011.2 | 1526.9 | 1823.0 | 2191.2 | 2566.9 | 3005.5 | 3102.0 |
| 财政支出 | 540.44 | 546.29 | 778.27 | 1047 | 1274.2 | 1650.8 | 2090.9 | 2501.4 | 3214.7 | 3759.7 | 4371.6 | 4934.1 | 6132.8 | 6453.0 |

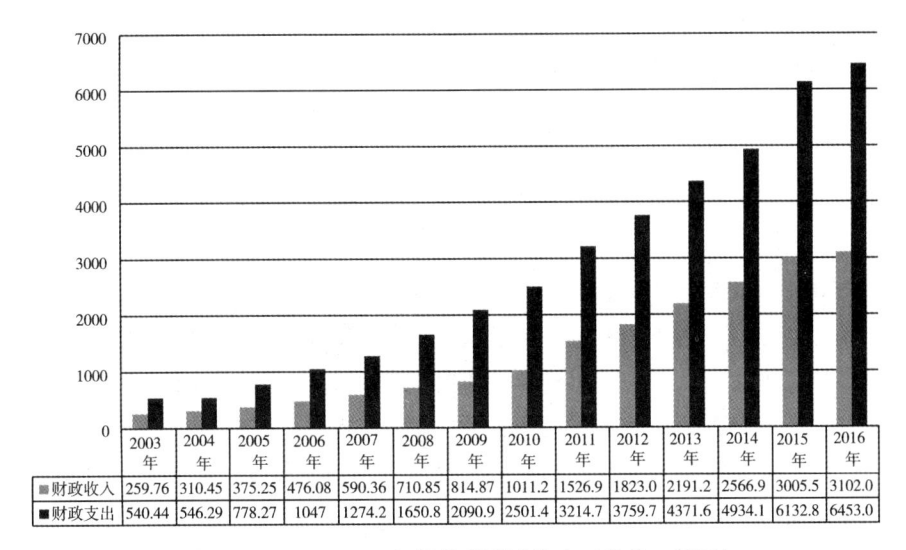

**图 5-3　2003—2016 年湖北省财政收支**（单位：亿元）

资料来源：《湖北统计年鉴》（2004—2017）。

元，城乡收入绝对差为 215 元，城乡收入比为 2.95；1990 年农村居民人均纯收入为 671 元，城镇居民人均可支配收入 1427 元，城乡收入绝对差为 756 元，城乡收入比为 2.1。2000 年农村居民人均纯收入为 2269 元，城镇居民人均可支配收入 5525 元，城乡收入绝对差为 3256 元，城乡收入比为 2.43。

2004 年农村居民人均纯收入为 2890 元，城镇居民人均可支配收入 8023 元，城乡收入绝对差为 5133 元，城乡收入比为 2.77；2005 年农村居民人均纯收入为 3099 元，城镇居民人均可支配收入 8786 元，城乡收入绝对差为 5687 元，城乡收入比为 2.83；2006 年农村居民人均纯收入为 3419 元，城镇居民人均可支配收入 9803 元，城乡收入绝对差为 6384 元，城乡收入比为 2.86；2007 年农村居民人均纯收入为 3997 元，城镇居民人均可支配收入 11485 元，城乡收入绝对差为 7488 元，城乡收入比为 2.87；2008 年农村居民人均纯收入为 4636 元，城镇居民人均可支配收入 13153 元，城乡收入绝对差为 8517 元，城乡收入比为 2.84。

2009 年农村居民人均纯收入为 5035 元，城镇居民人均可支配收入 14367 元，城乡收入绝对差为 9332 元，城乡收入比为 2.85；2010 年农村居民人均纯收入为 5832 元，城镇居民人均可支配收入 16058 元，城乡收入绝对差为 10226 元，城乡收入比为 2.75；2011 年农村居民人均纯收入为 6898 元，城镇居民人均可支配收入 18374 元，城乡收入绝对差为 11476 元，城乡收入比为 2.66；2012 年农村居民人均纯收入为 7852 元，城镇居民人均可支配收入 20840 元，城乡收入绝对差为 12988 元，城乡收入比为 2.65；2013 年农村居民人均纯收入为 8867 元，城镇居民人均可支配收入 22906 元，城乡收入绝对差为 14039 元，城乡收入比为 2.58。

2014 年农村居民人均纯收入为 10849 元，城镇居民人均可支配收入 24852 元，城乡收入绝对差为 14003 元，城乡收入比为 2.29；2015 年农村居民人均纯收入为 11844 元，城镇居民人均可支配收入 27052 元，城乡收入绝对差为 15208 元，城乡收入比为 2.28；2016 年农村居民人均纯收入为 12725 元，城镇居民人均可支配收入 29386 元，城乡收入绝对差为 16661 元，城乡收入比为 2.31（见表 5-1）。

表 5-1　　　　　湖北省 1978—2016 年城乡居民收入　　　　单位：元

|  | ①农村人均纯收入 | ②城镇居民人均可支配收入 | ②—① | ②/① |
| --- | --- | --- | --- | --- |
| 1978 年 | 110 | 325 | 215 | 2.95 |
| 1990 年 | 671 | 1427 | 756 | 2.1 |
| 2000 年 | 2269 | 5525 | 3256 | 2.43 |
| 2004 年 | 2890 | 8023 | 5133 | 2.77 |
| 2005 年 | 3099 | 8786 | 5687 | 2.83 |
| 2006 年 | 3419 | 9803 | 6384 | 2.86 |
| 2007 年 | 3997 | 11485 | 7488 | 2.87 |
| 2008 年 | 4636 | 13153 | 8517 | 2.84 |
| 2009 年 | 5035 | 14367 | 9332 | 2.85 |
| 2010 年 | 5832 | 16058 | 10226 | 2.75 |
| 2011 年 | 6898 | 18374 | 11476 | 2.66 |
| 2012 年 | 7852 | 20840 | 12988 | 2.65 |
| 2013 年 | 8867 | 22906 | 14039 | 2.58 |
| 2014 年 | 10849 | 24852 | 14003 | 2.29 |
| 2015 年 | 11844 | 27052 | 15208 | 2.28 |
| 2016 年 | 12725 | 29386 | 16661 | 2.31 |

资料来源：根据湖北省相关年份的统计年鉴整理计算。

## 四 城镇化率

2003—2016 年，湖北省的城镇化率稳定提高，由 42% 上升到 58.1%，14 年间提高了 16.1 个百分点。

2003 年城镇化人口为 2387.7 万人，乡村人口 3297.3 万人，城镇化率为 42%；2004 年城镇化人口为 2427.3 万人，乡村人口 2466.7 万人，城镇化率为 42.6%；2005 年城镇化人口为 2466.7 万人，乡村人口 3243.3 万人，城镇化率为 43.2%；2006 年城镇化人口为 2493.5 万人，乡村人口 3199.5 万人，城镇化率为 43.8%；2007 年城镇化人口为 2524.7 万人，乡村人口 3174.3 万人，城镇化率为 44.3%；2008 年城镇化人口为 2581.4 万人，乡村人口 3129.6 万人，城镇化率为 45.19%。2009 年城镇化人口为 2631.2 万人，乡村人口 3088.8 万人，城镇化率为 46%；2010 年城镇化人口为 2844.51 万人，乡村人口 2877.64 万人，城镇化率为 49.7%；2011 年城镇化人口为 2984.32 万人，乡村人口 2773.6 万人，城镇化率为 51.6%；2012 年城镇化人口为 3091.77 万人，乡村人口 2687.23 万人，城镇化率为 53.5%；2013 年城镇化人口为 3161.03 万人，乡村人口 2637.97 万人，城镇化率为 54.51%；2014 年城镇化人口为 3237.8 万人，乡村人口 2578.20 万人，城镇化率为 55.67%。

2015 年城镇化人口为 3326.58 万人，乡村人口 2524.92 万人，城镇化率为 56.85%；2016 年全省常住人口 5885 万人，城镇 3419.19 万人，乡村 2465.81 万人，城镇化率达到 58.1%（见表 5-2）。

表 5-2　　　　　2003—2016 年湖北省城镇化率　　　单位：万人；%

| 年份 | 常住人口 | 城镇人口 | 城镇化率 |
| --- | --- | --- | --- |
| 2003 年 | 5685.00 | 2387.70 | 42 |
| 2004 年 | 5698.00 | 2427.30 | 42.6 |
| 2005 年 | 5710.00 | 2466.70 | 43.2 |
| 2006 年 | 5693.00 | 2493.50 | 43.8 |
| 2007 年 | 5699.00 | 2524.70 | 44.3 |
| 2008 年 | 5711.00 | 2581.40 | 45.2 |
| 2009 年 | 5720.00 | 2631.20 | 46.0 |
| 2010 年 | 5723.77 | 2844.51 | 49.7 |

续表

| 年份 | 常住人口 | 城镇人口 | 城镇化率 |
| --- | --- | --- | --- |
| 2011 年 | 5758.00 | 2984.32 | 51.83 |
| 2012 年 | 5779.00 | 3091.77 | 53.50 |
| 2013 年 | 5799.00 | 3161.03 | 54.51 |
| 2014 年 | 5816.00 | 3237.80 | 55.67 |
| 2015 年 | 5851.50 | 3326.58 | 56.85 |
| 2016 年 | 5885.00 | 3419.19 | 58.10 |

资料来源：根据湖北省相关年份的统计年鉴整理计算。

## 五 社会养老保险参保人数

2016 年末全省参加城镇职工基本养老保险人数 1354.40 万人，参加城乡居民基本养老保险人数 2219.70 万人。

2015 年年末全省参加城镇职工基本养老保险人数 1219.38 万人，参加城乡居民基本养老保险人数 2214.96 万人。2014 年年末全省参加城镇职工基本养老保险人数 1171.39 万人，参加城乡居民基本养老保险人数 2231 万人。2013 年年末全省参加基本养老保险人数 1113.43 万人。2012 年年末全省参加基本养老保险人数 1039.8 万人。2011 年年末全省参加基本养老保险人数 982.2 万人。2010 年年末全省参加基本养老保险人数 932.33 万人。2009 年年末全省参加基本养老保险人数 886.77 万人。2008 年年末全省参加基本养老保险人数 850.78 万人。2007 年年末全省参加基本养老保险人数 803.96 万人。

2006 年年末全省参加基本养老保险人数 780.51 万人。2005 年年末全省参加基本养老保险人数 732.35 万人。2004 年年末全省参加基本养老保险人数 628.7 万人。2003 年年末全省参加基本养老保险人数 612.09 万人。2002 年年末全省参加基本养老保险人数 687.2 万人。2001 年年末全省参加基本养老保险人数 611.0 万人。2000 年年末全省参加基本养老保险人数 596.0 万人。1999 年年末全省参加基本养老保险人数 577.7 万人。1998 年年末全省参加基本养老保险人数 520.5 万人。1997 年年末全省参加基本养老保险人数 355.8 万人。1996 年年末全省参加基本养老保险人数 353.2 万人。

表 5-3　　　　　　2003—2016 年湖北养老保险制度运行情况

单位：万人；亿元

| 年份 | 城镇职工参加养老保险人数 | 在职职工参加养老保险人数 | 离退人员参加养老保险人数 | 城乡居民中保参人数 | 基本养老保险基金收入 | 基本养老保险基金支出 | 基本养老保险累计结余 |
| --- | --- | --- | --- | --- | --- | --- | --- |
| 2003 | 612.09 | 474.36 | 137.73 | — | 83.43 | 82.27 | 15.38 |
| 2004 | 628.7 | 481.50 | 147.2 | — | 105.05 | 105.24 | 41.18 |
| 2005 | 732.35 | 554.42 | 177.93 | — | 119.75 | 117.62 | 43.49 |
| 2006 | 780.51 | 585.15 | 195.36 | — | 146.38 | 133.69 | 66.30 |
| 2007 | 803.96 | 597.57 | 206.39 | — | 180.70 | 153.97 | 93.03 |
| 2008 | 850.78 | 630.28 | 220.50 | — | 239.81 | 201.87 | 130.96 |
| 2009 | 886.77 | 651.43 | 235.34 | — | 287.47 | 243.48 | 176.38 |
| 2010 | 932.33 | 680.36 | 251.96 | 380.02 | 379.40 | 294.89 | 260.95 |
| 2011 | 982.02 | 708.39 | 273.63 | 1684.31 | 435.08 | 350.59 | 345.44 |
| 2012 | 1039.8 | 738.20 | 301.60 | — | 501.90 | 419.80 | 427.60 |
| 2013 | 1113.43 | 771.74 | 341.69 | — | 733.87 | 523.39 | 638.06 |
| 2014 | 1171.39 | 804.09 | 367.29 | 2231 | 764.29 | 647.75 | 754.60 |
| 2015 | 1219.38 | 823.45 | 395.93 | 2214.96 | 860.49 | 798.02 | 817.07 |
| 2016 | 1354.40 | 896.40 | 457.90 | 2219.70 | — | — | — |

资料来源：根据《湖北统计年鉴》（2004—2017）整理。

由表 5-3 可知，湖北省城乡居民基本养老保险制度的参保人数大幅增长。2010 年参保人数为 380.02 万人，2016 年增加到 2219.70 万人，年均增长人数为 307 万人。

## 第二节　湖北片区社会经济条件分析

湖北武陵山片区包括秭归县、五峰县、长阳县、恩施市、利川市、建始县、宣恩县、咸丰县、来凤县、鹤峰县、巴东县 11 县市。

### 一　GDP 总量及人均 GDP

#### （一）GDP 总量

2003—2016 年，武陵山湖北片区经济总量稳步增长。2003 年，片区

GDP 总量为 202.02 亿元。2016 年，GDP 总量为 1037.7 亿元，年均增长率 13.41%（见表 5-4）。其中，秭归县 GDP 由 21.53 亿元上升到 117.96 亿元，年均增速达 13.98%。长阳县 GDP 由 28.45 亿元上升到 131.1 亿元，年均增速达 12.47%。五峰县 GDP 由 10.89 亿元上升到 63.13 亿元，年均增速达 14.47%。恩施市 GDP 由 34.55 亿元上升到 187.86 亿元，年均增速达 13.91%。利川市 GDP 由 22.96 亿元上升到 107.27 亿元，年均增速达 12.59%。建始县 GDP 由 15.81 亿元上升到 85.79 亿元，年均增速达 13.89%。巴东县 GDP 由 19.45 亿元上升 96.21 亿元，年均增速达 13.09%。宣恩县 GDP 由 12.54 亿元上升到 60.23 亿元，年均增速达 12.3%。咸丰县 GDP 由 14.43 亿元上升到 73.2 亿元，年均增速达 13.31%。来凤县 GDP 由 11.40 亿元上升到 62.97 亿元，年均增速达 14.05%。鹤峰县 GDP 由 10.02 亿元上升到 51.98 亿元，年均增速达 13.5%。

表 5-4　　　　2003—2016 年湖北武陵山片区 GDP　　　　单位：亿元

| | 2003 年 | 2007 年 | 2008 年 | 2009 年 | 2010 年 | 2011 年 | 2012 年 | 2013 年 | 2014 年 | 2016 年 |
| --- | --- | --- | --- | --- | --- | --- | --- | --- | --- | --- |
| 秭归县 | 21.53 | 29.64 | 36.97 | 43.96 | 52.9 | 66.69 | 78.77 | 91.24 | 100.53 | 117.96 |
| 长阳县 | 28.45 | 39.65 | 40.18 | 47.45 | 56.18 | 75.3 | 88.26 | 100.51 | 109.88 | 131.1 |
| 五峰县 | 10.89 | 16.82 | 21.07 | 24.92 | 28.42 | 36.62 | 44.27 | 50.59 | 55.28 | 63.13 |
| 恩施市 | 34.55 | 52.86 | 58.8 | 72.63 | 86.94 | 105.34 | 123.1 | 141.5 | 157.28 | 187.86 |
| 利川市 | 22.96 | 35.22 | 38.98 | 47.86 | 54.48 | 64.77 | 73.35 | 82.01 | 90.97 | 107.27 |
| 建始县 | 15.81 | 24.1 | 28.49 | 33.04 | 39.42 | 47.87 | 55.92 | 64.11 | 71.3 | 85.79 |
| 巴东县 | 19.45 | 25 | 35.68 | 40.72 | 49.34 | 57.52 | 65.51 | 74 | 81.45 | 96.21 |
| 宣恩县 | 12.54 | 17.38 | 21.5 | 24.31 | 29.14 | 34.64 | 40.28 | 45.28 | 50.26 | 60.23 |
| 咸丰县 | 14.43 | 18.93 | 23.65 | 28.78 | 34.82 | 41.98 | 48.18 | 54.49 | 60.66 | 73.2 |
| 来凤县 | 11.40 | 15.72 | 19.53 | 25.05 | 30.18 | 35.24 | 40.89 | 47.09 | 53.01 | 62.97 |
| 鹤峰县 | 10.02 | 16.19 | 18.17 | 21.54 | 26.26 | 30.43 | 34.97 | 39.51 | 43.62 | 51.98 |
| 总计 | 202.02 | 291.51 | 343.02 | 410.26 | 488.08 | 596.4 | 693.5 | 790.33 | 874.24 | 1037.7 |

## （二）人均 GDP

2003—2015 年，湖北片区人均 GDP 由 4375 元上升到 23436 元，年均增速为 15.20%。其中，秭归县人均 GDP 由 5478 元上升到 30454 元，年均增速达 13.78%。长阳县人均 GDP 由 3938 元上升到 31191 元，年均增速达 15.01%。五峰县人均 GDP 由 5287 元上升到 32046 元，年均增速达 16.2%。恩施市人均 GDP 由 4482 元上升到 22338 元，年均增速达 14.32%。利川市人均 GDP 由 2759 元上升到 14962 元，年均增速达 15.13%。建始县人均 GDP 由 3107 元上升到 18702 元，年均增速达 16.13%。巴东县人均 GDP 由 4026 元上升到 20921 元，年均增速达 14.72%。宣恩县人均 GDP 由 3677 元上升到 18200 元，年均增速达 14.26%。咸丰县人均 GDP 由 4032 元上升到 21741 元，年均增速达 15.07%。来凤县人均 GDP 由 3700 元上升到 23592 元，年均增速达 16.69%。鹤峰县 GDP 由 4639 元上升到 23653 元，年均增速达 14.54%。（表 5-5）

表 5-5　　　　　2003—2015 年湖北片区人均 GDP　　　　　单位：元

| 年份 | 2003 年 | 2007 年 | 2008 年 | 2009 年 | 2010 年 | 2011 年 | 2012 年 | 2013 年 | 2014 年 | 2015 年 |
|---|---|---|---|---|---|---|---|---|---|---|
| 秭归县 | 5478 | 7653 | 9858 | 11691 | 14410 | 18592 | 21970 | 25289 | 27831 | 30454 |
| 长阳县 | 6938 | 9492 | 9921 | 11716 | 14472 | 19665 | 22995 | 26087 | 28473 | 31191 |
| 五峰县 | 5287 | 8071 | 10750 | 12714 | 15045 | 19656 | 23703 | 27008 | 29477 | 32046 |
| 恩施市 | 4482 | 6667 | 7831 | 9608 | 11598 | 13838 | 16151 | 18524 | 20453 | 22338 |
| 利川市 | 2759 | 4054 | 5537 | 6510 | 8329 | 9881 | 11176 | 12467 | 13729 | 14962 |
| 建始县 | 3107 | 4766 | 6312 | 7279 | 9567 | 11593 | 13527 | 15437 | 17105 | 18702 |
| 巴东县 | 4026 | 5594 | 6304 | 9269 | 11725 | 13636 | 15512 | 17483 | 19208 | 20921 |
| 宣恩县 | 3677 | 4986 | 6917 | 7794 | 9388 | 11546 | 13409 | 15038 | 16596 | 18200 |
| 咸丰县 | 4032 | 5123 | 5785 | 9242 | 11379 | 13887 | 15919 | 17961 | 19866 | 21741 |
| 来凤县 | 3700 | 4964 | 6918 | 8883 | 12424 | 14478 | 16776 | 19279 | 21584 | 23592 |
| 鹤峰县 | 4639 | 7356 | 9265 | 10906 | 13136 | 14990 | 17435 | 19656 | 21630 | 23653 |
| 片区平均 | 4375 | 6248 | 7763 | 9601 | 11952 | 14706 | 17143 | 19475 | 21450 | 23436 |

在湖北武陵山片区 11 个县市中，GDP 增速最快的是来凤县（16.69%），位列第二、第三名的分别是五峰县（16.2%）和建始县（16.13%）；GDP 增速排在后三位的分别是长阳县（13.34%）、恩施市（14.32%）和宣恩县（14.26%）。

GDP 增速低于该片区平均水平（15.01%）的县（市）有 5 个县（市），分别是恩施市（14.32%）、长阳县（13.34%）、宣恩县（14.26%）、巴东县（14.72%）和鹤峰县（14.54%）。

## 二 财政收支

2008—2016年，湖北武陵山片区财政收入由16.39亿元上升到74.22亿元，年均增速为20.8%。其中，秭归县收入由1.42亿元上升到7.29亿元，年均增速达22.69%；长阳县由1.68亿元上升到7.55亿元，年均增速达20.66%；五峰县由0.6亿元上升到3.24亿元，年均增速达23.47%；恩施市由3.63亿元上升到20.47亿元，年均增速达24.14%；利川市由2.51亿元上升到9.82亿元，年均增速达18.59%；巴东县由1.81亿元上升到5.91亿元，年均增速达15.94%；宣恩县由0.68亿元上升到3.29亿元，年均增速达21.78%；咸丰县由0.91亿元上升到3.95亿元，年均增速达20.14%；来凤县由0.76亿元上升到3.85亿元，年均增速达19.33%；鹤峰县由0.81亿元上升到3.33亿元，年均增速达17%。建始县由1.58亿元上升到5.52亿元，年均增速达16.93%（见表5-6）。

2008—2016年，湖北武陵山片区一般预算支出由83.88亿元上升到272.53亿元，年均增速为15.9%。其中，秭归县一般预算支出由6.61亿元上升22.9亿元，年均增速为16.8%；长阳县由7.35亿元上升24.14亿元，年均增速为16%。五峰县由4.71亿元上升22.2亿元，年均增速为21.4%。恩施市由12.7亿元上升42.24亿元，年均增速为16.2%。利川市由11.56亿元上升35.24亿元，年均增速为15%；巴东县由8.55亿元上升30亿元，年均增速为18%。宣恩县由5.84亿元上升17.46亿元，年均增速为14.7%。咸丰县由6.4亿元上升21.75亿元，年均增速为16.5%。来凤县一般预算支出由5.73亿元上升16.54亿元，年均增速为14.2%。来凤县一般预算收入由0.81亿元上升到2.02亿元，年均增速达12.3%。鹤峰县由5.16亿元上升15.19亿元，年均增速为14.4%。

表5-6　　　　　　　2008—2016年湖北片区财政收入　　　　单位：亿元

| | 2008年 | 2009年 | 2010年 | 2011年 | 2012年 | 2013年 | 2014年 | 2016年 |
|---|---|---|---|---|---|---|---|---|
| 秭归县 | 1.42 | 1.74 | 2.38 | 3.83 | 4.72 | 6.2 | 7.84 | 7.29 |
| 长阳县 | 1.68 | 1.94 | 2.21 | 3.4 | 4.35 | 5.77 | 7.28 | 7.55 |
| 五峰县 | 0.6 | 0.7 | 0.8 | 1.3 | 1.75 | 2.33 | 2.91 | 3.24 |
| 恩施市 | 3.63 | 4.18 | 5.23 | 7.87 | 11.52 | 15.54 | 18.33 | 20.47 |
| 利川市 | 2.51 | 3.14 | 4.03 | 5.71 | 6.57 | 7.72 | 8.76 | 9.82 |

续表

|  | 2008年 | 2009年 | 2010年 | 2011年 | 2012年 | 2013年 | 2014年 | 2016年 |
|---|---|---|---|---|---|---|---|---|
| 建始县 | 1.58 | 1.74 | 2.13 | 2.92 | 3.42 | 4.08 | 4.62 | 5.52 |
| 巴东县 | 1.81 | 2.2 | 2.79 | 3.85 | 4.51 | 5.21 | 5.42 | 5.91 |
| 宣恩县 | 0.68 | 0.82 | 1.01 | 1.48 | 1.81 | 2.19 | 2.59 | 3.29 |
| 咸丰县 | 0.91 | 1.07 | 1.28 | 1.94 | 2.51 | 3.01 | 3.41 | 3.95 |
| 来凤县 | 0.76 | 0.82 | 1 | 1.47 | 2.01 | 2.51 | 3.14 | 3.85 |
| 鹤峰县 | 0.81 | 0.95 | 1.19 | 1.64 | 1.66 | 2.02 | 2.36 | 3.33 |
| 总计 | 16.39 | 19.3 | 24.05 | 35.41 | 44.83 | 56.58 | 66.66 | 74.22 |

资料来源:《湖北统计年鉴》(2009—2017) 和各县市国民经济和社会发展统计公报。

## 三 城乡居民人均纯收入

### (一) 农村人均纯收入

2003—2016年,湖北片区农村人均纯收入由1567元上升到8379元,年均增速为13.77%。城镇人均可支配收入由5747元上升到23618元,年均增速为11.48%。

秭归县农村人均纯收入由1795元上升到8825元,年均增速为13.03%。城镇人均可支配收入由6300元上升到23725元,年均增速为10.74%。长阳县农村人均纯收入由1879元上升到8839元,年均增速为12.64%。城镇人均可支配收入由6700元上升24493元,年均增速为10.49%。五峰县农村人均纯收入由1575元上升到8642元,年均增速为13.99%。城镇人均可支配收入由5714元上升26559元,年均增速为11.07%。恩施市农村人均纯收入由1551元上升到9037元,年均增速为14.52%。城镇人均可支配收入由6630元上升24226元,年均增速为11.27%。利川市农村人均纯收入由1545元上升到8607元,年均增速为14.12%。城镇人均可支配收入由4498元上升24409元,年均增速为13.89%。建始县农村人均纯收入由1448元上升到8689元,年均增速为14.78%。城镇人均可支配收入由5604元上升22867元,年均增速为11.42%。

巴东县农村人均纯收入由1434元上升到8628元,年均增速为14.8%。城镇人均可支配收入由5650元上升21058元,年均增速为11.48%。宣恩县农村人均纯收入由1480元上升到8850元,年均增速为

14.44%。城镇人均可支配收入由 6254 元上升 23219 元，年均增速为 10.46%。咸丰县农村人均纯收入由 1483 元上升到 8613 元，年均增速为 14.49%。城镇人均可支配收入由 4765 元上升 22844 元，年均增速为 12.81%。来凤县农村人均纯收入由 1488 元上升到 8542 元，年均增速为 14.39%。城镇人均可支配收入由 4750 元上升 23408 元，年均增速为 13.05%。鹤峰县农村人均纯收入由 1558 元上升到 9195 元，年均增速为 14.59%。城镇人均可支配收入由 6350 元上升 23122 元，年均增速为 10.45%（见表 5-7）。

表 5-7　　　　　2003—2016 年湖北片区城乡居民人均纯收入　　　单位：元

| | 2003 年 | 2007 年 | 2008 年 | 2009 年 | 2010 年 | 2011 年 | 2012 年 | 2013 年 | 2014 年 | 2016 年 |
|---|---|---|---|---|---|---|---|---|---|---|
| 农村人均纯收入 | | | | | | | | | | |
| 秭归县 | 1795 | 2507 | 2875 | 3177 | 3497 | 4056 | 4698 | 5331 | 7336 | 8825 |
| 长阳县 | 1879 | 2601 | 2969 | 3282 | 3610 | 4190 | 4819 | 5466 | 7448 | 8839 |
| 五峰县 | 1575 | 2298 | 2664 | 2968 | 3265 | 3789 | 4392 | 5001 | 7164 | 8642 |
| 恩施市 | 1551 | 2172 | 2519 | 2815 | 3250 | 3946 | 4619 | 5329 | 7453 | 9037 |
| 利川市 | 1545 | 2205 | 2555 | 2814 | 3250 | 3930 | 4536 | 5195 | 7091 | 8607 |
| 建始县 | 1448 | 2102 | 2490 | 2807 | 3243 | 3898 | 4527 | 5193 | 7145 | 8689 |
| 巴东县 | 1434 | 2102 | 2482 | 2790 | 3244 | 3915 | 4552 | 5216 | 7140 | 8628 |
| 宣恩县 | 1480 | 2109 | 2486 | 2804 | 3240 | 3893 | 4513 | 5173 | 7048 | 8850 |
| 咸丰县 | 1483 | 2102 | 2522 | 2807 | 3246 | 3921 | 4526 | 5152 | 7077 | 8613 |
| 来凤县 | 1488 | 2153 | 2543 | 2798 | 3240 | 3895 | 4508 | 5153 | 7050 | 8542 |
| 鹤峰县 | 1558 | 2202 | 2555 | 2848 | 3333 | 4116 | 4802 | 5521 | 7546 | 995 |
| 平均 | 1567 | 2232 | 2605 | 2901 | 3311 | 3959 | 4590 | 5248 | 7227 | 8739 |
| 城镇人均可支配收入 | | | | | | | | | | |
| 秭归县 | 6300 | 8683 | 9679 | 10515 | 11489 | 12757 | 14518 | 16306 | 19937 | 23725 |
| 长阳县 | 6700 | 8925 | 10056 | 10839 | 11840 | 13557 | 15387 | 17215 | 20580 | 24493 |
| 五峰县 | 5714 | 7526 | 8318 | 8950 | 9688 | 10862 | 12069 | 13585 | 18761 | 22368 |
| 恩施市 | 6630 | 9450 | 10903 | 11875 | 13057 | 15033 | 16993 | 18667 | 22142 | 26559 |
| 利川市 | 4498 | 7729 | 8551 | 8551 | 10713 | 12636 | 12914 | 16070 | 20092 | 24409 |
| 建始县 | 5604 | 8085 | 9165 | 9989 | 10955 | 12522 | 14343 | 15962 | 19018 | 22867 |
| 巴东县 | 5650 | 8208 | 9977 | 9196 | 10850 | 12696 | 14457 | 15979 | 19123 | 23219 |
| 宣恩县 | 6254 | 8303 | 9212 | 9952 | 10792 | 12502 | 14344 | 15974 | 18870 | 22784 |
| 咸丰县 | 4765 | 7455 | 7998 | 9214 | 10655 | 12627 | 14453 | 15892 | 18919 | 22844 |

续表

|  | 2003年 | 2007年 | 2008年 | 2009年 | 2010年 | 2011年 | 2012年 | 2013年 | 2014年 | 2016年 |
|---|---|---|---|---|---|---|---|---|---|---|
| 来凤县 | 4750 | 8653 | 9335 | 10169 | 11103 | 12892 | 14685 | 16209 | 19398 | 23408 |
| 鹤峰县 | 6350 | 8400 | 9428 | 10309 | 11206 | 12929 | 14778 | 16379 | 19231 | 23122 |
| 平均 | 5747 | 8310 | 9329 | 9960 | 11223 | 12819 | 14449 | 16203 | 19643 | 23618 |

资料来源：根据各县市的2003—2016年的国民经济和社会发展统计公报整理。

## 四 城镇化率

2003—2015年，湖北片区城镇化率由14.74%上升到37.18%，年均城镇化率为8.02%。

其中，秭归县城镇化率由17.28%上升到37.68%，年均增速为6.71%。长阳县城镇化率由13.59%上升到31.39%，年均城镇化率为7.23%。五峰县城镇化率由12.18%上升到36.34%，年均城镇化率为9.54%。恩施市城镇化率由26.73%上升到51.72%，年均城镇化率为5.65%。利川市城镇化率由14.18%上升到39.27%，年均城镇化率为8.86%。建始县城镇化率由10.00%上升到36.00%，年均城镇化率为11.26%。巴东县城镇化率由11.70%上升到34.45%，年均城镇化率为9.42%。宣恩县城镇化率由11.47%上升到33.01%，年均城镇化率为9.21%。咸丰县城镇化率由16.26%上升到38.12%，年均城镇化率为7.36%。来凤县城镇化率由19.77%上升到37.96%，年均城镇化率为5.59%。鹤峰县城镇化率由8.94%上升到33.07%，年均城镇化率为11.52%（见表5-8）。

表5-8　　　　2003—2015年武陵山湖北片区城镇化率　　　　单位:%

|  | 2003年 | 2007年 | 2008年 | 2009年 | 2010年 | 2011年 | 2012年 | 2013年 | 2014年 | 2015年 |
|---|---|---|---|---|---|---|---|---|---|---|
| 秭归县 | 17.28 | 16.42 | 17.67 | 17.89 | 30.16 | 32.28 | 34.03 | 34.03 | 36.53 | 37.68 |
| 长阳县 | 13.59 | 15.80 | 16.17 | 16.25 | 24.21 | 25.83 | 27.53 | 27.53 | 30.03 | 31.39 |
| 五峰县 | 12.18 | 12.81 | 13.75 | 13.72 | 30.02 | 31.62 | 33.35 | 33.35 | 35.43 | 36.34 |
| 恩施市 | 26.73 | 25.90 | 27.08 | 26.87 | 42.70 | 44.75 | 46.41 | 46.41 | 50.10 | 51.72 |
| 利川市 | 14.18 | 15.99 | 17.01 | 17.42 | 29.93 | 32.05 | 33.85 | 33.85 | 37.66 | 39.27 |
| 建始县 | 10.00 | 23.45 | 9.29 | 9.34 | 25.24 | 27.92 | 29.80 | 29.80 | 34.23 | 36.00 |
| 巴东县 | 11.70 | 16.85 | 12.16 | 12.50 | 26.02 | 28.12 | 30.10 | 30.10 | 33.27 | 34.45 |

续表

| | 2003年 | 2007年 | 2008年 | 2009年 | 2010年 | 2011年 | 2012年 | 2013年 | 2014年 | 2015年 |
|---|---|---|---|---|---|---|---|---|---|---|
| 宣恩县 | 11.47 | 16.61 | 8.10 | 8.11 | 23.65 | 25.53 | 27.50 | 27.50 | 31.14 | 33.01 |
| 咸丰县 | 16.26 | 17.70 | 8.95 | 9.46 | 28.38 | 31.52 | 33.50 | 33.50 | 36.95 | 38.12 |
| 来凤县 | 19.77 | 18.47 | 15.96 | 16.21 | 22.85 | 24.69 | 31.01 | 31.01 | 35.84 | 37.96 |
| 鹤峰县 | 8.94 | 14.36 | 11.19 | 11.07 | 26.11 | 28.01 | 32.68 | 32.68 | 31.56 | 33.07 |
| 平均 | 14.74 | 17.67 | 14.30 | 14.44 | 28.12 | 30.21 | 32.70 | 32.70 | 35.70 | 37.18 |

资料来源：根据《湖北省统计年鉴》（2004—2017年）公布的常住人口和城镇人口计算。

## 第三节 湖北片区与湖北省主要经济指标比较

### 一 GDP总量及人均GDP

2003—2016年，湖北武陵山片区GDP总量由202.02亿元增加到1037.7亿，后者为前者的5倍之多，年均增速达13.41%；人均GDP由4375元增加到23436元，年均增速为13.78%。但相对全省来说，经济总量少，人均GDP较低。

从经济总量来看：2003年湖北武陵山片区GDP总量占全省GDP的4.25%；2004年片区GDP总量占全省GDP的3.90%；2005年湖北武陵山片区GDP总量占全省GDP的3.63%；2006年片区GDP总量占全省GDP的3.44%；2007年片区GDP总量占全省GDP的3.12%；2008年片区GDP总量占全省GDP的3.03%；2009年片区GDP总量占全省GDP的3.17%；2010年片区GDP总量占全省GDP的3.06%；2011年该片区GDP总量占全省GDP的3.04%；2012年片区GDP总量占全省GDP的3.12%；2013年该片区GDP总量占全省GDP的3.19%；2014年片区GDP总量占全省GDP的3.19%；2015年该片区GDP总量占全省GDP的3.23%；2016年片区GDP总量占全省GDP的3.21%。

从人均GDP来看：2003年湖北武陵片区人均GDP为全省人均GDP的52.22%；2004年片区人均GDP为全省人均GDP的47.74%；2005年片区人均GDP为全省人均GDP的44.18%；2006年片区人均GDP为全省人均GDP的41.41%；2007年片区人均GDP为全省人均GDP的38.13%；2008年片区人均GDP为全省人均GDP的39.09%；2009年片区人均GDP

为全省人均 GDP 的 42.34%；2010 年该片区人均 GDP 为全省人均 GDP 的 42.83%；2011 年片区人均 GDP 为全省人均 GDP 的 43.00%；2012 年该片区人均 GDP 为全省人均 GDP 的 44.44%；2013 年片区人均 GDP 为全省人均 GDP 的 45.47%；2014 年片区人均 GDP 为全省人均 GDP 的 45.50%；2015 年片区人均 GDP 为全省人均 GDP 的 45.64%；2016 年片区人均 GDP 为全省人均 GDP 的 42.79%（见表 5-9）。

表 5-9    2003—2016 年湖北片区和湖北省 GDP

| 年份 | 湖北省 | | 武陵山湖北片区 | | ④/②（%） | ③/①（%） |
| --- | --- | --- | --- | --- | --- | --- |
| | ①GDP | ②人均 GDP | ③GDP | ④人均 GDP | | |
| 2003 年 | 4757.45 | 8378 | 202.02 | 4375 | 52.22 | 4.25 |
| 2004 年 | 5633.24 | 9898 | 219.72 | 4725 | 47.74 | 3.90 |
| 2005 年 | 6590.19 | 11554 | 239.44 | 5105 | 44.18 | 3.63 |
| 2006 年 | 7617.47 | 13360 | 261.78 | 5532 | 41.41 | 3.44 |
| 2007 年 | 9333.40 | 16386 | 291.51 | 6248 | 38.13 | 3.12 |
| 2008 年 | 11328.92 | 19858 | 343.02 | 7763 | 39.09 | 3.03 |
| 2009 年 | 12961.10 | 22677 | 410.26 | 9601 | 42.34 | 3.17 |
| 2010 年 | 15967.61 | 27906 | 488.08 | 11952 | 42.83 | 3.06 |
| 2011 年 | 19632.26 | 34197 | 596.40 | 14706 | 43.00 | 3.04 |
| 2012 年 | 22250.45 | 38572 | 693.50 | 17143 | 44.44 | 3.12 |
| 2013 年 | 24791.83 | 42826 | 790.33 | 19475 | 45.47 | 3.19 |
| 2014 年 | 27379.22 | 47145 | 874.24 | 21450 | 45.50 | 3.19 |
| 2015 年 | 29550.19 | 50654 | 954.45 | 23122 | 45.64 | 3.23 |
| 2016 年 | 32297.11 | 55191 | 1037.7 | 23618 | 42.79 | 3.21 |

资料来源：《湖北统计年鉴》（2003—2017）。

由表 5-9 可知，湖北武陵山片区的 GDP 总量和人均 GDP 占全省的比重有所上升，发展差距有所缩小。但人均 GDP 处于全省平均水平的 50% 以下，GDP 总量占比在 4% 以下。这说明，片区总体发展状况还有待改善。

## 二　财政收支

为使财政收支的比较更有科学性，本书对人均财政收支进行比较。2003 年湖北省人均财政收入为 433 元，湖北片区财政收入为 155 元，后者为前者的 35.80%。湖北省人均财政支出为 901 元，湖北片区人均财政支出为 515 元，后者为前者的 57.16%；2004 年湖北省人均财政收入为 517 元，湖北片区财政收入为 181 元，后者为前者的 35.01%；湖北省人均财政支出为 1077 元，湖北片区人均财政支出为 605 元，后者为前者的 56.17%；2005 年，湖北省人均财政收入为 628 元，湖北片区财政收入为 188 元，后者为前者的 29.94%；湖北省人均财政支出为 1301 元，湖北片区人均财政支出为 739 元，后者为前者的 56.80%。

2006 年湖北省人均财政收入为 788 元，湖北片区财政收入为 218 元，后者为前者的 27.66%；湖北省人均财政支出为 1734 元，湖北片区人均财政支出为 956 元，后者为前者的 55.13%；2007 年湖北省人均财政收入为 970 元，湖北片区财政收入为 260 元，后者为前者的 26.80%；湖北省人均财政支出为 2094 元，湖北武陵山片区人均财政支出为 1283 元，后者为前者的 61.27%；2008 年湖北省人均财政收入为 1163 元，湖北片区收入为 368 元，后者为前者的 31.64%。湖北省人均财政支出为 2701 元，湖北片区人均财政支出为 1880 元，后者为前者的 69.60%。

2009 年湖北省人均财政收入为 1327 元，湖北片区财政收入为 432 元，后者为前者的 32.55%；湖北省人均财政支出为 3404 元，湖北片区人均财政支出为 2768 元，后者为前者的 81.32%；2010 年湖北省人均财政收入为 1637 元，湖北武陵山片区财政收入为 568 元，后者为前者的 34.70%；湖北省人均财政支出为 4050 元，湖北片区人均财政支出为 3633 元，后者为前者的 89.70%；2011 年湖北省人均财政收入为 2477 元，湖北片区财政收入为 838 元，后者为前者的 33.83%；湖北省人均财政支出为 5215 元，湖北片区人均财政支出为 4472 元，后者为前者的 85.75%。

2012 年湖北省人均财政收入为 2957 元，湖北片区财政收入为 1058 元，后者为前者的 35.78%；湖北省人均财政支出为 6098 元，湖北片区人均财政支出为 5231 元，后者为前者的 85.78%；2013 年湖北省人均财政收入为 3551 元，湖北片区财政收入为 1332 元，后者为前者的 37.51%；湖北省人均财政支出为 7085 元，湖北片区人均财政支出为 6418 元，后者为前者的 90.59%。2014 年湖北省人均财政收入为 4165 元，湖北片区财政收入为 1567 元，后者为前者的 37.62%；湖北省人均财政支出为 8007 元，湖北片区人均财政支出为 6732 元，后者为前者的 84.08%；2015 年湖北省人均财政收入为 4896 元，湖北片区财政收入为 1834 元，后者为前者的 37.46%；湖北省人均财政支出为 9990 元，湖北片区人均财政支出为

8841 元，后者为前者的 88.5%（见表 5-10）。

表 5-10    2003—2016 年湖北片区和湖北省人均财政收支    单位：元

| 年份 | 人均财政收入 | | | 人均财政支出 | | |
|---|---|---|---|---|---|---|
| | ①湖北省 | ②湖北片区 | ②/①（%） | ③湖北省 | ④湖北片区 | ④/③ |
| 2003 年 | 433 | 155 | 35.80 | 901 | 515 | 57.16 |
| 2004 年 | 517 | 181 | 35.01 | 1077 | 605 | 56.17 |
| 2005 年 | 628 | 188 | 29.94 | 1301 | 739 | 56.80 |
| 2006 年 | 788 | 218 | 27.66 | 1734 | 956 | 55.13 |
| 2007 年 | 970 | 260 | 26.80 | 2094 | 1283 | 61.27 |
| 2008 年 | 1163 | 368 | 31.64 | 2701 | 1880 | 69.60 |
| 2009 年 | 1327 | 432 | 32.55 | 3404 | 2768 | 81.32 |
| 2010 年 | 1637 | 568 | 34.70 | 4050 | 3633 | 89.70 |
| 2011 年 | 2477 | 838 | 33.83 | 5215 | 4472 | 85.75 |
| 2012 年 | 2957 | 1058 | 35.78 | 6098 | 5231 | 85.78 |
| 2013 年 | 3551 | 1332 | 37.51 | 7085 | 6418 | 90.59 |
| 2014 年 | 4165 | 1567 | 37.62 | 8007 | 6732 | 84.08 |
| 2015 年 | 4896 | 1834 | 37.46 | 9990 | 8841 | 88.5 |
| 2016 年 | 5437 | 2001 | 38.8 | 10254 | 9243 | 90.14 |

通过人均财政收支的对比，可以发现两个问题。一是湖北武陵山片区财政总体规模较小，折射出经济发展的落后性。二是湖北武陵山片区财政支出矛盾更突出。片区财政收入仅为湖北省的 35% 左右，而片区财政支出占湖北省的 80% 左右。在湖北武陵山片区 11 县（市）中，人均财政支出增长最快的为五峰县。2003—2015 年，年均增速达到了 30.46%，绝对额也远远超过了片区平均水平（2013 年）。2013 年，人均财政支出低于片区平均水平的县市有秭归县（6342 元）、长阳县（6260 元）、恩施市（5525 元）、利川市（5352 元）、建始县（5997 元）、咸丰县（5446 元）、鹤峰县（6212 元）。人均财政支出位列后三名的分别是恩施市（5525 元）、咸丰县（5446 元）、利川市（5352 元）。人均财政支出位列前三名的分别是五峰县（11846 元）、宣恩县（7216 元）、巴东县（7080 元）。

### 三 城乡居民人均纯收入

2003年湖北片区农村人均纯收入1567元，湖北省为2567元，绝对差为1000元。湖北片区城镇人可支配收入5747元，湖北省为7322元，绝对差为1575元。2004年湖北农村人均纯收入1676元，湖北为2890元，绝对差为1214元。湖北片区城镇人均可支配收入6633元，湖北省为8023元，绝对差为1390元。2005年湖北片区农村人均纯收入1730元，湖北省为3099元，绝对差为1369元。湖北片区城镇人可支配收入7133元，湖北省为8786元，绝对差为1653元。

2006年湖北片区农村人均纯收入1934元，湖北省为3419元，绝对差为1485元。湖北片区城镇人均可支配收入7551元，湖北省为9803元，绝对差为2252元。2007年湖北片区农村人均纯收入2232元，湖北农村人均纯收入为3997元，绝对差为1765元。湖北片区城镇人均可支配收入8311元，湖北省为11485元，绝对差为3174元。2008年湖北片区农村人均纯收入2605元，湖北省为4636元，绝对差为2031元。湖北片区城镇人均可支配收入9057元，湖北省为13153元，绝对差为4096元。2009年湖北片区农村人均纯收入2901元，湖北省为5035元，绝对差为2134元。湖北片区城镇人均可支配收入9825元，湖北省为14367元，绝对差为4542元。

2010年湖北片区农村人均纯收入3311元，湖北为5832元，绝对差为2521元。湖北片区城镇人均可支配收入11032元，湖北省为16058元，绝对差为5026元。2011年，湖北片区农村人均纯收入3959元，湖北农村人均纯收入为6898元，绝对差为2939元。湖北武陵山片区城镇人均可支配收入12819元，湖北省为18374元，绝对差为5555元。2012年湖北片区农村人均纯收入4590元，湖北省为7852元，绝对差为3262元。湖北片区城镇人均可支配收入14449元，湖北省为20840元，绝对差为6391元。

2013年湖北片区农村人均纯收入5248元，湖北省为8867元，绝对差为3619元。湖北片区城镇人均可支配收入16203元，湖北省为22906元，绝对差为6703元。2014年湖北片区农村人均纯收入7227元，湖北省为10849元，绝对差为3622元。湖北片区城镇人均可支配收入19643元，湖北省为24852元，绝对差为5209元。2015年湖北片区农村人均纯收入 7986 元，湖北省为 11844 元，绝对差为 3858 元。湖北片区城镇人均可支配收入 21535 元，湖北省为 27052 元，绝对差为 5517 元。2016 年湖北片区农村人均纯收入 8379 元，湖北省为 12725 元，绝对差为 4346 元。湖北片区城镇人均可支配收入 23619 元，湖北省为 29386 元，绝对差为 5765 元（见表 5-11，图 5-5）。

表 5-11　　2003—2016 年湖北片区和湖北省城乡居民人均纯收入　　单位：元

| 年份 | 农村人均收入 | | | 城镇人均可支配收入 | | |
|---|---|---|---|---|---|---|
| | ①湖北省 | ②湖北片区 | ①-② | ③湖北省 | ④湖北片区 | ③-④ |
| 2003 年 | 2567 | 1567 | 1000 | 7322 | 5747 | 1575 |
| 2004 年 | 2890 | 1676 | 1214 | 8023 | 6633 | 1390 |
| 2005 年 | 3099 | 1730 | 1369 | 8786 | 7133 | 1653 |
| 2006 年 | 3419 | 1934 | 1485 | 9803 | 7551 | 2252 |
| 2007 年 | 3997 | 2232 | 1765 | 11485 | 8311 | 3174 |
| 2008 年 | 4636 | 2605 | 2031 | 13153 | 9057 | 4096 |
| 2009 年 | 5035 | 2901 | 2134 | 14367 | 9825 | 4542 |
| 2010 年 | 5832 | 3311 | 2521 | 16058 | 11032 | 5026 |
| 2011 年 | 6898 | 3959 | 2939 | 18374 | 12819 | 5555 |
| 2012 年 | 7852 | 4590 | 3262 | 20840 | 14449 | 6391 |
| 2013 年 | 8867 | 5248 | 3619 | 22906 | 16203 | 6703 |
| 2014 年 | 10849 | 7227 | 3622 | 24852 | 19643 | 5209 |
| 2015 年 | 12725 | 8379 | 4346 | 29386 | 23619 | 5765 |

资料来源：《湖北统计年鉴》（2004—2017）。

表 5-11 表明，湖北武陵山片区的人均纯收入与湖北省人均纯收入的差距在不断拉大。

### 四　城镇化率

2003 年湖北武陵山片区城镇化率为 15.70%，湖北省为 42.00%，片区落后省平均 26.30 个百分点。2004 年湖北片区城镇化率为 15.55%，湖北省为 42.60%，片区落后省平均 27.05 个百分点。2005 年湖北片区城镇化率为 19.86%，湖北省为 43.20%，片区落后省平均 23.34 个百分点。2006 年湖北片区城镇化率为 13.00%，湖北省为 43.80%，片区落后省平均 30.80 个百分点。2007 年湖北片区城镇化率为 18.58%，湖北省为

44.30%，片区落后省平均 25.72 个百分点。

2008 年湖北片区城镇化率为 15.75%，湖北省为 45.20%，片区落后省平均 29.45 个百分点。2009 年湖北片区城镇化率为 15.92%，湖北省为 46%，片区落后省平均 30.08 个百分点。2010 年湖北片区城镇化率为 29.69%，湖北省为 49.70%，片区落后省平均 20.01 个百分点。2011 年湖北片区城镇化率为 31.86%，湖北省为 51.83%，片区落后省平均 19.97 个百分点。2012 年湖北片区城镇化率为 34.07%，湖北省为 53.50%，片区落后省平均 19.43 个百分点。

2013 湖北武陵山片区城镇化率为 34.07%，湖北省为 54.51%，片区落后省平均 20.44 个百分点。2014 年湖北武陵山片区城镇化率为 37.33%，湖北省为 55.67%，片区落后省平均 18.34 个百分点。2015 年，湖北片区的城镇化率为 38.04%，湖北省为 56.85%，片区落后省平均 18.01 个百分点（见图 5-5）。

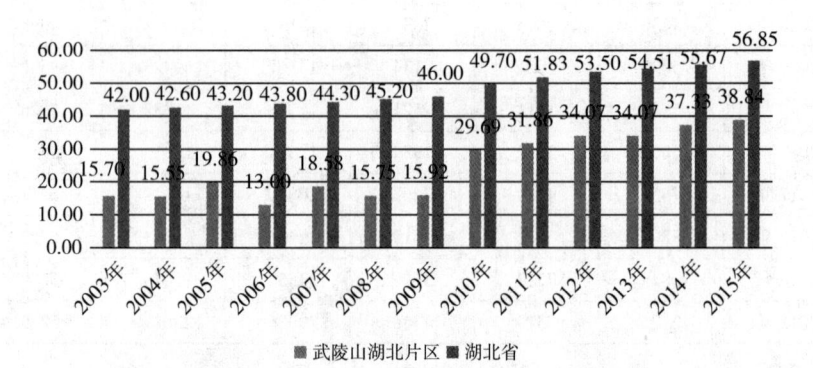

图 5-5　2003—2015 年湖北片区和湖北城镇化（单位:%）

资料来源：根据《湖北统计年鉴》(2004—2016) 公布的常住人口和城镇人口计算。

随着时间的推进，湖北武陵山片区城镇化率与湖北省的差距逐渐缩小，由 2003 年相差 26.3 个百分点下降到 18.01 个百分点。这表明，武陵山湖北片区城镇化率还有很大的发展空间。

# 第六章

# 贵州武陵山片区社会经济条件分析

## 第一节 贵州省经济社会发展情况

### 一 GDP 总量及人均 GDP

改革开放以来,贵州省经济保持了很快的增长速度。1978—2016 年,GDP 总量由 46.62 亿元增加到 11734.43 亿元,年均增速达到 15.7%。人均 GDP 由 175 元增加到 33127 元,年均增速达到 14.8%。

1978 年 GDP 总量为 46.62 亿元,1985 年突破 100 亿元大关,达到 123.92 亿元。1978 年 GDP 总量为 175 亿元,1983 年突破 300 亿元大关,达到 302 亿元。2000 年 GDP 总量突破 1000 亿元大关,达到 1029.92 亿元。同年,人均 GDP 突破千元大关,达到 1826 元。2006 年 GDP 总量突破两千元大关,达到 2267.43 亿元。1996 年人均 GDP 突破两千,达到 2048 元。2001 年人均 GDP 达到 3000 元。2004 年人均 GDP 突破 4000 元,达到 4317 元。2005 年人均 GDP 突破 5000 元,达到 5119 元。2007 年人均 GDP 突破 7000 元,达到 7273 元。2008 年 GDP 总量突破 3000 亿元,达到 3333.4 亿元,同年,人均 GDP 突破 9000 元,达到 9428 元。2010 年 GDP 总量突破 4000 亿元,达到 4593.97 亿元。2009 年人均 GDP 突破万元大关,达到 10309 元。2012 年 GDP 总量突破 6000 亿元,达到 6802.2 亿元。2013 年人均 GDP 突破 2 万元大关,达到 22922 元。

2013 年 GDP 总量突破 8000 亿元大关,达到 8006.79 亿元。2014 年 GDP 总量突破 9000 亿元大关,达到 9251.01 亿元,人均 GDP 为 26393 元。2015 年 GDP 总量达到 10502.56 亿元,人均 GDP 为 29757 元。2016 年,GDP 总量达到 11734.43 亿元,人均 GDP 突破 30000 元,达到 33127

元（见表6-1）。

表6-1　　　　1978—2016年贵州省GDP及人均GDP　　单位：亿元，元

| 年份 | GDP | 人均GDP | 年份 | GDP | 人均GDP |
| --- | --- | --- | --- | --- | --- |
| 1978 | 46.62 | 175 | 2005 | 1942 | 5119 |
| 1980 | 60.26 | 219 | 2006 | 2267.43 | 5932 |
| 1985 | 123.92 | 420 | 2007 | 2710.28 | 7273 |
| 1990 | 260.14 | 810 | 2008 | 3333.4 | 9428 |
| 1995 | 636.21 | 1826 | 2009 | 3893.51 | 10309 |
| 1996 | 723.18 | 2048 | 2010 | 4593.97 | 13147 |
| 1998 | 838.39 | 2364 | 2011 | 5701.84 | 16437 |
| 1999 | 937.5 | 2545 | 2012 | 6802.2 | 19524 |
| 2000 | 1029.92 | 2759 | 2013 | 8006.79 | 22922 |
| 2001 | 1133.27 | 3000 | 2014 | 9251.01 | 26393 |
| 2002 | 1243.43 | 3257 | 2015 | 10502.56 | 29757 |
| 2003 | 1426.34 | 3701 | 2016 | 11734.43 | 33127 |
| 2004 | 1677.8 | 4317 | | | |

资料来源：根据《贵州统计年鉴》（1979—2017）整理。

## 二　财政收支

1978—2016年，贵州省财政收支呈现两位数增长。其中，财政总收入由14.2亿元上升到2291.82亿元，财政一般预算收入由6.26亿元上升到1503.38亿元，一般预算支出由12.3亿元上升到3939.5亿元，年均增速分别为14.3%、15.5%、16.4%。

1980年财政总收入为13.23亿元，财政一般预算收入12.66亿元，一般预算支出13.3亿元。1985年，财政总收入为26.71亿元，财政一般预算收入15.17亿元，一般预算支出24.55亿元。1990财政总收入为49.36亿元，财政一般预算收入35.37亿元，一般预算支出47.87亿元。1995年财政总收入为87.4亿元，财政一般预算收入38.8亿元，一般预算支出85.33亿元。1996年财政总收入为103.92亿元，财政一般预算收入49.46亿元，一般预算支出99.58亿元。1998年财政总收入为136.31亿元，财政一般预算收入65.34亿元，一般预算支出133.09亿元。1999年财政总收入为133.75亿元，财政一般预算收入74.26亿元，一般预算

支出 170.72 亿元。2000 年，财政总收入为 153.04 亿元，财政一般预算收入 85.23 亿元，一般预算支出 201.57 亿元。

2001 年财政总收入为 177.04 亿元，财政一般预算收入 99.75 亿元，一般预算支出 275.2 亿元。2002 年财政总收入为 203.03 亿元，财政一般预算收入 108.28 亿元，一般预算支出 316.67 亿元。2003 年财政总收入为 236.64 亿元，财政一般预算收入 124.56 亿元，一般预算支出 332.35 亿元。2004 年，财政总收入为 296.48 亿元，财政一般预算收入 149.29 亿元，一般预算支出 418.42 亿元。2005 年财政总收入为 366.28 亿元，财政一般预算收入 182.41 亿元，一般预算支出 520.49 亿元。2006 年财政总收入为 448.66 亿元，财政一般预算收入 226.60 亿元，一般预算支出 608.78 亿元。2007 年，财政总收入为 448.66 亿元，财政一般预算收入 226.60 亿元，一般预算支出 608.78 亿元。

2008 年财政总收入为 674.56 亿元，财政一般预算收入 349.53 亿元，一般预算支出 1048.57 亿元。2009 年财政总收入为 779.58 亿元，财政一般预算收入 416.46 亿元，一般预算支出 1358.76 亿元。2010 年财政总收入为 969.73 亿元，财政一般预算收入 533.89 亿元，一般预算支出 1640.17 亿元。2011 年财政总收入为 1330.08 亿元，财政一般预算收入 773.18 亿元，一般预算支出 2244.32 亿元。2012 年，财政总收入为 1644.48 亿元，财政一般预算收入 1014.05 亿元，一般预算支出 2752.9 亿元。2013 年财政总收入为 1919.18 亿元，财政一般预算收入 1205.72 亿元，一般预算支出 3098.25 亿元。2014 年财政总收入为 2132.16 亿元，财政一般预算收入 1366.42 亿元，一般预算支出 3542.13 亿元。2015 年财政总收入为 2291.82 亿元，财政一般预算收入 1503.38 亿元，一般预算支出 3939.5 亿元。2015 年，财政总收入为 2409.35 亿元，财政一般预算收入 1561.33 亿元，一般预算支出 4261.68 亿元（见表 6-2）。

表 6-2　　　　　　　　1978—2016 年贵州省财政收入　　　　　　　单位：亿元

| 年份 | 财政总收入 | 财政一般预算收入 | 一般预算支出 | 年份 | 财政总收入 | 财政一般预算收入 | 一般预算支出 |
| --- | --- | --- | --- | --- | --- | --- | --- |
| 1978 | 14.2 | 6.26 | 12.3 | 2005 | 366.28 | 182.41 | 520.49 |
| 1980 | 13.23 | 12.66 | 13.3 | 2006 | 448.66 | 226.60 | 608.78 |
| 1985 | 26.71 | 15.17 | 24.55 | 2007 | 556.78 | 284.94 | 787.59 |
| 1990 | 49.36 | 35.37 | 47.87 | 2008 | 674.56 | 349.53 | 1048.57 |

| 年份 | 财政总收入 | 财政一般预算收入 | 一般预算支出 | 年份 | 财政总收入 | 财政一般预算收入 | 一般预算支出 |
|---|---|---|---|---|---|---|---|
| 1995 | 87.4 | 38.8 | 85.33 | 2009 | 779.58 | 416.46 | 1358.76 |
| 1996 | 103.92 | 49.46 | 99.58 | 2010 | 969.73 | 533.89 | 1640.17 |
| 1998 | 136.31 | 65.34 | 133.09 | 2011 | 1330.08 | 773.18 | 2244.32 |
| 1999 | 133.75 | 74.26 | 170.72 | 2012 | 1644.48 | 1014.05 | 2752.9 |
| 2000 | 153.04 | 85.23 | 201.57 | 2013 | 1919.18 | 1205.72 | 3098.25 |
| 2001 | 177.04 | 99.75 | 275.2 | 2014 | 2132.16 | 1366.42 | 3542.13 |
| 2002 | 203.03 | 108.28 | 316.67 | 2015 | 2291.82 | 1503.38 | 3939.5 |
| 2003 | 236.64 | 124.56 | 332.35 | 2016 | 2409.35 | 1561.33 | 4261.68 |
| 2004 | 296.48 | 149.29 | 418.42 | | | | |

资料来源：1978—2004 年数据来源于《贵州统计年鉴》（1978—2004）；2005—2016 年数据根据《贵州省国民经济和社会发展统计公报》（2005—2016）整理。

## 三 城乡居民人均纯收入

### （一）城镇居民人均收支

1978—2016 年，城镇居民人均可支配收入由 261 元上升到 26742.62 元，年均增速为 13%。城镇居民人均消费支出由 343 元上升到 19201.68 元，年均增速为 11.2%。

1980 年城镇人均可支配收入为 343 元，人均消费支出为 334 元；1985 年城镇人均可支配收入为 682 元，人均消费支出为 618 元；1990 年城镇人均可支配收入为 1399 元，人均消费支出为 1163 元；1995 年城镇人均可支配收入为 3916 元，人均消费支出为 3250 元；1996 年城镇人均可支配收入为 4210 元，人均消费支出为 3752 元；1998 年城镇人均可支配收入为 4566 元，人均消费支出为 3799 元；1999 年城镇人均可支配收入为 4935 元，人均消费支出为 3964 元。

2000 年城镇人均可支配收入为 5122 元，人均消费支出为 4278 元；2001 年城镇人均可支配收入为 5452 元，人均消费支出为 4492 元；2002 年城镇人均可支配收入为 5944 元，人均消费支出为 4598 元；2003 年城镇人均可支配收入为 6569 元，人均消费支出为 4947 元；2004 年城镇人均可支配收入为 7322 元，城镇人均消费支出为 5494 元。2005 年城镇人均可支配收入为 8147 元，人均消费支出为 6165 元。2006 年城镇人均可支配收入为 9117 元，城镇人均消费支出为 6848 元。2007 年城镇人均可支配收入为 10678 元，人均消费支出为 7758 元。2008 年人均可支配收入为 11759 元，城镇人均消费支出为 8349 元。2009 年人均可支配收入为 12863 元，城镇人均消费支出为 9048 元。

2010 年城镇人均可支配收入为 14143 元，人均消费支出为 10058 元。2011 年城镇人均可支配收入为 16495 元，人均消费支出为 11352 元。2012 年城镇人均可支配收入为 18700 元，人均消费支出为 12585 元。2013 年城镇人均可支配收入为 20667 元，人均消费支出为 13702 元。2014 年城镇人均可支配收入为 22548 元，人均消费支出为 15254 元。2015 年城镇人均可支配收入为 24580 元，人均消费支出为 16914 元。2016 年城镇人均可支配收入为 26742.62 元，人均消费支出为 19201.68 元（见表 6-3）。

表 6-3  1978—2016 年贵州省城镇居民收支  单位：元

| 年份 | 城镇居民人均可支配收入 | 城镇居民人均消费支出 | 年份 | 城镇居民人均可支配收入 | 城镇居民人均消费支出 |
| --- | --- | --- | --- | --- | --- |
| 1978 | 261 | 247 | 2005 | 8147 | 6165 |
| 1980 | 343 | 334 | 2006 | 9117 | 6848 |
| 1985 | 682 | 618 | 2007 | 10678 | 7758 |
| 1990 | 1399 | 1163 | 2008 | 11759 | 8349 |
| 1995 | 3916 | 3250 | 2009 | 12863 | 9048 |
| 1996 | 4210 | 3752 | 2010 | 14143 | 10058 |
| 1998 | 4566 | 3799 | 2011 | 16495 | 11352 |
| 1999 | 4935 | 3964 | 2012 | 18700 | 12585 |
| 2000 | 5122 | 4278 | 2013 | 20667 | 13702 |
| 2001 | 5452 | 4492 | 2014 | 22548 | 15254 |
| 2002 | 5944 | 4598 | 2015 | 24580 | 16914 |
| 2003 | 6569 | 4947 | 2016 | 26742.62 | 19201.68 |
| 2004 | 7322 | 5494 | | | |

（二）农村居民人均收支

1978—2016 年，贵州省农村人均纯收入由 109 元增加到 8090.28 元，年均增速 12%。农村人均生活消费性支出由 104 元增加到 7533.29 元，年均增速为 11.9%。

1980 年农村人均纯收入为 161 元，人均生活消费支出 139 元。1985

年农村人均纯收入为302元，人均生活消费支出254元。1990年农村人均纯收入为435元，人均生活消费支出403元。1995年农村人均纯收入为1086元，人均生活消费支出931元。1996年农村人均纯收入为1276元，人均生活消费支出1068元。1998年农村人均纯收入为1334元，人均生活消费支出1094元。1999年农村人均纯收入为1363元，人均生活消费支出1069元。2000年农村人均纯收入为1374元，人均生活消费支出1097元。

2001年农村人均纯收入为1412元，人均生活消费支出1098元。2002年农村人均纯收入为1489元，人均生活消费支出1138元。2003年农村人均纯收入为1565元，人均生活消费支出1185元。2004年农村人均纯收入为1722元，人均生活消费支出1296元。2005年农村人均纯收入为1877元，人均生活消费支出1553元。2006年农村人均纯收入为1985元，人均生活消费支出1627元。2007年农村人均纯收入为2374元，人均生活消费支出1914元。2008年农村人均纯收入为2797元，人均生活消费支出2165元。2009年农村人均纯收入为3005元，人均生活消费支出2422元。

2010年农村人均纯收入为3472元，人均生活消费支出2852元。2011年农村人均纯收入为4145元，人均生活消费支出3455元。2012年农村人均纯收入为4753元，人均生活消费支出3901元。2013年农村人均纯收入为5434元，农村人均生活消费支出4740元。2014年农村人均纯收入为6671元，人均生活消费支出5970元。2015年农村人均纯收入为7387元，人均生活消费支出6645元。2015年农村人均纯收入为7387元，人均生活消费支出6645元（表6-4）。

表6-4　　　　　1978—2016年贵州省农村居民人均收支　　　　单位：元

| 年份 | 农村居民人均可支配收入 | 农村居民人均消费支出 | 年份 | 农村居民人均可支配收入 | 农村居民人均消费支出 |
| --- | --- | --- | --- | --- | --- |
| 1978 | 109 | 104 | 2005 | 1877 | 1553 |
| 1980 | 161 | 139 | 2006 | 1985 | 1627 |
| 1985 | 302 | 254 | 2007 | 2374 | 1914 |
| 1990 | 435 | 403 | 2008 | 2797 | 2165 |
| 1995 | 1086 | 931 | 2009 | 3005 | 2422 |
| 1996 | 1276 | 1068 | 2010 | 3472 | 2852 |

续表

| 年份 | 农村居民人均可支配收入 | 农村居民人均消费支出 | 年份 | 农村居民人均可支配收入 | 农村居民人均消费支出 |
| --- | --- | --- | --- | --- | --- |
| 1998 | 1334 | 1094 | 2011 | 4145 | 3455 |
| 1999 | 1363 | 1069 | 2012 | 4753 | 3901 |
| 2000 | 1374 | 1097 | 2013 | 5434 | 4740 |
| 2001 | 1412 | 1098 | 2014 | 6671 | 5970 |
| 2002 | 1489 | 1138 | 2015 | 7387 | 6645 |
| 2003 | 1565 | 1185 | 2016 | 8090.28 | 7533.29 |
| 2004 | 1722 | 1296 | | | |

### 四 城镇化率变化

1978—2016 年，贵州省城镇化率稳步提高，由 1978 年的 11.46% 提高到 44.15%，年均提高率为 3.6%。

1978 年贵州省常住人口 2826.78 万人，城镇人口 323.97 万人，城镇化率 11.46%；1979 年贵州省常住人口 2730.99 万人，城镇人口 520.82 万人，城镇化率 19.07%；1980 年贵州省常住人口 2776.67 万人，城镇人口 543.18 万人，城镇化率 19.56%；2001 年贵州省常住人口 3798.5 万人，城镇人口 910.12 万人，城镇化率 24%；2003 年贵州省常住人口 3869.66 万人，城镇人口 958.52 万人，城镇化率 24.77%；2004 年贵州省常住人口 3903.7 万人，城镇人口 1025.89 万人，城镇化率 26.28%。2005 年贵州省常住人口 3931.12 万人，城镇人口 1055.9 万人，城镇化率 26.7%；2006 年贵州省常住人口 3955.30 万人，城镇人口 1086.12 万人，城镇化率 27.7%；2007 年贵州省常住人口 3975.48 万人，城镇人口 1122.68 万人，城镇化率 28.24%；2008 年贵州省常住人口 3793 万人，城镇人口 1104.14 万人，城镇化率 29.1%。

2009 年贵州省常住人口 3798 万人，城镇人口 1135.22 万人，城镇化率 29.89%；2010 年贵州省常住人口 3479.09 万人，城镇人口 1179.66 万人，城镇化率 33.9%；2011 年贵州省常住人口 3469 万人，城镇人口 1212.76 万人，城镇化率 34.95%；2012 年贵州省常住人口 3484 万人，城镇人口 1268.52 万人，城镇化率 36.4%；2013 年贵州省常住人口 3502.22 万人，城镇人口 1324.89 万人，城镇化率 37.8%；

2014年贵州省常住人口 3508.04 万人，城镇人口 1403.57 万人，城镇化率40%；2015年贵州省常住人口 3530 万人，城镇人口 1483 万人，城镇化率42%。2016年贵州省常住人口 3555.00 万人，城镇人口 1569.53 万人，城镇化率 44.15%。

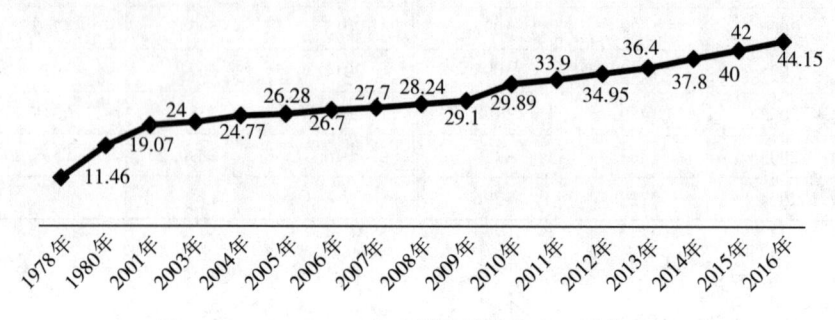

图 6-1　1978—2016 年贵州省城镇化率（单位：%）

资料来源：根据相关年份的《贵州统计年鉴》公布的常住人口和城镇人口计算。

## 五　养老保险参保人数

2003—2016 年，贵州省基本养老保险人数由 167.99 万人上升到 422.62 万人，年均增速为 7.34 个百分点。2010—2016 年，城乡居民基本养老保险参保人数全省分别为 223.72 万人、849.74 万人、1226.78 万人、1439.34 万人、1586.64 万人、1649.03 万人、1702.25 万人。

2003 年基本养老保险人数 167.99 万人。2004 年基本养老保险人数 174.86 万人，比上年增长 4%。2005 年基本养老保险人数 183.67 万人，比上年增长 5%。2006 年基本养老保险人数 193.25 万人，比上年增长 5.22%。2007 年基本养老保险人数 205.93 万人，比上年增长 6.56%。2008 年基本养老保险人数 215.89 万人，比上年增长 4.84%。2009 年基本养老保险人数 235.61 万人，比上年增长 9.1%。2010 年基本养老保险人数 257.3 万人，比上年增长 9.2%。2011 年基本养老保险人数 282.06 万人，比上年增长 9.6%。2012 年基本养老保险人数 309.38 万人，比上年增长 9.7%。2013 年基本养老保险人数 337.29 万人，比上年增长 9%。2014 年基本养老保险人数 361.45 万人，比上年增长 7.2%。2015 年基本养老保险人数 292.1 万人，比上年增长 8.48%。2015 年基本养老保险人数 422.62 万人，比上年增长 7.8%（见表 6-5）。

表 6-5  2003—2016 年贵州省养老保险制度运行情况

单位：万人；亿元

| 年份 | 城镇职工参加养老保险人数 | 在职职工参加养老保险人数 | 离退人员参加养老保险人数 | 城乡居民基本社会养老保险参保人数 | 基本养老保险基金收入 | 基本养老保险基金支出 | 基本养老保险累计结余 |
|---|---|---|---|---|---|---|---|
| 2003 | 167.99 | 120.01 | 47.98 | — | 41.58 | 34.83 | 32.06 |
| 2004 | 174.86 | 124.81 | 50.05 | — | 45.51 | 38.00 | 39.57 |
| 2005 | 183.67 | 132.02 | 51.65 | — | 53.25 | 43.36 | 49.42 |
| 2006 | 193.25 | 139.14 | 54.11 | — | 66.56 | 53.65 | 62.34 |
| 2007 | 205.93 | 149.39 | 56.54 | — | 79.38 | 61.80 | 80.75 |
| 2008 | 215.89 | 156.57 | 59.32 | — | 100.08 | 74.99 | 105.84 |
| 2009 | 235.61 | 172.14 | 63.47 | — | 124.81 | 89.91 | 140.75 |
| 2010 | 257.3 | 190.3 | 67 | 223.72 | 144.60 | 107.40 | 177.90 |
| 2011 | 282.06 | 210.71 | 71.35 | 849.74 | 179.24 | 127.55 | 229.54 |
| 2012 | 309.38 | 231.67 | 77.71 | 1226.78 | 216.94 | 153.07 | 293.41 |
| 2013 | 337.29 | 254.68 | 82.61 | 1439.34 | 240.21 | 178.45 | 355.16 |
| 2014 | 361.45 | 274.32 | 87.14 | 1586.64 | 259.83 | 207.80 | 407.20 |
| 2015 | 392.1 | 297.26 | 94.83 | 1649.03 | 315.38 | 242.16 | 480.42 |
| 2016 | 422.62 | 309.85 | 112.77 | 1702.25 | — | — | — |

资料来源：根据《贵州统计年鉴》整理。

## 第二节  贵州片区社会经济条件分析

贵州武陵山片区包括碧江区、玉屏县、江口县、石阡县、思南县、印江县、德江县、沿河县、松桃县、万山区、务川县、正安县、道真县、湄潭县、凤冈县、余庆县 16 县区，总面积 2.9 万平方公里，占贵州省总面积的 16.6%。总人口 611.8 万人，其中农村人口 583.3 万人。21 世纪以来，贵州省武陵山区经济发展和扶贫开发取得了一定的成绩，2000—2010 年，减少贫困人口 83.7 万人，贫困发生率下降了 6.6 个百分点，但总体上该区域仍较落后，16 个县区中，有 10 个是国家扶贫开发重点县，是贵州扶贫开发的主战场之一。

## 一 GDP 总量及人均 GDP

### （一）GDP 总量

2003—2016 年，贵州片区经济总量稳步增长，GDP 由 2003 年的 163.41 亿元增加到 2016 年的 1310.81 亿元，年均增速为 17.37%。

2003 年正安县 GDP 总量为 14.33 亿元，道真县为 18.17 亿元，务川县为 6.88 亿元，凤冈县为 9 亿元，湄潭县为 17.18 亿元，余庆县为 12.29 亿元，江口县为 5 亿元，玉屏县为 8.01 亿元，石阡县为 6.68 亿元，思南县为 11.77 亿元，印江县为 7.7 亿元，德江县为 9.98 亿元，沿河县为 7.7 亿元，松桃县为 11.19 亿元，万山区为 1.66 亿元，碧江区为 15.87 亿元；2008 年正安县 GDP 总量为 18.17 亿元，道真县为 12.83 亿元，务川县为 15.01 亿元，凤冈县为 17.44 亿元，湄潭县为 21.09 亿元，余庆县为 21.89 亿元，江口县为 11.17 亿元，玉屏县为 20.37 亿元，石阡县为 15.27 亿元，思南县为 11.77 亿元，印江县为 19.16 亿元，德江县为 23.31 亿元，沿河县为 23.22 亿元，松桃县为 31.65 亿元，万山区为 4.6 亿元，碧江区为 40.04 亿元。

2009 年正安县 GDP 总量为 21.05 亿元，道真县为 14.8 亿元，务川县为 17.28 亿元，凤冈县为 19.02 亿元，湄潭县为 25.41 亿元，余庆县为 23.59 亿元，江口县为 12.36 亿元，玉屏县为 22.03 亿元，石阡县为 17.6 亿元，思南县为 33.69 亿元，印江县为 21.56 亿元，德江县为 27.34 亿元，沿河县为 27.39 亿元，松桃县为 35.02 亿元，万山区 6.4 亿元，碧江区为 48.21 亿元；2010 正安县 GDP 总量为 24.91 亿元，道真县为 17.43 亿元，务川县为 20.01 亿元，凤冈县为 22.8 亿元，湄潭县为 30.18 亿元，余庆县为 14.51 亿元，江口县为 14.51 亿元，玉屏县为 25.04 亿元，石阡县为 20.5 亿元，思南县为 40.24 亿元，印江县为 25.28 亿元，德江县为 32.32 亿元，沿河县为 32.16 亿元，松桃县为 40 亿元，万山区 7.22 亿元，碧江区为 56.44 亿元。

2011 年正安县 GDP 总量为 29.69 亿元，道真县为 20.66 亿元，务川县为 23.23 亿元，凤冈县为 26.81 亿元，湄潭县为 36.62 亿元，余庆县为 30.75 亿元，江口县为 17.71 亿元，玉屏县为 30.78 亿元，石阡县为 24.96 亿元，思南县为 49.31 亿元，印江县为 31.41 亿元，德江县为 39.78 亿元，沿河县为 39.17 亿元，松桃县为 49.38 亿元，万山区 9.15 亿元，碧江区为 70.34 亿元；2012 年，正安县 GDP 总量为 35.63 亿元，道真县为 24.68 亿元，务川县为 23.2 亿元，凤冈县为 32.29 亿元，湄潭县为 41.11 亿元，余庆县为 36.58 亿元，江口县为 22.26 亿元，玉屏县为 39.06 亿元，石阡县为 32.21 亿元，思南县为 62.4 亿元，印江县为 40.41 亿元，德江县为 50.52 亿元，沿河县为 49.6 亿元，松桃县为 61.56 亿元，万山区 21.31 亿元，碧江区为 78.76 亿元。

2013 年正安县 GDP 总量为 43.43 亿元，道真县为 32.06 亿元，务川县为 34.49 亿元，凤冈县为 39.67 亿元，湄潭县为 54.04 亿元，余庆县为 44.54 亿元，江口县为 27.69 亿元，玉屏县为 45.41 亿元，石阡县为 38.26 亿元，思南县为 73.66 亿元，印江县为 48.24 亿元，德江县为 60.06 亿元，沿河县为 58.96 亿元，松桃县为 72.81 亿元，万山区 25.12 亿元，碧江区为 93.98 亿元；2014 年正安县 GDP 总量为 59.81 亿元，道真县为 39.75 亿元，务川县为 42.99 亿元，凤冈县为 49.92 亿元，湄潭县为 66.15 亿元，余庆县为 54.92 亿元，江口县为 33.42 亿元，玉屏县为 55.44 亿元，石阡县为 47.67 亿元，思南县为 88.2 亿元，印江县为 58.91 亿元，德江县为 73.3 亿元，沿河县为 72.6 亿元，松桃县为 88.93 亿元，万山区 31.11 亿元，碧江区为 110.81 亿元。

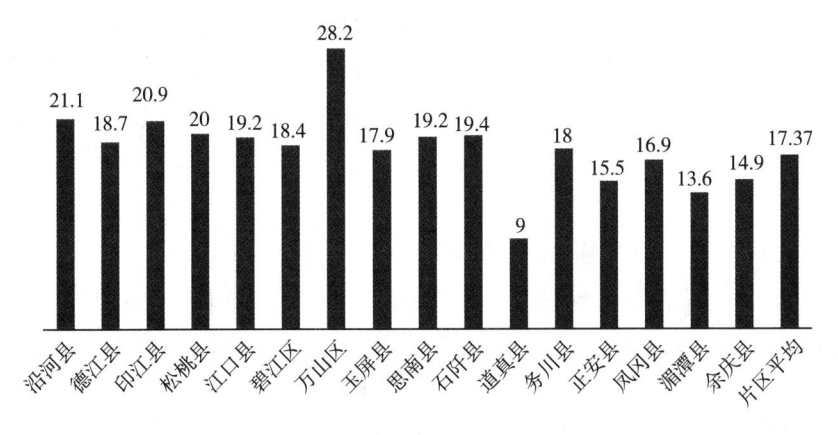

**图 6-2  2003—2016 年贵州片区 GDP 年均增速**（单位:%）

资料来源：根据《贵州统计年鉴》（2004—2016）公布的 GDP 计算。

2015 年正安县 GDP 总量为 71.09 亿元，道真县为 48.33 亿元，务川县为 51.55 亿元，凤冈县为 60.15 亿元，湄潭县为 77.09 亿元，余庆县为 64.46 亿元，江口县为 41.43 亿元，玉屏县为 62.62 亿元，石阡县为

59.60亿元,思南县为101.37亿元,印江县为74.22亿元,德江县为84.57亿元,沿河县为84.55亿元,松桃县为103.45亿元,万山区38.16亿元,碧江区为128.63亿元。

2016年正安县GDP总量为92.81亿元,道真县为55.92亿元,务川县为59.38亿元,凤冈县为68.52亿元,湄潭县为90.11亿元,余庆县为74.98亿元,江口县为49.05亿元,玉屏县为68.31亿元,石阡县为66.92亿元,思南县为115.95亿元,印江县为90.53亿元,德江县为93.13亿元,沿河县为92.81亿元,松桃县为114.53亿元,万山区41.93亿元,碧江区为142.71亿元。

## (二)人均GDP

2003—2016年,贵州片区人均GDP从2651元上升到28267元,年均增速为20%。

2003年正安县人均GDP为2380元,道真县为2264元,务川县为1640元,凤冈县为2191元,湄潭县为3630元,余庆县为4199元,江口县为2228元,玉屏县为5675元,石阡县为1749元,思南县为1875元,印江县为1863元,德江县为2221元,沿河县为1588元,松桃县为1753元,万山区为2507元,碧江区为4675元。2008年正安县人均GDP为3464元,道真县为4293元,务川县为3715元,凤冈县为4504元,湄潭县为4919元,余庆县为8337元,江口县为5240元,玉屏县为15169元,石阡县为4370元,思南县为4630元,印江县为4842元,德江县为5283元,沿河县为4320元,松桃县为5069元,万山区为9110元,碧江区为12173元。

2009年正安县人均GDP为4005元,道真县为4944元,务川县为4264元,凤冈县为4264元,湄潭县为5911元,余庆县为8970元,江口县为5764元,玉屏县为16308元,石阡县为5007元,思南县为5339元,印江县为5415元,德江县为6165元,沿河县为5063元,松桃县为5547元,万山区为12153元,碧江区为14570元。2010年正安县人均GDP为6196元,道真县为6990元,务川县为6070元,凤冈县为7118元,湄潭县为7882元,余庆县为12094元,江口县为8202元,玉屏县为20831元,石阡县为6632元,思南县为7857元,印江县为8583元,德江县为8604元,沿河县为7007元,松桃县为7986元,万山区为14914元,碧江区为15717元。2011年正安县人均GDP为7702元,道真县为8512元，务川县为7274元，凤冈县为8648元，湄潭县为9761元，余庆县为13131元，江口县为10261元，玉屏县为26072元，石阡县为8222元，思南县为9889元，印江县为11070元，德江县为10831元，沿河县为8715元，松桃县为10158元，万山区为11410元，碧江区为21394元。

2012年正安县人均GDP为9342元，道真县为10159元，务川县为8924元，凤冈县为10501元，湄潭县为11805元，余庆县为15636元，江口县为18875元，玉屏县为33130元，石阡县为13484元，思南县为10627元，印江县为12541元，德江县为14269元，沿河县为13779元，松桃县为11042元，万山区为12682元，碧江区为26359元。2013年正安县人均GDP为11360元，道真县为13184元，务川县为10852元，凤冈县为12837元，湄潭县为14391元，余庆县为18945元，江口县为16017元，玉屏县为38220元，石阡县为12592元，思南县为14778元，印江县为17001元，德江县为16341元，沿河县为13106元，松桃县为14971元，万山区为22074元，碧江区为30925元。

2014年正安县人均GDP为15592元，道真县为16275元，务川县为13473元，凤冈县为16101元，湄潭县为17558元，余庆县为23278元，江口县为19289元，玉屏县为46352元，石阡县为15657元，思南县为17667元，印江县为20722元，德江县为19852元，沿河县为16125元，松桃县为18223元，万山区为27158元，碧江区为36055元。2015年正安县人均GDP为18475元，道真县为19703元，务川县为16098元，凤冈县为19335元，湄潭县为20392元，余庆县为27223元，江口县为23858元，玉屏县为52140元，石阡县为19547元，思南县为20282元，印江县为26070元，德江县为22807元，沿河县为18766元，松桃县为21132元，万山区为33197元，碧江区为41433元。2016年正安县人均GDP为22259元，道真县为22704元，务川县为18462元，凤冈县为21936元，湄潭县为23710元，余庆县为31503元，江口县为28182元，玉屏县为56525元，石阡县为21887元，思南县为23134元，印江县为31372元，德江县为25045元，沿河县为20538元，松桃县为23319元，万山区为36209元，碧江区为45493元（见表6-6）。

表 6-6　　　　2003—2016 年贵州片区人均 GDP　　　　单位：元

| 地区 | 2003 年 | 2008 年 | 2010 年 | 2012 年 | 2013 年 | 2014 年 | 2016 年 |
| --- | --- | --- | --- | --- | --- | --- | --- |
| 沿河县 | 1588 | 4320 | 7007 | 13779 | 13106 | 16125 | 20538 |
| 德江县 | 2221 | 5283 | 8604 | 14269 | 16341 | 19852 | 25045 |
| 印江县 | 1863 | 4842 | 8583 | 12541 | 17001 | 20722 | 31372 |
| 松桃县 | 1753 | 5069 | 7986 | 11042 | 14971 | 18223 | 23319 |
| 江口县 | 2228 | 5240 | 8202 | 18875 | 16017 | 19289 | 28182 |
| 碧江区 | 4675 | 12173 | 15717 | 26359 | 30925 | 36055 | 45493 |
| 万山区 | 2507 | 9110 | 14914 | 12682 | 22074 | 27158 | 36209 |
| 玉屏县 | 5675 | 15169 | 20831 | 33130 | 38220 | 46352 | 56525 |
| 思南县 | 1875 | 4630 | 7857 | 10627 | 14778 | 17667 | 23134 |
| 石阡县 | 1749 | 4370 | 6632 | 13484 | 13184 | 15657 | 21887 |
| 道真县 | 2264 | 4293 | 6990 | 10159 | 13184 | 16275 | 22704 |
| 务川县 | 1640 | 3715 | 6070 | 8924 | 10852 | 13473 | 18462 |
| 正安县 | 2380 | 3464 | 6196 | 9342 | 11360 | 15592 | 22259 |
| 凤冈县 | 2191 | 4504 | 7118 | 10501 | 12837 | 16101 | 21936 |
| 湄潭县 | 3630 | 4919 | 7882 | 11805 | 14391 | 17556 | 23710 |
| 余庆县 | 4199 | 8337 | 12094 | 26359 | 18945 | 23278 | 31503 |
| 平均 | 2652 | 6215 | 9543 | 15242 | 17387 | 21211 | 28267 |

## 二　财政收支

### （一）地方预算财政收入

2003—2016 年，贵州武陵山片区地方财政收入由 6.63 亿元上升到 69.77 亿元，年均增速为 19.8%。

2003 年正安县地方财政收入 4952 万元，人均财政收入 82.26 元。道真县地方财政收入 4018 万元，人均财政收入 119.24 元。务川县地方财政收入 4407 万元，人均财政收入 104.96 元。凤冈县地方财政收入 3981 万元，人均财政收入 96.9 元。湄潭县地方财政收入 5763 万元，人均财政收入 121.79 元。余庆县地方财政收入 6086 万元，人均财政收入 207.97 元。江口县地方财政收入 2407 万元，人均财政收入 107.44 元。玉屏县地方财政收入 4795 万元，人均财政收入 339.92 元。石阡县地方财政收入 4310 万元，人均财政收入 122.8 元。思南县地方财政收入 5806 万元，人均财政收入 91.58 元。印江县地方财政收入 4001 万元，人均财政收入 96.87 元。德江县地方财政收入 4808 万元，人均财政收入 106.96 元。沿河县地方财政收入 4508 万元，人均财政收入 80.74 元。松桃县地方财政收入 4634 万元，人均财政收入 72.6 元。万山区地方财政收入 935 万元，人均财政收入 141.38 元。碧江区地方财政收入 935 万元，人均财政收入 422.18 元。

2008 年正安县地方财政收入 8766 万元，人均财政收入 167 元。道真县地方财政收入 5664 万元，人均财政收入 190 元。务川县地方财政收入 7630 万元，人均财政收入 189 元。凤冈县地方财政收入 7289 万元，人均财政收入 188 元。湄潭县地方财政收入 11288 万元，人均财政收入 263 元。余庆县地方财政收入 13019 万元，人均财政收入 496 元。江口县地方财政收入 8613 万元，人均财政收入 641 元。玉屏县地方财政收入 8613 万元，人均财政收入 641 元。石阡县地方财政收入 6758 万元，人均财政收入 193 元。思南县地方财政收入 9800 万元，人均财政收入 156 元。印江县地方财政收入 7282 万元，人均财政收入 184 元。德江县地方财政收入 9486 万元，人均财政收入 215 元。沿河县地方财政收入 12619 万元，人均财政收入 235 元。松桃县地方财政收入 11869 万元，人均财政收入 190 元。万山区地方财政收入 2893 万元，人均财政收入 573 元。碧江区地方财政收入 21405 万元，人均财政收入 651 元。

2009 年正安县地方财政收入 10760 万元，人均财政收入 205 元。道真县地方财政收入 7340 万元，人均财政收入 245 元。务川县地方财政收入 10774 万元，人均财政收入 266 元。凤冈县地方财政收入 8260 万元，人均财政收入 213 元。湄潭县地方财政收入 14086 万元，人均财政收入 328 元。余庆县地方财政收入 14748 万元，人均财政收入 561 元。江口县地方财政收入 6532 万元，人均财政收入 305 元。玉屏县地方财政收入 11939 万元，人均财政收入 884 元。石阡县地方财政收入 8118 万元，人均财政收入 231 元。思南县地方财政收入 11516 万元，人均财政收入 227 元。印江县地方财政收入 9056 万元，人均财政收入 227 元。德江县地方财政收入 11216 万元，人均财政收入 253 元。沿河县地方财政收入 15765 万元，人均财政收入 291 元。松桃县地方财政收入 14002 万元，人均财政收入 222 元。万山区地方财政收入 3636 万元，人均财政收入 690 元。碧江区地方财政收入 25031 万元，人均财政收入 757 元。

2010 年正安县地方财政收入 14568 万元，人均财政收入 360.77 元。道真县地方财政收入 10285 万元，人均财政收入 412.39 元。务川县地方财政收入 14083 万元，人均财政收入 427.15 元。凤冈县地方财政收入 10859 万元，人均财政收入 339.03 元。湄潭县地方财政收入 19196 万元，人均财政收入 501.33 元。余庆县地方财政收入 17208 万元，人均财政收入 723.63 元。江口县地方财政收入 9517 万元，人均财政收入 537.99 元。玉屏县地方财政收入 13749 万元，人均财政收入 1143.84 元。石阡县地方财政收入 11356 万元，人均财政收入 376.4 元。思南县地方财政收入 11815 万元，人均财政收入 252.03 元。印江县地方财政收入 15217 万元，人均财政收入 227 元。德江县地方财政收入 11216 万元，人均财政收入 405.14 元。沿河县地方财政收入 21099 万元，人均财政收入 564.45 元。松桃县地方财政收入 18575 万元，人均财政收入 328.55 元。万山区地方财政收入 5336 万元，人均财政收入 795.23 元。碧江区地方财政收入 30414 万元，人均财政收入 846.95 元。

2011 年正安县地方财政收入 20823 万元，人均财政收入 540 元。道真县地方财政收入 15188 万元，人均财政收入 626 元。务川县地方财政收入 24254 万元，人均财政收入 759 元。凤冈县地方财政收入 15836 万元，人均财政收入 511 元。湄潭县地方财政收入 26877 万元，人均财政收入 716 元。余庆县地方财政收入 21259 万元，人均财政收入 908 元。江口县地方财政收入 12008 万元，人均财政收入 696 元。玉屏县地方财政收入 21357 万元，人均财政收入 1809 元。石阡县地方财政收入 15809 万元，人均财政收入 521 元。思南县地方财政收入 15469 万元，人均财政收入 464 元。印江县地方财政收入 15217 万元，人均财政收入 545 元。德江县地方财政收入 23254 万元，人均财政收入 633 元。沿河县地方财政收入 36507 万元，人均财政收入 812 元。松桃县地方财政收入 31641 万元，人均财政收入 651 元。万山区地方财政收入 8256 万元，人均财政收入 1029 元。碧江区地方财政收入 46884 万元，人均财政收入 1426 元。

2012 年正安县地方财政收入 30412 万元，人均财政收入 797 元。道真县地方财政收入 23804 万元，人均财政收入 984 元。务川县地方财政收入 29304 万元，人均财政收入 924 元。凤冈县地方财政收入 22746 万元，人均财政收入 740 元。湄潭县地方财政收入 37641 万元，人均财政收入 1007 元。余庆县地方财政收入 27648 万元，人均财政收入 1182 元。江口县地方财政收入 15931 万元，人均财政收入 924 元。玉屏县地方财政收入 23183 万元，人均财政收入 1966 元。石阡县地方财政收入 23618 万元，人均财政收入 779 元。思南县地方财政收入 31802 万元，人均财政收入 639 元。印江县地方财政收入 21692 万元，人均财政收入 766 元。德江县地方财政收入 33667 万元，人均财政收入 918 元。沿河县地方财政收入 45768 万元，人均财政收入 1019 元。松桃县地方财政收入 44423 万元，人均财政收入 915 元。万山区地方财政收入 12730 万元，人均财政收入 1128 元。碧江区地方财政收入 61289 万元，人均财政收入 2051 元。

2013 年正安县地方财政收入 32891 万元，人均财政收入 858.15 元。道真县地方财政收入 25237 万元，人均财政收入 1035.30 元。务川县地方财政收入 29117 万元，人均财政收入 913.75 元。凤冈县地方财政收入 24380 万元，人均财政收入 786.95 元。湄潭县地方财政收入 39137 万元，人均财政收入 1039.71 元。余庆县地方财政收入 29743 万元，人均财政收入 1262.09 元。江口县地方财政收入 12114 万元，人均财政收入 700.64 元。玉屏县地方财政收入 28057 万元，人均财政收入 2351.80 元。石阡县地方财政收入 24018 万元，人均财政收入 789.55 元。思南县地方财政收入 33577 万元，人均财政收入 372.89 元。印江县地方财政收入 22972 万元，人均财政收入 808.87 元。德江县地方财政收入 35128 万元，人均财政收入 954.57 元。沿河县地方财政收入 40798 万元，人均财政收入 906.22 元。松桃县地方财政收入 52424 万元，人均财政收入 1077.13 元。万山区地方财政收入 14553 万元，人均财政收入 1273.23 元。碧江区地方财政收入 92825 万元，人均财政收入 3039.46 元。

2014 年正安县地方财政收入 40078 万元，人均财政收入 1043.97 元。道真县地方财政收入 31711 万元，人均财政收入 1295.91 元。务川县地方财政收入 35800 万元，人均财政收入 1120.50 元。凤冈县地方财政收入 28814 万元，人均财政收入 928.59 元。湄潭县地方财政收入 48938 万元，人均财政收入 1297.75 元。余庆县地方财政收入 34225 万元，人均财政收入 1448.98 元。江口县地方财政收入 15549 万元，人均财政收入 895.60 元。玉屏县地方财政收入 35784 万元，人均财政收入 2984.17 元。石阡县地方财政收入 28880 万元，人均财政收入 947.72 元。思南县地方财政收入 42357 万元，人均财政收入 848.01 元。印江县地方财政收入 26526 万元，人均财政收入 932.09 元。德江县地方财政收入 42410 万元，人均财政收入1144.78元。沿河县地方财政收入36681万元，人均财政收入814.62元。松桃县地方财政收入45755万元，人均财政收入935.04元。万山区地方财政收入15087万元，人均财政收入1314.11元。碧江区地方财政收入110893万元，人均财政收入3585.58元。

2015年正安县地方财政收入44302万元，人均财政收入1141.61元。道真县地方财政收入38003万元，人均财政收入1545.47元。务川县地方财政收入41858万元，人均财政收入1304.39元。凤冈县地方财政收入32650万元，人均财政收入1046.81元。湄潭县地方财政收入56657万元，人均财政收入1494.91元。余庆县地方财政收入38711万元，人均财政收入1630.62元。江口县地方财政收入17961万元，人均财政收入1034.02元。玉屏县地方财政收入39085万元，人均财政收入3248.96元。石阡县地方财政收入30449万元，人均财政收入998元。思南县地方财政收入49122万元，人均财政收入982.24元。印江县地方财政收入26907万元，人均财政收入945元。德江县地方财政收入50165万元，人均财政收入1351.79元。沿河县地方财政收入39089万元，人均财政收入867元。松桃县地方财政收入59318万元，人均财政收入1211元。万山区地方财政收入20042万元，人均财政收入1741元。碧江区地方财政收入113350万元，人均财政收入3638元（见表6-7）。

表6-7　　　　　　2003—2016年贵州片区地方财政收入　　　　单位：亿元

| 地区 | 2003年 | 2008年 | 2010年 | 2012年 | 2013年 | 2014年 | 2016年 |
| --- | --- | --- | --- | --- | --- | --- | --- |
| 沿河县 | 0.45 | 0.13 | 2.11 | 4.58 | 4.08 | 3.67 | 4.18 |
| 德江县 | 0.48 | 0.95 | 1.12 | 3.37 | 3.51 | 4.24 | 5.21 |
| 印江县 | 0.44 | 0.73 | 1.52 | 2.17 | 2.3 | 2.65 | 2.72 |
| 松桃县 | 0.46 | 1.19 | 1.86 | 4.44 | 5.24 | 4.58 | 7.12 |
| 江口县 | 0.24 | 0.86 | 0.95 | 1.59 | 1.21 | 1.55 | 1.85 |
| 碧江区 | 0.09 | 2.14 | 3.04 | 6.13 | 9.28 | 11.09 | 11.98 |
| 万山区 | 0.09 | 0.29 | 0.53 | 1.27 | 1.46 | 1.51 | 2.96 |
| 玉屏县 | 0.48 | 0.86 | 1.37 | 2.32 | 2.81 | 3.58 | 7.53 |
| 思南县 | 0.58 | 0.98 | 1.18 | 3.18 | 3.36 | 4.24 | 5.1 |
| 石阡县 | 0.43 | 0.68 | 1.14 | 2.36 | 2.4 | 2.89 | 3.45 |
| 道真县 | 0.4 | 0.57 | 1.03 | 2.38 | 2.52 | 3.17 | 4.1 |
| 务川县 | 0.44 | 0.76 | 1.41 | 2.93 | 2.91 | 3.58 | 4.6 |

续表

| 地区 | 2003 年 | 2008 年 | 2010 年 | 2012 年 | 2013 年 | 2014 年 | 2016 年 |
| --- | --- | --- | --- | --- | --- | --- | --- |
| 正安县 | 0.5 | 0.88 | 1.46 | 3.04 | 3.29 | 4.01 | 5.1 |
| 凤冈县 | 0.4 | 0.73 | 1.09 | 2.27 | 244 | 2.88 | 2.8 |
| 湄潭县 | 0.58 | 1.13 | 1.92 | 3.76 | 3.91 | 4.89 | 4.51 |
| 余庆县 | 0.61 | 1.30 | 1.72 | 2.76 | 2.97 | 3.42 | 4.4 |
| 总计 | 6.67 | 14.18 | 23.45 | 48.55 | 295.25 | 61.95 | 77.61 |

### (二) 地方预算财政支出

2003—2016 年，贵州武陵山片区地方财政支出由 28.42 亿元上升到 450.44 亿元，年均增速为 23.7%。

2003 年正安县地方财政支出 2.12 亿元，人均财政支出 368.65 元。道真县地方财政支出 1.72 亿元，人均财政支出 509.23 元。务川县地方财政支出 1.86 亿元，人均财政支出 443.59 元。凤冈县地方财政支出 1.64 亿元，人均财政支出 556.13 元。湄潭县地方财政支出 1.96 亿元，人均财政支出 414.79 元。余庆县地方财政支出 1.52 亿元，人均财政支出 521.09 元。江口县地方财政支出 1.25 亿元，人均财政支出 924 元。玉屏县地方财政支出 1.15 亿元，人均财政支出 814.19 元。石阡县地方财政支出 1.91 亿元，人均财政支出 779 元。思南县地方财政支出 2.5 亿元，人均财政支出 394.61 元。印江县地方财政支出 1.79 亿元，人均财政支出 432.36 元。德江县地方财政支出 1.97 亿元，人均财政支出 438.35 元。沿河县地方财政支出 2.2 亿元，人均财政支出 395.34 元。松桃县地方财政支出 2.23 亿元，人均财政支出 350 元。万山区地方财政支出 0.6 亿元，人均财政支出 900.62 元。碧江区地方财政支出 2 亿元，人均财政支出 584.73 元。

2008 年正安县地方财政支出 8.17 亿元，人均财政支出 1557 元。道真县地方财政支出 5.7 亿元，人均财政支出 1909 元。务川县地方财政支出 6.7 亿元，人均财政支出 1659 元。凤冈县地方财政支出 6.3 亿元，人均财政支出 1629 元。湄潭县地方财政支出 7.64 亿元，人均财政支出 1782 元。余庆县地方财政支出 5.35 亿元，人均财政支出 2037 元。江口县地方财政支出 4.75 亿元，人均财政支出 2228 元。玉屏县地方财政支出 3.88 亿元，人均财政支出 2889 元。石阡县地方财政支出 7.02 亿元，人均财政支出 2009 元。思南县地方财政支出 10.02 亿元，人均财政支出 1593 元。

印江县地方财政支出 6.94 亿元，人均财政支出 1755 元。德江县地方财政支出 8.03 亿元，人均财政支出 1819 元。沿河县地方财政支出 9.26 亿元，人均财政支出 1723 元。松桃县地方财政支出 9.82 亿元，人均财政支出 5787 元。万山区地方财政支出 2.92 亿元，人均财政支出 1742 元。碧江区地方财政收入 6.57 亿元，人均财政支出 1997 元。

2009 年正安县地方财政支出 9.51 亿元，人均财政支出 1809 元。道真县地方财政支出 6.75 亿元，人均财政支出 2256 元。务川县地方财政支出 7.79 亿元，人均财政支出 1922 元。凤冈县地方财政支出 7.28 亿元，人均财政支出 1876 元。湄潭县地方财政支出 9.03 亿元，人均财政支出 2100 元。余庆县地方财政支出 6.46 亿元，人均财政支出 2457 元。江口县地方财政支出 5.3 亿元，人均财政支出 2473 元。玉屏县地方财政支出 4.64 亿元，人均财政支出 3434 元。石阡县地方财政支出 9.04 亿元，人均财政支出 2571 元。思南县地方财政支出 11.46 亿元，人均财政支出 1816 元。印江县地方财政支出 7.96 亿元，人均财政支出 1999 元。德江县地方财政支出 9.15 亿元，人均财政支出 2061 元。沿河县地方财政支出 10.48 亿元，人均财政支出 1938 元。松桃县地方财政支出 11.93 亿元，人均财政支出 1891 元。万山区地方财政支出 4.1 亿元，人均财政支出 7782 元。碧江区地方财政收入 7.85 亿元，人均财政支出 2372 元。

2010 年正安县地方财政支出 13.56 亿元，人均财政支出 3479 元。道真县地方财政支出 8.99 亿元，人均财政支出 3682 元。务川县地方财政支出 10.38 亿元，人均财政支出 3224 元。凤冈县地方财政支出 8.86 亿元，人均财政支出 2828 元。湄潭县地方财政支出 10.68 亿元，人均财政支出 2829 元。余庆县地方财政支出 7.15 亿元，人均财政支出 3045 元。江口县地方财政支出 7.29 亿元，人均财政支出 4215 元。玉屏县地方财政支出 5.89 亿元，人均财政支出 4969 元。石阡县地方财政支出 12.28 亿元，人均财政支出 4034 元。思南县地方财政支出 15.97 元，人均财政支出 3195 元。印江县地方财政支出 10.93 亿元，人均财政支出 3844 元。德江县地方财政支出 11.97 亿元，人均财政支出 3250 元。沿河县地方财政支出 13.84 亿元，人均财政支出 3074 元。松桃县地方财政支出 15.95 亿元，人均财政支出 3273 元。万山区地方财政支出 6.98 亿元，人均财政支出 14579 元。碧江区地方财政收入 10.86 亿元，人均财政支出 2997 元。

2011 年正安县地方财政支出 15.06 亿元，人均财政支出 3906 元。道真县地方财政支出 11.23 亿元，人均财政支出 4627 元。务川县地方财政支出 12.62 亿元，人均财政支出 3905 元。凤冈县地方财政支出 11.17 亿元，人均财政支出 3605 元。湄潭县地方财政支出 12.03 亿元，人均财政支出 3739 元。余庆县地方财政支出 9.73 亿元，人均财政支出 4154 元。江口县地方财政支出 9.5 亿元，人均财政支出 5504 元。玉屏县地方财政支出 8.84 亿元，人均财政支出 7492 元。石阡县地方财政支出 15.83 亿元，人均财政支出 5215 元。思南县地方财政支出 19.6 亿元，人均财政支出 3922 元。印江县地方财政支出 14.03 亿元，人均财政支出 4979 元。德江县地方财政支出 16.13 亿元，人均财政支出 4390 元。沿河县地方财政支出 18 亿元，人均财政支出 4005 元。松桃县地方财政支出 19.52 亿元，人均财政支出 4016 元。万山区地方财政支出 7.41 亿元，人均财政支出 9244 元。碧江区地方财政收入 14.01 亿元，人均财政支出 4262 元。

2012 年正安县地方财政支出 19.05 亿元，人均财政支出 4995 元。道真县地方财政支出 14.09 亿元，人均财政支出 5823 元。务川县地方财政支出 15.19 亿元，人均财政支出 4973 元。凤冈县地方财政支出 18.01 亿元，人均财政支出 4747 元。湄潭县地方财政支出 18.01 亿元，人均财政支出 4821 元。余庆县地方财政支出 12.15 亿元，人均财政支出 5195 元。江口县地方财政支出 12.2 亿元，人均财政支出 7073 元。玉屏县地方财政支出 10.68 亿元，人均财政支出 9059 元。石阡县地方财政支出 17.47 亿元，人均财政支出 5765 元。思南县地方财政支出 23.75 亿元，人均财政支出 4774 元。印江县地方财政支出 18.13 亿元，人均财政支出 6401 元。德江县地方财政支出 20.58 亿元，人均财政支出 5613 元。沿河县地方财政支出 23.69 亿元，人均财政支出 5275 元。松桃县地方财政支出 26.57 亿元，人均财政支出 5473 元。万山区地方财政支出 10.12 亿元，人均财政支出 6209 元。碧江区地方财政支出 18.56 亿元，人均财政支出 8967 元。

2013 年正安县地方财政支出 23.07 亿元，人均财政支出 6018 元。道真县地方财政支出 14.94 亿元，人均财政支出 6128 元。务川县地方财政支出 18.77 亿元，人均财政支出 5889 元。凤冈县地方财政支出 16.65 亿元，人均财政支出 5375 元。湄潭县地方财政支出 19.33 亿元，人均财政支出 5134.75 元。余庆县地方财政支出 12.98 亿元，人均财政支出 5506.93 元。江口县地方财政支出 11.77 亿元，人均财政支出 6810 元。玉屏县地方财政支出10.89亿元，人均财政支出9131元。石阡县地方财政支出19.79亿元，人均财政支出6505元。思南县地方财政支出27.83亿元，人均财政支出5578元。印江县地方财政支出19.61亿元，人均财政支出6905元。德江县地方财政支出26.33亿元，人均财政支出7154元。沿河县地方财政支出26.21亿元，人均财政支出5822元。松桃县地方财政支出29.81亿元，人均财政支出6124元。万山区地方财政支出13.66亿元，人均财政支出11947.51元。碧江区地方财政支出20.72亿元，人均财政支出6785元。

2014年正安县地方财政支出23.39亿元，人均财政支出6094元。道真县地方财政支出18.06亿元，人均财政支出7380元。务川县地方财政支出20.40亿元，人均财政支出6386元。凤冈县地方财政支出17.83亿元，人均财政支出5747元。湄潭县地方财政支出21.73亿元，人均财政支出5762元。余庆县地方财政支出14.68亿元，人均财政支出6216元。江口县地方财政支出13.15亿元，人均财政支出7577元。玉屏县地方财政支出12.87亿元，人均财政支出10737元。石阡县地方财政支出24.32亿元，人均财政支出7980元。思南县地方财政支出32.89亿元，人均财政支出6585元。印江县地方财政支出22.81亿元，人均财政支出8016元。德江县地方财政支出27.99亿元，人均财政支出7556元。沿河县地方财政支出29.67亿元，人均财政支出6590元。松桃县地方财政支出31.38亿元，人均财政支出6413元。万山区地方财政支出14.16亿元，人均财政支出12331元。碧江区地方财政支出23.91亿元，人均财政支出7731元。

2015年正安县地方财政支出26.89亿元，人均财政支出6972元。道真县地方财政支出21.70亿元，人均财政支出8826元。务川县地方财政支出24.85亿元，人均财政支出7744元。凤冈县地方财政支出21.81亿元，人均财政支出6993元。湄潭县地方财政支出26.15亿元，人均财政支出6899元。余庆县地方财政支出17.49亿元，人均财政支出7368元。江口县地方财政支出18.04亿元，人均财政支出10387元。玉屏县地方财政支出15.50亿元，人均财政支出12886元。石阡县地方财政支出26.09亿元，人均财政支出8550元。思南县地方财政支出38.89亿元，人均财政支出7776元。印江县地方财政支出29.50亿元，人均财政支出10357元。德江县地方财政支出32.07亿元，人均财政支出8642元。沿河县地方财政支出 36.69 亿元，人均财政支出 8139 元。松桃县地方财政支出 36.52 亿元，人均财政支出 7456 元。万山区地方财政支出 16.94 亿元，人均财政支出 14718 元。碧江区地方财政支出 27.21 亿元，人均财政支出 8731 元（见表 6-8）。

表 6-8　　　　　2003—2016 年贵州片区地方财政支出　　　单位：亿元

| 地区 | 2003 年 | 2008 年 | 2010 年 | 2012 年 | 2014 年 | 2016 年 |
| --- | --- | --- | --- | --- | --- | --- |
| 沿河县 | 2.2 | 9.26 | 13.84 | 23.69 | 29.67 | 40.12 |
| 德江县 | 1.97 | 8.03 | 11.97 | 20.58 | 27.99 | 36.43 |
| 印江县 | 1.79 | 6.94 | 10.93 | 18.13 | 22.81 | 30.6 |
| 松桃县 | 2.23 | 9.82 | 15.95 | 26.57 | 31.38 | 37.6 |
| 江口县 | 1.25 | 4.75 | 7.29 | 12.2 | 13.15 | 20.38 |
| 碧江区 | 2 | 6.57 | 10.86 | 18.56 | 23.91 | 27.87 |
| 万山区 | 0.6 | 2.92 | 6.98 | 10.12 | 14.16 | 17.23 |
| 玉屏县 | 1.15 | 3.88 | 5.89 | 10.68 | 12.87 | 19.03 |
| 思南县 | 2.5 | 10.02 | 15.97 | 23.75 | 32.89 | 42.02 |
| 石阡县 | 1.91 | 7.02 | 12.28 | 17.47 | 24.32 | 32.49 |
| 道真县 | 1.72 | 5.7 | 8.99 | 14.09 | 18.06 | 22 |
| 务川县 | 1.86 | 6.7 | 10.38 | 15.19 | 20.40 | 26.35 |
| 正安县 | 2.12 | 8.17 | 13.56 | 19.05 | 23.39 | 30.26 |
| 凤冈县 | 1.64 | 6.3 | 8.86 | 18.01 | 17.83 | 23.9 |
| 湄潭县 | 1.96 | 7.64 | 10.68 | 18.01 | 21.73 | 26.16 |
| 余庆县 | 1.52 | 5.35 | 7.15 | 12.15 | 14.68 | 18 |
| 总计 | 28.42 | 109.07 | 171.58 | 278.25 | 349.24 | 450.44 |

### 三　农村人均纯收入

2003—2016 年，贵州武陵山片区农村人均纯收入由 1577 元增加到 8374 元，年均增速达 13.7%。

2003 年正安县农村人均纯收入为 1499 元，道真县为 1462 元，务川县为 1395 元，凤冈县为 1727 元，湄潭县为 2207 元，余庆县为 2336 元，江口县为 1403 元，玉屏县为 1909 元，石阡县为 1367 元，思南县为 1265 元，印江县为 1427 元，德江县为 1323 元，沿河县为 1283 元，松桃县为

1417 元，万山区为 1266 元，碧江区为 1950 元。

2008 年正安县农村人均纯收入为 2414 元，道真县为 2231 元，务川县为 2221 元，凤冈县为 1727 元，湄潭县为 3638 元，余庆县为 4100 元，江口县为 2341 元，玉屏县为 3283 元，石阡县为 2460 元，思南县为 2230 元，印江县为 2410 元，德江县为 2195 元，沿河县为 2251 元，松桃县为 2279 元，万山区为 2141 元，碧江区为 3348 元。

2009 年正安县农村人均纯收入为 2660 元，道真县为 2478 元，务川县为 2475 元，凤冈县为 3176 元，湄潭县为 4048 元，余庆县为 4430 元，江口县为 2649 元，玉屏县为 3602 元，石阡县为 2759 元，思南县为 2535 元，印江县为 2611 元，德江县为 2425 元，沿河县为 2552 元，松桃县为 2505 元，万山区为 2473 元，碧江区为 3750 元。

2010 年正安县农村人均纯收入为 3021 元，道真县为 2893 元，务川县农村人均纯收入为 2830 元，凤冈县为 3633 元，湄潭县为 4578 元，余庆县为 5012 元，江口县为 3151 元，玉屏县为 4254 元，石阡县为 3224 元，思南县为 2997 元，印江县为 3026 元，德江县为 2828 元，沿河县为 3047 元，松桃县为 2957 元，万山区为 2929 元，碧江区为 4351 元。

2011，正安县农村人均纯收入为 3701 元，道真县为 3539 元，务川县为 3463 元，凤冈县为 4447 元，湄潭县为 5841 元，余庆县为 5268 元，江口县农村人均纯收入为 3918 元，玉屏县为 5216 元，石阡县为 3874 元，思南县为 3683 元，印江县为 3719 元，德江县为 3503 元，沿河县为 3713 元，松桃县为 3680 元，万山区为 3593 元，碧江区为 5339 元。

2012 年正安县农村人均纯收入为 4333 元，道真县为 4137 元，务川县为 4052 元，凤冈县为 5211 元，湄潭县为 6816 元，余庆县为 6147 元，江口县为 4662 元，玉屏县为 6092 元，石阡县为 4521 元，思南县为 4335 元，印江县为 4396 元，德江县为 4138 元，沿河县为 4370 元，松桃县为 4346 元，万山区为 4229 元，碧江区为 6310 元。

2013 年正安县农村人均纯收入为 5070 元，道真县为 4833 元，务川县为 4733 元，凤冈县为 5873 元，湄潭县为 7654 元，余庆县为 6931 元，江口县为 5385 元，玉屏县为 6982 元，石阡县为 5253 元，思南县为 5012 元，印江县为 5113 元，德江县为 4783 元，沿河县为 5048 元，松桃县为 4995 元，万山区为 4881 元，碧江区为 7301 元。

2014 年，正安县农村人均纯收入为 6786 元，道真县为 6785 元，务川县为6757元，凤冈县为7711元，湄潭县为9144元，余庆县为8061元，江口县为6162元，玉屏县为7921元，石阡县为6148元，思南县为5996元，印江县为6037元，德江县为5907元，沿河县为5960元，松桃县为5915元，万山区为6119元，碧江区为8458元。

2015年，正安县农村人均纯收入为7560元，道真县为7572元，务川县为7534元，凤冈县为8498元，湄潭县为10113元，余庆县为8883元，江口县为6787元，玉屏县为8709元，石阡县为6834元，思南县为6677元，印江县为6650元，德江县为6600元，沿河县为6640元，松桃为6593元，万山区为7001元，碧江区为9410元（见表6-9）。

表6-9　　　　　2003—2016贵州片区农村人均纯收入　　　单位：元

| 地区 | 2003年 | 2008年 | 2010年 | 2012年 | 2014年 | 2016年 |
| --- | --- | --- | --- | --- | --- | --- |
| 沿河县 | 1283 | 2251 | 3047 | 4370 | 5960 | 7274 |
| 德江县 | 1323 | 2195 | 2828 | 4138 | 5907 | 7283 |
| 印江县 | 1427 | 2410 | 3026 | 4396 | 6037 | 7319 |
| 松桃县 | 1417 | 2279 | 2957 | 4346 | 5915 | 7288 |
| 江口县 | 1403 | 2341 | 3151 | 4662 | 6162 | 7497 |
| 碧江区 | 1950 | 3348 | 4351 | 6310 | 8458 | 10365 |
| 万山区 | 1266 | 2141 | 2929 | 4229 | 6119 | 7719 |
| 玉屏县 | 1909 | 3283 | 4254 | 6092 | 7921 | 9498 |
| 思南县 | 1265 | 2230 | 2997 | 4335 | 5996 | 7328 |
| 石阡县 | 1367 | 2460 | 3224 | 4521 | 6148 | 7452 |
| 道真县 | 1462 | 2231 | 2893 | 4137 | 6785 | 8291 |
| 务川县 | 1395 | 2221 | 2830 | 4052 | 6757 | 8257 |
| 正安县 | 1499 | 2414 | 3021 | 4333 | 6786 | 8393 |
| 凤冈县 | 1727 | 1727 | 3633 | 5211 | 7711 | 9271 |
| 湄潭县 | 2207 | 3638 | 4578 | 6816 | 9144 | 11054 |
| 余庆县 | 2336 | 4100 | 5012 | 6147 | 8061 | 9700 |
| 平均 | 1577 | 2579 | 3421 | 4881 | 6867 | 8374 |

在贵州片区16个县区中，农村人均纯收入增速最快的为万山区，年均增速达到了14.92%。其次为务川县，年均增速为14.66%。农村人均纯收入年均增速位列第三位的为道真县，年均增速为14.28%。农村人均纯收入低于贵州片区平均水平的县有5县，分别是余庆县（11.57%）、玉

屏县（13.13%）、湄发县（13.19%）、印江县（13.4%）以及松桃县（13.42%）。

### 四 城镇化率

2003年贵州武陵山片区城镇化率为16.15%；2007年，武陵山贵州片区城镇化率为31.15%；2008年贵州武陵山片区的城镇化率为33.11%；2012年贵州武陵山片区城镇化率为36.37%；2013年贵州武陵山片区城镇化率为37.79%；2014年贵州武陵山片区城镇化率为38.9%；2015年贵州武陵山片区城镇化率为40.38%（见图6-3）。

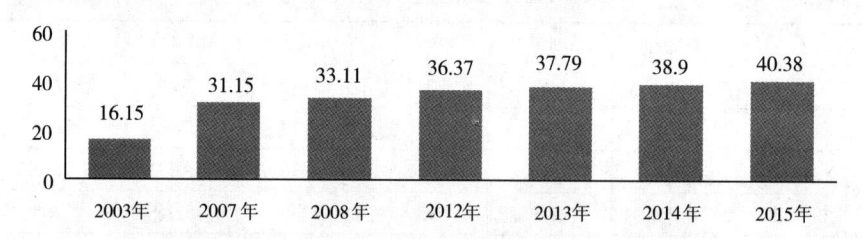

图6-3 2003—2015年贵州武陵山片区城镇化率（单位:%）

资料来源：根据各县市统计年鉴公布的城镇人口与常住人口计算。

图6-3表明，在国家推进新型城镇化建设的背景下，贵州武陵山片区城镇化率稳步上升，12年间，城镇化率上升了近24个百分点。但是，相对全国城镇化速度偏缓。

## 第三节 贵州片区与贵州省主要经济指标比较

### 一 GDP总量及人均GDP

2003—2016年，贵州片区GDP由163.41亿元增加到1310.81亿元，年均增速为17.37%。贵州省GDP由1426.34亿元增加到11734.43亿元，年均增速为17.6%。贵州省人均GDP由3701元增加到29757元，贵州片区人均GDP从2651元上升到28267元，绝对额增长了25615元，年均增速为20%。但相对全省来说，经济总量少，人均GDP较低。

GDP的比较：2003年武陵山贵州片区GDP占贵州省的11.46%；

2004 年片区 GDP 占省比为 10.75%；2005 年片区 GDP 占全省的 10.54%；2006 年片区 GDP 占全省的 10.17%；2007 年片区 GDP 占全省的 10.48%；2008 年片区 GDP 占全省的 9.73%；2009 年片区 GDP 占全省的 9.57%；2010 年片区 GDP 占全省的 9.53%；2011 年片区 GDP 占全省的 9.29%；2012 年片区 GDP 占全省的 9.71%；2013 年片区 GDP 占全省的 9.9%；2014 年片区 GDP 占全省的 10.53%；2015 年片区 GDP 占全省的 10.96%；2016 年片区 GDP 占全省的 11.17%（见表 6-10）。

人均 GDP 的比较：2003 年武陵山贵州片区人均 GDP 为全省的 71.64%；2004 年片区人均 GDP 为全省的 72.37%；2005 年片区人均 GDP 为全省的 69.24%；2006 年片区人均 GDP 为全省的 67.54%；2007 年片区人均 GDP 为全省的 59.98%；2008 年片区人均 GDP 为全省的 65.92%；2009 年片区人均 GDP 为全省的 69.31%；2010 年片区人均 GDP 为全省的 72.58%；2011 年片区人均 GDP 为全省的 69.6%；2012 年片区人均 GDP 为全省的 74.64%；2013 年片区人均 GDP 为全省的 75.69%；2014 年片区人均 GDP 为全省的 80.37%；2015 年片区人均 GDP 为全省的 84.11%；2016 年片区人均 GDP 为全省的 85.33%（见表 6-10）。

表 6-10　　2003—2016 年贵州区片区和贵州省 GDP 的比较

| 年份 | 贵州省 | | 贵州片区 | | 比重 | |
| --- | --- | --- | --- | --- | --- | --- |
| | ①GDP（亿元） | ②人均 GDP（元） | ③GDP（亿元） | ④人均 GDP（元） | ④/②（%） | ③/①（%） |
| 2003 年 | 1426.34 | 3701 | 163.41 | 2651 | 71.64 | 11.46 |
| 2004 年 | 1677.8 | 4317 | 180.41 | 3124 | 72.37 | 10.75 |
| 2005 年 | 1942 | 5119 | 204.75 | 3544 | 69.24 | 10.54 |
| 2006 年 | 2267.43 | 5932 | 230.66 | 4006 | 67.54 | 10.17 |
| 2007 年 | 2710.28 | 7273 | 283.99 | 4362 | 59.98 | 10.48 |
| 2008 年 | 3333.4 | 9428 | 324.36 | 6215 | 65.92 | 9.73 |
| 2009 年 | 3893.51 | 10309 | 372.77 | 7145 | 69.31 | 9.57 |
| 2010 年 | 4593.97 | 13147 | 437.82 | 9543 | 72.58 | 9.53 |
| 2011 年 | 5701.84 | 16437 | 529.77 | 11441 | 69.60 | 9.29 |
| 2012 年 | 6802.2 | 19524 | 660.67 | 14572 | 74.64 | 9.71 |
| 2013 年 | 8006.79 | 22922 | 792.42 | 17350 | 75.69 | 9.90 |

续表

| 年份 | 贵州省 | | 贵州片区 | | 比重 | |
|---|---|---|---|---|---|---|
| | ①GDP（亿元） | ②人均GDP（元） | ③GDP（亿元） | ④人均GDP（元） | ④/②（%） | ③/①（%） |
| 2014年 | 9251.01 | 26393 | 973.93 | 21211 | 80.37 | 10.53 |
| 2015年 | 10502.56 | 29757 | 1151.28 | 25029 | 84.11 | 10.96 |
| 2016年 | 11734.43 | 33127 | 1310.81 | 28267 | 85.33 | 11.17 |

资料来源：根据《贵州统计年鉴》（2003—2017）整理计算。

由表6-10可知，贵州武陵山片区的经济总量占贵州省经济总量的比重是先下降后上升的，2003—2011年下降了1.5个百分点，2011—2016年上升了1.67个百分点。人均GDP占比上升了13.69个百分点。贵州片区人均GDP总体上偏低，且内部发展不平衡问题突出。以2016年为例，人均GDP最高的玉屏县达到了56525元，而处于末位的务川县人均GDP仅为18462元，前者为后者的3.06倍。16个县区中有11个县低于片区的平均水平。

## 二 财政收支

贵州武陵山片区16县区数占全省县市区（89县区）数的比重为17.98%，财政收支总量不具有可比性。本书通过计算出人均财政收支，在此基础上对比，更具有实际意义。

2003年贵州省人均财政收入为323元，贵州武陵山片区财政收入为145元，后者为前者的44.89%。贵州省人均财政支出为862.37元，贵州片区人均财政支出为501.39元，后者为前者的58.43%。2008年贵州省人均财政收入为866元，贵州片区财政收入为299元，后者为前者的34.53%。贵州省人均财政支出为2597.56元，贵州片区人均财政支出为2132.18元，后者为前者的82.03%。2009年贵州省人均财政收入为1018元，贵州片区财政收入为366元，后者为前者的35.95%。贵州省人均财政支出为3321.52元，贵州片区人均财政支出为2547.31元，后者为前者的76.69%。2010年贵州省人均财政收入为1730元，贵州片区财政收入为521元，后者为前者的30.12%。贵州省人均财政支出为3915.42元，贵州片区人均财政支出为3445.67元，后者为前者的88%。

2011年，贵州省人均财政收入为1824元，贵州片区财政收入为790

元,后者为前者的43.31%。贵州省人均财政支出为5295.16元,贵州片区人均财政支出为4810元,后者为前者的90.8%。2012年,贵州省人均财政收入为2386元,贵州片区财政收入为1046元,后者为前者的43.84%。贵州省人均财政支出为6478.2元,贵州片区人均财政支出为5947.69元,后者为前者的91.81%。2013年,贵州省人均财政收入为2813元,贵州片区财政收入为1154元,后者为前者的41.04%。贵州省人均财政支出为7228.51元,贵州片区人均财政支出为6675.90元,后者为前者的92.36%。

2014年贵州省人均财政收入为3159元,贵州片区财政收入为1346元,后者为前者的42.61%。贵州省人均财政支出为8188.96元,贵州片区人均财政支出为7443.7元,后者为前者的90.90%。2015年贵州省人均财政收入为3420元,贵州武陵山片区财政收入为1511元,后者为前者的44.18%。贵州省人均财政支出为8962.90元,贵州片区人均财政支出为8902.74元,后者为前者的99.33%。2015年贵州省人均财政收入为3420元,贵州武陵山片区财政收入为1511元,后者为前者的44.18%。贵州省人均财政支出为8962.90元,贵州片区人均财政支出为8902.74元,后者为前者的99.33%(见表6-11)。

表6-11　　　　2003—2016年人均一般预算财政收支　　　　单位:元

| 年份 | 人均财政收入 | | | 人均财政支出 | | |
| --- | --- | --- | --- | --- | --- | --- |
| | ①贵州省 | ②贵州片区 | ②/①(%) | ①贵州省 | ②贵州片区 | ②/①(%) |
| 2003年 | 323 | 145 | 44.89 | 862.37 | 501.39 | 58.43 |
| 2008年 | 866 | 299 | 34.53 | 2597.56 | 2132.18 | 82.03 |
| 2009年 | 1018 | 366 | 35.95 | 3321.52 | 2547.31 | 76.69 |
| 2010年 | 1730 | 521 | 30.12 | 3915.42 | 3445.67 | 88.00 |
| 2011年 | 1824 | 790 | 43.31 | 5295.16 | 4810 | 90.8 |
| 2012年 | 2386 | 1046 | 43.84 | 6478.2 | 5947.69 | 91.81 |
| 2013年 | 2813 | 1154 | 41.04 | 7228.51 | 6675.90 | 92.36 |
| 2014年 | 3159 | 1346 | 42.61 | 8188.96 | 7443.70 | 90.90 |
| 2015年 | 3420 | 1511 | 44.18 | 8962.90 | 8902.74 | 99.33 |
| 2016年 | 3758 | 1733 | 46.11 | 9643.23 | 9174.3 | 95.13 |

资料来源:根据各县2004—2017年《统计年鉴》公布的财政收支数和户籍人口数计算。2012—2015年为地方一般预算财政收入。

贵州武陵山片区人均财政收入占全省的比重变化不大，在30—40个百分点之间波动。值得注意的是，人均财政支出方面，贵州片区占全省的比重在迅速上升，绝对量上升了40个百分点。这表明，县级地方财政面临了更大的支付压力。

### 三 农村人均纯收入

2003年贵州武陵山片区农村人均纯收入1577元，贵州省为1565元，后者低于前者12元。2004年贵州片区农村人均纯收入1577元，贵州省为1565元，绝对差为147元。2005年贵州片区农村人均纯收入2178元，贵州省为2809元，绝对差为91元。2008年贵州片区农村人均纯收入2650元，贵州省为2797元，绝对差为147元。2009年贵州片区农村人均纯收入3005元，贵州省为2946元，绝对差为147元。2010年贵州片区农村人均纯收入3472元，贵州省为3447元，绝对差为25元。2011年贵州片区农村人均纯收入4156元，贵州省为4145元，绝对差为-11元。2012年贵州片区农村人均纯收入4881元，贵州省为4753元，绝对差为-128元。2013年贵州片区农村人均纯收入5616元，贵州省为5434元，绝对差为-182元。2014年贵州片区农村人均纯收入6867元，贵州省为6671元，绝对差为-196元。2015年贵州片区农村人均纯收入7629元，贵州省为7387元，绝对差为-242元。2016年贵州片区农村人均纯收入8374元，贵州省为8089元，绝对差为-285元（见表6-12）。

表6-12　　　　　2003—2016年农村人均纯收入　　　　　单位：元

| 年份 | ①贵州省 | ②贵州武陵山片区 | ①-② |
| --- | --- | --- | --- |
| 2003年 | 1565 | 1577 | -12 |
| 2008年 | 2797 | 2650 | 147 |
| 2009年 | 3005 | 2946 | 59 |
| 2010年 | 3472 | 3447 | 25 |
| 2011年 | 4145 | 4156 | -11 |
| 2012年 | 4753 | 4881 | -128 |
| 2013年 | 5434 | 5616 | -182 |
| 2014年 | 6671 | 6867 | -196 |
| 2015年 | 7387 | 7629 | -242 |

续表

| 年份 | ①贵州省 | ②贵州武陵山片区 | ①-② |
|---|---|---|---|
| 2016 年 | 8089 | 8374 | -285 |

资料来源：《贵州统计年鉴》（2004—2017）。

表 6-12 表明，贵州片区的农村人均纯收入与贵州省农村人均纯收入差别不大，在统计的年份中，除了 2008 年、2009 年、2010 年外，其他年份片区的农村人均纯收入超过了全省农村人均纯收入。这表明，片区农村经济发展势头良好，农村居民生活水平稳步提高。

2003 年，贵州片区农村人均纯收入超过全省平均水平的县区有凤冈县（1727 元）、湄潭县（2207 元）、余庆县（2336 元）、玉屏县（1909 元）、碧江区（1950 元）。2008 年，贵州片区农村人均纯收入超过全省平均水平的县区有凤冈县（2857 元）、湄潭县（3638）、余庆县（4100 元）、玉屏县（3283 元）、碧江区（3348 元）。2009 年，贵州片区农村人均纯收入超过全省平均水平的县区有凤冈县（3176 元）、湄潭县（4048）、余庆县（4430 元）、玉屏县（3602 元）、碧江区（3750 元）。2010 年，贵州片区农村人均纯收入超过全省平均水平的县区有湄潭县（4578）、余庆县（5012 元）、玉屏县（4254 元）、碧江区（3750 元）。2011 年，贵州片区农村人均纯收入超过全省平均水平（4145 元）的县区有凤冈县（4447 元）、湄潭县（5841 元）、余庆县（5268 元）、玉屏县（5216 元）、碧江区（5339 元）。2012 年，贵州片区农村人均纯收入超过全省平均水平（4753 元）的县区有凤冈县（5211 元）、湄潭县（6816 元）、余庆县（6147 元）、玉屏县（6092 元）、碧江区（6310 元）。

2013 年，贵州片区农村人均纯收入超过全省平均水平（5434 元）的县区有凤冈县（5873 元）、湄潭县（7654 元）、余庆县（6931 元）、玉屏县（6982 元）、碧江区（7301 元）。2014 年，贵州片区农村人均纯收入超过全省平均水平（6671 元）的县区有凤冈县（7711 元）、湄潭县（9144 元）、余庆县（8061 元）、玉屏县（7921 元）、碧江区（9144 元）。2015 年，贵州片区农村人均纯收入超过全省平均水平（7387 元）的县区有凤冈县（8498 元）、湄潭县（10113 元）、余庆县（8883 元）、玉屏县（8709 元）、碧江区（9410 元）。在贵州武陵山片区 16 县区中，除了上面的 5 县区，其他的县区的农村人均纯收入低于全省农村人均纯收入，这说明片区内部存在发展不平衡、差距突出等问题。

## 四 城镇化率

2003年贵州片区城镇化率为16.15%，贵州省为24.77%，片区落后省平均8.62个百分点。2007年贵州片区城镇化率为31.15%，贵州省为40.45%，片区落后省平均9.30个百分点。2008年贵州片区城镇化率为33.11%，贵州省为42.15%，片区落后省平均9.98个百分点。2012年贵州片区城镇化率为36.37%，贵州省为46.65%，片区落后省平均9.04个百分点。2013年贵州片区城镇化率为37.79%，贵州省为47.96%，片区落后省平均10.17个百分点。2014年贵州片区城镇化率为38.9%，贵州省为49.28%，片区落后省平均10.38个百分点。2015年贵州片区城镇化率为40.38%，贵州省为52.63%，片区落后省平均12.25个百分点（图6-4）。

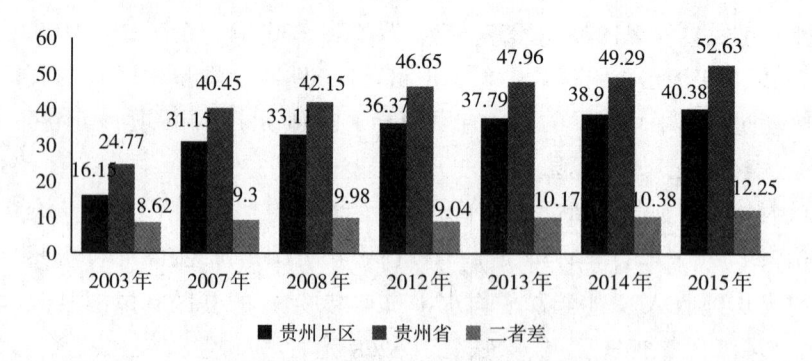

**图6-4 2003—2015年贵州片区和贵州省城镇化率**（单位:%）

资料来源：贵州片区的城镇化率根据城镇人口与常住人口计算，贵州省的城镇化率根据贵州相关年份的国民经济和社会发展统计公报整理。

图6-4表明，在我国城镇化稳步推进过程中，贵州武陵山片区城镇化建设取得了很大的进步，城镇化率有所提高，但提高的幅度比较小，12年间提高幅度仅15.78个百分点。另外，贵州武陵山片区城镇化的速度远慢于贵州省城镇化的速度，二者的差距由8.62%上升到12.25%。

# 第七章

# 武陵山片区城乡居民基本养老保险筹资模式分析

## 第一节 社会养老保险筹资模式的类型

### 一 现收现付制

现收现付制通过受益基准制方式实现,根据当期养老金给付需求确定筹资规模,根据预先确定的工资替代率来厘定统一的缴费率,保证精算期内养老金制度的收支平衡。由于退休人员的工资由参保人员的养老保险缴费支付,因此,必须按照养老金缴费收入等于养老金支出的原则融资。假定缴费率用 $\theta$ 表示,平均工资用 $\overline{W}$ 表示,退休职工的平均养老金用 $\overline{R}$ 表示。全部在职职工的人数用 $\theta \overline{W} \sum_{t=a}^{\beta-1} \overline{A}$ 表示,退休职工人数用表示 $\sum_{t=a}^{w-1} \overline{A_t}$。

现收现付融资模式的财务平衡的基本条件为:

$$\theta \overline{W} \sum_{t=a}^{\beta-1} \overline{A} = \overline{R} \sum_{t=a}^{w-1} \overline{A_t}$$

该筹资模式最大的优点具有代际收入分配功能,体现了代际间的互助精神。给予每一代人一个等于人口增长率的隐性收益率,如果现收现付制的隐性收益率接近实际工资增长率,则该制度是有效的。特别是把实际工资率和市场利率作为一个外生变量对待时,现收现付制度在福利效应上能进行帕累托改进。由于现收现付制实行以支定收的财务平衡原则,当年提取当年支付,使得该模式下的养老保险制度可以规避通货膨胀带来的基金贬值风险。同时,该筹资模式不需要过多的个人信息,管理成本相对低。因此,在一个经济发展良好、人口相对年轻的社会,现收现付制度是有效的，它是各国社会养老保险传统的筹资模式。现收现付制天生的弱点在于以社会理性代替经济理性，当出现经济剧烈波动或人口老龄化情况时，就会出现支付危机，从而影响经济社会的整体发展。

## 二 完全积累制

完全积累制着眼于远期纵向平衡，其实质是个人一生中的跨时性收入再分配制度。要求劳动者在一个相当长的计划期内，采取由用人单位与劳动者个人共同交纳保险费，形成积累基金，其产权属于个人。劳动者个人退休后领取的待遇取决于所交的保险费以及基金投资收益。在这种融资模式下，劳动者的退休金由自己工作时期进行积累。缴费率用 $\phi$ 表示，$W1$ 表示起始工资，工资增长率用 $p$ 表示。由于随时间的推移劳动者的工资率会提高，参保交费额度以 $1+p$ 的速度增加。利息率用 $r$ 表示，劳动者第一年的交费额为 $W1$，劳动者在第一年筹资额为 $W_1$。由于在基金积累模式下，养老保险金用于多种渠道的投资，设利率为 $r$，则养老基金的积累以每年 $1+r$ 的速度增长。

劳动者退休时，个人养老基金积累为：

$$W1[(1+r)^n + (1+p)(1+r)^{n-1} + (1+p)^2(1+r)^{n-2} + \cdots (1-p)n-1(1+r)]$$

完全积累模式下，基金支付总值应等于基金积累总值。以 $S$ 表示养老金制度的替代率，退休起始年份到 $m$ 年退休期间的养老金现值为：

$$SW1(1+p)^{N-1}[1+(1+p)/(1+r)+\cdots(1+p)^{m-1}/(1+r)^{m-1}]$$

由于基本积累规模=退休支付现值，则有：

$$W1[(1+r)^n + (1+p)(1+r)^{n-1} + (1+p)^2(1+r)^{n-2} + \cdots (1+p)^{n-1}(1+r)] = SW1(1+p)^{n-1}[1++(1+p)/(1+r)+\cdots(1+p)^{m-1}/(1+r)^{m-1}]$$

则有：

$$\phi = S\left[1 - \left(\frac{1+p}{1+r}\right)^m\right] / \left[\left(\frac{1+r}{1+p}\right)^n - 1\right]$$

这种模式下，个人缴费与受益直接挂钩，个人账户产权归参保者所有，由此导致了该模式具有很强的激励效应。由于完全积累制度下积累了巨额的社会养老保险基金，可以用于资本市场进行投资运营，形成社会养老保险制度与资本市场投资良性互动的局面。同时，完全积累制养老保险的缴费率比较稳定，受人口年龄结构影响小。完全积累制三个不足，一是该制度下养老保险基金的投资收益率要大于通货膨胀率或工资增长率,否则会引起参保者长期交纳的养老保险基金的贬值风险。二是完全积累制下建立个人账户个人信息获取成本过大,管理成本较高。三是完全积累制下的社会养老保险制度不具备代际之间收入分配功能,不利于缓和贫富差距。

### 三 部分积累制

部分积累制是现收现付制和完全积累制的结合,它是在维持现收现付制框架基础上引进个人账户储存基金制的形式。其中,社会统筹部分属于现收现付制,个人账户部分属于基金积累制。[①] 在这种筹资模式下,劳动者在工作期间缴纳的养老保险费,既不像现收现付制下完全支付同代退休人员的养老金,也不像完全积累制下完全用于自己的养老支出,而是分成两部分:一部分用于个人账户积累以备未来退休所需,另一部分用于当期的老年人的养老金支付。未来自己获得的养老金,一部分来源于自己积累的个人养老金账户,另一部分来源于同期年轻人的交纳。如果用 $\tau$ 表示社会统筹部分的缴费比例,$\mu$ 表示个人账户的缴费比例,可得到以下公式:

$$C_t = S_{t-1}(1+r_t) + RR_t W_{t-1} + \mu W_{t+1}(1+r_t)$$

其中,$r_t$ 为 $t$ 期投资回报率,$RR_t$ 为 $t$ 期社会统筹的养老金替代率,在 $t$ 期就业者进入退休后,他的消费 $C_t$ 将等于社会统筹的养老金给付 $RR_t W_{t-1}$,加上私人储藏的回报 $[S_{t-1}(1+r_t)]$ 以及个人账户积累资金的投资回报 $[\mu W_{t-1}(1+r_t)]$。对于整个社会来讲,强制性的公共养老部分的收支均衡还是由下式公式决定:

$$\tau W_{t-1} N_t = RR_t W_{t-1} N_{t-1}$$

在劳动生产率及实际工资不变的情况下,则有:

$$\tau = RR_{t/(1+n)}$$

由此可见,如果出现将来就业人口比重大幅下降时,为了维持社会统筹账户的均衡,要么保持替代率 $RR_t$ 不变,但社会统筹缴纳比例 $\tau$ 大幅提高,要么保持社会统筹缴纳比例不变,但替代率大幅下降。当然在部分积累制中,筹资的来源并不单一,该部分的变动可以由其他部分的变动来进

---

① 魏丽:《基于一般均衡模型对我国农村社会养老保险筹资模式的研究——以宁夏农村为例》,《湖南师范大学自然科学学报》2014年第2期。

行补偿。应当看到，部分积累制度的筹资模式综合了前两种模式的优点，既有收入再分配功能，又能很好地克服人口老龄化带来的支付危机。每一个在职劳动者的社会养老保险资金的筹资中，一部分满足当前的需要，另一部进行积累以用于满足未来开支的需要。部分积累制度下，个人缴费部分记入个人账户，实行完全积累，具有激励作用。社会统筹部分用于支付当期退休的一代，具有代际收入转移的功能。这种制度设计很好地体现了激励与监督并举，综合了完全积累制度和现收现付制的长处，防止和克服了它们的弱点和可能出现的问题，部分积累制的缺点在于操作难度较大，基金的测算和管理难度也较高。

表 7-1    三种类型社会养老保险筹资模式比较

| 基金模式 | 优点 | 缺点 |
| --- | --- | --- |
| 现收现付制 | 互济功能较强；横向平衡；无基金贬值风险；简单易行 | 人口老龄化高峰难以度过；缴费率需要经常变动 |
| 完全积累制 | 建立个人账户，可实现长期平衡；激励机制较强；不会发生支付危机；可以积累起大笔资金用于投资 | 互济功能较弱；基金有贬值风险；时间跨度长，基金的投资和管理专业性强 |
| 部分积累制 | 互济功能较强；既有横向平衡，又有纵向平衡 | 受利率和工资增长率影响较大；基金的测算和管理难度较高 |

## 第二节　社会养老保险筹资模式的经济影响分析

### 一　筹资模式与帕累托效率

不同筹资模式的选择不仅决定于资金方式本身的特点，更重要的是，不同的筹资方式所带来的社会经济影响不同。1966 年，艾伦（H. J. Aaron）指出在人口增长率与实际工资率之和大于市场利率的情况下，现收现付制能够在代际间进行帕累托有效配置。他在肯定现收现付制时，认为完全积累制会带来使上、下两代的生命效应都要减少的跨时代配置。由此引发了对于现收现付制和基金制这两种融资形式福利效率的一场旷日持久的讨论。由于艾伦是基于把实际工资增长率和市场利率都作为一个外生变量来对待的，因此他所讨论的经济被称为一个小型的开放经济，而现收现付制赖以达到帕累托有效的外生前提被称为"艾伦"条件。

即使在一个工资增长率和市场利率都是内生的封闭经济中，一个现收现付制的养老金计划仍能存在帕累托有效配置，这在1975年由萨缪尔逊证明。现收现付制在福利效应上能够进行帕累托改进的可能性，就从艾伦的小型开放经济中推广到了封闭经济中。法穆拉和施普雷曼（Famula and Spreemann，1980）以及施普雷曼（1984）指出，如果时间是无限的，在自由变化下的缴费率下，除非人口增长率和实际工资增长率之和永远小于市场利率，否则，现收现付制就总能够在代际间进行帕累托有效配置。而对基金制度来说，当将来存在某个时期，"艾伦"条件都得不到满足，它才会是帕累托有效的。否则，不管"艾伦"条件得没得到满足，基金制一般不会达到帕累托有效的改进。沃贝格（Homburg，1988）指出，在任何有限的时间内，基金制都是有效的；赛德尔（Seidl，1988）比较 $(1+r)$ 和 $(1+h)(1+g)$ 时，（$r$ 为利率，$h$ 为工资增长率，$g$ 为人口增长率）认为，当 $(1+r)<(1+h)(1+g)$ 时，现收现付制比基金制有为有利；当 $(1+r)>(1+h)(1+g)$ 时，基金制尤为重要。格林（1988）强调，现收现付制筹资必须是次优的，因为它降低了人们通过提高私人储蓄对于低出生率做出反应的能力。

显而易见，假定其他条件不变，现收现付制和基金制在代际再分配的福利效应上的差别是相反的。现收现付制是利用下一代的福利相对于基金制而言减少上一代人的福利，只是他们还能继续得到下一代的补偿，即由于代代延续的无限性而使每个特定的一代都没有蒙受福利损失。而基金制则是相对于现收现付制而言的上一代人福利的减少来保证下一代人福利不受损失，因此，基金制在代际间是没有再分配作用的。同时一个完全的基金制，由于其中每一个受益者的养老金都要按照他个人账户上的缴费记录以及投资回报，根据精算或边际公平的原则领取的，所以即使对代内再分配而言也是中性的。总之，一个完全的基金制的养老计划无论是对代际还是对于代内而言，都不具备再分配的功能。但一个现收现付制的养老金计划则不管对于代际还是代内都具有再分配的功能，它始终不是再分配中性的。

## 二　筹资模式与储蓄效应

### (一) 现收现付制引致的储蓄效应

哈佛大学教授马丁·费尔德斯坦（Matin Feldstein, 1974）通过生命周期模型对现收现付制的运行机制进行实证分析，得出了现收现付制的"挤出效应"的结论。"挤出效应"具体表现为"资产替代效应"和"引致退休"效应。由于人们可以从公共养老金计划中获得养老金收益，就可能减少为退休期消费而在工作时期积累财产的需要，称为"挤出储蓄"的力量，其效应被称为"资产替代效应"。社会保障具有资产替代效应，就是无论什么样的社会保障制度，只要它的目的是对暂时或永久失去劳动能力及各种原因造成生活困难的社会成员提供基本生活保障，它就有可能促使人们减少为预防此类生活困难的发生，而提前进行资产积累，因而减少了私人储蓄。相对于没有受保障的人，受到制度保障的人具有更早退休的激励，而提前退休会导致预期退休时间的延长，这就需要在退休之前积累更多的储蓄。这种现象称为"引致退休效应"（Induced Retirement Effect）。居民储蓄增加或是减少，完全取决于"资产替代效应"和"引致退休"效应的力量对比。如果退休效应大于资产替代效应，居民储蓄增加；反过来，资产替代效应强于退休效应，那么居民储蓄就会减少。1974年，费尔德斯坦利用美国的时间序列数据检验美国养老金财产对储蓄的经济效应，由于公共养老体系的存在，美国私人储蓄呈明显的下降趋势。1929—1971年，美国的养老保险制度大约减少了40%的个人储蓄。① 由此，他认为现收现付制体系的社会养老保险的存在对私人储蓄具有负面作用。对于马丁·费尔德斯坦的研究结论，有学者提出了自己的看法。达拜（Darby, 1979）通过马丁·费尔德斯坦的社会保障财富变量，在扩展早期持久收入消费函数的基础上，研究了现收现付制下的公共养老体系对私人储蓄的影响，认为实际的效用要比费尔德斯坦所估计的要小。

马丁·费尔德斯坦和达拜关于公共养老计划对私人储蓄的研究结论，是不考虑经济行为人的利他主义。巴罗（Barro, 1974）构建了一个具有利他主义因素的生命周期模型，即每一代人都通过他们自己的子女与下一代人发生关系，在这种情况下，公共养老体系减少私人储蓄的结论就值得

---

① 姜伟：《我国社会养老保险对储蓄率的影响》，《金融经济》2008年第8期。

怀疑了。费尔德斯坦和巴罗（1976）利用"中性理论"指出，社会保障有可能为个人的代际转移支付所补偿，这可能会抵消一部分挤出效应；进一步地，假定不同的个人都具有相同的偏好、工作能力、禀赋、税负以及社会保障覆盖率，那么退休年龄就不会因为社会保险制度的引入而受到影响。在这种情况下，如果存在通过遗产机动机制，社会养老保险对于个人储蓄的挤出效应是零。如果储蓄只能成为一个从消费者一生一个阶段到另一个阶段收入转移的工具，则社会保障将挤出私人储蓄。① 1979 年，Kotlikoff 通过引入内生变量退休年龄，建立了一般均衡模型研究现收现付制度对储蓄的影响，并模拟了相关数值，结果表明，现收现付制会带来储蓄的大幅减少（见表 7-2）。

表 7-2　　　　　　　　　现收现付制对资本存量的影响

| 净利率 | 退休年龄 | 时间偏好率 | 资本存量的减少 |
| --- | --- | --- | --- |
|  | 42 | 0.016 | 0.213 |
| 0.05 | 45 | 0.012 | 0.19 |
|  | 50 | 0.0058 | 0.104 |
|  | 42 | 0.0232 | 0.212 |
| 0.65 | 45 | 0.0196 | 0.189 |
|  | 50 | 0.0148 | 0.102 |

参数 $D=ss. r=0.05/0.06. \theta=0.1. \gamma=n+g$，资料来源：加雷·D. 迈尔斯（2001：427）。

莱默尔和莱斯诺依（Leimer and Lesnoy，1982）在调整马丁·费尔德斯坦模型缺陷的基础上，研究现收现付对个人储蓄的效应，结果并没有统计意义的支持。结合费尔德斯坦的消费者支出函数，Leimer（1982）发现进行检测的时间序列结论并没有支持公共养老金计划大量减少私人储蓄。② 赫德（Hurd，1987）通过比较有孩子和无孩子的家庭，发现其储蓄行为存在明显的差异。戴维斯（Davis，1981）、哈伯德（1985）、哈伯德

---

① Barro Robert. J, "Are Government Bonds Net Weath" *Journal of Political Economy*, 1976 (5).

② DeanR. Leimer and Selig D. Lesnoy, "Social Security and Private Saving: New Time_ Series Evidence", *Journal of Political Economy*, 1982 (3).

和贾德（1987）以及泰斯芬特（Testafion, 1984）的相关研究还指出，挤出效应的存在和大小依赖于提供的养老金的覆盖面和个人的风险承担行为。斯雷特（Slate, 1994）的实证研究认为，社会保障计划对私人储蓄没有显著的影响。Buiter 和 Kletzer（1995）指出在开放的经济条件下，老年人的养老支付是通过向中年人征税获得的，具有代际间的再分配作用，而这种再分配政策将使本国的私人总储蓄减少。

## （二）基金积累制引致的储蓄效应

从理论上讲，当一个经济的储蓄在现收现付制不能达到某种最优状态时，引进个人积累制的养老体系将提高私人储蓄。基金积累制对储蓄效应的研究具有戏剧性的差异。有些实证研究肯定基金制有利于增长居民储蓄。世界银行（1997）通过对美国、澳大利亚、智利等国家的实证研究证明了基金积累制的公共养老金计划具有增加居民储蓄的潜力。1995 年，Davis 认为公共养老金计划属于强制性储蓄，它要求工作期内个人为自己的未来进行储蓄。假定生命周期内个人的收入和消费倾向一定，由于自愿性储蓄和强制性储蓄可以相互替代，基金制也可能减少个人的自愿储蓄。因此，它对个人生命期储蓄的总体影响，取决于强制储蓄和自愿储蓄之间边际替代率的大小。Davis 运用生命周期模型分析了 12 个 OECD 国家、智利和新加坡的养老金基金，并没有发现养老金和自愿储蓄之间存在规律性的联系，因此他得出结论，认为基金制养老保险对个人储蓄的影响要视每个国家的具体情况而定。Venti 和 Wise（1983）估计年金对储蓄有正的效应，而芒耐尔（Munnell, 1976）等研究却发现年金和储蓄之间存在着很大的抵消。狄克斯-米罗和金（Dicks-Mireaux and King, 1984）以及埃里弗里（Avery, 1986）研究也发现了同样的结果。而贝尔南和肖尔茨（Scholz, 1993）却发现年金和储蓄之间不相关或负相关。文蒂和怀斯（Venti and Wise, 1995）估计年金对储蓄有正的效应，萨姆瑞克（Samwick, 1994）发现年金对储蓄有很少的负的抵消。

肯尼克尔和苏顿（Kennick and Sunden, 1997）利用消费者财务调查的数据，认为规定受益的职业年金计划对非养老金的储蓄有负的效果，而规定缴费型的职业年金计划对非养老储蓄的影响效果是微不足道的，同样对非养老金的储蓄没有多大影响。Samwick（2000）研究发现，基金模式取代现收现付制有可以导致储蓄增加，特别是在转制赤字通过税收筹资时，低税率将导致福利增加和高储蓄。其他效应如"认可效应"或资本市场发展也可能增加储蓄，相对于发达国家来说，这些效应在发展中国家更大。① 费尔德斯坦证明了"资产效应"是存在的，Atkison（1995）对智利公共养老金的实证研究表明，智利在转向积累制后储蓄率有所下降。文蒂和怀斯（1996）认为，美国在20世纪80年代初引入的个人储蓄账户和401K计划等两个储蓄计划，增加了个人储蓄。

### 三 筹资模式与经济增长

社会养老保险制度安排对经济增长的影响有两种研究思路：一种是以储蓄作为中间变量，通过考察现收现付制和基金制对储蓄的影响进而分析其对经济增长的影响。另一种思路不考虑这一变量，而基于经济增长的"黄金律"理论：如果经济是稳定增长的，那么其增长路径与储蓄有关。戴蒙德（1965）认为，利用传统的索罗（Solow，1965）和弗尔普斯（Phelps，1975）的新古典增长模型，债务政策可以用来获得"黄金律"增长。萨缪尔逊（1975）、瓦·普拉克和珀特（van Prag and Poeth，1975）又指出，充分检验公共养老保险也可以获得这一结果。

Sheng Cheng Hu（1970）利用新古典生命周期增长模型，研究社会保障与经济增长的长期效应，他在该模型中引入内生退休决定和遗赠动机后发现，包括养老保险在内的社会保障与经济的增长保持一个长期的相关效应。费尔德斯坦（1975）认为，经济黄金律的增长可以通过导入现收现付制度来达到，但必须假定没有公共养老计划的情况下，或是私人养老基金过度积累。埃布尔（Able，1985）和伊克斯坦（Eckstein），艾肯鲍姆和佩莱德（1985）总结了遗产动机的有效性，提出社会保障具有模棱两可的稳态福利效应。Moffit(1984)、Aucrbach(1987)将现收现付制度引入自己创造的动态生命周期模拟模型中，通过实证研究发现，积累制取代现收付制总体上经济效应是正面的。费尔德斯坦于1995年对现收现付制的研究又更深了一步，详细分析了现收现付制的弊端。费尔德斯坦认为社会保障税所征集的收入，完全用于当期支出，回报率远远低于积累制的养老保险。随着老龄化人口的增加，社会保障税率不断提高为应对支出的增长，这样导致了劳动供给的严重扭曲。现收现付制的挤出私人资本就像国债一样，

---

① Samwick AndrewA. Is Pension Rrform Conducive to Higher Saving World Bank Working Paper, 1999.

公共养老金计划的筹资模式须转变为有利于增加储蓄的积累制度。雷默尔和理查森（Leimer and Richard，1992）的实证研究结论认为，社会保障减少会导致私人储蓄的增加，但这同时会使消费者遭受很大的福利损失。

Isaac Ehrilch（1991）指出现收现付制度对经济具有负面影响，因为它扭曲了家庭对人口生育率、人力资本投资和储蓄的选择。Liu 和 Ehrilch（1991）认为当人口生育率不断上升，个人在年轻时的投资回报率低于人口增长率时，引入现收现付制是对竞争性均衡的帕累托改进。但在生育率不断下降的社会中，现收现付制对经济是有负面影响的。且在不同的发展阶段，现收现付制的影响是不同的。在经济发展初期，主要对人口生育率产生负面影响；在经济发展的高级阶段，主要对人力资本积累和经济增长产生负面影响。Peter Broer（2001）以荷兰为例，分析了人口老龄化对福利分配及经济增长的影响，发现现收现付制的养老金阻碍了效率的提高。Diamond 和 Valdes-Prieto（1994）的研究表明，相对于带有明显税收因素的现收现付制，积累制的内部税收因素出现了明显的减少，减轻了就业者的税负，有利于改善劳动力的供给。

Cox-Edwards（1992）通过对智利的实证研究，认为智利由现收现付制度过渡到积累制的养老金改革明显减少了对劳动的课税，提高了就业率。Kemnitz 和 Wigger（2000）在一个两期的 OLG 模型中假设个体是部分利他主义者，父辈可以从后代的人力资本中得到效用，因此父辈会有增加对其子女人力资本投资的激励。所以，现收现付制能够体现人力资本积累在两代人之间的正向溢出效应，刺激各代人为提高下一代的生产能力而积累更多的自身人力资本，这样整个经济就能依靠不断增加的人力资本和持续提高的生产能力而获得较高的经济增长率。他们的研究表明，引入现收现付制的养老保险制度后，经济系统能够达到帕累托最优状态。而且在现收现付制体系下，当经济系统达到均衡状态时，用于人力资本投资的教育投入大于不存在养老保险制度时的人力资本投入，这种通过提高人力资本投资来刺激有效劳动供给的制度，无疑也给经济增长提供了不可缺少的动力。

Chrisinphe Hachon（2010）利用世代交叠模型，认为积累制下的公共养老金计划能促进经济增长，养老基金积累越多经济增长的速度越快。TunHuyse、Freddy Heylen（2013）利用养老金改革中三代人的工作时间、年轻人的教育、老年职工的退休决定对四阶段 OLG 模型中总经济增长的影响，认为养老金的筹集与发放对就业和经济增长具有正面影响。

## 第三节 武陵山片区城乡居民基本养老保险筹资模式选择

### 一 现付现收制不适应未来人口结构变化

根据经典理论，社会养老保险筹资模式的选择取决于一国的人口结构、保障范围以及支付标准。在人口年龄结构年轻、保障范围较窄、支付标准较低的情况下，现收现付的养老金计划能够在代际间进行帕累托有效的配置（H. J. Aaron, 1966）。现收现付制对在财务上的要求短期纵向平衡，当期工作的一代的缴费完全用于当期退休人员的养老金。$r$ 代表工作一代的缴费率，$W$ 表示工资水平，$N$ 为正在工作的一代，$O$ 表示同期退休人数，$P$ 为当期老人的养老金。则有财务平衡公式：$NW=PO$，由于 $N/O$ 为赡养率（用 $R$ 表示），$P/W$ 为养老金替代率（$T$ 表示），故有缴费率 $r=RT$。表述式表明，如果赡养率上升，现收现付财务保持平衡的条件便是提高缴费率或下调替代率。否则，一旦经济发生衰退，或是当人口结构发生剧烈变化，特别是人口老龄化时，就会出现支付危机。我国的人口结构在实行计划生育38年以来，呈现出五大明显的特征。

#### （一）老年赡养率稳定提高

1982—1991年，我国老年人口抚养比为8%—9%。其中，1982年为8%，1987年、1990年两年均为8.3%，1991年为9%；1992—2006年，我国老年人口抚养比为9%—11%。其中，1992—2000年分别为9.3%、9.2%、9.5%、9.2%、9.5%、9.7%、9.9%、10.2%、9.9%。2001—2006年分别为10.1%、10.4%、10.7%、10.7%、10.7%、11%；2006—2015年，我国老年人口抚养比为11%—15%。其中，2007—2010年分别为11.1%、11.3%、11.6%、11.9%。2011年、2012年分别为12.3%、12.7%。2013—2016年分别为13.1%、13.7%、14.2%、15%。从图7-1可以看出，我国老年人口赡养率由1982年的8%上升到2014年的14.2%，上升了6.2个百分点。

#### （二）老年人口数量庞大，65岁以上人口数量增加很快

杜鹏在《中国人口老龄化过程研究》一书中，对我国1990—2050年

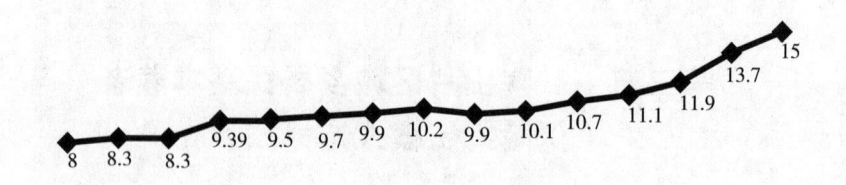

图中数据点：8　8.3　8.3　9.39　9.5　9.7　9.9　10.2　9.9　10.1　10.7　11.1　11.9　13.7　15

横轴：1982年　1987年　1990年　1992年　1996年　1997年　1998年　1999年　2000年　2001年　2004年　2007年　2010年　2014年　2016年

**图 7-1　1982—2016 年我国老年人口赡养率的变化**（单位:%）

资料来源：根据 1983—2016 年《中国统计年鉴》整理。

老龄化发展趋势进行了研究，结果表明：我国 60 岁人口数 1990 年为 9720 万人，2000 年为 12830 万人，2010 年为 16480 万人，2020 年为 23060 万人，2030 年为 33540 万人，2040 年为 38360 万人，2050 年为 41190 万人。60 岁以上人口比重由 8.6% 上升到 27.4%；我国 65 岁人口数 1990 年为 6310 万人，比重为 5.6%。2000 年为 8740 万人，比重为 6.7%。2010 年为 10790 万人，比重为 7.7%。2020 年为 16080 万人，比重为 10.9%。2030 年为 22390 万人，比重为 14.6%。2040 年为 29890 万人，比重为 19.6%。2050 年为 30680 万人，比重为 20.4%。[①] 国务委员、全国老龄工作委员会主任王勇指出，截至 2014 年年底，我国 60 岁以上老年人口已经达到 2.12 亿人，占总人口的 15.5%。根据国家统计局的统计，我国 65 岁以上人口 1999 年为 8679 万人，比重为 6.9%。2005 年突破 1 亿人，达到 1.0055 亿人，比重为 8.9%，高出杜鹏（1994 年）预测的 7.7%。

从现实情况来看，2009 年我国 65 岁以上人口总量突破 1.1 亿人，达到 1.1307 亿人，比重为 8.5%。2011 年我国 65 岁以上人口总量突破 1.2 亿人，达到 1.2288 亿人，比重为 9.1%。2013 年我国 65 岁以上人口总量突破 1.3 亿人，达到 1.3161 亿人，比重为 9.7%。2014 年我国 65 岁以上人口比重达到 10.1%。2016 年我国 65 岁以上人口比例达到了 10.8%（表 7-3）。

---

① 杜鹏：《中国人口老龄化过程研究》，中国人民大学出版社 1994 年版，第 50 页。

表 7-3　　　1982—2016 年我国 65 岁以上人口数及比重　　单位：万人；%

| 年份 | 总数 | 比重 | 年份 | 总数 | 比重 |
| --- | --- | --- | --- | --- | --- |
| 1982 | 4991 | 4.91 | 2005 | 10055 | 7.7 |
| 1987 | 5968 | 5.46 | 2006 | 10419 | 7.9 |
| 1990 | 6368 | 5.57 | 2007 | 10636 | 8.1 |
| 1991 | 6938 | 5.99 | 2008 | 10956 | 8.3 |
| 1995 | 7510 | 6.2 | 2009 | 11307 | 8.5 |
| 1996 | 7833 | 6.4 | 2010 | 11894 | 8.9 |
| 1999 | 8679 | 6.9 | 2011 | 12288 | 9.1 |
| 2000 | 8821 | 7 | 2012 | 12714 | 9.4 |
| 2001 | 9062 | 7.1 | 2013 | 13161 | 9.7 |
| 2002 | 9377 | 7.3 | 2014 | 13755 | 10.1 |
| 2003 | 9692 | 7.5 | 2015 | 14386 | 10.5 |
| 2004 | 9857 | 7.6 | 2016 | 15003 | 10.8 |

资料来源：根据 2000—2017 年的《中国统计年鉴》整理。

**（三）未富先老，老龄化加速化**

据联合国预测，到 2020 年我国 65 岁以上老龄人口将达 1.67 亿人。从速度来看，我国人口老龄化的速度大大高于欧美等国，也快于日本。我国老龄人口的比重从 4.91% 上升到 6.96% 花了 18 年的时间，日本老龄人口的比重从 4.79% 上升到 7.06% 花了 20 年的时间，瑞典老龄人口的比重从 5.2% 上升到 8.4% 花了 40 年的时间。根据美国人口普查局的统计和预测，65 岁老龄人口的比重从 7% 到 14% 所经历的时间，法国为 115 年，瑞典为 85 年，美国为 68 年，英国为 45 年，日本为 26 年，我国大约只要 27 年。

与世界其他已经进入老龄化的国家相比，我国进入老龄化社会时，经济发展水平是最低的。发达国家社会进入老龄化时，人均 GDP 一般在 5000 美元以上，有的甚至达到 8000 美元，具备一定的经济实力，有能力解决老龄化带来的一些社会问题。相比之下，2000 年，我国进入老龄化时的人均 GDP 按当年价为 860 美元左右，2003 年我国人均 GDP 仅为 1000 多美元，与发达国家的差距很大。我国经济发展水平尚处于世界中下水平时，老龄化程度却已进入了发达国家的行列，呈现了"未富先老"的特征。

**（四）老龄化出现"城乡倒置"现象**

伴随着我国工业化和城镇化进程加速推进，老龄化"城乡倒置"已成了不争的事实（农村人口老龄化高于城镇人口）。杜鹏、王武林（2010），杜吉国、侯建明（2012）等学者认为我国老龄化"城乡倒置"在理论上基本达成了共识。杜鹏、王武林（2010）等认为我国人口老龄化"城乡倒置"特征将在较长时间内存在，将持续20年以上。陈光慧等（2014）选择非参数自回归模型对我国人口老龄化趋势进行预测，通过实证分析得出了"城乡倒置"的具体时间[①]（见图7-2）。

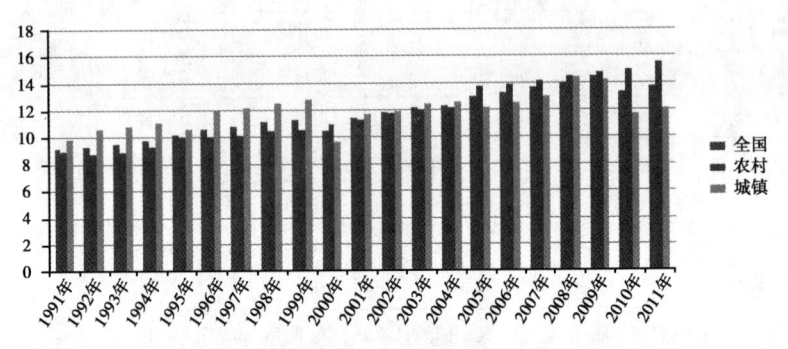

图7-2 我国60岁以上人口比率（单位:%）

总体上，我国60岁以上人口比率在稳定上升。1991—2011年，全国60岁以上人口比率由9.1%上升到13.73%，城镇60岁以上人口比率由9.82%上升到12.05%，农村60岁以上人口比率由8.99%上升到15.53%。在2004年以前，城镇老龄化程度均超过全国平均水平和农村。2004年，农村老龄化程度超过全国水平，2005年开始，农村的人口老龄化程度和速度都明显超过全国平均水平和城镇。

（五）武陵山片区人口老龄化程度更严重

武陵山片区71个县分属贵州、重庆、湖北、湖南等四省。4省老年人口抚养比高，城镇化率偏低，是劳动力输出大省。根据国家统计局公布的统计数据，贵州、重庆、湖北、湖南等四省的老年人口抚养比普遍高于全国水平。其中，重庆市的老年人口抚养比最高，2016年达到19.79%，高于全国平均水平4.8多个百分点。由于71个县在所属省内社会经济发展处于落后状态，年轻农民流出现象更突出，片区不少村中只剩下留守老人和儿童，甚至不少农村出现了空心村。大量农村年轻人口向城市迁移，

---

① 陈光慧、蔡远飞、李凤：《我国人口老龄化趋势预测与结构分析——基于非参数自回归模型》，《西北人口》2014年第4期。

## 第七章 武陵山片区城乡居民基本养老保险筹资模式分析

致使武陵山片区的老龄化程度更深速度更快。

◆ 全国　■ 湖北　▲ 贵州　※ 湖南　＊ 重庆

｜＊17.4　＊18.3　＊18.6　＊20　＊18.7　＊19.79
｜×14.6　×15.8　×14.9　×15.4　×16　×17.01
｜▲13.6　▲13.5　▲12.5　▲13.4　▲13.9　▲14.13
｜■13.4　■14.3　■13.2　■13.9　■15.3　■15.85
｜◆12.3　◆12.7　◆13.1　◆13.7　◆14.2　◆14.2

2011年　2012年　2013年　2014年　2015年　2016年

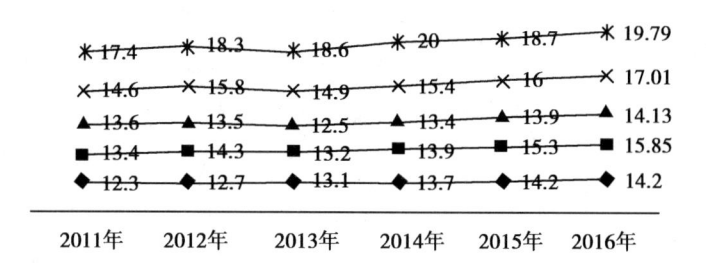

图7-3　2011—2016年全国以及贵州等四省老年人口抚养比（单位:%）

除了老年人口年抚养比能说明武陵山片区的人口年龄化的严峻性外，还可以通过户籍人口与常住人口的变动进行说明。一般来说，如果一个地区的户籍人口在增加，常住人口在减少，说明该地区人口以流出为主。反之，以流入为主。以重庆片区为例。2003—2015年，该片区户籍人口由416.11万人增加到455.06万人，常住人口由351.67万人减少到334.5万人（见表7-4）。将户籍人口与常住人口增减的情况结合第四章的内容，我们发现，农村居民人均纯收入越低的县区，常住人口减少的数量越多、速度也越快，户籍人口与常住人口的相对差距也越大。也就是说，社会经济发展越慢的地区，人口净流出越大，而流出的人口结构中，以中青年为主。

表7-4　2003—2015年武陵山重庆片区的7县区户籍人口、常住人口

单位：万人

| 年份 | 黔江区 | | 丰都县 | | 武隆县 | | 石柱县 | | 秀山县 | | 酉阳县 | | 彭水县 | |
|---|---|---|---|---|---|---|---|---|---|---|---|---|---|---|
| | 户籍人口 | 常住人口 | 户籍人口 | 常住人口 | 户籍人口 | 常住人口 | 户籍人口 | 常住人口 | 户籍人口 | 常住人口 | 户籍人口 | 常住人口 | 户籍人口 | 常住人口 |
| 2003 | 50.44 | 43.53 | 77.78 | 65.1 | 39.7 | 35.15 | 51.23 | 43.88 | 60.6 | 50.32 | 74.5 | 58.6 | 61.86 | 55.09 |
| 2004 | 50.24 | 43.99 | 78.67 | 64.32 | 39.84 | 34.63 | 51.45 | 43.36 | 61.19 | 50.12 | 74.99 | 57.38 | 62.1 | 54.05 |
| 2005 | 50.72 | 44.03 | 79.55 | 64.5 | 40.1 | 34.79 | 51.91 | 43.47 | 61.95 | 50.05 | 75.84 | 57.65 | 62.99 | 54.25 |
| 2006 | 51.25 | 43.89 | 80.71 | 64.3 | 40.41 | 34.71 | 52.41 | 43.34 | 63.00 | 49.96 | 77.45 | 57.52 | 64.8 | 54.09 |
| 2007 | 51.69 | 43.61 | 81.7 | 63.95 | 40.84 | 34.42 | 52.97 | 42.93 | 63.73 | 49.60 | 79.43 | 57.11 | 66.28 | 53.67 |

续表

| 年份 | 黔江区 | | 丰都县 | | 武隆县 | | 石柱县 | | 秀山县 | | 酉阳县 | | 彭水县 | |
|---|---|---|---|---|---|---|---|---|---|---|---|---|---|---|
| | 户籍人口 | 常住人口 | 户籍人口 | 常住人口 | 户籍人口 | 常住人口 | 户籍人口 | 常住人口 | 户籍人口 | 常住人口 | 户籍人口 | 常住人口 | 户籍人口 | 常住人口 |
| 2008 | 52.17 | 43.59 | 82.44 | 64.02 | 41.01 | 34.34 | 53.34 | 42.86 | 64.35 | 49.49 | 80.81 | 57.2 | 67.38 | 53.6 |
| 2009 | 52.68 | 34.86 | 82.42 | 64.17 | 41.08 | 34.53 | 53.92 | 43.11 | 64.54 | 49.77 | 81.81 | 57.23 | 68.3 | 53.85 |
| 2010 | 53.60 | 44.5 | 84.29 | 64.92 | 41.27 | 35.1 | 53.96 | 41.51 | 64.98 | 50.16 | 83.59 | 57.81 | 68.28 | 54.51 |
| 2011 | 54.13 | 44.63 | 84.21 | 63.95 | 41.32 | 34.85 | 54.45 | 41.14 | 65.06 | 49.75 | 83.94 | 57.46 | 68.54 | 54.06 |
| 2012 | 54.51 | 44.91 | 83.62 | 62.86 | 41.31 | 34.97 | 54.69 | 41.21 | 66.54 | 49.48 | 84.48 | 56.82 | 69.08 | 54.04 |
| 2013 | 54.89 | 45.31 | 83.53 | 62.03 | 41.45 | 34.94 | 54.79 | 39.91 | 65.98 | 49.18 | 84.87 | 56.38 | 69.7 | 52.51 |
| 2014 | 55.33 | 45.66 | 83.36 | 61.19 | 41.54 | 34.81 | 55.02 | 39.21 | 66.46 | 49.07 | 84.04 | 56.24 | 70.25 | 51.59 |
| 2015 | 55.05 | 46.20 | 82.90 | 59.56 | 41.43 | 34.67 | 54.66 | 38.65 | 66.21 | 49.13 | 85.00 | 55.65 | 69.81 | 50.64 |

由上面的分析不难发现，我国经济发展中的"银发浪潮"的压力比世界上任何国家都要大。在严峻的人口老龄化形势下，现收现付养老保险筹资模式存在很大的支付危机。按国际公认标准，养老金支出与工资总额支出的比例警戒线为20%。然而，据中国社会科学院的一项研究表明，现收现付制的筹资模式如果不改变的话，2020年我国养老金支出与工资总额之比将达到41.8%，世界银行的研究预测给出了更高的数据为48%。由此可见，在目前我国老年人口赡养率不断提高、人口年龄加速化等情形下，现收现付制会出现养老支付危机，还会因为沉重的养老负担激发了代际间的矛盾，不利于经济的发展和社会的稳定。

## 二 完全积累制不利于公平目标的实现

经过几十年的发展，我国经济取得了举世瞩目的成绩。经济规模不断壮大，人民生活水平、社会福利水平不断提高。据统计，1998年我国GDP为8.4万多亿元，首次突破1万亿美元。2005年，突破2万亿美元。2009年，达到5万亿美元。按年均汇率1美元=6.1428元测算，2016年我国名义GDP为10.3611万亿美元。从跨入GDP万亿美元俱乐部到成功突破10万亿美元大关，我国用时仅16年。相比之下，美国用时达31年。1978—2016年，我国人均GDP由382元增加到53980元，增长了140倍。城镇人均可支配收入由343元增加到33616元，增长了97倍。农村人均纯收入由134元增加到12363元，增长了91倍。城乡人民币储蓄存款余额由 211 亿元增加到 485261 亿元，增长了 2299 倍。除了物质生活的改善，包括教育、养老、医疗、工伤等在内的社会保障制度日益完善。然而，不容忽视的是，我国在高速发展的同时还存在着诸如地区发展不平衡、城乡收入差距悬殊等深层次矛盾。反映居民收入差距的基尼系数依然在警戒线 0.4 以上，2016 年为 0.465，比 2015 年提高了 0.003。当前我国经济正处于转型的关键时期，收入差距扩大以及就业形势严峻。包括养老保险在内的社会保障制度具有调节收入差距、熨平发展波动的功能，而完全积累的筹资模式，养老金的领取金额完全取决于个人的积累，养老金缺乏在社会成员之间的调剂，缺乏社会对低收入者最起码的保护，制度设计上失去了社会保障的收入再分配功能，也就失去了养老保险制度的公平价值目标。

### 三　完全积累制下基金保值增值困难

与现收现付制当期收支平衡不同，完全积累制度个人工作期间缴纳养老保费之后，退休之后才领取养老金，庞大规模的养老基金需要进行保值和增值。因此，完全积累养老保险制度的平稳运行，离不开发育良好的资本市场和有效的养老基金资产管理公司以及有效的监管体系。[①] 我国资本市场发展到今天，在制度建设和监管措施方面取得很大成就。但在不断的改革和发展过程中，资本市场也暴露出一些问题和缺陷。这些问题和缺陷包括上市公司重筹资、轻分红现象明显，市场波动大，市场监管存在宏观结构和微观操作问题。以 2015 年 6 月发生的股灾为例，从 6 月 15 日至 8 月 26 日共计 52 个交易日，其中有 21 个交易日指数大幅下跌或暴跌，有 17 次千股跌停，其中更有数次逾 2000 只个股跌停。

表 7-5　　　　　　　　2015 年 6 月至 2016 年 1 月股票跌停数记录

| 序号 | 大跌日期 | 跌停数量（家） | 跌幅 | 次日涨跌幅 |
|---|---|---|---|---|
| 1 | 2016/1/26 | 1067 | -6.24% |  |
| 2 | 2016/1/11 | 1298 | -5.33% | 0.20% |
| 3 | 2016/1/7 | 1332 | -7.04% | 1.91% |
| 4 | 2016/1/4 | 1316 | -6.85% | -0.26% |

---

① 张建波：《社会养老保险融资模式》，山东文艺出版社 2009 年版，第 150 页。

续表

| 序号 | 大跌日期 | 跌停数量（家） | 跌幅 | 次日涨跌幅 |
|---|---|---|---|---|
| 5 | 2015/11/27 | 299 | -5.48% | 0.26% |
| 6 | 2015/10/21 | 869 | -3.06% | 1.45% |
| 7 | 2015/9/15 | 751 | -3.52% | 4.89% |
| 8 | 2015/9/14 | 1454 | -2.67% | -3.52% |
| 9 | 2015/9/2 | 368 | -0.20% | -2.52% |
| 10 | 2015/9/1 | 075 | -1.23% | -0.20% |
| 11 | 2015/8/31 | 300 | -0.82% | -1.23% |
| 12 | 2015/8/26 | 699 | -1.27% | 5.34% |
| 13 | 2015/8/25 | 1999 | -7.23% | -1.27% |
| 14 | 2015/8/24 | 2185 | -8.49% | -7.63% |
| 15 | 2015/8/21 | 355 | -4.27% | -8.49% |
| 16 | 2015/8/18 | 1584 | -6.15% | 1.23% |
| 17 | 2015/8/3 | 457 | -1.11% | 3.69% |
| 18 | 2015/7/27 | 1811 | -8.48% | -1.68% |
| 19 | 2015/7/15 | 1273 | -3.03% | 0.46% |
| 20 | 2015/7/8 | 915 | -5.90% | 5.76% |
| 21 | 2015/7/7 | 1750 | -1.29% | -5.90% |
| 22 | 2015/7/6 | 925 | 2.41% | -1.29% |
| 23 | 2015/7/3 | 1428 | -5.77% | 2.41% |
| 24 | 2015/7/2 | 1461 | -3.48% | -5.77% |
| 25 | 2015/7/1 | 872 | -5.23% | -3.48% |
| 26 | 2015/6/29 | 1512 | -3.34% | 5.53% |
| 27 | 2015/6/26 | 2025 | -7.40% | -3.34% |
| 28 | 2015/6/19 | 986 | -6.24% | 2.19% |

据统计，在2015年的股灾中，仅6月26日单日，深、沪两市总市值就蒸发了近4.9万亿元，相当于损失了三家中石油市值。在本轮股灾的第一个急跌期（6月15日至7月8日）中，深、沪两市共蒸发市值约19.45万亿元，约为我国2014年全国财政收入的1.4倍。从2015年6月12日的最高点5178.19点到2015年8月26日的2850.37点，深、沪两市市值减少了近33万亿元，相当于我国2015年GDP的一半。可见，我国资本

市场的发展离发达国家的成熟程度还有相当长的路要走,牛短熊长的股市难以为完全积累制积累起来的庞大的养老基金提供安全的投资市场。

另外,城乡居保养老基金规模在不断壮大。2010年、2011年,参加国家新型农村养老保险的人数分别为10277万人、32643万人。全年新农保基金收入分别为453亿元、1110亿元,基金累积结余分别为423亿元、1231亿元。2011年,新农保全年基金比2010年增长135.9%。2012年人社部开始将全国新农保和城居保合并统计,2012年、2013年,国家城乡居民养老保险参保人数分别为48370万人、49750万人,比上年末分别增加15187万人、1381万人。城乡居民社会养老保险基金收入分别为1829亿元、2052亿元,分别比上年增长64.8%、12.2%。基金累计结存分别为2302亿元、3006亿元。2010—2013年城乡社会养老保险个人缴费分别是255亿元、421亿元、594亿元、636亿元。到2013年年底,参加城乡居民养老保险人数49750万人,全年城乡居民养老保险收入2052亿元,比上年增长12.2%,基金累计结存3006亿元。2010年到2013年共4年时间,城乡居民基本保险基金收入由435亿元扩大到2052亿元,扩大了4.53倍。参保人数由10277万人扩大到49750万人,增加了4.84倍;年末基金积累规模由423亿元扩大到3006亿元,扩大了7.1倍。个人缴费由225亿元增加到636亿元,增加了2.83倍。2015年,我国城乡居民基本养老保险基金累计结余达到了5385.8亿元。随着我国城乡居民基本养老保险制度的推进、参保人数的增加,基金的绝对额将会非常巨大。以目前我国对养老保险基金投资的方式及水平,完全积累制是难以实现长时间巨额基金的保值增值的。另外,居民退休后领取的养老金待遇完全取决于个人账户中的积累,个人缴费和投资收益构成了积累额,领取原则更多地遵循边际公平原则。完全的基金制的养老计划无论是对代际还是对于代内而言,都不具备再分配的功能。

## 四 现收现付和部分积累筹资模式的实证分析

### (一) 两种筹资模式一般均衡模型的建立

本书利用魏丽(2014)在研究现收现付制和部分基金制时建立的一般均衡模型,对武陵山片区的城乡居保筹资模式选择进行实证分析。

现收现付制的一般均衡模型为:

$$\widehat{rep}_{pg} = \frac{T_{pg}\widehat{W_{pg}}(1+n)}{H\widehat{W}_{pg}} = T_{pg}(1+n)$$

部分积累制的一般均衡模型为

$$\widehat{rep}_{pf} = \frac{(1+\widehat{r}_{pf})T_a(1-T_s)H\widehat{w}_{pf} + T_s H\widehat{w}_{pf}(1+n)}{H\widehat{w}_{pf}} =$$

$$(1+\widehat{r}_{pf})T_a(1-T_s) + T_s(1+n)$$

$\widehat{rep}_{pg}$ 代表城乡居民基本养老保险制度替代率（退休后领取的养老金与退休前的收入之比）。两种筹资模式的均衡模型中涉及了 6 个参数。$n$ 为劳动人口增长率，$a$ 为总产量中物质所得份额，$\rho$ 为老年期效用折算到青年期时的折算率，现收现付模式下缴费率 $\tau pg$，部分基金制模式下用于个人账户的缴费率 $\tau a$，部分基金制模式下用于社会统筹的缴费率 $\tau s$。

**（二）两种筹资模式的经济变量的测算值**

在进行测算之前需要对 6 个参数进行估值，依然采用魏丽（2014 年）的方法，参数 $a$ 的估值依据 2005—2016 年武陵山片区的农村生产总值、农村固定资本投资、农业从业人员的数量等指标，数据来源于相关年份的《湖南统计年鉴》《贵州统计年鉴》《湖北统计年鉴》以及《贵州统计年鉴》。在武陵山片区农村经济中，总产量中物质所得份额 $a$ 为 0.39，有效劳动份额为 0.61。其他 5 个参数的与魏丽（2014）的估值一致。即劳动者人均人力资本 $H$ 为 1000，$\tau pg$ 为 0.19，$\tau a$ 为 0.1，$\tau s$ 为 0.1，$n$ 为 -0.14，$\rho$ 为 1.43。[①]

利用 Matlab v7.0 对其进行理论数值的测算，得出两种筹资模式下经济变量的不同值。

**表 7-6　现收现付制和部分积累制 6 个经济变量的测算值**

| 经济变量 | 部分积累制① | 现收现付制② | ①/② |
| --- | --- | --- | --- |
| 每单位有效劳动的产量 | 0.0226 | 0.0441 | 1.951 |
| 每单位边际劳动的产量 | 0.0235 | 0.0286 | 1.212 |
| 劳动者的个人效用 | 5.3127 | 6.2539 | 1.177 |

---

① 魏丽：《基于一般均衡模型对我国农村社会养老保险筹资模式的研究——以宁夏农村为例》，《湖南师范大学自然科学学报》2014 年第 4 期。

续表

| 经济变量 | 部分积累制① | 现收现付制② | ①/② |
|---|---|---|---|
| 劳动者青年消费 | 68.3124 | 94.5235 | 1.384 |
| 劳动者老年期消费 | 96.4133 | 110.4153 | 1.145 |
| 养老金替代率 | 0.1592 | 0.4589 | 2.883 |

在一般均衡模型下，6个经济变量在两种模式中的效用差别很大。部分积累制下劳动者的福利以及农村经济增长指标均优于现收现付制度，是最优的筹资模式选择。

**（三）协方差分析模型关于两种筹资模式对储蓄的影响**

武陵山片区社会养老保险制度在2000年以前实行现付现收制，2000年开始试行部分积累制，而采用协方差分析两种筹资模式对储蓄的影响更为科学。需要提醒的是，这里使用了社会养老保险制度，主要是城镇职工基本养老保险制度的数据。因为城镇职工基本养老保险制度历经了现收现付制到部分积累制度的变革，对城乡居民基本养老保险制度具有很强的参照意义。

考察时间跨度为1991—2016年，其中1991—2001年养老保险制度为完全积累制的筹资模式，2001—2016年为部分积累制度的筹资模式。养老保险缴费数据来源于《中国统计年鉴》（1992—2017年）。

建立协方差模型为：

$$S_t = a_1 + a_2 D_t + \beta_1 I_t + \beta_2 (D_t I_t) + u_t$$

$S_t$、$I_t$分别表示居民储蓄和养老保险缴费，所用统计软件为SPSS22。

通过平稳检验和秩检验，从检验结果看，$S_t$、$D_t$、$D_t I_t$等均为非平稳序列，为获得平衡序列，对其进行一阶差分。得出相关方程式：

$$S_t = 1.658832 + 0.521014 D_t + 0.261338 I_t + 0.141265 (D_t I_t)$$

上述方程式表明：两种筹资模式均能使居民储蓄增加，但部分积累制筹资模式比现收现付制的效果更明显。现收现付制下每增加一个百分点的缴费，就能使居民储蓄增加0.261个百分点，部分积累制在此基础上使居民储蓄增加0.141个百分点。由此可见，无论是从理论分析，还是基于实证分析，部分积累制都是武陵山片区城乡居保筹资模式的最优选择。

# 第八章

# 武陵山片区城乡居民基本养老保险个人筹资标准及能力分析

## 第一节 城乡居民基本养老保险个人筹资标准及能力分析

### 一 个人筹资主体及筹资能力衡量指标

（一）个人主体的相关规定

根据《国务院关于建立统一的城乡居民基本养老保险制度的意见》（国发〔2014〕8号）的规定，城乡居保的个人主体为满足4个条件的城乡居民，即年龄为16周岁以上60周岁以下，非国家机关和事业单位工作人员，未参加职工基本养老保险制度，非在校学生。城乡居民包括了农村居民和城镇居民，虽然都是作为同一制度的需求方，但二者对制度的认可程度存在较大的差异。长期以来，农村"养儿防老"已深深根植于人们的头脑，养老资源在家庭成员代际间转移。[1]土地收益既保证农村居民的生存所需，又成为抵御社会风险的手段。家庭养老和土地养老在农村居民心中有不可替代的位置，对社会养老需要一个较长的认知过程。城镇居民虽然长期排斥在社会养老保险制度之外，以自我养老和家庭养老为主，但受先进的城市文化熏陶和感染，这部分群体更容易接受社会化养老模式。2009年新农保选择全国10%的县进行试点以来，个人参保意识明显提高，参加人数稳

---

[1] 李琼：《土地流转进程中农村养老保障模式的嬗变及构建》，《湖南科技大学学报社会科学版》2015年第4期。

定上升。截至 2016 年年底，全国城乡居民基本养老保险参保人数 5847.1 万人。其中，农村居民占了 90% 以上，这表明我国城乡居保个人筹资主体主要是农村居民。

(二) 个人筹资能力衡量指标

养老需求与筹资能力有三种关系，即：有养老需求有筹资能力，有养老需求无筹资能力，无养老需求也无筹资能力。我国家庭养老和土地养老弱化的现实，使得社会养老的需求较以往迫切。只有个人筹资能力与养老需求相匹配时，城乡居保的持续性才得以保持。个人最高缴费率、个人最低缴费率以及个人最大缴费能力等三个指标，可以有效地衡量城乡居保个人的筹资能力。个人最高缴费率反映了最高缴费标准与当年居民人均纯收入的关系。在确定最高缴费标准时，以当地最高收入户的可支配收入为依据。个人最低缴费率反映最低缴费标准与当年居民人均纯收入的关系，以最低收入户的可支配收入为依据。个人最大缴费能力的依据为居民人均纯收入剩余，这一指标可以在很大程度上反映农民的缴费能力（见表 8-1）。理论上，若个人最大缴费能力小于最低缴费率，则个人无筹资能力。若个人最大缴费能力大于最低缴费率小于最高缴费率，则个人有筹资能力。若个人最大缴费能力大于最高缴费率，则个人有很强的筹资能力。

表 8-1　　　　　　　　城乡居需求主体筹资能力衡量指标

| 个人最高缴费率 | 最高缴费标准÷当年居民人均纯收入×100% |
|---|---|
| 个人最低缴费率 | 最低缴费标准÷当年居民人均纯收入×100% |
| 个人最大缴费能力 | （人均纯收入-人均生活消费支出）人均收入×100% |

## 二　全国居民筹资标准测算

按照国际标准，养老保险个人筹资额符合"双十"（个人纯收入和家庭纯收入的 1/10）标准可行，同时可以有效地保障参保居民的未来养老需求。本书采用个人纯收入的 1/10 作为缴费依据。由于我国城乡收入差距大，如果将农村居民纯收入和城镇居民纯收入平均后计算，则会出现农村居民收入被拉高的现象。因而，本书对农村居民和城镇居民的筹资标准分开测算。以城乡居保个人纯收入的 1/10 作为参考，进行筹资能力测算，并结合最小缴费率、最大缴费率和最大筹资能力指标，检验现行筹资标准的科学性。由于城乡居保的前身为新农保和城居保，故 2009 年和 2010 年两年只测算农村居民的筹资额，从 2012 年开始统筹考虑城乡居民的筹资额（见表 8-2）。

表 8-2　　　　　2009—2016 年三大区域及全国农村和
城镇各等级居民人均纯收入　　　　　单位：元

| 年份 | 低收入 | | 中低等收入 | | 中等收入 | | 中等偏上 | | 高收入 | | 全国平均 | |
|---|---|---|---|---|---|---|---|---|---|---|---|---|
| | 农村 | 城镇 | 农村 | 城镇 | 农村 | 城镇 | 农村 | 城镇 | 农村 | 城镇 | 农村 | 城镇 |
| 2009 | 1549 | 5253 | 3110 | 11244 | 4502 | 15399 | 6468 | 21018 | 12319 | 28386 | 5153 | 17175 |
| 2010 | 1869 | 5948 | 3621 | 12702 | 5222 | 17224 | 7441 | 23188 | 14050 | 31044 | 5919 | 19109 |
| 2011 | 2001 | 6876 | 4256 | 14498 | 6208 | 19545 | 8894 | 26420 | 16783 | 35579 | 6978 | 21809 |
| 2012 | 2316 | 8215 | 4807 | 12488 | 7041 | 24531 | 10043 | 32759 | 17131 | 43471 | 7917 | 22341 |
| 2013 | 2878 | 9896 | 5957 | 17628 | 8438 | 24173 | 11816 | 32614 | 21324 | 57762 | 9430 | 20467 |
| 2014 | 2768 | 11219 | 6604 | 19651 | 9504 | 26651 | 13449 | 35631 | 23947 | 61615 | 10489 | 28844 |
| 2015 | 3086 | 12231 | 7220 | 21446 | 10311 | 29105 | 14537 | 38572 | 26014 | 65082 | 11422 | 31195 |
| 2016 | 3006 | 13004 | 7827 | 23054 | 11159 | 31531 | 15727 | 41806 | 28447 | 70348 | 12363 | 33616 |

资料来源：《中国统计年鉴》（2010—2017）。

表 8-2 表明，随着城乡居民纯收入持续提高，人们的缴费能力持续提高。综合不同群体的纯收入以及收入比重，进行城乡居保个人筹资标准和档次的测算，见表 8-3。

2009—2011 年，农村居民的缴费标准档次可确定为 7 档（100—700 元），由低到高分别为 100 元、200 元、300 元、400 元、500 元、600 元、700 元。2012 年，将城镇居民可支配收入考虑在内，城乡居保筹资能力标准可以确定 12 档（200—4500 元），分别为 200 元、300 元、400 元、500 元、600 元、700 元、800 元、900 元、1000 元、1500 元、2500 元、3000 元。2013—2014 年，城乡居保筹资标准可以确定 13 档（200—5000 元），分别为 200 元、300 元、400 元、500 元、600 元、700 元、800 元、900 元、1000 元、1500 元、2500 元、4500 元、5000 元。2015 年，城乡居保筹资标准可以确定 15 档（200—6000 元），分别为 200 元、300 元、400 元、500 元、600 元、700 元、800 元、900 元、1000 元、1500 元、2500 元、3500 元、4500 元、5000 元、6000 元。

表 8-3　　全国东、中、西三大区域个人筹资标准及档次

| | 2010 年 | 2011—2012 年 | 2013—2014 年 | 2015—2016 年 |
|---|---|---|---|---|
| 东部地区 | 9 档（200—1000 元）200 元、300 元、400 元、500 元、600 元、700 元、800 元、900 元、1000 元 | 11 档（400—3000 元）：400、500 元、600 元、700 元、800 元、900 元、1000 元、1500 元、2000 元、2500 元、3000 元 | 13 档（500—5000 元）：500 元、600 元、700 元、800 元、900 元、1000 元、1500 元、2000 元、2500 元、3000 元、3500 元、4000 元、5000 元 | 14 档（500—6000 元）：500 元、600 元、700 元、800 元、900 元、1000 元、1500 元、2000 元、2500 元、3000 元、4000 元、4500 元、5000 元、6000 元 |
| 中部地区 | 6 档（100—600 元）：100 元、200 元、300 元、400 元、500 元、600 元 | 10 档（300—2500 元）：300 元、400 元、500 元、600 元、700 元、800 元、900 元、1000 元、1500 元、2500 元 | 10 档（400—2500 元）：400 元、500 元、600 元、700 元、800 元、900 元、1000 元、1500 元、2000 元、2500 元 | 10 档（500—5000 元）：500 元、600 元、700 元、800 元、900 元、1000 元、1500 元、2500 元、4500 元、5000 元 |
| 西部地区 | 5 档（100—500 元）：100 元、200 元、300 元、400 元、500 元 | 11 档（200—2000 元）：200 元、300 元、400 元、500 元、600 元、700 元、800 元、900 元、1000 元、1500 元、2000 元 | 12 档（200—2500 元）：200 元、300 元、400 元、500 元、600 元、700 元、800 元、900 元、1000 元、1500 元、2000 元、2500 元 | 12 档（200—3000 元）：200 元、300 元、400 元、500 元、600 元、700 元、800 元、900 元、1000 元、1500 元、2500 元、3000 元 |
| 全国 | 10 档（100—1000 元）：100 元、200 元、300 元、400 元、500 元、600 元、700 元、800 元、900 元、1000 元 | 12 档：（200—3000 元）：200 元、300 元、400 元、500 元、600 元、700 元、800 元、900 元、1000 元、1500 元、2500 元、3000 元 | 13 档（200—5000 元）：200 元、300 元、400 元、500 元、600 元、700 元、800 元、900 元、1000 元、1500 元、2500 元、4500 元、5000 元 | 15 档（200—6000 元）：200 元、300 元、400 元、500 元、600 元、700 元、800 元、900 元、1000 元、1500 元、2500 元、3500 元、4500 元、5000 元、6000 元 |

资料来源：此表中城乡居保需求主体全国平均筹资能力标准及档次，是将最低收入户和最高收入户纳入进来后的调整。

由表 8-3 可知，第一，由于我国区域、城乡发展不平衡，设立弹性的筹资档次和标准是可行和科学的。第二，档次越多，表明居民之间的收入差距越大。东部地区收入差距最大，西部地区次之，中部地区收入差距相对较小。第三，随着农村居民纯收入和城镇居民可支配收入的增加，城乡居保个人筹资能力得以增加。2010 年以后，城乡居保个人筹资最低额可达到 200 元（最低收入户的缴费能力）。有力的数据表明，虽然现行筹资标准和档次为 12 档（100—2000 元），但 100 元的最低标准显然偏低。2012 年中西部地区个人最高筹资额可以达到 2000 元。2013 年，东部地区

最高筹资额可以达到4000元，全国最高收入户人均筹资可以达到5500元。2015年东部地区最高筹资额可以达到6000元，全国最高收入户人均筹资可以达到5500元。第四，东、中、西三大区域以及三大区域各省市，应在现行的个人筹资标准及档次的基础上，测算符合当地实际的科学的筹资标准及档次。

### 三 个人最大缴费率、最小缴费率及最大缴费能力

在表8-3的基础上，进一步测算出最大缴费率、最小缴费率以及最大缴费能力（见图8-1）。最大缴费率为最高缴费与平均收入的比值，最大缴费能力等于纯收入与消费支出的差与个人收入的比值。若最大缴费能力大于最高缴费率，表明个人有完全的筹资能力；若个人缴费率在最小缴费率和最高缴费率之间，则有一定的缴费能力。

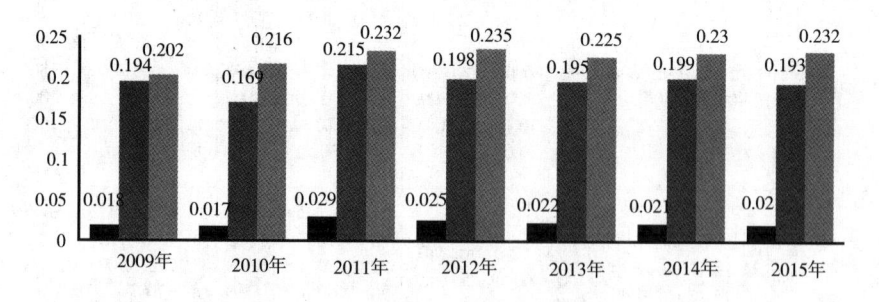

**图8-1 2009—2015年农民最大缴费率、最小缴费率以及最大缴费能力**

2009年个人最小缴费率为0.018，最大缴费率为0.194，最大缴费能力为0.202。2010年个人最小缴费率为0.017，最大缴费率为0.169，最大缴费能力为0.216。2011年，将城镇居保考虑在内，农民个人最小缴费率为0.029，最大缴费率为0.215，最大缴费能力为0.232。城镇居民最小缴费率为0.036，最大缴费率为0.206，最大缴费能力为0.305。2012年农民个人最小缴费率为0.025，最大缴费率为0.198，最大缴费能力为0.235。2013年农民个人最小缴费率为0.022，最大缴费率为0.195，最大缴费能力为0.255。城镇居民最小缴费率为0.037，最大缴费率为0.208，最大缴费能力为0.243。2014年全国城乡居保农村个人最小缴费率为0.021，最大缴费率为0.199，最大缴费能力为0.23。城镇居民最小缴费率为0.038，最大缴费率为0.21，最大缴费能力为0.255。2015年农民个

人最小缴费率为0.02，最大缴费率为0.193，最大缴费能力为0.232。城镇居民最小缴费率为0.04，最大缴费率为0.214，最大缴费能力为0.257。

分析结果表明：现行城乡居保规定的100元最低筹资标准占个人纯收入的比重很低，按照个人纯收入的1/10进行个人筹资，最大缴费能力大于最高缴费率，个人有很强的筹资能力。

## 第二节 武陵山片区城乡居民基本养老保险个人筹资标准及能力测算

### 一 湖南片区个人筹资能力及档次测算

以城乡居保个人纯收入的1/10作为参考，进行筹资能力测算，并结合最小缴费率、最大缴费率和最大筹资能力指标，检验筹资标准的科学性。将武陵山片区细分为湖南、重庆、贵州及湖北片区分别进行测算。由于城乡居保的前身为新农保和城居保，故而2009年、2010年和2011年三年只测算农村居民的筹资标准，从2012年开始统筹考虑城镇居民。

#### （一）个人平均筹资额测算

根据设定的1/10的缴费率，测算出2009—2015年城乡居保个人平均筹资额，见表8-4。

2009年湖南片区新农保平均筹资额为290元，个人平均筹资额最低的是新宁县和中方县，均为214元。个人平均筹资额最高的是冷水江市，为613元。综合37县（市区）情况，以100为整体单位。2009年个人筹资标准为200元的共有26个县，筹资标准为300元的共有5个县，筹资标准为400元的共有5个县，筹资标准为600元的共有1个县，片区平均筹资标准为200元；2010年个人平均筹资标准为300元。其中，筹资标准为200元的有14个县，筹资标准为300元的有14个县，筹资标准为400元的有7个县，筹资标准为500元的有1个县，筹资标准为700元的有1个县。

2011年农村人均筹资标准为400元。其中，筹资标准为200元的有4个县，筹资标准为300元的有19个县，筹资标准为400元的有8个县，筹资标准为500元的有5个县，筹资标准为800元的有1个县。城镇居民平均筹资标准为1300元。其中，筹资标准为1000元的有5个县，筹资标准为 1100 元的有 7 个县，筹资标准为 1200 元的有 10 个县，筹资标准为 1300 元的有 6 个县，筹资标准为 1400 元的有 2 个县，筹资标准为 1500 元的有 2 个县，筹资标准为 1600 元的有 2 个县，筹资标准为 1700 元的有 1 个县，筹资标准为 2000 元的有 1 个县。

2012 年农村人均筹资标准为 400 元。其中，筹资标准为 300 元的有 13 个县，筹资标准为 400 元的有 15 个县，筹资标准为 500 元的共有 3 个县，筹资标准为 600 元的有 4 个县，筹资标准为 700 元的有 1 个县，筹资标准为 1000 元的有 1 个县。城镇居民平均筹资标准为 1400 元。其中，筹资标准为 1100 元的有 1 个县，筹资标准为 1200 元的有 7 个县，筹资标准为 1300 元的有 8 个县，筹资标准为 1400 元的有 6 个县，筹资标准为 1500 元的有 7 个县，筹资标准为 1600 元的有 2 个县，筹资标准为 1700 元的有 2 个县，筹资标准为 1800 元的有 1 个县，筹资标准为 1900 元的有 2 个县，筹资标准为 2300 元的有 1 个县。

2013 年农村人均筹资标准为 600 元。其中，人均筹资标准为 400 元的有 10 个县，筹资标准为 500 元的县共有 11 个县，筹资标准为 600 元的有 11 个县，筹资标准为 700 元的有 3 个县，筹资标准为 800 元的有 1 个县，冷水江市农村人均筹资标准可达到 1500 元。城镇居民平均筹资标准为 1600 元。其中，筹资标准为 1000 元的有 1 个县，筹资标准为 1100 元的有 1 个县，筹资标准为 1300 元的有 3 个县，筹资标准为 1400 元的有 7 个县，筹资标准为 1500 元的有 9 个县，筹资标准为 1600 元的有 5 个县，筹资标准为 1700 元的有 4 个县，筹资标准为 1800 元的有 2 个县，筹资标准为 1900 元的有 1 个县，筹资标准为 2000 元的有 3 个县。

2014 年农村人均筹资标准为 600 元。其中，人均筹资标准 400 元有 5 个县，人均筹资标准为 500—600 元的共有 19 个县，人均筹资标准为 700 元的有 9 个县，人均筹资标准达到 800 元的有 2 个区，鹤城区筹资标准达到 900 元，冷水江市农村人均筹资额可达到 1600 元；城镇人均筹资标准为 1700 元。其中，人均筹资标准为 1500—1900 元的有 32 个县，桑植县人均筹资标准为 1000 元，吉首市永定区、武陵源区、鹤城区等人均筹资标准为 2000 元，冷水江市人均筹资标准为 2500 元。

2015 年农村人均筹资标准为 700 元。其中，人均筹资标准为 500—600 元的有 13 个县，人均筹资标准为 700—800 元的有 21 个县，筹资标准达到 1000 元的有 2 个县，冷水江市农村人均筹资标准可达到 1800

元。城镇人均筹资标准为 1700 元。其中,人均筹资标准为 1500 元的有 26 个县,人均筹资标准达到 2000 元的有 8 个县,人均筹资标准达到 2500 元的有 2 个区市。其中,桑植县人均筹资标准为 1000 元,鹤城区、冷水江市人均筹资标准为 2500 元。

表 8-4　　　　2009—2015 年湖南片区 37 县城乡居保个人筹资额　　　　单位:元

| 地区 | 2009 年 农村 | 2010 年 农村 | 2011 年 农村 | 2011 年 城镇 | 2012 年 农村 | 2012 年 城镇 | 2013 年 农村 | 2013 年 城镇 | 2014 年 农村 | 2014 年 城镇 | 2015 年 农村 | 2015 年 城镇 |
|---|---|---|---|---|---|---|---|---|---|---|---|---|
|  | 293 | 345 | 402 | 1315 | 468 | 1484 | 603 | 1605 | 637 | 1749 | 762 | 1752 |
| 吉首市 | 331 | 369 | 416 | 1634 | 482 | 1798 | 627 | 2004 | 701 | 2176 | 788 | 2351 |
| 泸溪县 | 286 | 314 | 365 | 1189 | 490 | 1327 | 471 | 1544 | 526 | 1674 | 597 | 1803 |
| 凤凰县 | 315 | 346 | 401 | 1272 | 468 | 1428 | 573 | 1616 | 641 | 1756 | 727 | 1904 |
| 花垣县 | 298 | 329 | 378 | 1404 | 435 | 1547 | 490 | 1614 | 551 | 1754 | 628 | 1899 |
| 保靖县 | 279 | 323 | 375 | 1198 | 419 | 1346 | 548 | 1448 | 617 | 1579 | 695 | 1700 |
| 古丈县 | 238 | 262 | 309 | 1066 | 360 | 1195 | 413 | 1418 | 463 | 1548 | 527 | 1664 |
| 永顺县 | 266 | 294 | 341 | 1100 | 396 | 1265 | 436 | 1442 | 491 | 1568 | 558 | 1688 |
| 龙山县 | 278 | 308 | 363 | 1210 | 416 | 1314 | 436 | 1442 | 610 | 1560 | 687 | 1686 |
| 永定区 | 239 | 424 | 459 | 1510 | 496 | 1662 | 605 | 1869 | 664 | 2032 | 737 | 2191 |
| 武陵源区 | 498 | 509 | 571 | 1355 | 647 | 1520 | 786 | 1906 | 890 | 2083 | 1000 | 2295 |
| 慈利县 | 462 | 396 | 445 | 1394 | 503 | 1560 | 635 | 1597 | 709 | 1738 | 787 | 1874 |
| 桑植县 | 237 | 264 | 302 | 1203 | 341 | 1335 | 424 | 1069 | 472 | 1169 | 543 | 1274 |
| 鹤城区 | 404 | 483 | 590 | 1714 | 708 | 1948 | 851 | 2178 | 961 | 2371 | 1066 | 2558 |
| 中方县 | 214 | 423 | 515 | 1582 | 608 | 1775 | 683 | 1834 | 757 | 1998 | 843 | 2167 |
| 沅陵县 | 263 | 300 | 363 | 1334 | 427 | 1517 | 568 | 1503 | 640 | 1636 | 704 | 1762 |
| 辰溪县 | 249 | 298 | 384 | 1285 | 478 | 1460 | 604 | 1506 | 669 | 1647 | 744 | 1790 |
| 溆浦县 | 250 | 428 | 483 | 1469 | 545 | 1656 | 694 | 1540 | 756 | 1687 | 838 | 1827 |
| 会同县 | 249 | 324 | 385 | 1226 | 463 | 1400 | 622 | 1443 | 667 | 1582 | 741 | 1713 |
| 麻阳县 | 249 | 260 | 359 | 1272 | 430 | 1449 | 479 | 1548 | 537 | 1666 | 616 | 1792 |
| 新晃县 | 249 | 238 | 320 | 1127 | 394 | 1273 | 487 | 1332 | 539 | 1458 | 600 | 1587 |
| 芷江县 | 249 | 351 | 398 | 1196 | 455 | 1360 | 522 | 1553 | 584 | 1699 | 653 | 1850 |
| 靖州县 | 249 | 398 | 457 | 1129 | 540 | 1286 | 549 | 1456 | 643 | 1591 | 716 | 1715 |
| 通道县 | 250 | 312 | 330 | 1089 | 370 | 1242 | 427 | 1372 | 478 | 1501 | 534 | 1628 |
| 洪江市 | 401 | 482 | 560 | 1277 | 655 | 1423 | 719 | 1599 | 752 | 1724 | 833 | 1862 |
| 石门县 | 414 | 483 | 556 | 1721 | 616 | 1928 | 726 | 1677 | 809 | 1825 | 878 | 1960 |

续表

| | 2009年 | 2010年 | 2011年 | | 2012年 | | 2013年 | | 2014年 | | 2015年 | |
|---|---|---|---|---|---|---|---|---|---|---|---|---|
| 安化县 | 249 | 267 | 315 | 1094 | 353 | 1237 | 572 | 1197 | 620 | 1309 | 680 | 1430 |
| 新化县 | 250 | 235 | 273 | 1218 | 334 | 1383 | 520 | 1392 | 792 | 1512 | 881 | 1636 |
| 冷水江市 | 613 | 728 | 857 | 2035 | 1041 | 2312 | 1540 | 2349 | 1692 | 2557 | 1824 | 2763 |
| 涟源市 | 250 | 300 | 359 | 1630 | 431 | 1848 | 596 | 1457 | 664 | 1584 | 840 | 1707 |
| 新邵县 | 270 | 289 | 335 | 1208 | 399 | 1378 | 651 | 1739 | 723 | 1899 | 815 | 2051 |
| 邵阳县 | 240 | 265 | 306 | 1256 | 350 | 1432 | 632 | 1744 | 701 | 1906 | 789 | 2056 |
| 隆回县 | 223 | 228 | 268 | 1057 | 318 | 1205 | 564 | 1673 | 636 | 1832 | 713 | 1964 |
| 洞口县 | 385 | 284 | 322 | 1346 | 379 | 1538 | 618 | 1797 | 692 | 1959 | 779 | 2101 |
| 绥宁县 | 324 | 407 | 465 | 1317 | 499 | 1500 | 586 | 1603 | 660 | 1752 | 735 | 1875 |
| 新宁县 | 214 | 237 | 277 | 1143 | 329 | 1303 | 572 | 1650 | 638 | 1807 | 723 | 1954 |
| 城步县 | 235 | 252 | 288 | 1087 | 327 | 1238 | 414 | 1554 | 467 | 1692 | 533 | 1813 |
| 武冈市 | 324 | 351 | 410 | 1327 | 486 | 1513 | 672 | 1734 | 760 | 1905 | 854 | 2059 |

资料来源：个人筹资为个人纯收入的1/10。

## （二）个人筹资档次

表8-4测算出的湖南武陵山片区及各县（市区）的个人筹资标准，除了冷水江市、鹤城区、武陵源区等3市区外，其他34县居民收入差距不明显。由于居民收入的多样性，设定弹性的筹资档次有利于将尽可能多的城乡居民纳入制度内。人均纯收入的增长，使得个人筹资能力增加。各县市农村居民收入差距不大，连续性较强，冷水江市居民收入最高。2009—2015年，湖南武陵山片区农村人均筹资标准由293元提高到762元，年均增速为11.7%。2012—2015年，城镇居民筹资标准由1484元提高到1752元。

按照"居民人均筹资额1000元以内，每增加100上升一档，大于1000元，每500元为一级"的原则，再综合考虑最低收入的实际，测算出武陵山湖南片区城乡居保个人筹资档次，见表8-5。

2009年农村居民的缴费档次可以设立5档（100—500元），即100元、200元、300元、400元、500元。2010—2011年，农民个人缴费档次可以设立6档，即100元、200元、300元、400元、500元、600元。将城镇居民考虑在内，2012—2013年，城乡居保筹资档次可以设10档（200—1500元）：200元、300元、400元、500元、600元、700元、800

元、900元、1000元、1500元。2014年,个人筹资档次可以设11档(200—2000元):200元、300元、400元、500元、600元、700元、800元、900元、1000元、1500元、2000元。2015年和2016年个人筹资档次可以设13档(200—3000元):200元、300元、400元、500元、600元、700元、800元、900元、1000元、1500元、2000元、2500元、3000元。

表 8-5　　　　　　　　湖南片区个人筹资标准/档次测算

| 2009年 | 2010—2011年 | 2012—2013年 | 2014年 | 2015—2016年 |
|---|---|---|---|---|
| 5档(100—500元):100元、200元、300元、400元、500元 | 6档(100—600元):100元、200元、300元、400元、500元、600元 | 10档(200—1500元):200元、300元、400元、500元、600元、700元、800元、900元、1000元、1500元 | 11档(200—2000元):200元、300元、400元、500元、600元、700元、800元、900元、1000元、1500元、2000元 | 13档(200—3000元):200元、300元、400元、500元、600元、700元、800元、900元、1000元、1500元、2000元、2500元、3000元 |

**(三) 最大缴费率、最小缴费率以及最大缴费能力**

在表8-5的基础上,进一步测算出湖南片区城乡居保农民个人最大缴费率、最小缴费率以及最大缴费能力(见图8-2)。

2009年农村居民最小缴费率为0.034,最大缴费率为0.204,最大缴费能力为0.159。2010年农村居民最小缴费率为0.028,最大缴费率为0.145,最大缴费能力为0.162。2011年农村居民最小缴费率为0.027,最大缴费率为0.19,最大缴费能力为0.222。2012年农村居民最小缴费率为0.024,最大缴费率为0.214,最大缴费能力为0.226。城镇居民最小缴费率为0.067,最大缴费率为0.135,最大缴费能力为0.22。2013年农村居民最小缴费率为0.022,最大缴费率为0.211,最大缴费能力为0.223。城镇居民最小缴费率为0.062,最大缴费率为0.125,最大缴费能力为0.252。2014年农村居民最小缴费率为0.02,最大缴费率为0.21,最大缴费能力为0.225。城镇居民最小缴费率为0.05,最大缴费率为0.128,最大缴费能力为0.253。2015年农村居民最小缴费率为0.019,最大缴费率为0.199,最大缴费能力为0.217。城镇居民最小缴费率为0.04,最大缴费率为0.125,最大缴费能力为0.25。

图8-2表明,以纯收入的1/10作为湖南片区城乡居保个人筹资标准,最大缴费能力不仅大于最小缴费率,而且大于最大缴费率,居民完全有能

| | 2009年 | 2010年 | 2011年 | 2012年 | 2013年 | 2014年 | 2015年 |
|---|---|---|---|---|---|---|---|
| 最小缴费率 | 0.034 | 0.028 | 0.027 | 0.024 | 0.022 | 0.02 | 0.019 |
| 最大缴费率 | 0.204 | 0.145 | 0.19 | 0.214 | 0.211 | 0.21 | 0.199 |
| 最大缴费能力 | 0.159 | 0.162 | 0.222 | 0.226 | 0.223 | 0.225 | 0.217 |

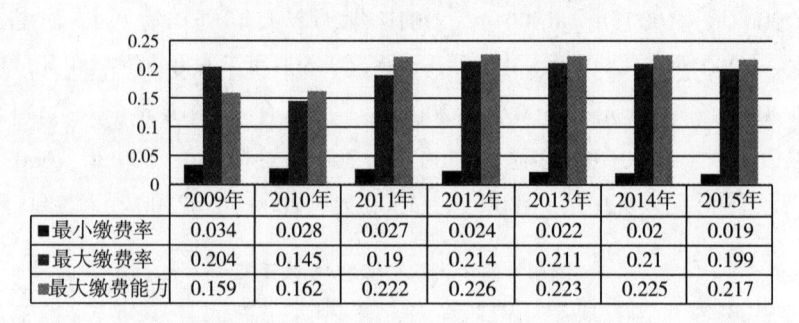

图 8-2　湖南片区农村居民个人最小缴费率、最大缴费率及最大缴费能力

力负担。同时，最低档次的缴费可以定为 200 元，100 元的筹资标准过低。在实际参保中，大多居民选择 100 元档次缴费，这将不利于制度的可持续发展。

## 二　湖北片区个人筹资能力及标准测算

### (一) 个人平均筹资额测算

根据设定的 1/10 的缴费率，测算出 2009—2016 年个人平均筹资额，见表 8-6。

2009 年，湖北片区 11 县（市）农民个人筹资标准达到 200 元的有 9 个县，秭归县、长阳县农民筹资标准达 300 元。2010 年 11 个县（市）农民平均筹资标准均达到了 300 元，农民平均筹资能力达 300 元有 8 个县，其余 3 个县（秭归县、长阳县、鹤峰县）农民筹资标准可达到 400 元。城镇居民平均筹资标准 1000 元的有 1 个县（五峰县），1300 元的有 1 个县（长阳县），恩施市城镇居民平均筹资标准可达 1500 元，其余 3 个县（秭归县、长阳县、鹤峰县）农村居民平均筹资标准可达到 1200 元。

2012 年农民平均筹资标准均达 400 元。恩施市城镇居民平均筹资标准为 1600 元，长阳县为 1300 元，秭归县和五峰县为 1200 元，其余 7 县城镇居民平均筹资标准可达到 1400 元。2013 年农民平均筹资标准均达 500 元。五峰县城镇居民平均筹资标准为 1300 元，长阳县为 1700 元，秭归县、五峰县、来凤县以及鹤峰县等 4 县为 1600 元，恩施市为 1800 元。建始县、巴东县、宣恩县以及咸丰县等 4 县为 1500 元。2014 年农村人均筹资标准为 700 元。城镇居民人均筹资标准为 1900 元。其中，建始县、秭归县、巴东县、来凤县以及鹤峰县等 5 县为 1900 元，长阳县、恩施市、利川市等 3 县市人均筹资为 2000 元。2015 年农村人均筹资标准为 700 元。其中，秭归县、恩施市、鹤峰县、长阳县等 4 县人均筹资标准为 800 元。城镇居民人均筹资标准为 2000 元，11 个县市的筹资标准均为 2000 元。

表 8-6　　　　　　湖北片区 11 县个人平均筹资额　　　　　　单位：元

| 地区 | 2009年 农村 | 2010年 农村 | 2011年 农村 | 2011年 城镇 | 2012年 农村 | 2012年 城镇 | 2013年 农村 | 2013年 城镇 | 2014年 农村 | 2014年 城镇 | 2016年 农村 | 2016年 城镇 |
|---|---|---|---|---|---|---|---|---|---|---|---|---|
|  | 290 | 350 | 396 | 1282 | 470 | 1445 | 524 | 1620 | 723 | 1964 | 799 | 2154 |
| 秭归县 | 318 | 361 | 406 | 1276 | 489 | 1256 | 533 | 1631 | 735 | 1994 | 806 | 2181 |
| 长阳县 | 328 | 327 | 419 | 1356 | 439 | 1356 | 547 | 1722 | 745 | 2058 | 815 | 2253 |
| 五峰县 | 297 | 325 | 379 | 1086 | 462 | 1207 | 500 | 1359 | 716 | 1876 | 788 | 2051 |
| 恩施市 | 282 | 325 | 395 | 1503 | 454 | 1699 | 532 | 1867 | 745 | 2214 | 827 | 2423 |
| 利川市 | 281 | 324 | 393 | 1263 | 452 | 1434 | 520 | 1607 | 709 | 2009 | 784 | 2211 |
| 建始县 | 281 | 324 | 390 | 1252 | 455 | 1446 | 519 | 1596 | 715 | 1902 | 792 | 2077 |
| 巴东县 | 279 | 324 | 391 | 1270 | 451 | 1434 | 521 | 1599 | 714 | 1912 | 789 | 2106 |
| 宣恩县 | 280 | 324 | 389 | 1250 | 452 | 1445 | 517 | 1597 | 705 | 1887 | 781 | 2061 |
| 咸丰县 | 280 | 324 | 392 | 1263 | 451 | 1469 | 515 | 1589 | 708 | 1892 | 786 | 2078 |
| 来凤县 | 280 | 333 | 390 | 1289 | 480 | 1478 | 515 | 1621 | 705 | 1940 | 779 | 2139 |
| 鹤峰县 | 284 | 331 | 411 | 1293 | 459 | 1445 | 552 | 1638 | 755 | 1923 | 837 | 2112 |

资料来源：根据 8 县（市）相关年份的《统计年鉴》整理出农村人均纯收入以及城镇居民可支配收入，按照纯收入的 1/10 进行测算。

**（二）个人筹资档次/标准测算**

湖北片区 11 县（市）个人筹资标准区域差距不大。随着人纯收入的增加，片区 8 县市城乡居保筹资能力在提高，但提高幅度不是很大。由表 8-7 确定湖北片区平均筹资档次如下：2009—2011 年，农民筹资额可以确定为 5 档，即 100 元、200 元、300 元、400 元、500 元；将城镇居民考虑在内，2012—2013 年筹资档次可以确定为 11 档，即 100 元、200 元、300 元、400 元、500 元、600 元、700 元、800 元、900 元、1000 元、1500 元。2014—2015 年，筹资档次可以确定为 11 档，即 200 元、300 元、400 元、500 元、600 元、700 元、800 元、900 元、1000 元、1500 元、2000 元。

表 8-7　　　　　　　湖北片区个人筹资档次标准测算

| 2009—2011 年 | 2012—2013 年 | 2014—2015 年 |
|---|---|---|
| 5 档（100—500 元）：100 元、200 元、300 元、400 元、500 元 | 11 档（100—1500 元）：100 元、200 元、300 元、400 元、500 元、600 元、700 元、800 元、900 元、1000 元、1500 元 | 11 档（200—2000 元）：200 元、300 元、400 元、500 元、600 元、700 元、800 元、900 元、1000 元、1500 元、2000 元 |

**（三）个人最大缴费率、最小缴费率及最大缴费能力**

在表 8-7 的基础上，进一步测算出湖北片区个人最大缴费率、最小缴费率以及最大缴费能力。2009 年个人最小缴费率为 0.034，最大缴费率为 0.138，最大缴费能力为 0.16。2010 年个人最小缴费率为 0.028，最大缴费率为 0.114，最大缴费能力为 0.179。2011 年农民最小缴费率为 0.05，最大缴费率为 0.13，最大缴费能力为 0.186。将城镇居保考虑在内，2012 年农民个人最小缴费率为 0.043，最大缴费率为 0.13，最大缴费能力为 0.186。城镇居民最小缴费率为 0.07，最大缴费率为 0.106，最大缴费能力为 0.119。2013 年农民最小缴费率为 0.038，最大缴费率为 0.095，最大缴费能力为 0.192。城镇居民最小缴费率为 0.062，最大缴费率为 0.242，最大缴费能力为 0.268。2014 年农民最小缴费率为 0.036，最大缴费率为 0.093，最大缴费能力为 0.191。城镇居民最小缴费率为 0.06，最大缴费率为 0.24，最大缴费能力为 0.261。2015 年农民最小缴费率为 0.033，最大缴费率为 0.089，最大缴费能力为 0.189。城镇居民最小缴费率为 0.059，最大缴费率为 0.238，最大缴费能力为 0.239。

图 8-3 表明，按照人均纯收入的 1/10 为依据，个人筹资有完全负担能力。2012 年以后将最低档次确定为 100 元后，最小缴费率虽然有所上升，但是最大缴费能力依然高于最大缴费率，这说明片区有能力承担最低为 200 元的筹资标准。

**三　重庆片区个人筹资能力及标准测算**

**（一）个人平均筹资额**

根据设定的 1/10 的缴费率，测算出 2009—2015 年重庆片区筹资标准，见表 8-8。

2009 年重庆片区 7 县个人筹资额为 366 元。除了石柱县达到 400 元以

## 第八章 武陵山片区城乡居民基本养老保险个人筹资标准及能力分析

|  | 2009年 | 2010年 | 2011年 | 2012年 | 2013年 | 2014年 | 2015年 |
|---|---|---|---|---|---|---|---|
| 最大缴费能力 | 0.16 | 0.179 | 0.186 | 0.186 | 0.192 | 0.191 | 0.189 |
| 最大缴费率 | 0.138 | 0.114 | 0.13 | 0.13 | 0.095 | 0.093 | 0.089 |
| 最小缴费率 | 0.034 | 0.028 | 0.05 | 0.043 | 0.038 | 0.036 | 0.033 |

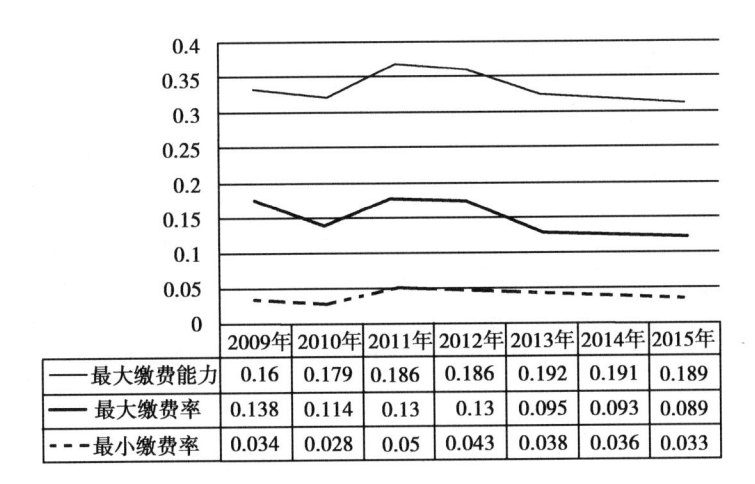

**图8-3　2009—2015年湖北片区农民个人最小/最大缴费率以及最大缴费能力**

外，其他6县（区）均为300元。2010年个人筹资额为435元。其中，最低为酉阳县（365元），丰都县最高（477元）。2011年农村居民个人筹资额为544元。其中，最低的县为酉阳县（454元），最高为丰都县（599元）；城镇居民筹资额为1600元。其中，酉阳县最低（1342元），武隆县最高（1803元）。2012年农村居民平均筹资额为624元。其中，农村居民平均筹资额最低的县为酉阳县（515元），丰都县最高（693元）；城镇居民平均筹资额为1817元。其中，酉阳县最低（1520元），武隆县最高（2061元）。

2013年个人筹资额为707元。其中，农村最低的为酉阳县（583元），丰都县最高（786元）；城镇居民平均筹资额为2017元。其中，酉阳县最低（1684元），武隆县最高（2299元）。2014年农村居民平均筹资额为786元。其中，最低的为酉阳县（648元），丰都县最高（868元）；城镇居民平均筹资额为2193元。其中，酉阳县最低（1861元），武隆县最高（2453元）。2015年农村居民平均筹资额为882元。其中，最低的为酉阳县（726元），黔江区最高（973元）；城镇居民平均筹资额为2408元。其中，酉阳县最低（2045元），武隆县最高（2700元）。（见表8-8）

**表8-8　重庆片区7县区个人筹资标准测算**　　单位：元

|  | 2009年 | 2010年 | 2011年 | | 2012年 | | 2013年 | | 2014年 | | 2015年 | |
|---|---|---|---|---|---|---|---|---|---|---|---|---|
|  | 农村 | 农村 | 农村 | 城镇 | 农村 | 城镇 | 农村 | 城镇 | 农村 | 城镇 | 农村 | 城镇 |
| 重庆片区 | 366 | 435 | 544 | 1600 | 624 | 1817 | 707 | 2017 | 786 | 2193 | 882 | 2408 |
| 丰都县 | 399 | 477 | 599 | 1577 | 693 | 1813 | 786 | 1998 | 868 | 2175 | 886 | 2467 |

续表

|  | 2009年 | 2010年 | 2011年 | | 2012年 | | 2013年 | | 2014年 | | 2015年 | |
| --- | --- | --- | --- | --- | --- | --- | --- | --- | --- | --- | --- | --- |
|  | 农村 | 农村 | 农村 | 城镇 | 农村 | 城镇 | 农村 | 城镇 | 农村 | 城镇 | 农村 | 城镇 |
| 黔江区 | 370 | 442 | 545 | 1601 | 622 | 1825 | 706 | 2044 | 788 | 2239 | 973 | 2390 |
| 武隆县 | 386 | 460 | 579 | 1803 | 670 | 2061 | 763 | 2299 | 849 | 2453 | 956 | 2700 |
| 石柱县 | 400 | 476 | 598 | 1656 | 685 | 1906 | 777 | 2117 | 859 | 2292 | 964 | 2512 |
| 秀山县 | 345 | 409 | 511 | 1682 | 586 | 1918 | 665 | 2126 | 743 | 2290 | 836 | 2515 |
| 酉阳县 | 308 | 365 | 454 | 1342 | 515 | 1520 | 583 | 1684 | 648 | 1861 | 726 | 2045 |
| 彭水县 | 352 | 418 | 522 | 1467 | 596 | 1674 | 672 | 1853 | 747 | 2036 | 839 | 2224 |

## （二）个人筹资档次测算

随着城乡居民个人纯收入增加，片区7县市城乡居保筹资能力也在提高。取100的整数，个人筹资能力在1000元以内，每增加100元向上调一档，个人筹资能力在1000元以上时，每500元向上调一档。结合重庆市农村居民最低收入和最高收入，由表8-8确定该片区个人筹资档次/标准如下：2009—2011年，农村居民缴费档次为5档（100—500元），即100元、200元、300元、400元、500元。将城镇居民考虑在内，2012—2014年，重庆片区个人筹资档次确定为10档，即200元、300元、400元、500元、600元、700元、800元、900元、1000元、1500元。2015年，重庆片区城乡居保筹资档次确定为12档，即200元、300元、400元、500元、600元、700元、800元、900元、1000元、1500元、2000元、2500元（见表8-9）。

表8-9　　　　　　重庆片区个人筹资档次/标准测算

| 2009—2011年 | 2012—2014年 | 2015—2016年 |
| --- | --- | --- |
| 5档（100—500元）：100元、200元、300元、400元、500元 | 10档（200—1500元）：200元、300元、400元、500元、600元、700元、800元、900元、1000元、1500元 | 12档（200—2500元）：200元、300元、400元、500元、600元、700元、800元、900元、1000元、1500元、2000元、2500元 |

## （三）个人最大缴费率、最小缴费率及最大缴费能力

在表8-9的基础上，进一步测算出重庆片区个人最大缴费率、最小缴费率以及最大缴费能力。2009年重庆片区农村居民个人最小缴费率为0.027，最大缴费率为0.109，最大缴费能力为0.17。2010年个人最小缴

费率为 0.023，最大缴费率为 0.09，最大缴费能力为 0.114。2011 年个人最小缴费率为 0.037，最大缴费率为 0.092，最大缴费能力为 0.108。将城镇居保考虑在内，2012 年农民个人最小缴费率为 0.032，最大缴费率为 0.096，最大缴费能力为 0.157。城镇居民最小缴费率为 0.055，最大缴费率为 0.11，最大缴费能力为 0.134。2013 年农民个人最小缴费率为 0.028，最大缴费率为 0.099，最大缴费能力为 0.198。城镇居民最小缴费率为 0.049，最大缴费率为 0.099，最大缴费能力为 0.201。2014 年农村居民最小缴费率为 0.026，最大缴费率为 0.098，最大缴费能力为 0.187。城镇居民最小缴费率为 0.046，最大缴费率为 0.092，最大缴费能力为 0.2。2015 年，农民最小缴费率为 0.025，最大缴费率为 0.087，最大缴费能力为 0.179。城镇居民最小缴费率为 0.044，最大缴费率为 0.09，最大缴费能力为 0.199（见图 8-4）。

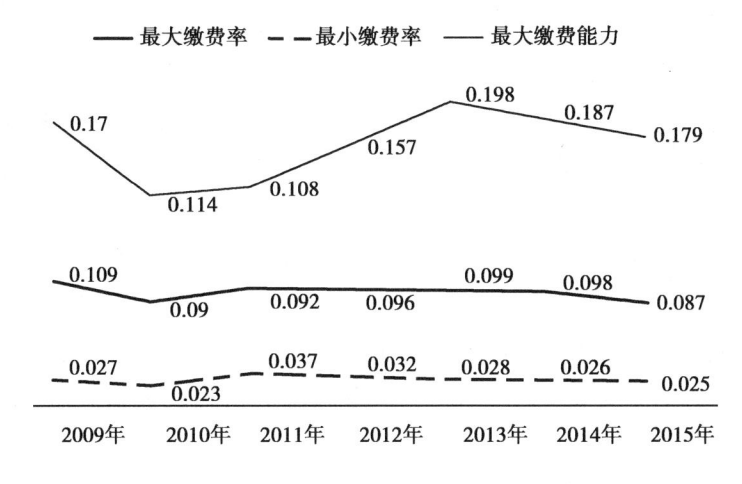

**图 8-4　重庆片区农村居民最小/最大缴费率以及最大缴费能力**

图 8-4 中，2009—2015 年，重庆片区农民个人最大缴费能力在最大缴费率之上。最小缴费率两头低中间高，这是由于 2009 年和 2010 年两年最低缴费标准为 100 元，2010 年的农村居民收入上升。2011 年最低筹资标准调整为 200 元，最小缴费率有所上升，之后，随着收入的增加，最小缴费率下降。这表明，如果城乡居保的最低标准不随居民收入的增长提高的话，居民的最低缴费率越来越低。同时，由于居民纯收入与居民消费支出的差额越来越大（边际消费递减规律），最大缴费能力与最大缴费率的差距加大，居民的缴费能力更强。

## 四 贵州片区个人筹资能力及标准测算

### (一) 个人筹资额测算

根据设定的纯收入 1/10 的缴费率，测算出 2009—2015 年贵州片区 16 县个人筹资标准，见表 8-10。

2009 年贵州片区农民平均筹资额为 295 元。其中，凤冈县、玉屏县等 3 县达到 300 元，湄潭县、余庆县等 2 县达到 400 元，其余 11 县为 200 元。2010 年个人平均筹资额为 345 元。其中，玉屏县、湄潭县、碧江区等 3 县达到 400 元，正安县、凤冈县、江口县、石阡县、思南县、印江县、沿河县等 7 县达到 300 元，余庆县达到 500 元，其余 5 县为 200 元。2011 年个人平均筹资额为 416 元。其中，碧江区、玉屏县、余庆县、湄潭县等 4 县为 500 元，凤冈县为 400 元，其余 4 县为 300 元。2012 年个人平均筹资额为 488 元。其中，碧江区、玉屏县、余庆县、湄潭县等 4 县为 600 元，凤冈县为 500 元，其余 11 县为 400 元。

2013 年个人平均筹资额为 537 元。其中，碧江区、湄潭县等 2 县为 700 元，玉屏县、余庆县、印江县等 3 县为 600 元，万山区、松桃县、沿河县、思南县、石阡县、江口县、凤冈县等 7 县 500 元，其余 4 县为 400 元。2014 年农民个人平均筹资额为 687 元。其中，湄潭县筹资额为 900 元，余庆县、碧江区等 2 县区的平均筹资额达到 800 元，玉屏县、凤冈县等 2 县的筹资能力达到 700 元。2015 年农村居民平均筹资标准 762 元。其中，湄潭县平均筹资额为 1000 元，玉屏县、凤冈县、余庆县等 3 县的平均筹资额达到 800 元，石阡县、思南县、印江县、德江县、沿河县、江口、松桃等 7 县的筹资标准为 600 元。

表 8-10　　　　2009—2015 年贵州片区个人平均筹资额测算　　　　单位：元

| 地区 | 2009 年 | 2010 年 | 2011 年 | | 2012 年 | | 2013 年 | | 2014 年 | | 2015 年 | |
|---|---|---|---|---|---|---|---|---|---|---|---|---|
| | 农村 | 农村 | 农村 | 城镇 | 农村 | 城镇 | 农村 | 城镇 | 农村 | 城镇 | 农村 | 城镇 |
| | 295 | 345 | 416 | 1230 | 488 | 1422 | 537 | 1808 | 687 | 2030 | 762 | 2251 |
| 正安县 | 266 | 302 | 370 | 1257 | 433 | 1493 | 412 | 1859 | 679 | 1998 | 756 | 2209 |
| 道真县 | 248 | 289 | 354 | 921 | 417 | 1052 | 463 | 1746 | 679 | 1995 | 757 | 2212 |
| 务川县 | 248 | 283 | 346 | 956 | 405 | 1043 | 473 | 1740 | 676 | 1990 | 753 | 2209 |
| 凤冈县 | 318 | 363 | 445 | 1265 | 521 | 1455 | 587 | 1801 | 771 | 2031 | 850 | 2236 |
| 湄潭县 | 405 | 459 | 584 | 1516 | 682 | 1892 | 780 | 2007 | 914 | 2295 | 1011 | 2522 |

续表

| 地区 | 2009年 | 2010年 | 2011年 | | 2012年 | | 2013年 | | 2014年 | | 2015年 | |
|---|---|---|---|---|---|---|---|---|---|---|---|---|
| | 农村 | 农村 | 农村 | 城镇 | 农村 | 城镇 | 农村 | 城镇 | 农村 | 城镇 | 农村 | 城镇 |
| 余庆县 | 443 | 501 | 527 | 1142 | 615 | 1311 | 693 | 1803 | 806 | 2039 | 888 | 2251 |
| 江口县 | 265 | 315 | 392 | 998 | 466 | 1233 | 542 | 1822 | 616 | 2010 | 679 | 2230 |
| 玉屏县 | 360 | 425 | 522 | 1152 | 609 | 1300 | 698 | 1899 | 792 | 2094 | 871 | 2328 |
| 石阡县 | 276 | 322 | 387 | 1166 | 452 | 1453 | 542 | 1761 | 615 | 1961 | 683 | 2176 |
| 思南县 | 254 | 300 | 368 | 996 | 434 | 1112 | 523 | 1772 | 600 | 1967 | 668 | 2183 |
| 印江县 | 261 | 303 | 372 | 1304 | 440 | 1567 | 664 | 1787 | 603 | 1953 | 665 | 2176 |
| 德江县 | 243 | 283 | 350 | 1278 | 414 | 1512 | 478 | 1763 | 591 | 1967 | 660 | 2186 |
| 沿河县 | 255 | 304 | 371 | 1181 | 437 | 1407 | 505 | 1790 | 596 | 1980 | 664 | 2175 |
| 松桃县 | 251 | 296 | 368 | 1083 | 435 | 1300 | 529 | 1729 | 592 | 1948 | 659 | 2176 |
| 万山区 | 247 | 293 | 359 | 1385 | 423 | 1591 | 533 | 1890 | 612 | 2061 | 700 | 2310 |
| 碧江区 | 375 | 435 | 533 | 1385 | 631 | 1604 | 775 | 1846 | 846 | 2196 | 941 | 2443 |

## (二) 贵州片区个人筹资标准档次测算

由8-10测算出的贵州片区个人筹资额得知,随着城乡居民个人纯收入的增加,片区个人筹资能力也在提高。取100的整数,个人筹资标准在1000元以内,每增加100元向上调一档,个人筹资标准在1000元以上时,每500元向上调一档。为体现应保尽保原则,结合贵州省低收入情况,设计贵州片区城乡居保个人筹资的标准及档次。2009—2011年,农村居民缴费档次为5档(100—500元),即100元、200元、300元、400元、500元。统筹考虑城乡居民筹资,2012—2014年,个人筹资档次/标准可确定为10档(200—1500元),即200元、300元、400元、500元、600元、700元、800元、900元、1000元、1500元。2015—2016年,个人筹资标准可确定为11档(200—2000元),即200元、300元、400元、500元、600元、700元、800元、900元、1000元、1500元、2000元。

表8-11  贵州片区个人筹资档次/标准测算

| 2009—2011年 | 2012—2014年 | 2015—2016年 |
|---|---|---|
| 5档(100—500元):100元、200元、300元、400元、500元 | 10档(200—1500元):200元、300元、400元、500元、600元、700元、800元、900元、1000元、1500元 | 11档(200—3000元):200元、300元、400元、500元、600元、700元、800元、900元、1000元、1500元、2000元 |

## （三）个人最大缴费率、最小缴费率以及最大缴费能力

在表 8-11 的基础上，进一步测算出武陵山贵州片区城乡居保个人最大缴费率、最小缴费率以及最大缴费能力。2009 年个人最小缴费率为 0.033，最大缴费率为 0.136，最大缴费能力为 0.185。2010 年个人最小缴费率为 0.029，最大缴费率为 0.112，最大缴费能力为 0.19。2011 年将城镇居保考虑在内，农村居民最小缴费率为 0.048，最大缴费率为 0.12，最大缴费能力为 0.198。2012 年个人最小缴费率为 0.04，最大缴费率为 0.121，最大缴费能力为 0.199。2013 年个人最小缴费率为 0.037，最大缴费率为 0.13，最大缴费能力为 0.2。2014 年个人最小缴费率为 0.035，最大缴费率为 0.129，最大缴费能力为 0.21。2015 年个人最小缴费率为 0.084，最大缴费率为 0.127，最大缴费能力为 0.241（见图 8-5）。

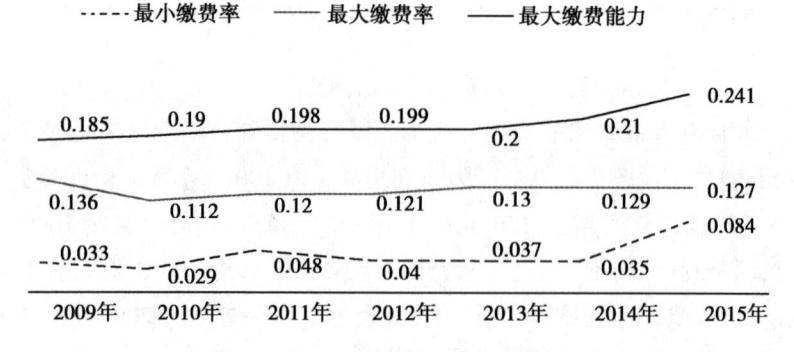

图 8-5 贵州片区个人最小/最大缴费率以及最大缴费能力

图 8-5 中，2009—2015 年，贵州片区个人最大缴费能力在最大缴费率之上。2010 年最小缴费率小于 2009 年，2011 年和 2012 年最小缴费率大于 2010 年。这是由于最低缴费标准 2009 年和 2010 年为 100 元，2010 年农村居民收入上升。2011 年最低筹资标准调整为 200 元，最小缴费率有所上升，之后，随着收入的增加，最小缴费率下降。这表明，如果城乡居保个人最低标准不随居民收入的增长提高的话，居民的最低缴费率将越来越低。另外，由于居民纯收入与居民消费支出的差额越来越大（边际消费递减规律），最大缴费能力与最大缴费率的差距加大，居民的缴费能力更强。这给我们的启示是，提高城乡居民基本养老保险参保率，重要的任务之一在于加强制度和政策的宣传，强化居民的社会化养老意识。

## 五　结论

第一，按照农村人均纯收入的10%作为个人筹资标准是可行的。由于武陵山片区多是农业县，城镇化水平低，农村居民成为城乡居保的绝对主体。因此，在进行筹资标准测算时主要以农村居民收入为依据。

第二，武陵山片区个人最大能力远远大于最小缴费率，且不同程度地大于最大缴费率。这表明，现行城乡居民有筹资能力。

第三，收入的变动会导致最小缴费率、最大缴费率以及最大缴费能力等三个指标变化，因而，个人筹资标准和档次应相应变动，总体上保持筹资能力的相对稳定。

第四，武陵山片区城乡家庭之间收入不均等，收入越不均等，筹资的档次越多，筹资标准拉开的距离越小。

第五，将武陵山片区最低收入户的情况考虑在内，从2012年开始，个人最低筹资标准可以为200元。这样既可以壮大养老基金规模，同时更有利于保障参保居民老年的基本生活。

第六，虽然说武陵山片区整体上经济发展水平差距不大，但四个小片区各县的收入存在差距，因而各小片区在档次设置的方面应该有所不同。以2015年为例，湖南片区各县居民收入差距最大，设置13档比较合理。而湖北和贵州片区各县的收入差距比较小，设置11档较合理，重庆片区为12档。

# 第九章

# 武陵山片区城乡居民基本养老保险财政筹资分析

## 第一节 城乡居民基本养老保险财政筹资的必要性

### 一 个人养老问题的短视行为

养老是每个人必须正视的现实问题,在很长的时间内,我国大多数居民特别是劳动者主要依靠就业期间的储蓄实现自我养老。但是,并不是所有的劳动者都能合理地安排好生命周期中的即期消费和远期消费的关系,在处理现时消费和退休储蓄的问题上并非所有劳动者的选择都是符合理性的选择,不少劳动者存在不顾长远利益而只局限于眼前利益的短视行为。个人在养老问题上的短视,会导致老年收入不足或老年贫困,特别是在工业社会,这种结果具有负外部性。公共经济理论认为,针对市场失灵,强势政府介入是必要的。强大的政府可以像父辈关爱子女一样关爱人们,能利用其权力优势在全社会成员归集人们的养老风险,并且在全社会范围内分散养老风险。政府按照"大数法则"设立一个强制性缴费的公共养老计划,不仅能保证社会成员"老有所养",而且成为社会的"稳定器"。那么,为什么个人会出现在养老问题上的短视行为?可以从精算和经济学的角度找到答案。

两期OLG模型将一个人一生分为"青年期"和"老年期",在青年期精力充沛,进行劳动并为老年过上正常生活进行储蓄,在老年期退出劳动市场,靠青年期的储蓄生活。假定个人退出劳动市场后所需要的储蓄额为 $A$,维持生活所需的每年开支为 $B$,老年维持生活的开支与年轻时的储蓄现值相等。$ä_x$ 为从 $X$ 岁开始动用养老储备金,每年初领取一元的终身生存年金的现值。$\phi$ 为终极寿命，$\partial$ 为 $X$ 岁的人在 $K$ 期极然存活的概率，$1/(1+i)$ 为利率贴现系数。则有：

$$A = B \times \ddot{a}_x = B \times \sum_{k=0}^{\phi-x} \left(\frac{1}{1+i}\right)^k \times \vartheta$$

很显然，影响个人老年生活的储蓄额包括生命余数、利息、未来资金现值等因素，而这些因素的评估往往是个人难以驾驭的。个人有可能低估通胀对货币购买力的腐蚀，对可能的负利率认识不够。利率市场化改革冲击人们对传统利率的认识，个人难以对未来贴现值给予科学的估计。同时，个人也难以对生存余数做出精准的估算。除此之外，还有部分人重视当前生活的享受，持今朝有酒今朝醉的生活态度。以上种种，导致了个人对待养老问题的短视，从而需要政府主导公共养老计划的建设。

## 二 城乡居民基本养老保险制度的外部性

### (一) 外部性对效率和供给的影响

外部性是西方经济学中常见的概念，它是指单位经济主体在进行经济活动时，不仅带给自身的利润或成本，还给周围的主体带去成本或利润。布坎南最早用生产函数对外部性经济进行了科学的解释：$Ua = U(X_1, X_2, X_3, \cdots, X_n, Y)$，某一企业或生产单位 A 的效用，不仅受到其直接控制的要素 $X_1, X_2, \cdots, X_n$ 等的影响，还受到其他经济主体控制 Y 因素的影响，其他经济主体如 B 的这一行为不受 A 的控制，但却影响着 A 的个人效用。兰德尔认为外部性是用来表示"当一个行动的某些效益或成本不在决策者的考虑范围内的时候所产生的一些低效率现象，也就是某些效益被给予，或某些成本被强加给没有参加这一决策的人"。用数学语言来表述，所谓外部效应就是某经济主体的福利函数的自变量中包含了他人的行为，而该经济主体又没有向他人提供报酬或索取补偿。即：

$$F_j = F_j(X_{1j}, X_{2j}, \cdots, X_{nj}, X_{mj}) \quad j \neq k$$

这里 $j$ 和 $k$ 是指不同的个人（或厂商），$F_j$ 表示 $j$ 的福利函数，$X_i(i = 1, 2, \cdots, n, m)$ 是指经济活动。函数表明，只要某个经济主体 $F_j$ 的福利受到他自己所控制的经济活动 $X_i$ 的影响外，同时也受到另外一个人 $k$ 所控制的某一经济活动 $X_m$ 的影响，就存在外部效应。

外部性导致经济主体的成本不能真实反映生产要素的价格。当 A 主体的活动对外生产正外部经济性时，不仅 A 受益于该经济活动，A 以外的与该活动相关的主体也从中受益,这种情况产生了整体效益大于私人效益的结果。而 A 的经济活动产生负外部性时,仅有 A 从此项经济活动中受益,A 以外的与该活动相关的主体获得了负效应,这种情况产生了整体效益小于私人效益的后果。现代经济学原理表明,不管是正外部性还是负外部性,其结果都会导致经济活动缺乏效率或使资源配置远离最优状态,外部性的存在会导致行为主体不能将经济活动的消极或积极的后果完全内部化。图 9-1 和图 9-2 分别分析了正外部性和负外部性对供给的影响。

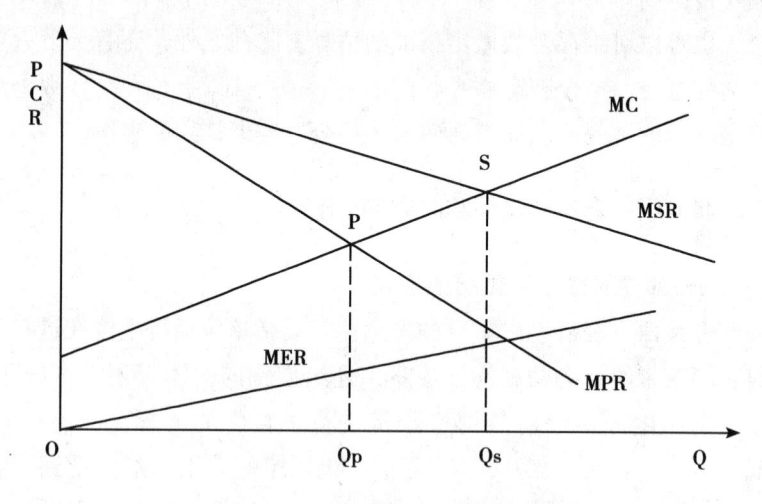

图 9-1 正外部性对供给的影响

图 9-1 中,MPR 为私人边际收益,MSR 代表社会边际收益。正外部性产生时,MSR > MPR(社会边际收益大于私人边际收益),正外部性收益为 MER(MER = MSR - MPR)。由社会边际收益与 MC 决定的最优产量为 $Q_S$,由社会边际收益与 MC 决定的最优产量为 $Q_P$。$Q_P < Q_S$,该经济主体提供的产品或服务不能满足社会的需要。

图 9-2 中,MPC 为私人边际成本,MSC 代表社会边际成本。负外部性产生时,MSC > MPC(社会边际成本大于私人边际成本),负外部性收益为 MEC(MEC = MSC - MPC)。由私人边际(MPC)与 MR 决定的最优产量为 $Q_P$,由社会边际成本(MSC)与 MR 决定的最优产量为 $Q_S$。$Q_P > Q_S$,该经济主体提供的产品或服务超出了社会的需求。

由于不需要经济主体或个人承担负外部性,必然引致"过度消费"(over consumption),而由于有益外部性商品带来的收益并不能被个人独

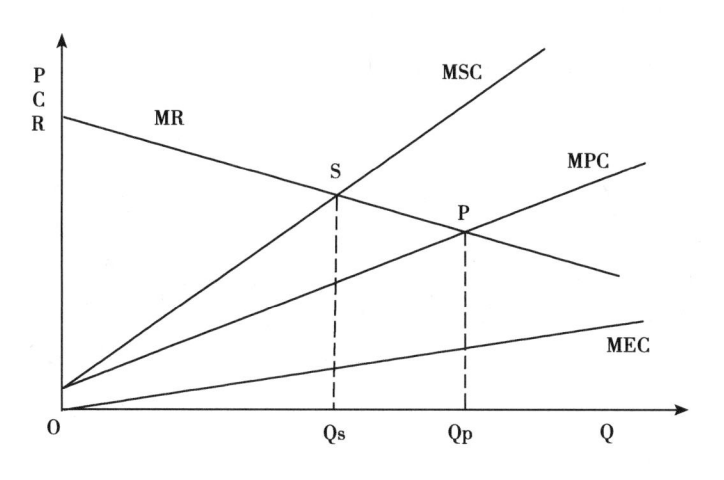

图 9-2　负外部性对供给的影响

占,经济主体或个人通常在一定程度上不愿意做出"外部经济"的消费行为,经济上称此为"不充分消费(under consumption)"。由此可见,一般"好"的外部性供应得"少",而"坏"的供应得"多"。外部性的存在会导致市场对于资源的配置效率下降,无法实现帕累托最优,仅靠市场机制往往不能促使资源的最优配置和社会福利的最大化,需要市场以外的政府力量进行适度的干预。

**(二)城乡居民基本养老保险制度的外部性效应**

养老保险制度具有外部经济效应。养老保险公司提供的养老保险制度,取得私人利益和社会总收益不一致。居民在购买养老保险时也存在外部性,部分收益外溢到社会。养老保险正外部效应表现为两个方面:一是发挥"稳定器"功能。养老保险通过提供老年生活的基本保障金,有效地防范老年养老风险。同时,养老保险制度是在再分配领域内的介入,能缩小市场竞争引起的贫富差距,缓和阶层矛盾,实现社会公平。二是发动力机制作用。在基金积累模式下的养老保险制度,大量的基金积累可以直接或间接进入再生产过程,有利于扩大社会再生产,刺激内需。同时,数量可观的养老保险基金对国家资本市场产生很大的影响。庞大的养老保险基金既能支撑经济发展又能成为调节经济波动的蓄水池。[1] 据统计,实行

---

[1] 刘海英:《城乡居民基本养老保险的财政激励机制研究——基于效率与公平双重价值目标考量》,《中州学刊》2016 年第 2 期。

完全积累制的智利和新加坡等国家，累计的养老保险基金已占 GDP 的 40%以上。①

养老保险的正外部效应有利于实现社会福利的增大。但是，由图 9-1 和图 9-2 可知，养老保险公司依据私人边际收益（$MPR$）等于边际成本（$MC$）的原则确定的供给量，不能满足社会需求量。如果出现外溢性巨大的极端情况，私人养老保险公司会放弃交易行为。那么，如何发挥政府的积极作用弥补养老保险市场的失灵问题？公共经济理论认为，干预外部性的方法有两种：一是政府实行税收优惠政策；二是由政府根据社会边际收益等于社会边际成本的原则，确定最优养老保险供给量，建立人人参与的基本养老保险制度。图 9-3 是关于政府养老保险外部性修正的措施。

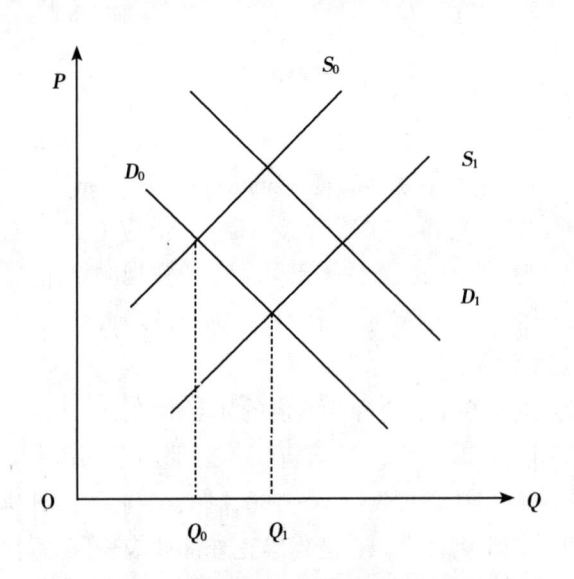

图 9-3　政策对养老保险外部性的修正

图 9-3 中，政府可以从两个方面增加养老保险供给。一是对养老保险公司给予税收优惠政策。税收优惠提升了保险公司的利润，当养老保险公司获得的私人效应接近或等于社会效应时，外部效应转化为企业内部效应，激发了保险公司增加养老保险供给的行为，保险公司的供给曲线由 $S_0$ 移至 $S_1$。二是给予养老保险需求者缴费补贴。政府的缴费补贴，使得消

---

① 李樱瑛：《中国农村社会养老保险的外部性分析》，硕士学位论文，上海交通大学，2008 年。

费者的需求曲线由 $D_0$ 移到 $D_1$。在政府介入以前，由 $S_0$ 与 $D_0$ 决定的均衡产量为 $Q_0$。在政府介入以后，由 $S_1$ 与 $D_1$ 决定的均衡产量为 $Q_3$，养老保险供给量增加了 $Q_0Q_3$。很显然，政府对养老保险外部性的干预，优化了资源的配置效率，增加了社会总福利。

### 三 城乡居民基本养老保险制度的准公共品属性

公共品是与私人品对立的概念，它是这样一种产品：每一个人对这种产品的消费并不减少任何他人也对这种产品的消费，公共品具有非竞争性和非排他性的特征（萨缪尔逊，1954）。非竞争性是指增加一个人的消费不会导致供给者边际成本的增加。具体来说，非竞争性有两层含义，一是边际成本为零。二是边际拥挤成本为零。每个消费者的消费都不影响其他消费者的消费数量和质量。非排他性是指在消费公共品的过程中，不能将没有交费的人排斥在外，即使能排斥但为此付出的成本巨大。萨缪尔逊提出的同时具有非排他性和非竞争性的公共品，实则为纯公共品，函数表达式为 $X=X_i$，意味效用不可分割，作为整体提供给社会成员。由此，萨缪尔逊认为公共品存在"搭便车"现象，个人不交费也可以分享到公共品带来的好处，作为追求自身利益最大化的公众可能会隐藏自己对公共品的真实偏好（萨缪尔逊，1955）。"免费搭车"的公共品私人也不愿提供，无法用市场机制得以解决，必须发挥有形之手的作用。根据公共产品的特性，公共品分为纯公共产品和准公共产品。其中，纯公共品同时具有非竞争性和非排他性，由政府直接提供更有效率。准公共品介于纯公共品和私人品之间，同时具有竞争性和非排他性，或同时具有非竞争性和排他性。准公共品可以由政府和市场同时提供，也可以由政府提供但需要向公众收取部分费用。

城乡居民基本养老保险具有准公共品的特征。从非竞争性方面来看，它并不具备纯公共品完全的竞争性。当参保的对象达到一定规模时，在养老资源一定的情况下，增加一个人的消费则会影响其他经济主体的消费，边际成本和边际拥挤成本会有所增加，与纯公共品的边际成本和边际拥挤成本为零有所区别。从非排他性来看，城乡居民保险制度是以个人缴费为前提的，体现了权利与义务的对等。由于城乡居民基本养老保险制度的准公共品属性，如果完全由政府提供，会诱使制度被过度消费。而如果完全由个人负责养老问题，则制度难以建立起来，这也是我国的传统的农村养老保险制度之所以解体的重要原因。因此，具有准公共品的城乡居保制度的建立和巩固，政府的最有效的参与方式应是坚持制度建设的主导地位，同时给予适度的筹资支持。

## 第二节 武陵山片区城乡居民基本养老保险财政筹资的博弈分析

### 一 城乡居民基本养老保险财政筹资的博弈分析框架

养老保险制度体现"谁交费、准受益"的特征，具有准公共品性质。作为理性经济人，城乡居民在做出是否参保时，通常会进行成本和收益的比较，只有当居民认为参保合算时，才有可能选择参加城乡居保制度。经济合算意味参保居民获得的收益大于参保成本，通过个人长达15年的缴费，在年满60周岁能获得老年基本生活需要的保障。我国传统农村养老保险制度中，筹资渠道主要源于个人，按照相关规定，养老保险制度经费为"个人缴费为主，集体补助为辅，国家给予政策支持"。个人筹资的标准档次为2—20元十个档次。根据各地的缴费实践，农民选择2元居多，24元的年筹资额，农民60岁后每年可领取年42元的养老金。[①] 为分析农民是否选择参加社会养老保险制度，我们建立农民与财政的博弈分析框架。

假定：农民A和农民B有四种选择，建立财政筹资不参与的支付矩阵，见表9-1。

表9-1　　　　　　　　农民参保决策矩阵

|  |  | 农民B | |
|---|---|---|---|
|  |  | 参加 | 不参加 |
| 农民A | 参加 | (18, 18) | (18, 0) |
|  | 不参加 | (0, 18) | (0, 0) |

由表9-1可知，作为理性经济人A和B，在财政主体没有出资的情

---

[①] "中国社会科学院农村社会保障制度研究"课题组：《积极稳妥地推进农村社会养老保险》，《人民论坛》2000年第6期。

况下，选择参保均能获得 18 元养老保险费，而如果选择不参加的话，则二者的收益为 0。很显然，即使财政不出资，农民 A 和 B 选择参加社会养老保险制度都是最优策略。但是，18 元的养老费不足以保证农民晚年的基本生活，制度收益过低，如果将通货膨胀等因素考虑在内，则 18 元的养老保险费更是杯水车薪。因此，过低的养老保险待遇，无论对农村中的高收入群体还是低收入群体都失去吸引力。根据民政部《2007 年民政事业发展统计报告》公布的数据，2007 年全国农村最低生活标准每月每人 70 元，这远远高于选择 2 元筹资标准的养老金待遇。由此看来，传统养老保险制度下，虽然农民选择参保是最优策略。但是，结合农村不同阶层农民的实际收入以及最低生活保障制度的实际，选择参保的农民并不多，以致传统的养老保险制度难以为继。

2009 年新型农村养老保险制度试点，筹资来源为"个人+政府+集体"。相对于传统农村养老保险制度，筹资主体由单一性向多样性转化。政府不仅承担了新农保制度的建设，还给予力度不小的财政支持。在"入口"端对选择 100 元参保的农民给予不少于 30 元的筹资资助，给予选择 500 元的参保者不低于 60 元的筹资资助。在"出口"端给予参保者规定标准的基础养老金。中央财政对中西部地区给予规定标准的全额数（70 元），东部地区给予 50%的基础养老金（35 元）。2011 年，城镇居民基本养老保险制度建立，对于参保的城镇居民实行财政资助，制度筹资来源为"个人+政府"。2014 年，新农保和城居保两项制度合并实施，在全国范围内建立统一的城乡居民基本养老保险制度（简称城乡居保）。参保居民可选择的筹资标准为 12 档，即每年 100 元、200 元、300 元、400 元、500 元、600 元、700 元、800 元、900 元、1000 元、1500 元、2000 元 12 个档次，省（区、市）人民政府可以根据实际情况增设缴费档次，最高缴费档次标准原则上不超过当地灵活就业人员。

在财政参与筹资的情况下，建立农民与财政筹资的博弈分析框架。

以一个 45 周岁的农民为例，假定此人选择最低档次的 100 元缴费，按照相关规定，可以获得地方财政 100 元的缴费补助。缴费 15 年后，年满 60 周岁领取基础养老金和个人账户养老金。其中，基础养老金为中央财政规定的金额，目前中部地区统一为 70 元。个人账户积累额为＝个人筹资额+政府筹资额+利息。

假定：平均息利为 3.5%，则

城乡居民养老保险金＝基础养老金（每人每月70元）＋个人账户养老金［（个人缴费＋政府补贴＋利息）÷139］

参保居民实际获得的养老金＝70元基础养老金＋［（100元个人缴费＋30元政府补贴）×15年＋646.2元利息］÷139＝73.6元

城乡居民作为理性经济人，结合家庭收入及最低生活保障制度政策情况，做出"参加"或是"不参加"的选择，建立表9-2的支付矩阵。

表9-2　　　　　　　　　财政参与下的支付矩阵

|  |  | 政府 | |
|---|---|---|---|
|  |  | 补助 | 不补助 |
| 居民A | 参加 | (783.2, -690) | (223.2, 0) |
|  | 不参加 | (0, 0) | (0, 0) |

由表9-2可知，在财政参与筹资的情况下，居民A选择参加100元的城乡居保费，实际获得的收益为783.2元。如果居民A选择不参保，在有财政加入的情况下，由居民A的收益为0。如果财政不实行补助，居民A选择参加100元筹资的养老保费，则所获得实际年净收益为223.2元。居民A在政府不资助情况下选择不参保，则实际净收益为0；由此可见，不管财政补助与否，居民A选择参保均能获得净收入。相比较而言，政府资助所获得的净收益更大，选择参保的可能性更高。从而在理论上，在有政府资助的情况下，个人选择参加城乡居保制度是最优选择。但是，现实情况是，如果筹资采取完全自愿原则，城乡居民的参保积极性并不高。当前城乡居民养老金月人均81元。而民政部数据显示，2016年11月，全国平均城市、农村低保标准分别为每人每月326.98元、164.8元。武陵山片区平均城市、农村低保标准分别为每人每月283元、145元。

表9-3　　　　　　2016年11月武陵山片区城市平均低保　　　　单位：元

| 县市 | 月平均低保 | 县市 | 月平均低保 | 县市 | 月平均低保 | 县市 | 月平均低保 |
|---|---|---|---|---|---|---|---|
| 恩施市 | 286.22 | 城步县 | 241.03 | 通道县 | 252.17 | 彭水县 | 334.95 |
| 利川市 | 265.51 | 武冈市 | 239.00 | 洪江市 | 261.72 | 武隆县 | 373.59 |
| 建始县 | 403.36 | 桃源县 | 283.26 | 新化县 | 247.20 | 黔江区 | 349.03 |
| 宣恩县 | 352.37 | 永定区 | 255.38 | 冷水江市 | 287.65 | 丰都县 | 367.28 |
| 咸丰县 | 293.96 | 武陵源区 | 303.79 | 涟源市 | 255.07 | 正安县 | 316.16 |

续表

| 县市 | 月平均低保 | 县市 | 月平均低保 | 县市 | 月平均低保 | 县市 | 月平均低保 |
|---|---|---|---|---|---|---|---|
| 来凤县 | 257.34 | 慈利县 | 293.80 | 吉首市 | 229.92 | 道真县 | 282.11 |
| 鹤峰县 | 262.38 | 桑植县 | 239.86 | 泸溪县 | 232.21 | 务川县 | 213.57 |
| 仙桃市 | 210.18 | 鹤城区 | 241.56 | 凤凰县 | 243.84 | 凤冈县 | 273.52 |
| 秭归县 | 253.84 | 中方县 | 258.62 | 花垣县 | 230.04 | 湄潭县 | 381.11 |
| 长阳县 | 261.81 | 沅陵县 | 251.38 | 保靖县 | 241.76 | 余庆县 | 393.59 |
| 五峰县 | 252.65 | 辰溪县 | 265.69 | 古丈县 | 248.53 | 碧江区 | 332.18 |
| 新邵县 | 235.82 | 溆浦县 | 250.23 | 永顺县 | 240.97 | 万山区 | 327.80 |
| 邵阳县 | 231.64 | 会同县 | 273.14 | 龙山县 | 230.20 | 江口县 | 326.59 |
| 隆回县 | 254.96 | 麻阳县 | 263.53 | 石门县 | 290.80 | 玉屏县 | 308.42 |
| 洞口县 | 231.60 | 新晃县 | 222.55 | 石柱县 | 346.44 | 石阡县 | 317.35 |
| 绥宁县 | 261.07 | 芷江县 | 259.50 | 秀山县 | 361.85 | 思南县 | 342.88 |
| 新宁县 | 313.99 | 靖州县 | 245.29 | 酉阳县 | 383.79 | 印江县 | 327.51 |
| 德江县 | 327.08 | 沿河县 | 300.48 | 松桃县 | 311.04 | | |
| 平均 | | | | 283 | | | |

资料来源：根据中华人民共和国民政部公布的数据整理：http://www.mca.gov.cn/article/sj/tjyb/。

表9-4　　　　　　2016年11月武陵山片区农村平均低保情况　　　　　单位：元

| 县市 | 月平均低保 | 县市 | 月平均低保 | 县市 | 月平均低保 | 县市 | 月平均低保 |
|---|---|---|---|---|---|---|---|
| 恩施市 | 109.91 | 城步县 | 119.51 | 通道县 | 114.60 | 彭水县 | 178.91 |
| 利川市 | 136.36 | 武冈市 | 128.34 | 洪江市 | 122.27 | 武隆县 | 223.16 |
| 建始县 | 231.76 | 桃源县 | 121.89 | 新化县 | 103.40 | 黔江区 | 217.11 |
| 宣恩县 | 154.85 | 永定区 | 126.18 | 冷水江市 | 166.67 | 丰都县 | 189.66 |
| 咸丰县 | 156.15 | 武陵源区 | 123.88 | 涟源市 | 120.41 | 正安县 | 148.48 |
| 来凤县 | 210.67 | 慈利县 | 119.36 | 吉首市 | 104.68 | 道真县 | 158.66 |
| 鹤峰县 | 117.15 | 桑植县 | 104.87 | 泸溪县 | 125.57 | 务川县 | 110.62 |
| 仙桃市 | 159.30 | 鹤城区 | 109.69 | 凤凰县 | 106.11 | 凤冈县 | 124.50 |
| 秭归县 | 113.79 | 中方县 | 118.93 | 花垣县 | 134.26 | 湄潭县 | 168.53 |
| 长阳县 | 153.55 | 沅陵县 | 110.26 | 保靖县 | 104.70 | 余庆县 | 248.54 |
| 五峰县 | 130.25 | 辰溪县 | 112.56 | 古丈县 | 120.53 | 碧江区 | 214.85 |
| 新邵县 | 111.56 | 溆浦县 | 112.94 | 永顺县 | 103.78 | 万山区 | 201.98 |
| 邵阳县 | 103.54 | 会同县 | 105.19 | 龙山县 | 102.28 | 江口县 | 195.67 |

续表

| 县市 | 月平均低保 | 县市 | 月平均低保 | 县市 | 月平均低保 | 县市 | 月平均低保 |
|---|---|---|---|---|---|---|---|
| 隆回县 | 145.01 | 麻阳县 | 119.88 | 石门县 | 126.00 | 玉屏县 | 189.74 |
| 洞口县 | 109.96 | 新晃县 | 105.67 | 石柱县 | 170.84 | 石阡县 | 174.95 |
| 绥宁县 | 140.52 | 芷江县 | 119.13 | 秀山县 | 189.09 | 思南县 | 186.32 |
| 新宁县 | 144.26 | 靖州县 | 112.73 | 酉阳县 | 214.74 | 印江县 | 170.93 |
| 德江县 | 200.63 | 沿河县 | 172.81 | 松桃县 | 190.41 | | |
| 平均 | | | | 145 | | | |

资料来源：根据中华人民共和国民政部公布的数据整理：http://www.mca.gov.cn/article/sj/tjyb/。

城乡居民养老金月人均 81 元，还不及低保的一半。吃低保反而比参加城乡居民养老保险制度好，低保户还有其他多方面的待遇。这让参加居民社会养老保险存在很多想法：参加社会养老保险不如找关系吃低保，而且低保标准年年增长，城乡居民养老保险水平却徘徊不前，这是不争的事实。据课题组通过有关地方社保局负责人了解到，每月 80 元的基础养老金，对很多适龄参保人员尤其是青年人员没有吸引力，有的在政策实施头两年参保缴费，结果出现很快就自动"断保"不再缴费的现象。

## 二　财政筹资的最优策略

从上面的分析发现，无论财政出资与否，选择参加养老保险制度都是农民的最优策略。在结合自身收入以及比较最低生活保障制度发挥的作用之后，大部分农民选择不参保或观望。财政筹资很明显提高了参保居民的收益，在一定程度上增加了城乡居保制度的吸引力。但是，通过课题组的调研发现，制度对 45 岁以下的中青年缺乏足够的吸力力。在农民收入一定的情况下，政府采取什么样的策略更优？本书通过建立一个双人博弈模型进一步分析。

### （一）双人博弈的构建

博弈主体：居民和政府；居民用 P 表示，政府用 G 表示。农民（P）有"参保""不参保"两种选择；政府（G）有"资助"和"不资助"两种选择。

相关假设：第一，城乡居保制度建立的条件是双方都愿意或是一方愿意承担未来参保居民的养老成本。政府筹资比例为 $q$，则居民筹资比例为

1-q（0<q<1），p+q=1，C 为城乡居保的全部成本。第二，政府和居民合作时建立起的城乡居保制度带来的社会福利为 $R_0$，任何一方单独行动时带来的社会福利为 $R_1$，且 $R_0>R_1$；当居民选择筹资时，政府要求较小的收益分享比例为 $P_1$。而在农民拒绝缴费时，政府要求较大的总收益分享比例为 $P_2$，即 $P_1<P_2$。

两阶段动态博弈：政府的策略空间为 $S_G$，政府的净收益为 $U_G$。城乡居民的策略空间为 $S_P$，城乡居民的净收益为 $U_P$。在此基础上建立的一个两阶段动态博弈为 $\{S_G, S_P; U_G, U_P\}$。其中，居民有"筹资"（$S_{P1}$）或是"不筹资"（$S_{P2}$）两种策略选择，便有 $S_P（S_{P1}, S_{P2}）$。政府有"筹资"（$S_{G1}$）或是"不筹资"（$S_{G2}$）两种策略选择，便有 $S_G（S_G, S_{G2}）$。当政府作出"筹资"选择策略时，居民可以做出"筹资"（$S_{P1}$）或是"不筹资"（$S_{P2}$）两种选择。而当政府作出"不筹资"选择策略时，居民可以做出"筹资"（$S_{P1}$）或是"不筹资"（$S_{P2}$）两种选择。图 9-1 是在基于上述假设的情况下，博弈的扩展形。

方案 1：如果政府选择"筹资"策略（$S_{G1}$），居民选择"筹资"策略（$S_{P1}$），则政府的净收益为：$U_{G1}=R_0P_1-qC$；居民的净收益为：$U_{P1}=R_0(1-P_1)-(1-q)C$；

方案 2：如果政府选择"筹资"策略（$S_{G1}$），居民选择"不筹资"策略（$S_{P2}$），则政府的净收益为：$U_{G2}=R_1P_2-C$；居民的净收益为：$U_{P2}=(1-P_2)R_1$；

方案 3：如果政府选择"不筹资"策略（$S_{G2}$），居民选择"筹资"策略（$S_{P2}$），则政府的净收益为：$U_{G3}=R_1P_1$；居民的净收益为：$U_{P3}=R_1(1-P_1)-C$；

方案 4：如果政府选择"不筹资"策略（$S_{G2}$），居民选择"不筹资"策略（$S_{P2}$），则政府的净收益为：$U_{G4}=0$；居民的净收益为：$U_{P4}=0$。

### （二）双人博弈的纳什均衡条件

令 $S=(SG_1-SP_1)$，根据表 9-2 以及方案 1 中的政府以及居民的净效益。$S$ 是双人博弈的帕累托最优均衡，这是政府希望看到的结果。即政府在参与筹资的同时，居民也愿意给予筹资。那么，在什么情况下城乡居民和政府的合作达到纳什均衡？根据上面的相关条件做进一步的分析。

第一，当居民"选择"筹资策略时，政府可以选择"筹资"和"不

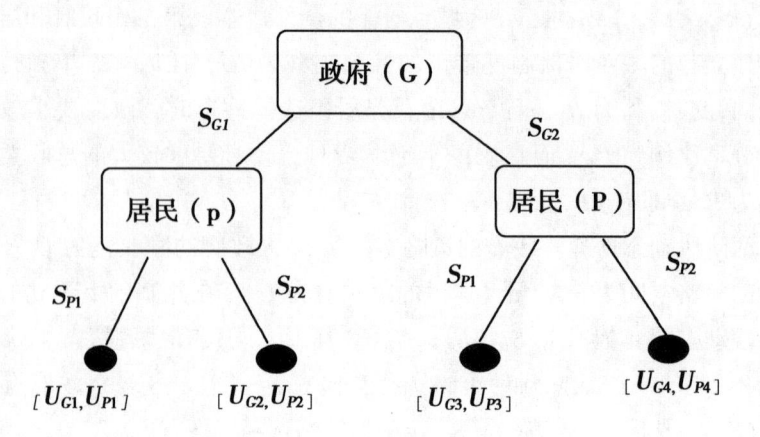

```
                    政府（G）
              S_{G1}        S_{G2}
          居民（p）           居民（P）
        S_{P1}   S_{P2}    S_{P1}   S_{P2}
        ●         ●          ●         ●
    [U_{G1},U_{P1}] [U_{G2},U_{P2}] [U_{G3},U_{P3}] [U_{G4},U_{P4}]
```

筹资"策略。选择"筹资"的净收益大于"不筹资"的净收益，为实现 S 纳什均衡的条件。则有：

$$R_1 p_1 < R_0 P - qc \qquad (1)$$

第二，农民的最优策略为：无论政府支持与否都选择筹资，总会有 $UP_2 < UP_1$，$UP_4 < UP_3$。则有：

$$R_0(1-P_1) - (1-q)C < (1-P_2)R_1 \qquad (2)$$
$$0 < (1-P_1)R_1 \qquad (3)$$

综合（1）（2）（3）可得：

$$(1-q)C < R0(1-P1) - (1-P2)R1 \qquad (4)$$
$$C < (1-P_1)R_1 \qquad (5)$$
$$qc < p_1(R_0 - R_1) \qquad (6)$$

由于 $R1 < R0$，则有 $C < (1-P_1)R_0 \qquad (7)$

S 成为该博弈的纳什均衡的条件为上式（4）—（7）。

## 三 结论

第一，从理论上看，无论财政筹资与否，选择缴费参保都是居民的最优策略。但是，政府选择"筹资"策略时，居民参保的积极性会更高。（4）式表明，政府选择财政资助时居民得到的净收益与财政不筹资时居民得到的净收益相比，二者之差大于居民负担的养老成本。

第二，为了最大限度地激励居民个人参保，政府可以制定弹性的筹资标准和档次，设置科学的筹资分摊比例。（7）式表明，有财政资助的城乡居民基本养老保险制度，参保居民所获得的收益大于全部的养老成本。

## 第三节　武陵山片区城乡居民基本养老保险财政筹资能力测算

### 一　财政收入与 GDP 相关性分析

经济快速增长，带来了财政收入大规模增加。2001—2015 年，武陵山片区财政收入从 592781 万元增加到了 4270701 万元（见图 9-4）。财政收入绝对额增加了 1566785 万元，片区财政收入年均增速达到了 14.07%。

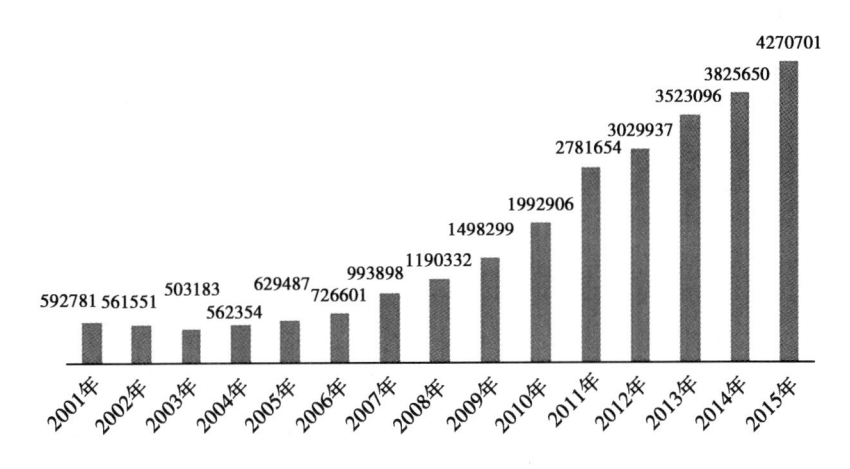

**图 9-4　2001—2015 年武陵山片区地方财政收入规模**（单位：万元）

财政收入来源于国内生产总值，其增长规模和速度受制于 GDP 的增长规模。为了解 GDP 对财政收入规模的影响，或是说用自变量 GDP 的变化预测因变量财政收入规模的变化，则需要进行回归分析。建立一元线性回归方程：

$$Y = b_0 + bX$$

其中，$b_0$ 是一个常数，$b$ 为回归系数。将财政收入作为因变量，GDP 为自变量。令 $Y$ 为武陵山片区地方财政收入，$X$ 为自变量 GDP。

表 9-5 给出了建立的回归方程的常数、回归系数、标准化回归系数以及对回归系数进行 T 检验的结果。结果显示，对回归系数的检验达到

了显著性水平,说明"GDP"对"财政收入"回归最显著,t(29) = 7.65,$P=0.00<.01$。

表 9-5　　　　　　　　　　　ANOVA (b)

| Model | | Sum of Square | df | Mean Square | F | sig |
|---|---|---|---|---|---|---|
| 1 | Regression | 1845.444 | 1 | 1845.444 | 58.673 | 0.000 (a) |
| | Residual | 900.534 | 29 | | | |
| | Total | 2745.978 | 30 | | | |

表 9-6　　　　　　　　　　　**Confficents**

| Model | | Unstandardize Confficents | | standardize Confficents | t | Sig |
|---|---|---|---|---|---|---|
| | | B | Std. Error | Beta | | |
| 1 | GDP | 0.223 | 10.235 | | 0.067 | 0.978 |
| | | 1.02 | 0.006 | 0.834 | 7.654 | 0.000 |

根据表 9-6 提供的信息,可以列出回归方程的表达式:

$$Y=0.223+1.02GDP$$

回归方程表明,财政收入较 GDP 以更快的速度在增长,GDP 增加 1 个百分点,武陵山片区财政收入增加 1.02 个百分点。随着我国经济的转型,GDP 增速在 6.5%—7% 之间波动,财政收入增速依然呈现增长趋势。因此,从与 GDP 的相关性来看,地方财政收入有能力保证城乡居民基本养老保险制度的建设和发展。

## 二　全国财政筹资能力测算

根据国家统计局公布的数据,2010 年,我国城乡居民基本养老保险参保人数 10276.8 万人,达到领取待遇年龄参保人数 2862.6 万人。其中,东部地区参保人数 3301.3 万人,达到领取待遇年龄参保人数 1004.6 万人。西部地区参保人数为 3712.6 万人,达到领取待遇年龄参保人数 977.2 万人。中部地区参保人数 3262.9 万人,达到领取待遇年龄参保人数 880.8 万人;2011 年,全国城乡居保参保人数 32643.5 万人,达到领取待遇年龄参保人数 8921.8 万人。其中,东部地区参保人数 11592.4 万人,达到领取待遇年龄参保人数 3242.7 万人。中部地区参保人数 12222.1 万人,达到领取待遇年龄参保人数3182.7万人。西部地区参保人数8829万人,达到领取待遇年龄参保人2496.4万人。

2012年,全国城乡居保参保人数48369.5万人,达到领取待遇年龄参保人数13382.2万人。东部地区参保人数16799.1万人,达到领取待遇年龄参保人数4423.2万人。中部地区参保人数17995.7万人,达到领取待遇年龄参保人数4507.5万人。西部地区参保人数13574.7万人,达到领取待遇年龄参保人数4451.5万人;2013年,参保人数49750.15万人,达到领取待遇年龄参保人数14122.4万人。其中,东部地区参保人数17095.4万人,达到领取待遇年龄参保人数5419.1万人。中部地区参保人数18423.1万人,达到领取待遇年龄参保人数4796.1万人。西部地区参保人数18521.9万人,达到领取待遇年龄参保人3907.2万人。2014年,参保人数50107.5万人,达到领取待遇年龄参保人数14741.7万人。其中,东部地区参保人数17192.5万人,达到领取待遇年龄参保人数5652.5万人。中部地区参保人数18521.9万人,达到领取待遇年龄参保人数5017.3万人。西部地区参保人数14393.1万人,达到领取待遇年龄参保人数4071.9万人。

2015年,参保人数50472.2万人,达到领取待遇年龄参保人数14800.3万人。其中,东部地区参保人数17283.6万人,达到领取待遇年龄参保人数5689.3万人。中部地区参保人数18607.6万人,达到领取待遇年龄参保人数5042.2万人。西部地区参保人数14581万人,达到领取待遇年龄参保人4069.1万人。

中央财政给予参保人规定标准的基础养老金,2010—2014年,中西部地区按55元的标准,东部地区给予27.5元的标准。2015年,中西部地区按70元的标准,东部地区给予35元的标准。则有:

2010—2014年:中央财政筹资额=东部达到领取待遇年龄参保人数×27.5+中西部达到领取待遇年龄参保人数×55

2015年:中央财政筹资额=东部达到领取待遇年龄参保人数×35+中西部达到领取待遇年龄参保人数×70

地方财政筹资额取决于参保者的个人参保档次,个人选择100元缴费时,则地方财政补助30元。个人选择500元缴费,则地方财政补助60元。现假定不考虑各地区的差异化规定,按照国家的统一规定测算地方财政筹资能力。则有:

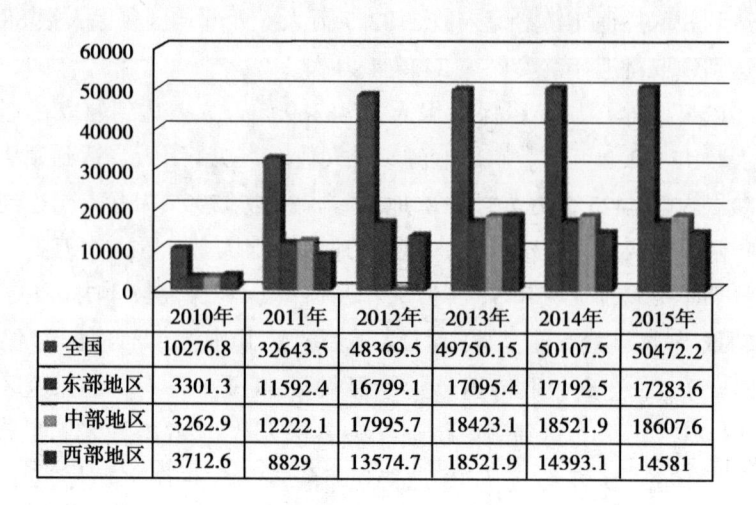

|   | 2010年 | 2011年 | 2012年 | 2013年 | 2014年 | 2015年 |
|---|---|---|---|---|---|---|
| 全国 | 10276.8 | 32643.5 | 48369.5 | 49750.15 | 50107.5 | 50472.2 |
| 东部地区 | 3301.3 | 11592.4 | 16799.1 | 17095.4 | 17192.5 | 17283.6 |
| 中部地区 | 3262.9 | 12222.1 | 17995.7 | 18423.1 | 18521.9 | 18607.6 |
| 西部地区 | 3712.6 | 8829 | 13574.7 | 18521.9 | 14393.1 | 14581 |

图 9-5　2010—2015 年城乡居民基本养老保险参保人数（单位：万人）

（1）当财政筹资为 30 元时

东部地区地方财政筹资额＝参保人数×30 元＋东部达到领取待遇年龄参保人数×35

中西部地区地方财政筹资额＝参保人数×30 元

地方财政筹资额＝东部地区地方财政筹资额＋中西部地区地方财政筹资额

（2）当财政补助为 60 元时

东部地区地方财政筹资额＝参保人数×60 元

中西部地区地方财政筹资额＝参保人数×60 元

地方财政筹资额＝东部地区地方财政筹资额＋中西部地区地方财政筹资额

依据上面给出的公式及条件，测算出财政筹资的具体数据见表 9-7。

表 9-7　　　　　　　城乡居保制度财政筹资额　　　　　单位：亿元；%

| 年份 | ①中央财政支持城乡居保额 | 地方财政支持城乡居保额 | | ④中央财政收入 | ⑤地方财政收入 | ①/④ | ②/⑤ | ③/⑤ |
|---|---|---|---|---|---|---|---|---|
| | | ②补助 30 元 | ③补助 60 元 | | | | | |
| 2010 | 12.98 | 30.83 | 61.66 | 42470 | 40610 | 0.04 | 0.07 | 0.14 |
| 2011 | 40.15 | 97.93 | 195.86 | 51306 | 52434 | 0.07 | 0.1 | 0.2 |
| 2012 | 61.44 | 145.11 | 290.22 | 56133 | 61077 | 0.1 | 0.4 | 0.8 |
| 2013 | 62.77 | 149.25 | 298.5 | 60174 | 68969 | 0.1 | 0.2 | 0.4 |

续表

| 年份 | ①中央财政支持城乡居保额 | 地方财政支持城乡居保额 | | ④中央财政收入 | ⑤地方财政收入 | ①/④ | ②/⑤ | ③/⑤ |
|---|---|---|---|---|---|---|---|---|
| | | ②补助30元 | ③补助60元 | | | | | |
| 2014 | 65.54 | 150.32 | 300.64 | 64490 | 75860 | 0.1 | 0.19 | 0.38 |
| 2015 | 68.31 | 151.42 | 302.84 | 69267 | 83002 | 0.09 | 0.18 | 0.36 |

资料来源：城乡居保参保人数及待遇领取人数的数据来源于《中国统计年鉴》（2011—2016）。

由表9-7可知：无论是中央财政的补"出口"，还是地方财政的补"入口"，财政均有完全的筹资能力。其中，中央财政的负担很轻，对城乡居保制度的支持占比为在0.1%之以内，地方财政的压力相对重些，但也不到0.5个百分点。从总体上，地方财政的负担不重，即使按照60元缴费资助，其资助占比保持在0.5%以内。但有一点不能忽视的是，对于农业人口大省，比如西部地区、武陵山片区等，农业人口多，地方财政的补贴是一笔不小的开支。

### 三 静态测算武陵山片区财政筹资能力

武陵山片区分湖南、重庆、湖北以及贵州等四个片区，由于各省财政筹资主体负担的比例不同，在测算的过程中，对4个小片区分开进行。《意见》规定，城乡居保制度的参保对象需要满足三个条件：其一，年龄要求：年满16周岁；其二，身份要求：不是在校学生，不是国家机关和事业单位工作人员；其三，没有参加职工基本养老保险。依据这三项要求，考虑城镇居民数量不多的现实以及数据的可得性，本书做了四个假设：

假设一：假设武陵山片区农村15—59岁劳动年龄人口全部参保。

假设二：武陵山片区15—59岁劳动年龄人口占农村总人口比例，与各省15—59岁劳动年龄人口与总人口比例保持一致。

假设三：参保居民均选择最低档次100元的缴费。事实上，课题组在调研中发现，片区个人基本上选择最低缴费标准。

假设四：对两类标准的财政补助进行测算，一种情况为最低补助人均30元，另一种情况最高补助人均60元。

#### （一）湖南片区财政筹资能力测算

湖南省对城乡居保制度的地方财政筹资主体的负担情况做了如下规定：30元的财政补贴适合100元和200元的个人缴费；40元的财政补贴

适合300元和400元的个人缴费；60元的财政补贴适合500元及以上的个人缴费。省财政和县（市、区）财政主体的负担情况为：对于30元的财政补贴，20元由省财政负担，剩余的10元由县（市、区）财政负担；对于40元的财政补贴，28元由省财政负担，剩余的12元由县（市、区）财政负担；对于60元的财政补贴，40元由省财政负担，剩余的20元由县（市、区）财政负担。

表 9-8　　　　　　　　湖南片区地方财政主体筹资情况　　　　　单位：人/年

| 个人缴费标准 | 财政补贴 | 地方财政补贴额 | | |
|---|---|---|---|---|
| | | 省财政 | 市（县）财政 | 县财政 |
| 100元、200元档 | 30元 | 20元 | — | 10元 |
| 300元、400元档 | 40元 | 28元 | — | 12元 |
| 500元及以上 | 60元 | 40元 | — | 20元 |

根据2016年《湖南统计年鉴》公布的数据，当年湖南武陵山片区农村总人口为1128.05万人。则进入财政补贴的人数为1128.05万人×63.26%，为713.6044万人。

表 9-9　　　　　　2015年湖南片区财政筹资负担能力测算

| | 农村人口数（万人） | (16—59)农村人口数（万人）=农村人口数×63.26% | 县财政补贴（万元）① | 省政府补贴② | ①/县（市）财政收入（%） | ②/省财政收入 |
|---|---|---|---|---|---|---|
| | | | 30元 | | | |
| 湖南片区 | 1128.05 | 713.6044 | 7136.044 | 17272.08 | 0.95 | 0.02% |
| 湘西自治州(8) | 146.73 | 92.8214 | 928.214 | 1856.428 | 0.272 | |
| 张家界市(4) | 84.41 | 53.3978 | 533.978 | 1067.956 | 0.27 | |
| 怀化市(12) | 279.89 | 177.0584 | 1770.584 | 3541.168 | 0.39 | |
| 石门县 | 36.43 | 23.0456 | 230.456 | 460.92 | 0.345 | |
| 安化县 | 63.84 | 40.3852 | 403.852 | 807.704 | 0.607 | |
| 娄底市(3) | 150.62 | 95.2822 | 952.822 | 1905.644 | 0.402 | |
| 邵阳市(8) | 404.91 | 256.1461 | 2561.461 | 5122.922 | 0.562 | |
| | | | 60元 | | | |
| | | 713.6044 | 14272.088 | 28544.2 | 1.9 | 0.04% |

2015年，按人均10元的财政补助计算，湖南片区县财政对16—59岁农村人口补贴总额为7136.044万元，占片区县市财政收入的0.95%。

按 20 元的财政补助计算，省财政对 16—59 岁农村人口补贴总额为 17272.08 万元，占湖南省财政收入的 0.02%；按人均 20 元的财政补助计算，片区县财政对 16—59 岁农村人口补贴总额为 14272.088 万元，占片区县市财政收入的 1.9%。按 60 元的财政补助计算，湖南省财政对 16—59 岁农村人口补贴总额为 28544.2 万元，占湖南省财政收入的 0.04%。可见，在农民选择 100 元或是 500 元缴费的情况下，无论是省财政，还是县级财政主体，对城乡居保支持的比例不到 2 个百分点，有完全的负担能力。

**（二）重庆片区财政筹资能力测算**

重庆片区确定 12 档，分别为 100 元、200 元、300 元、400 元、500 元、600 元、700 元、800 元、900 元、1000 元、1500 元和 2000 元，缴费档次由参保人自主选择。政府对参保人员缴费实行梯次补贴，补贴标准分别为一档 30 元、二档 40 元、三档 50 元、四档 60 元、五档 70 元、六档 80 元、七档 90 元、八档 100 元、九档 110 元、十档 120 元、十一档 130 元、十二档 140 元。财政筹资省、市（州、地）县各负担 10 元。

表 9-10　　　　　　　　　重庆片区财政筹资额　　　　　　单位：人/年

| 个人缴费档次及标准 | 财政补贴 | 地方财政筹资额 | | |
| --- | --- | --- | --- | --- |
| | | 省财政 | 市财政 | 县财政 |
| 100 元 | 30 元 | 10 元 | 10 元 | 10 元 |
| 200 元 | 40 元 | | | |
| 300 元 | 50 元 | | | |
| 400 元 | 60 元 | 30 元 | 30 元 | 30 元 |
| 500 元 | 70 元 | | | |
| 600 元 | 80 元 | | | |
| 700 元 | 90 元 | | | |
| 800 元 | 100 元 | | | |
| 900 元 | 110 元 | | | |
| 1000 元 | 120 元 | | | |
| 1500 元 | 130 元 | | | |
| 2000 元 | 140 元 | | | |

根据 2016 年《重庆统计年鉴》公布的数据，当年重庆片区农村总人

口为309.6万人,则进入财政补贴的人数为309.6万人×63.26%,为220.87万人。

表9-11 重庆片区财政筹资能力测算

| 30元 | | | 60元 | | |
|---|---|---|---|---|---|
| 农村人口数(万人) | | | 农村人口数(万人) | | |
| 黔江区 | 30.48 | | 黔江区 | 30.48 | |
| 丰都县 | 58.75 | | 丰都县 | 58.75 | |
| 武隆县 | 29.73 | 309.6万人 | 武隆县 | 29.73 | 309.6万人 |
| 石柱县 | 37.06 | | 石柱县 | 37.06 | |
| 秀山县 | 42.92 | | 秀山县 | 42.92 | |
| 酉阳县 | 60.91 | | 酉阳县 | 60.91 | |
| 彭水县 | 49.75 | | 彭水县 | 49.75 | |
| (16—59岁)农村人口数(万人)=农村人口数×71.34% | | | 220.87万人 | | |
| 省财政补助额(万元) | | 2208.7 | 省财政补助额(万元) | | 4417.4 |
| 市财政补贴额(万元) | | 2208.7 | 市财政补贴额(万元) | | 4417.4 |
| 县财政补贴额(万元) | | 2208.7 | 县财政补贴额(万元) | | 4417.4 |

2015年,按人均10元的财政补助计算,重庆片区省、市、县财政对16—59岁农村人口补贴均为2208.7万元。按人均20元的财政补助计算,重庆片区省财政对16—59岁农村人口补贴总额均为4417.4万元。其中,县财政的负担相对重些,用于城乡居保的财政占比为2.1%。

### (三) 湖北片区财政筹资能力测算

湖北片区缴费标准为每年100元、200元、300元、400元、500元、600元、700元、800元、900元、1000元、1500元、2000元共12个档次。对参保人员选择100元档次缴费标准的,补贴标准不低于每人每年30元;对选择200—400元档次标准缴费的,补贴标准不低于每人每年45元;对选择500元及以上档次标准缴费的,补贴标准不低于每人每年60元。缴费补贴由省和地方政府按2∶1负担。

表9-12 湖北片区地方财政主体筹资额　　　　　　　单位:人/年

| 个人缴费档次及标准 | 财政补贴 | | 地方财政筹资额 |
|---|---|---|---|
| 100 | 30元 | 20元 | 10元 |
| 200—400元 | 45元 | 30元 | 15元 |

续表

| 个人缴费档次及标准 | 财政补贴 | 地方财政筹资额 | |
|---|---|---|---|
| 500元及以上 | 60元 | 40元 | 20元 |

根据2016年《湖北统计年鉴》公布的数据，当年武陵山贵州片区农村总人口为260.73万人。则进入财政补贴的人数为260.73万人×73%，为190.3329万人。

表9-13　　　　　　湖北片区城乡居保财政筹资负担能力测算

| 30元 | | 60元 | | |
|---|---|---|---|---|
| 农村人口数（万人） | | 农村人口数（万人） | | |
| 秭归县 | 22.54 | 秭归县 | 22.54 | |
| 五峰县 | 11.98 | 五峰县 | 11.98 | |
| 长阳县 | 26.51 | 长阳县 | 26.51 | |
| 恩施市 | 37.11 | 恩施市 | 37.11 | |
| 利川市 | 40.2 | 260.73万人 | 利川市 | 40.2 | 260.73万人 |
| 建始县 | 26.65 | 建始县 | 26.65 | |
| 巴东县 | 27.86 | 巴东县 | 27.86 | |
| 宣恩县 | 20.27 | 宣恩县 | 20.27 | |
| 咸丰县 | 18.86 | 咸丰县 | 18.86 | |
| 来凤县 | 15.23 | 来凤县 | 15.23 | |
| 鹤峰县 | 13.52 | 鹤峰县 | 13.52 | |
| （16—59岁）农村人口数（万人）=农村人口数×73% | | 190.3329万人 | | |
| 省财政补助额（万元） | 3806.7 | 省财政补助额（万元） | 7613.3 | |
| 县财政补贴额（万元） | 1903.3 | 县财政补贴额（万元） | 3806.7 | |

2015年，按人均10元的财政补助计算，湖北片区县财政对16—59岁农村人口补贴总额均为1903.3万元，占片区账政收入比重不足0.5个百分点。省财政筹资额占省财政收入的0.76%；按人均20元的财政补助计算，重庆片区县财政对16—59岁农村人口补贴总额均为7613.3万元，占省财政收入不足1个百分点。其中，县财政的负担相对重些，但对城乡居保制度的补助仅占县财政收入的1.52%。

**（四）贵州片区财政筹资能力测算**

贵州片区缴费标准为每人每年100元、200元、300元、400元、500

元、600元、700元、800元、900元、1000元、1200元、1500元、2000元等13个档次。对选择100—400元档次标准缴费的，按每人每年30元给予补贴，省、市（州）和县（市、区、特区）人民政府各负担10元；对选择500—900元档次标准缴费的，补贴标准每人每年60元，省、市（州）和县（市、区、特区）人民政府各负担20元；对选择1000—2000元档次标准缴费的，补贴标准每人每年90元，省、市（州）和县（市、区、特区）人民政府各负担30元。财政筹资省、市（州、地）县各负担10元。

表9-14　　　　　　　　贵州片区地方财政筹资额　　　　　单位：人/年

| 个人缴费档次及标准 | 财政补贴 | 地方财政筹资额 | | |
| --- | --- | --- | --- | --- |
| 100—400元 | 30元 | 10元 | 10元 | 10元 |
| 500—900元 | 60元 | 20元 | 20元 | 20元 |
| 1000—2000元 | 90元 | 30元 | 30元 | 30元 |

根据同样的方法，测算出武陵山贵州片区的财政支出负担不到2个百分点，有完全的负担能力。

### 四　动态测算武陵山片区财政筹资能力

为准确把握财政筹资是否具有可持续性，有必要对武陵山片区财政收入进行时间序列分析。建立ARIMA时间模型预测未来10年的财政收入，进而确定财政筹资的可持性。

#### （一）原始数据的时间序列图

利用SPSS22绘制原始数据的时间序列图，如图9-6所示。

由图9-6可知，武陵山片区财政收入呈增长趋势，特别是2008年以后，呈现出强劲的增长势头。2008—2015年，武陵山片区财政收入平均每年增长40.28亿元，年均增速达19.2%，呈现加快增长趋势。从整个时间来看，武陵山片区财政收入时序序列呈现出指数增长的趋势，且非平稳性很强。

#### （二）对数据进行时间序列的预处理

为了将含指数趋势的时序列转化为线性趋势，对其进行对数化处理，然后进行差分消除线性趋势。取对数后的时间序列图如图9-7所示。

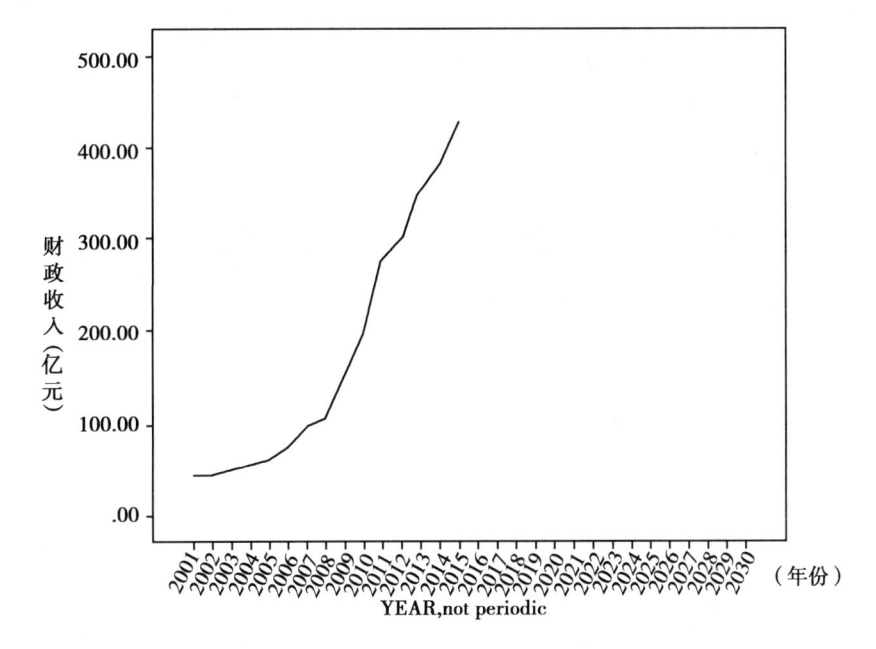

图 9-6　原始数据序列图

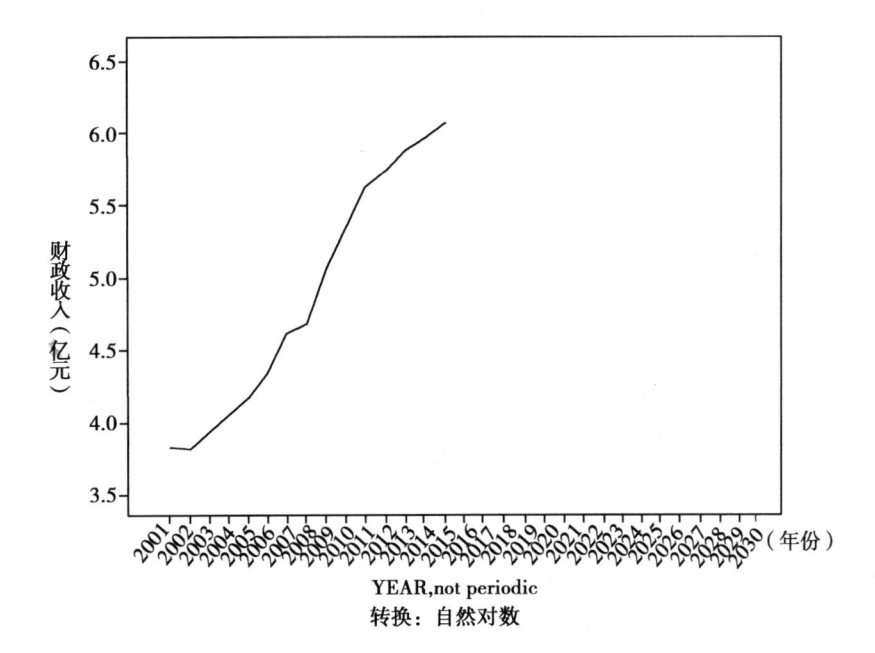

图 9-7　取对数后的时间据序列图

取对数后的序列图显示出了线性趋势,对该序进行取差分运算,一阶差分后,得出的时间序列图,前期波动大,后期波动大,且具有表现出了非平稳性的特别。为此,进行了三阶差分。

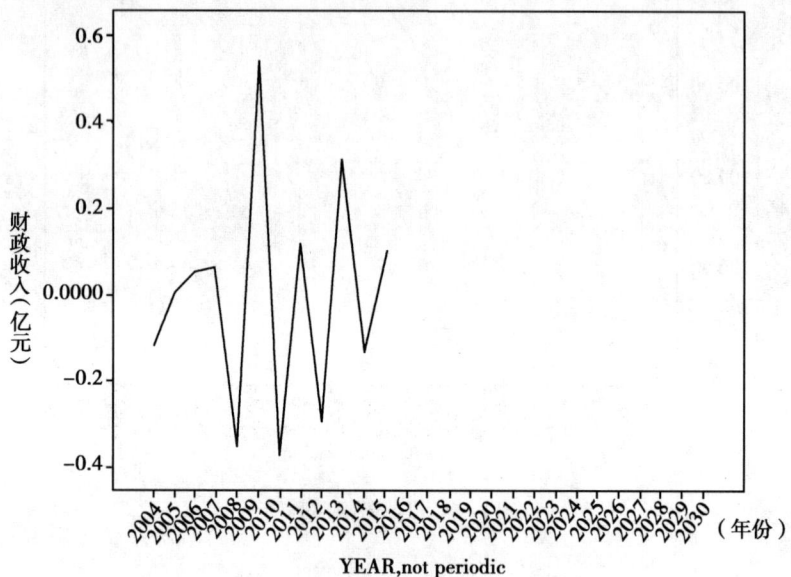

图 9-8 三阶差分时间序列图

由图 9-8 可知,三阶差分后,差分后的均值为-0.0003893,约等于0。这表明,数据基本符合平稳化、零均值化的要求,时间序列基本平稳,可以进行模型的识别定阶。

(三) ARIMA 模型的识别及定阶

由上述处理好的基本符合要求的数据,2001—2015 年武陵山片区各年财政收入取对数后三阶差分值序列,记为 $\{Xt\}$,利用 SPSS22 软件,计算该时间序列的自相关系数 ACF 和偏自相关系数 PACF,具体数值见表 9-15。

表 9-15 自动相关性

| 落后 | 自动相关性 | 平均数的错误[a] | 局部自动相关性 | Box-Ljung 统计资料 | | |
|---|---|---|---|---|---|---|
| | | | | 数值 | df | 显著性[b] |
| 1 | -0.795 | 0.289 | -0.795 | 9.661 | 1 | 0.002 |
| 2 | 0.527 | 0.434 | -0.287 | 14.330 | 2 | 0.001 |

续表

| 落后 | 自动相关性 | 平均数的错误[a] | 局部自动相关性 | Box-Ljung 统计资料 | | |
|---|---|---|---|---|---|---|
| | | | | 数值 | df | 显著性[b] |
| 3 | −0.461 | 0.485 | −0.444 | 18.298 | 3 | 0.000 |
| 4 | 0.459 | 0.520 | −0.124 | 22.726 | 4 | 0.000 |
| 5 | −0.374 | 0.553 | 0.024 | 26.079 | 5 | 0.000 |
| 6 | 0.188 | 0.574 | −0.291 | 27.067 | 6 | 0.000 |
| 7 | −0.055 | 0.579 | −0.101 | 27.170 | 7 | 0.000 |
| 8 | 0.047 | 0.579 | −0.031 | 27.262 | 8 | 0.001 |
| 9 | −0.041 | 0.579 | 0.011 | 27.354 | 9 | 0.001 |
| 10 | 0.020 | 0.580 | 0.177 | 27.388 | 10 | 0.002 |

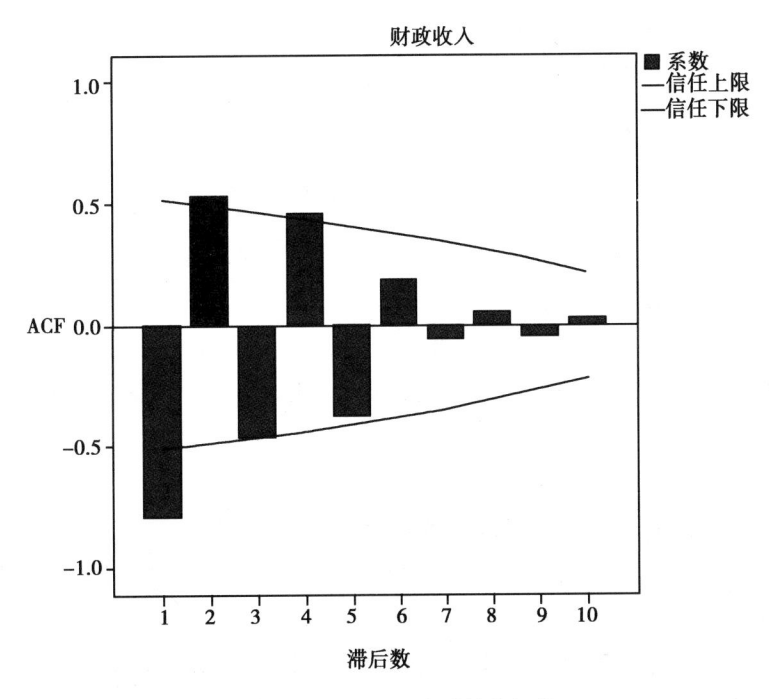

图 9-9　三阶差分时间序列的自相关 ACF

根据样本的 ACF 和 PACF 估计自相关阶数 p 和移动平均阶数 q。从三阶差分的自相关函数 ACF 和偏自相关函数 PACF 的数值可以看出，两者均表现出明显的拖尾性质，该时间序列适合 ARMA 模型。从图 9-9 和 9-

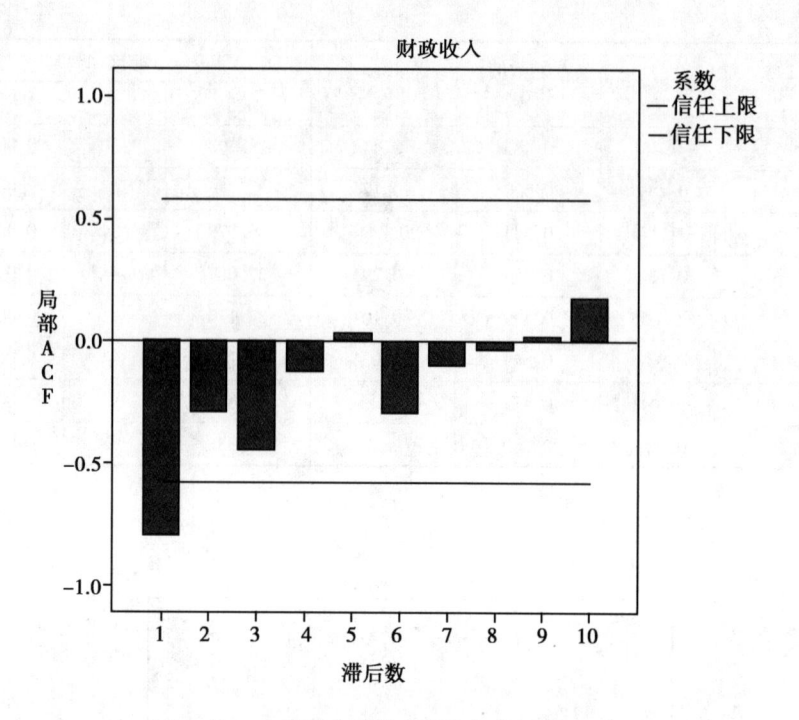

图 9-10　三阶差分时间序列的偏自相关 PACF

10看，自相关函数 ACF 和偏自相关函数 PACF 在 k=1 后开始衰减，因此确定模型的阶数为 p=1，q=1。

得到 ARIMA（1,1,1）模型为：

$$\Delta \ln Y_t = -0.964 - 0.211\Delta \ln Y_{t-1} + 0.342\Delta \ln Y_{t-2} + 0.005\varepsilon_{t-1} + 0.993\varepsilon_{t-2} + \varepsilon_t$$

**（四）ARIMA 模型的预测与分析**

由上述建立的武陵山片区财政收入的 ARIMA（1,1,1）模型可知，武陵山片区当期财政收入的增长与上期的财政收入、上期的扰动以及上期的随机因素有关。上期财政收入增长 1 个百分点，本期会增长 0.211 个百分点。上二期的财政收入增长 1 个百分点，本期会增长 0.342 个百分点。上期的随机因素分别为 0.005 和 0.993。通过对"预测值"进行保存，SPSS22 输出 2001—2030 年武陵山片区财政收入的实际值、预测值（见表 9-16）。

表 9-16　　武陵山片区财政收入的实际值、预测值及相对误差

| 年份 | 实际收入 | 预测收入 | 相对误差（%） | 年份 | 实际收入 | 预测收入 | 相对误差 |
| --- | --- | --- | --- | --- | --- | --- | --- |
| 2001 | 44.98 | 49.61 | 10.3 | 2016 | | 466.06 | |
| 2002 | 44.82 | 48.82 | 8.9 | 2017 | | 502.95 | |
| 2003 | 50.32 | 53.84 | 6.9 | 2018 | | 538.04 | |
| 2004 | 56.24 | 56.6 | 3.6 | 2019 | | 571.61 | |
| 2005 | 62.96 | 69.01 | 9.6 | 2020 | | 603.89 | |
| 2006 | 74.50 | 76.71 | 2.9 | 2021 | | 603.89 | |
| 2007 | 99.40 | 100.62 | 1.2 | 2022 | | 635.06 | |
| 2008 | 104.86 | 118.08 | 4 | 2023 | | 665.30 | |
| 2009 | 149.76 | 151.18 | 8.8 | 2024 | | 694.74 | |
| 2010 | 199.29 | 204.56 | 2.6 | 2025 | | 723.51 | |
| 2011 | 278.17 | 299.02 | 7.5 | 2026 | | 751.70 | |
| 2012 | 303.00 | 341.34 | 12.6 | 2027 | | 779.41 | |
| 2013 | 352.31 | 360.08 | 2.2 | 2028 | | 806.69 | |
| 2014 | 382.37 | 400.06 | 4.6 | 2029 | | 833.63 | |
| 2015 | 427.07 | 480.95 | 12.6 | 2030 | | 860.26 | |

对比2001—2015年财政收入的实际值和预测值，二者的相比误差很小，这说明该预测方法有效，预测结果合理。预测值和实际值之间的误差大部分年份在10个百分点以内，15年期间，平均误差为6.6个百分点。特别是2007年和2013年的相对误差仅为1.2个百分点和2.2百分点，差值非常小，效果令人满意。总体上，模型具有良好的预报效果，利用此模型预测算出来的2016—2030年的数据，到2030年，武陵山片区财政收入达到860.26亿元，是2001年财政收入的19倍，与城乡居保制度建立时期2014年的数据对比，2030年财政收入增长了近一倍。

图9-11分别给出了观察线、预测值以及95%的置信区，拟合图表明模型模拟效果良好。这表明，随着片区经济发展质量的提高，财政主体有完全的筹资能力。

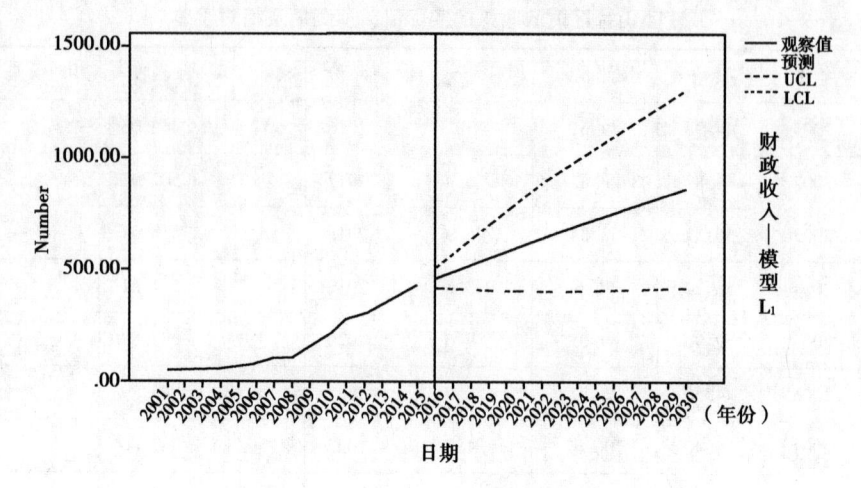

图 9-11 武陵山片区财政收入预测

# 第十章

# 武陵山片区城乡居民基本养老保险筹资原则分析

## 第一节 城乡居民基本养老保险筹资原则的演变

筹资原则属于社会养老保险筹资机制不可缺少的组成部分，体现了参保居民的主观意识。按照主观意愿的强烈程度，社会保险的筹资原则可以分为三类，即强制性原则、半强制性原则以及自愿性原则。从1986年开始的在少数地区实行的农村社会养老保险试点算起，我国针对农民的社会养老保险制度探索已经走过了30年历程，筹资原则经历了强制、自愿、半强制和自愿几个阶段。

### 一 探索阶段的强制原则

根据国家"七五"国民经济和社会发展计划提出的任务，1986年10月，民政部进行建立我国农村社会保障体系的探索。由于当时农村总体发展水平低，加上各地农村发展很不平衡。民政部选取了经济比较发达的农村地区，以社区为单位进行试点，按商业模式进行运作。到1989年6月，已有800多个乡、8000多个村开始实行社会养老保险制度，参加人数达90多万人，积累资金4100万元。这一时期农村养老保险的筹资机制采取"集体资助为主，个人不缴费"。养老金基金没有专门的机构进行监督，以村或镇为单位进行管理，投资方式一般是存入银行或用于当地经济发展。由于资金的来源不稳定，基金统筹低，基金流失严重，从而导致社区型养老保险筹资机制没有获得成功。

## 二　完善推广阶段的自愿原则

1991年，民政部针对各地探索中出现的问题，对农村养老保险的筹资问题及家庭养老的地位进行大量的研究，确定农村养老保险筹资机制采取"个人缴纳为主，集体补助为辅，国家予以政策扶持"，20周岁以上60周岁以下的本地农民，根据自己的收入情况选择缴费档次，缴费档次为每月2、4、6、8……20元。集体补助是养老保险资金的重要来源，补助资金主要从乡镇企业利润中支付。个人缴费和集体补助全部计入个人账户，基金实行完全积累的个人账户模式，产权归个人所有。国家财政不承担支付责任，但允许乡镇企业支付集体补助予以税前列支。农村养老保险资金实行三级管理，由专门的机构进行监管，资金存放在银行开设的农保基金专户，基金投资渠道主要是购买国债和银行存款。在国家的强力推动下，传统农村养老保险制度得到了迅速发展，参保人数由1994年末的3461万人上升到1998年年底的8025万人，农村养老保险基金滚存结余达166.2亿元。

## 三　停滞与整顿阶段的自愿原则

农村养老保险制度的完善推广阶段得到各地农民的积极响应，很重要的原因之一在于，当时个人账户的复利率较高。按照当初农保工作人员的宣传，承诺个人账户计息标准永远高于国家银行存款利率，并保证最低复利率为8.8%。[①] 但是，随着1996年利率的连续下调，农村养老保险个人账户利息在1997年达到峰值后（12%）开始一路下调，1999年下降到2.5%。个人账户资金利息大幅下滑，再加上农村养老保险基金还需要支付3%的管理费，这样，参保农民的实际收益非常小，参保农民因此失去了信心，全国各地出现了退保现象。随着制度的推进，农民的参保热情冷却，参保人数下降，由此导致了养老保险基金运行困难，一些地区农村社会养老保险工作甚至陷入停顿。1999年7月，国务院指出我国农村尚不具备普遍实行社会保险的条件，并对现有的业务开展整顿工作，并规定有

---

① 民政部、民政部关于印发：《农村社会养老保险养老金计发办法（试行）》的通知，http://www.chinalawedu.com/news/1200/23051/23053/23070/2006/3/zh27493249101360021246-0.Htm。

条件的地方可以过渡到商业保险。至此，农村社会养老保险业务基本处于停滞状态。到 2002 年年底，全国养老保险参保人数缩减到 5462 万人，仅相当于 1998 年（8025 万人）的七成左右。

## 四　新型农村养老保险制度阶段的半强制原则

随着我国老龄化问题的严重化和城乡居民收入差距的扩大化，家庭保障和土地功能的弱化，农民养老制度的供需矛盾成了制约我国全面建成小康社会的最大阻力。为了解决广大农民的老有所养问题，在总结地方农村养老保险制度创新经验的基础上，2009 年 9 月，国务院发布了《关于开展新型农村社会养老保险试点的指导意见》，决定在全国选取 10% 的县（市、区、镇）进行新型农村养老保险制度（新农保）进行试点。新农保的筹资来源采取"个人缴费、集体补助、政府补贴"，实行自愿原则。农民根据家庭收入情况选择要参保的档次，缴费档次标准设为每年 100 元、200 元、300 元、400 元、500 元 5 个档次，地方可以根据实际情况增设缴费档次，实行按年一次性缴费。地方财政对参保农民不低于每年 30 元的补贴标准，为体现多缴多得、长缴多得的原则，地方政府对于选择较高档次的，可以适当增加补贴标准。集体补助资金没有固定的标准，由村民委员会召开村民会议民主确定。

基金制实行"社会统筹与个人账户"相结合的制度，年满 60 周岁的参保农民，可以得到中央财政规定标准的基础养老金（中西部地区 55 元，东部地区 27.5 元）。个人账户资金由三部分组成，即个人缴费部分、集体补助部分以及地方政府补贴。个人账户产权属于自己，参保人在缴费期间死亡的，个人缴费全部本息可由其法定继承人或指定受益人继承，一次性退还给其法定继承人或指定受益人。参保人在领取养老金期间死亡的，个人账户的余额除政府补贴外，全部退给其法定继承人或指定受益人。个人账户储存额参考同期金融机构人民币一年期存款利率计息。值得一提的是，指导意见虽然规定农民按自愿原则选择参保与否。但实际上，制度实行时年满 60 周岁的农民可以领取基础养老金，而领取的条件是符合参保条件的子女必须参保。因而，新农保的原则为半强制性原则。

## 五 城镇居民养老保险制度试点的自愿原则

2011年7月1日,在全国全面试点推行城镇居民养老保险(城居保),城镇居民自愿参保,这是继2009年新农保试点后党中央、国务院为加快建设覆盖城乡居民的社会保障体系作出的又一重大战略部署。城居保是针对城镇年满16周岁(不含在校学生)非从业人员的一项制度,这项制度的全国试点推行,意味着人人"老有所养"的千年夙愿将基本得以实现。

城居保和新农保在制度模式、养老金待遇计发办法、财政补助形式以及个人账户和基金管理等方面相同。二者在筹资机制方面有3个区别:第一,筹资主体不同。新农保筹资主体为"个人+集体+政府",城居保的筹资主体为"个人+政府";第二,个人筹资标准不同。新农保个人筹资标准为100—500元五个档次,城居保个人筹资标准为100—1000元十个档次,第三,有无捆绑政策的规定区别。新农保规定,制度实施时60周岁以上老年人直接领取基础养老金,但符合条件的子女"应当参保",城居保没有采取新农保的家庭联动参保机制。

## 六 城镇居民基本养老保险制度的自愿原则

2014年2月7日,国务院总理李克强主持召开国务院常务会议,会议决定合并新型农村社会养老保险(简称新农保)和城镇居民社会养老保险(简称城居保),建立全国统一的城乡居民基本养老保险制度。城乡居民基本养老保险在制度模式、待遇给付方式等与合并前的新农保和城居保持一致,取消了新农保的捆绑政策,实行完全自愿原则。资金筹集渠道主要来自个人和财政,参保城乡居民60岁以后领取基础养老金和个人账户养老金。其中,基础养老金为70元,中西部地区由中央财政全额支付,东部地区中央财政支付35元。个人账户养老金取决于个人交缴、集体补助、其他社会组织资助以及投资收益。考虑到城乡居民收入的阶梯性,城乡居保设计了12个档次的缴费标准,100—1000元(每上升1档增加100元),1500元以及2000元。城乡居民自愿选择是否加入城乡居保,缴费档次根据家庭的实际情况自愿选择。

表 10-1　城乡居民基本养老保险制度筹资原则的演化过程

| 时间 | 筹资渠道 | 筹资原则 | 资金的管理 | 投资方式 | 筹资模式 | 特点 |
|---|---|---|---|---|---|---|
| 1980—1990年探索建立阶段 | 集体资助为主个人不缴费 | 强制原则 | 以村或镇为单位 | 银行存款 | 现收现付 | 资金的来源不稳定基金统筹低基金流失严重 |
| 1991—1998年完善推广阶段 | 个人缴纳为主集体补助为辅国家予以政策扶持 | 自愿原则 | 三级管理 | 国债和银行存款 | 完全基金制 | 个人账户利息复利计算,收入可观。集体所缴少,有的地区几乎为零 |
| 1999—2002年停滞与整顿阶段 | 个人缴纳为主集体补助为辅国家予以政策扶持 | 自愿原则 | 三级管理 | 国债和银行存款 | 完全基金制 | 基金贬值管理费重实际收益小 |
| 2009—2013年新型农村养老保险制度阶段 | 个人缴费、集体补助、政府补贴 | 半强制原则 | 省级统一预决算 | 国债和银行存款 | 社会统筹与个人账户 | 个人账户利息参照同期人民币1年期存款;筹资渠道多样化;筹资标准弹性和灵活化 |
| 2014年至今城乡居民基本养老保险制度 | 个人缴费、集体补助、政府补贴 | 自愿原则 | 省级统一预决算 | 国债和银行存款 | 社会统筹与个人账户 | 个人账户利息参照同期人民币1年期存款;筹资渠道多样化;筹资标准弹性和灵活化 |

## 第二节　武陵山片区城乡居民基本养老保险筹资原则实证分析

国家在建立城乡居保制度时,将筹资原则确定为自愿原则,参加与否或是选择哪一档次缴费标准,由城乡居民根据自己的意愿做出选择。其原因有两点,一是在传统养老方式在农村还高度认可的情况下,强行推行社会保险制度会招致农民的抵抗,不利于制度的建立及巩固。二是因为国家在推行新型农村合作医疗制度之初赋予农民自愿选择的权利,新农合制度得到了农民的普遍支持,农民参保积极性高,参保率达到了98%左右。虽然二者都属于保险制度,但还是有很大的区别。新型农村合作医疗制度当年缴费,次年在发生住院行为时,可以获得一定比例的费用报销,受益的时间跨度短。而城乡居保制度，参保居民需要缴满15年，60岁以后才能领取养老金，受益的时间跨度长。由于理性经济人的特征，在自愿原则的前提下，农民更倾向选择参加新农合制度，而非城乡居民基本养老保险制度。城乡居民基本养老保险制度能否如同新农合制度，完全的自愿原则也能实现制度的高覆盖率，筹资原则的类型对居民是否选择参保有多大程度的影响，如果制度开始规定强制性原则是否引起城乡居民的不适和反感，等等。针对这些问题，研究团队于2015年7—9月针对武陵山片区进行了调研实证。调查采用了面谈法和填写调研表格的形式。

## 一　制度运行及问卷调查分析

### （一）调查问卷内容

城乡居民基本养老保险制度运行情况调查（2015年7—9月）

1. 年龄（　　）岁（A.16—44岁，B.45—55岁，C.55岁以上）
2. 性别（　　）（A. 男，B. 女）
3. 居住地（　　）（A. 城市，B. 农村）
4. 目前是否参加城乡居保（　　）（A. 是，B. 否）
5. 如果没有参保，今后五年是否参保（　　）（A. 是，B. 有可能，C. 不是）
6. 家庭人均可支配收入（　　）元。（A. 3000—5000元，B. 5001—10000元，C. 10001—19000元，D. 20000元以上）
7. 家庭主要收入来源（　　）（A. 务农收入，B. 打工，C. 工薪收入，D. 其他经营收入）
8. 文化程度（　　）（A. 小学，B. 初中，C. 高中，D. 大专以上）
9. 你目前交的养老保险金额为（　　）元（A.100元，B. 200元，C. 300元，D. 400元，E. 500元，F. 500元以上）
10. 你对自己上交的养老保险金放心吗（　　）（A. 放心，B. 不完全放心，C. 不放心）
11. 你对城乡居民基本养老保险制度的政策了解吗（　　）（A. 了解，B. 不太了解，C. 不了解）
12. 你家的土地亩数（　　）（A.1亩以下，B.1—2亩，C.2—3亩，D.3亩以上）
13. 目前，你领取的养老金每个月是（　　）（A.55元，B. 55元以

上）

14. 你认为参加城乡居保最大的困难在于（　　）（A. 收入低，B. 待遇低，C. 对政府不信任，D. 已买其他保险）

15. 你是怎样缴纳城乡居保费的（　　）（A. 自己到固定地点，B. 相关人员上门收取，C. 其他）

16. 你主要通过何种渠道了解城乡居保的（　　）（A. 亲友，B. 电视网络，C. 报纸，D. 干部）

17. 你是否参加城乡居保与"强制原则"或是否"自愿原则"有关吗？（　　）（A. 有，B. 无，C. 影响不大）

18. 强制性筹资原则会引起你的反感吗？（　　）（A. 会，B. 不会，C. 无所谓）

19. 你选择缴费档次与政府补贴有关吗（　　）（A. 有，B. 没有）

20. 你对目前的基础养老金满意吗（　　）（A. 满意，B. 基本满意，C. 不满意）

### （二）样本来源和描述性统计

课题组对湖南武陵山片区 71 个县市以随机抽样原则共发放调查问卷 3000 份，收回 2800 份。在核查和数据处理过程中剔除了不合格问卷和极端值问卷 95 份，进入 SPSS16 数据库进行统计分析的有效问卷为 2705 份，有效问卷率为 90.17%。问卷总共设计了 20 个题目，问卷选项采用阿拉伯数字 1、2、3、4 等分别赋值，描述性统计如下：

表 10-2　　　　　　　　　变量赋值

| | Name | Type | Width | Dec... | Label | Values | Missing | Colu... | Align | Meas |
|---|---|---|---|---|---|---|---|---|---|---|
| 1 | nianling | Numeric | 8 | 0 | 年龄 | {1, 16-44... | None | 8 | Right | Scale |
| 2 | xingbei | Numeric | 8 | 0 | 性别 | {1, 女}... | None | 8 | Right | Scale |
| 3 | juzhudi | Numeric | 8 | 0 | 居住地 | {1, 农村}... | None | 8 | Right | Scale |
| 4 | canbao | Numeric | 8 | 0 | 是否参保 | {1, 是}... | None | 8 | Right | Scale |
| 5 | wuniancanbao | Numeric | 8 | 0 | 五年后是否参保 | {1, 是}... | None | 8 | Right | Scale |
| 6 | shouru | Numeric | 8 | 0 | 家庭收入 | {1, 2000-30... | None | 8 | Right | Scale |
| 7 | shourulaiyuan | Numeric | 8 | 0 | 家庭收入来源 | {1, 务农}... | None | 8 | Right | Scale |
| 8 | wenhua | Numeric | 8 | 0 | 文化程度 | {1, 小学}... | None | 8 | Right | Scale |
| 9 | jine | Numeric | 8 | 0 | 交费金额 | {1, 100元}... | None | 8 | Right | Scale |
| 10 | fangxin | Numeric | 8 | 0 | 养老金是否放心 | {1, 放心}... | None | 8 | Right | Scale |
| 11 | liaojie | Numeric | 8 | 0 | 是否了解养老保险 | {1, 了解}... | None | 6 | Right | Scale |
| 12 | tudi | Numeric | 8 | 0 | 土地亩数 | {1, 1亩以下}... | None | 5 | Right | Scale |
| 13 | yanglaojin | Numeric | 8 | 0 | 领取的养老金 | {1, 55元}... | None | 4 | Right | Scale |
| 14 | kunnan | Numeric | 8 | 0 | 参保最大的困难 | {1, 收入低}... | None | 8 | Right | Scale |
| 15 | jiaofei | Numeric | 8 | 0 | 怎样交费 | {1, 到固定点... | None | 8 | Right | Scale |
| 16 | liaojiequdao | Numeric | 8 | 0 | 了解渠道 | {1, 亲友}... | None | 8 | Right | Scale |
| 17 | yuanze | Numeric | 8 | 1 | 参保与原则有关没有 | {1.0, 有}... | None | 8 | Right | Scale |
| 18 | qzyz | Numeric | 8 | 0 | 强制原则是否反感 | {1, 会}... | None | 8 | Right | Scale |
| 19 | jfdc | Numeric | 8 | 0 | 缴费档次与财政补... | {1, 有}... | None | 8 | Right | Scale |
| 20 | manyi | Numeric | 8 | 0 | 对基础养老金满意否 | {1, 满意}... | None | 8 | Right | Scale |

1. 制度运行整体调查情况

根据 SPSS16 进行频次分析，以分析每个变量值出现的次数及所占百分比。

第一，年龄分布：16—39 岁共 958 人，占总数的 35.4%。40—55 岁共 1093 人，占比 40.4%。55 岁以上共 654 人，占比 24.2%。第二，性别分布：男性 1374 人，占比 50.8%。女性 1331 人，占总调查人数的 49.2%。第三，居住地分布：调研城镇对象 778 人，占比 28.8%。调研农村对象 1927 人，占比 71.2%。第四，是否参保分布：在已调查的对象中，已参保的 1419 人，占比 52.5%。没有参保的 1286 人，占比 47.5%。第五，今后五年是否参保情况：今后五年参保的 1799 人，占比 66.5%。有可能参保的 795 人，占比 29.4%。不准备参保的 111 人，占比 4.1%。第六，家庭收入情况：在所调查的对象中，家庭人均可支配收入 5000 元以下的为 460 人，占比 29.4%。5000—7000 元的 1644 人，占比 60.8%。7000 元以上的 596 人，占比 22.2%。第七，家庭主要收入来源：在所调查的 2705 人中，务农的对象为 857 人，占比 31.7%。打工的对象为 10577 人，占比 39.0%。工薪收入 479 人，占比 17.7%。其他经营 314 人，占比 11.6%。第八，文化程度：小学 892 人，占比 33.0%。初中 1321 人，占比 48.0%。高中 486 人，占比 18.0%。大专以上 6 人，占比 0.2%。第九，个人筹资金额：个人缴费选择 100 元的 780 人，占比 28.8%。个人缴费选择 200 元的 355 人，占比 13.1%。个人缴费选择 300 元的 81 人，占比 3.0%。个人缴费选择 500 元的 239 人，占比 8.8%（参保的对象选择缴费选项，没有参保的对象不选择）。第十，对所缴的养老保险费是否放心：放心的 953 人，占比 35.2%。不完全放心的 1336 人，占比 49.4%。不放心的 414 人，占比 15.3%。第十一，是否了解城乡居保制度：了解的 854 人，占比 31.6%。不完全了解的 1603 人，占比 59.3%。不了解的 248 人，占比 9.2%。第十二，家庭拥有的土地：1 亩以下 90 人，占比 3.3%。1—2 亩 951 人，占比 35.2%。2—3 亩 676 人，占比 25.0%。3 亩以上 115 人，占比 4.3%。第十三，参保最大的困难：收入低的 993 人，占比 36.7%。待遇低的 1185 人，占比 43.8%。对政府不信任的 346 人，占比 12.8%。已购买其他保险的 181 人，占比 6.7%。第十四，交费方式：到固定点交的 1115 人，占比 41.2%。干部上门收取的 1575 人，占比 58.8%。第十五，了解城乡居保制度的渠道：通过亲友了解的 828

人，占比 30.6%。通过电视网络了解的 1418 人，占比 52.4%。通过电视报纸了解的 36 人，占比 1.3%。通过干部了解的 423 人，占比 15.6%。第十六，选择参保是否与原则有关：选择有关的 992 人，占比 36.7%。选择无关的 839 人，占比 31.0%。选择关系不大的 992 人，占比 36.7%。第十七，强制性筹资原则是否会引起反感：选择会的 137 人，占比 5.1%。选择会的 1597 人，占比 59.0%。选择会的 1597 人，占比 59.0%。选择无所谓的 971 人，占比 35.9%。第十八，缴费档次与财政补贴的关系：认为有关系的 2694 人，占比 99.6%。认为没有关系的 11 人，占比 0.4%。第十九，对目前基础养老金满意是否：满意的 739 人，占比 27.3%。基本满意的 1721 人，占比 63.6%。不满意的 245 人，占比 9.1%。

2. 筹资原则与参保的交互分析

（1）参保与强制性筹资原则

为进一步了解参保对象与未参保对象关于城乡居保基本制度筹资的影响问题，在上述的基础上进行交互分析（见表 10-3）。SPSS16 输出结果表明：在参保的对象中，认为参保与筹资原则有关的 376 人，占比 63.6%。认为参保与筹资原则无关的 505 人，占比 35.6%。认为参保与筹资原则关系不大的 534 人，占比 37.6%；在未参保的对象中，认为参保与筹资原则有关的 616 人，占比 47.9%。认为参保与筹资原则无关的 334 人，占比 26.0%；两类对象中，认为筹资原则与参保有关的 992 人，占比 36.7%。认为筹资原则与参保无关的 839 人，占比 31.0%。认为筹资原则与参保关系不大的 869 人，占比 32.1%；在参保对象中，选择筹资原则与参保关系不大的最多，为 534 人。选择筹资原则与参保有关的最少，为 376 人；在未参保对象中，选择筹资原则与参保有关的最多，为 616 人。选择二者无关的最少，为 334 人。

表 10-3　　　　是否参保参保是否与原则有关 Crosstabulation

| | | | 参保中是否与原则有关 | | | | Total |
|---|---|---|---|---|---|---|---|
| | | | 有 | 无 | 关系不大 | 4 | |
| 是否参保 | 是 | Count<br>%Within 是否参保 | 376<br>26.5% | 505<br>35.6% | 534<br>37.6% | 4<br>0.3% | 1419<br>100.0% |
| | 否 | Count<br>%Within 是否参保 | 616<br>47.9% | 334<br>26.0% | 335<br>26.0% | 1<br>0.1% | 1286<br>100.0% |
| Total | | Count<br>%Within 是否参保 | 992<br>36.7% | 839<br>31.0% | 869<br>32.1% | 5<br>0.2% | 2705<br>100.0% |

在卡方检验表中（见表10-4），皮尔逊值为1.34，$P=0.000<0.05$。卡方检验的零假设是比例相等，显著性水平小于0.05，意味着零假设不成立，因此两类对象对筹资原则的选择有显著差异。似然比（LikeLihood Ratio）结果与卡方估计值近似，也证明了同一结论。

表10-4  Chi-square Tests

|  | Value | df | Asymp. Sig. (2-sided) |
|---|---|---|---|
| Pearson Chi-square | 1.341E2[a] | 3 | 0.000 |
| Likelihood Ratio | 135.105 | 3 | 0.000 |
| Linear-by-Linear Assocoation | 108.415 | 1 | 0.000 |
| Nof Valid Cases | 2705 |  |  |

a. 2cells (25.0%) have expected count less than 5. The minimum expected count is 2.38.

当卡方检验的自由度（df）大于1时，表明本次卡方检验是多个假设的综合检验。因此，如果检验结果证明存在显著差异，有必要对每个假设分别进行检验。由表10-5看，Phi和Cramer'V都是0.223，效应度较低，即是否选择参保与筹资原则没有明显关系。

表10-5  Symmetric measures

|  |  | Value | Approx. sig. |
|---|---|---|---|
| Nominal by Nominal | Phi | 0.223 | 0.000 |
|  | cramer's V | 0.223 | 0.000 |
| Nof Valid Cases |  | 2705 |  |

（2）参保与强制性筹资原则是否反感

在调查的对象中，存不存在参保者对强制性原则不反感而未参保者持反感的态度？为寻求准确的信息，同样进行交互分析。SPSS16输出结果表明，在参保者中，选择强制度性筹资原则会引起反感的18人，占比1.3%。选择不会引起反感的880人，占比62.0%。选择无所谓的521人，占比36.7%；在未参保者中，选择会引起反感的119人，占比9.3%。选择不会引起反感的717人，占比55.8%。选择无所谓的450人，占比35.0%；在参保对象中，选择不会反感的最多，为880人，在未参保对象中，选择不反感的最多，为717人。两类对象选择不会反感的总共1579人，占比达59%。选择无所谓的居于第二位，共971人，占35.9%。选择会引起反感的处于最末位，为 137 人，占 5.1%（见表 10-6）。

表 10-6　　　　　　是否参保强制原则是否反感 Crosstabulation

| | | | 强制原则是否反感 | | | Total |
|---|---|---|---|---|---|---|
| | | | 会 | 不会 | 无所谓 | |
| 是否参保 | 是 | Count<br>%Within 是否参保 | 18<br>1.3% | 880<br>62.0% | 521<br>36.7% | 1419<br>100.0% |
| | 否 | Count<br>%Within 是否参保 | 119<br>9.3% | 717<br>55.8% | 450<br>35.0% | 1286<br>100.0% |
| Total | | Count<br>%Within 是否参保 | 137<br>5.1% | 1597<br>59.0% | 971<br>35.9% | 2705<br>100.0% |

在卡方检验表中（见表 10-7），皮尔逊值为 89.96，$P=0.000<0.05$。卡方检验的零假设是比例相等，显著性水平小于 0.05，意味着零假设不成立，因此两类对象对强制性原则是否反感的选择有显著差异。似然比（LikeLihood Ratio）结果与卡方估计值近似，也证明了同一结论。

表 10-7　　　　　　　　Chi-square Tests

| | Value | df | Asymp. Sig. (2-sided) |
|---|---|---|---|
| Pearson Chi-square | 89.966[a] | 2 | 0.000 |
| Likelihood Ratio | 98.652 | 2 | 0.000 |
| Linear-by-Linear Assocoation | 20.208 | 1 | 0.000 |
| Nof Valid Cases | 2705 | | |

a. 2cells (25.0%) have expected count less than 5. The minimum expected count is 2.38.

当卡方检验的自由度（df）大于 1 时，表明本次卡方检验是多个假设的综合检验。因此，如果检验结果证明存在显著差异，有必要对每个假设分别进行检验。由表 10-8 可知，Phi 和 Cramer'V 都是 0.182，效应度较低，即是否选择参保与对强制性筹资原则是否反感没有明显关系。

表 10-8　　　　　　　　Symmetric measures

| | | Value | Approx. sig. |
|---|---|---|---|
| Nominal by Nominal | Phi | 0.182 | 0.000 |
| | cramer's V | 0.182 | 0.000 |
| Nof Valid Cases | | 2705 | |

（3）不同年龄居民对参保是否与筹资原则有关的看法

从不同年龄看，16—39 岁年龄阶段，选择参保与筹资原则有关的 598 人，占比 62.4%。选择无关的 209 人，占比 21.8%。选择关系不大的 150 人，占比 15.7%；40—55 岁年龄阶段，选择参保与筹资原则有关的 348 人，占比 31.8%。选择无关的 397 人，占比 36.3%。选择关系不大的 344 人，占比 31.5%。55 岁以上年龄阶段，选择参保与筹资原则有关的 46 人，占比 7.0%。选择无关的 233 人，占比 35.6%。选择关系不大的 375 人，占比 57.3%。16—39 岁年龄阶段的调查对象中，选择参保与筹资原则有关系的最多，598 人。40—55 岁年龄阶段的调查对象中，选择参保与筹资原则无关的最多，397 人。55 岁以上年龄阶段的调查对象中，选择参保与筹资原则关系不大的最多，375 人。16—39 岁年龄阶段的调查对象中，选择参保与筹资原则关系不大的最少，150 人。40—55 岁年龄阶段的调查对象中，选择参保与筹资原则关系不大的最少，344 人。55 岁以上年龄阶段的调查对象中，选择参保与筹资原则有关的最少，为 46 人。在所有调研的对象中，选择有关系的最多，为 992 人，占比 36.7%。选择没有关系的最少，为 839 人，占比 31.0%。三类对象的选择差异明显（见表 10-9）。

表 10-9　　　　　年龄 * 是否与原则有关 Crosstabulation

| | | | 参保中是否与原则有关 | | | | Total |
|---|---|---|---|---|---|---|---|
| | | | 有 | 无 | 关系不大 | 4 | |
| 年龄 | 16—39 岁 | Count<br>%Within 是否参保 | 598<br>62.4% | 209<br>21.8% | 150<br>15.7% | 1<br>0.1% | 958<br>100.0% |
| | 40—55 岁 | Count<br>%Within 是否参保 | 348<br>31.8% | 397<br>36.3% | 344<br>31.5% | 4<br>0.4% | 1093<br>100.0% |
| | 55 岁以上 | Count<br>%Within 是否参保 | 46<br>7.0% | 233<br>35.6% | 375<br>57.3% | 0<br>0.4% | 654<br>100.0% |
| Total | | Count<br>%Within 是否参保 | 992<br>36.7% | 839<br>31.0% | 869<br>32.1% | 5<br>0.2% | 2705<br>100.0% |

在卡方检验表中（见表 10-10），皮尔逊值为 5.91，$P = 0.000 < 0.05$。卡方检验的零假设是比例相等，显著性水平小于 0.05 意味着零假设不成立，因此不同年龄阶段对筹资原则与参保关系的选择有显著。

表 10-10　　　　　　　　　　　Chi-square Tests

| | Value | df | Asymp. Sig. (2-sided) |
|---|---|---|---|
| Pearson Chi-square | 5.913E2[a] | 6 | 0.000 |
| Likelihood Ratio | 637.786 | 6 | 0.000 |
| Linear-by-Linear Assocoation | 530.762 | 1 | 0.000 |
| Nof Valid Cases | 2705 | | |

a. 2cells (25.0%) have expected count less than 5. The minimum expected count is 2.38.

(4) 不同年龄居民对强制性原则是否反感的看法

从不同年龄看，16—39 岁年龄阶段，选择强制性原则会引起反感的 94 人，占比 9.8%。选择不会的 659 人，占比 68.8%。选择无所谓的 205 人，占比 15.7%；40—55 岁年龄阶段，选择强制性原则会引起反感的 36 人，占比 3.3%。选择不会的 566 人，占比 51.8%。选择无所谓的 491 人，占比 44.9%；55 岁以上年龄阶段，选择强制性原则会引起反感的 7 人，占比 1.1%。选择不会的 372 人，占比 56.9%。选择无所谓的 275 人，占比 42.0%；在所有调研的对象中，选择有强制性原则不会引起反感的均最多，排名第二位的为无所谓选项，排在末位的为会引起反感（表 10-11）。

表 10-11　　　　　　　　年龄 * 强制原则是否反感 Crosstabulation

| | | | 强制原则是否反感 | | | Total |
|---|---|---|---|---|---|---|
| | | | 会 | 不会 | 无所谓 | |
| 年龄 | 16—39 岁 | Count<br>%Within 年龄 | 94<br>9.8% | 659<br>68.8% | 205<br>21.4% | 958<br>100.0% |
| | 40—55 岁 | Count<br>%Within 年龄 | 36<br>3.3% | 566<br>51.8% | 491<br>44.9% | 1093<br>100.0% |
| | 55 岁以上 | Count<br>%Within 年龄 | 7<br>1.1% | 372<br>56.9% | 275<br>42.0% | 654<br>100.0% |
| Total | | Count<br>%Within 年龄 | 137<br>5.1% | 1597<br>59.0% | 971<br>59.9% | 2705<br>100.0% |

(5) 不同年龄阶段对象与五年内是否参保

从不同年龄看，16—39 岁年龄阶段，选择今后五年内参保的 313 人，占比 32.7%。选择有可能的 536 人，占比 55.9%。选择不会的 109 人，占比 11.4%；40—55 岁年龄阶段，选择今后五年内参保的 860 人，占比 78.7%。选择有可能的 231 人，占比 21.1%。选择不会的 2 人，占比 0.2%；55 岁以上年龄阶段，选择今后五年内参保的 626 人，占比 95.7%。选择有可能的 28 人，占比 4.3%。选择不会的 0 人；在所有调研的对象中，选择今后五年内参保的最多，1799 人，占比 66.5%。选择有可能的排在第二位，795 人，占比 24.9%。选择不会参保的居末位，其中以 39 岁以下对象最多（见表 10-12）。

表 10-12　　　　　　年龄 * 今后是否参保 Crosstabulation

|  |  |  | 今后是否参保 | | | Total |
|---|---|---|---|---|---|---|
|  |  |  | 是 | 有可能 | 不是 |  |
| 年龄 | 16—39 岁 | Count<br>%Within 是否参保 | 313<br>32.7% | 536<br>55.9% | 109<br>11.4% | 958<br>100.0% |
|  | 40—55 岁 | Count<br>%Within 年龄 | 860<br>78.7% | 231<br>21.1% | 2<br>0.2% | 1093<br>100.0% |
|  | 55 岁以上 | Count<br>%Within 年龄 | 626<br>95.7% | 28<br>4.3% | 0<br>0.0% | 654<br>100.0% |
| Total |  | Count<br>%Within 是否参保 | 1799<br>66.5% | 795<br>24.9% | 111<br>4.1% | 2705<br>100.0% |

（6）居住区域不同的居民对参保与筹资原则关系的看法

SPSS16 输出的结果表明：在所调研的城镇居民中，有 260 人认为筹资原则对参保有影响，占比 33.4%。认为筹资原则与参保没有关系的 240 人，占比 30.8%。认为筹资原则与是否参保关系不大的 278 人，占比 35.7%；在所调研的农村居民中，有 729 人认为筹资原则对参保有影响，占比 37.9%。认为筹资原则与是否参保没有关系的 599 人，占比 31.1%。认为筹资原则与是否参保关系不大的 591 人，占比 30.7%；城镇居民中，选择关系不大的最多，为 278 人。选择有关系的排在第二，为 260 人，选择二者关系不大的排在第三位。在农村居民中，选择筹资原则与参保有关系的最多，为 729 人。选择二者无关系的排在第二位，为 599 人，选择二者关系不大的排在第二位（见表 10-13）。

表 10-13　　　　居住地 * 参保是否与原则有关 Crosstabulation

| | | | 参保是否与原则有关 | | | | Total |
|---|---|---|---|---|---|---|---|
| | | | 有 | 无 | 关系不大 | 4 | |
| 居住地 | 城市 | Count<br>%Within 居住地 | 260<br>33.4% | 240<br>30.8% | 278<br>35.7% | 0<br>0.0% | 778<br>100.0% |
| | 农村 | Count<br>%Within 居住地 | 729<br>37.9% | 599<br>31.1% | 591<br>30.7% | 5<br>0.3% | 1924<br>100.0% |
| | 3 | Count<br>%Within 居住地 | 3<br>100.0% | 0<br>0.0% | 0<br>0.0% | 0<br>0.0% | 3<br>100.0% |
| Total | | Count<br>%Within 是否参保 | 992<br>36.7% | 839<br>31.0% | 869<br>32.1% | 5<br>0.2% | 2705<br>100.0% |

在卡方检验表中（见表 10-14），皮尔逊（PearsonChi-Squre）值为 14.58，$P=0.024<0.05$。卡方检验的零假设是比例相等，显著性水平小于 0.05 意味着零假设不成立，意味城镇居民与农村居民对筹资原则与参保相关性的选择有显著差异，似然比（LikeLiHood Ratio）结果与卡方估值相近似，也证明了同一结论。

表 10-14　　　　　　　　　Chi-square Tests

| | Value | df | Asymp. Sig. (2-sided) |
|---|---|---|---|
| Pearson Chi-square | 14.582[a] | 6 | 0.024 |
| Likelihood Ratio | 16.759 | 6 | 0.010 |
| Linear-by-Linear Assocoation | 7.345 | 1 | 0.007 |
| Nof Valid Cases | 2705 | | |

a. 2cells（25.0%）have expected count less than 5. The minimum expected count is 2.38.

（7）居住区域不同的对象与强制性原则是否反感

SPSS16 输出的结果表明：在所调研的城镇居民中，有 37 人认为强制性原则会引起反感，占比 4.8%。选择不会的 438 人，占比 56.3%。选择无所谓的 302 人，占比 38.9%；在所调研的农村居民中，有 100 人认为强制性原则会引起反感，占比 5.2%。选择不会的 1156 人，占比 60.1%。选择无所谓 668 人，占比 34.7%；城镇居民中，选择强制性原则不会引起反感的最多，为 438 人。选择无所谓的排在第二，为 303 人，选择反感的排在第三位。在农村居民中，选择强制性原则不会引起反感的最多，为 1156 人。选择无所谓的排在第二，为 668 人，选择反感的排在第 3 位。城镇居民和农村居民在这项选择中，表明出相同的倾向（表 10-15）。

表 10-15　　居住地 * 强制原则是否反感 Crosstabulation

| | | | 强制原则是否反感 | | | Total |
|---|---|---|---|---|---|---|
| | | | 会 | 不会 | 无所谓 | |
| 居住地 | 城市 | Count<br>%Within 居住地 | 37<br>4.8% | 438<br>56.3% | 303<br>38.9% | 778<br>100.0% |
| | 农村 | Count<br>%Within 居住地 | 100<br>5.2% | 1156<br>60.1% | 668<br>34.7% | 1924<br>100.0% |
| | 3 | Count<br>%Within 居住地 | 0<br>0.0% | 3<br>100.0% | 0<br>0.0% | 3<br>100.0% |
| Total | | Count<br>%Within 是否参保 | 137<br>5.1% | 1597<br>59.0% | 971<br>35.9% | 2705<br>100.0% |

在卡方检验表中（见表 10-16），皮尔逊（PearsonChi-Squre）值为 14.58，$P=0.171<0.05$。卡方检验的零假设是比例相等，显著性水平大于 0.05 意味着零假设成立，意味城镇居民与农村居民对筹资原则与参保相关性的选择没有显著差异。

表 10-16　　Chi-square Tests

| | Value | df | Asymp. Sig. (2-sided) |
|---|---|---|---|
| Pearson Chi-square | 6.398[a] | 4 | 0.171 |
| Likelihood Ratio | 7.448 | 4 | 0.114 |
| Linear-by-Linear Assocoation | 4.161 | 1 | 0.041 |
| Nof Valid Cases | 2705 | | |

a. 3cells (33.3%) have expected count less than 5. The minimum expected count is. 15.

## 二　多元回归分析

以参保原则为因变量，用 $Y$ 表示，性别、居住地等 14 个指标为自变量（用 X1-X14 表示），回归模型公式表示如下。

$$Y=b_0+b_1X_1+b_2X_2+b_3X_3+b_3X_3+b_4X_4+b_5X_5+\cdots+b_{14}X_{14}$$

表 10-17 输出了多项结果，包括建立的多重回归方程中的常数、偏回归系数、对回归系数 T 检验的结果。在检验显著的预测变量中，判断相对重要性的标准是标准化回归系数 Beta，绝对值越大表示对模型的贡献越大，对预测指标越重要。检验显著预测指标的排前十位的顺序分别是"文化程度""对养老交费的放心程度""是否了解城乡居保制度""五年

内是否参保""是否参保""对基础养老金的满意度""家庭收入来源渠道""家庭收入主要来源""家庭收入"以及"交费方式"。

表 10-17　　　　　　　　　　Coefficienfs<sup>a</sup>

| Model | Unstandardizde Coefficients | | Standardized Coefficients | t | Sig |
|---|---|---|---|---|---|
| | B | Sst. Error | Beta | | |
| 1　（Constant） | 3.060 | 0.257 | | 11.901 | 0.000 |
| 性别 | 0.126 | 0.036 | 0.076 | 3.506 | 0.000 |
| 居住地 | -0.079 | 0.096 | -0.018 | -0.820 | 0.413 |
| 是否参保 | 0.203 | 0.050 | 0.122 | 4.049 | 0.000 |
| 今后是否参保 | -0.219 | 0.043 | -0.152 | -5.151 | 0.000 |
| 家庭收入 | 0.090 | 0.034 | 0.059 | 2.644 | 0.008 |
| 家庭收放主要来源 | 0.091 | 0.026 | 0.087 | 3.447 | 0.001 |
| 文化程度 | -0.366 | 0.034 | -0.266 | -10.841 | 0.000 |
| 对养老交费是否放心 | -0.314 | 0.032 | -0.252 | -9.861 | 0.000 |
| 是否了解城乡居保 | 0.008 | 0.031 | 0.008 | 0.266 | 0.790 |
| 土均亩数 | 0.043 | 0.026 | 0.036 | 1.642 | 0.101 |
| 参保的最大困难 | 0.025 | 0.022 | 0.026 | 1.137 | 0.256 |
| 你是怎样交保费的 | -0.052 | 0.037 | -0.031 | -1.390 | 0.162 |
| 了解城乡成保的渠道 | -0.054 | 0.018 | -0.069 | -2.980 | 0.003 |
| 基础养老金是否满意 | -0.151 | 0.036 | -0.101 | -4.247 | 0.000 |

a. Dependent Variable：参保是否与原则有关。

根据检验显著的预测变量，筛选前五个自变量第二次进行回归分析，输出结果调整后的 T 值最大的为"对养老交费是否放心"，其次为"今后五年是否参保"，最后为"文化程度"（见表 10-18）。

表 10-18　　　　　　　　　　Coefficienfs<sup>a</sup>

| Model | Unstandardizde Coefficients | | Standardized Coefficients | t | Sig |
|---|---|---|---|---|---|
| | B | Sst. Error | Beta | | |
| 1　（Constant） | 2.949 | 0.077 | | 38.358 | 0.000 |
| 文化程度 | -0.107 | 0.023 | -0.090 | -4.760 | 0.000 |
| 对养老交费是否放心 | -0.326 | 0.026 | -0.267 | -12.427 | 0.000 |
| 是否了解城乡居保 | -0.024 | 0.026 | -0.017 | -0.931 | 0.352 |

续表

| Model | Unstandardizde Coefficients | | Standardized Coefficients | t | Sig |
| --- | --- | --- | --- | --- | --- |
| | B | Sst. Error | Beta | | |
| 今后是否参保 | -0.203 | 0.036 | -0.137 | -5.577 | 0.000 |
| 是否参保 | 0.080 | 0.043 | 0.048 | 1.854 | 0.64 |

a. Debendent Variable：参保是否与原则有关。

调整后的模型回归系数为 2.949，依据表 10-17 提供的信息，可以列出回归方程的表达式，其中 Y 为参保原则，X1 为"对养老交费是否放心"、X2 代表"五年是否参保"、X3 代表"文化程度"、X4 代表"是否参保"、X5 代表"是否了解城乡居保制度"。

$$Y = 2.949 - 0.326X_1 - 0.203X_2 - 0.107X_3 + 0.80X_4 - 0.024X_5$$

由回归方程式可知：第一，对养老交费放心提高 10 个百分点，认为参保与筹资原则有关的看法下降 3.2 个百分点；第二，五年内选择参保提高 10 个百分点，认为筹资原则与参保有关的看法下降 2.4 个百分点；第三，文化程度提高 10 个百分点，认为参保与筹资原则有关的看法下降 1 个百分点；第四，选择参保提高 10 个百分点，认为参保与筹资原则有关的看法上升 8 个百分点（这与目前 45 岁以下参保与捆绑原则有关）；第五，了解城乡居保制度提高 10 个百分点，认为参保与筹资原则有关的看法下降 0.24 个百分点。

### 三 筹资原则座谈摘要

根据填写问卷所取得数据，在 SPSS16 分析结果的基础上。针对筹资原则与参保关系、强制性筹资原则是否引起反感问题，课题组与 400 个对象面对面地进行了座谈。总的看来有三种代表性的观点。

第一类对象：39 岁以下的受访者，包括已参保的和未参保的。首先，新农保实施时家中有满 60 周岁老人、已参保的受访者 60 人。这部分群体认为，筹资原则与参保有关系。由于新农保在试点时规定，在制度实施时已满 60 周岁时可以领取基础养老金，但符合条件的子女须参加新农保制度。对这部分家庭，该规定实际具有强制性意义。60 名受访者之所以选择参保，主要原因在于父母可以领取中央财政支付的基础养老金。由于交费 100 元可以换取年近 1000 元的基础养老金，通过比较之后得出"合算"的结论。在问到如果没有半强制性原则是否参保时，50名对象一致给出了"不会选择参保"的结果。理由诸如收入太低、待遇低、离年老还很远、对政府不太信任等，其中，收入低和待遇低是最主要的原因。在问及强制性原则是否引起反感时，55名对象持有无所谓的态度，给出的理由是交的钱并不多，而且政府还有补贴，只要参保了还可以领取基础养老金，虽然金额不多，但等到自己年老了没有劳动能力时，至少可以够一个月的买米钱。

其次，新农保实施时家里未有满60周岁的老人、已参保的受访者60人。这部分人之所以选择参保与当地干部的隐性强制有关，当地村干部在上门动员的时候表明了自己的立场：对于不参保的家庭，凡涉及需要村干部办的事，村干部也会消极对待甚至不给予帮助。在问及对村干部这种隐性强制是否反感时，52名受访者表示不会反感。理由是村干部也有难处，同时参保对自己也没有坏处。根据调查的数据，村干部隐性强制态度的地区，往往参保率较高。

最后，没有参保60名访问者。其中，有3位受访者认为强制性原则会引起反感。原因是政府应尊重个人的选择权，养老是家庭和自己的事，现在还年轻没有去想几十年后的事情。有57位受访者持无所谓的态度，如果村干部要求必须参保，就参保。如果村干部没有做强制性的要求，则不参保。理由虽然不知道未来的情况如何，自己所交的费用是否安全，但个人的筹资额不高，会选择最低档次的100元。因此，即使几十年后自己交的费用没有了，也在自己能承受的范围内。有58位受访者认为筹资原则对自己选择参保有影响，但不会反感强制性筹资原则。之所以没有参保，是因为村干部没有做出强制性要求，如果做出强制性的要求，也会参保，不会引起反感。理由是国家之所以要求农民参保，肯定是为老百姓的养老着想。

第二类对象：39—45岁阶段的受访者，包括已参保的和未参保的。首先，新农保实施时家中有满60周岁老人、已参保的受访者60人。60名受访者一致认为筹资原则与参保有关系，理由是自己参保可以让家中的老人获得基础养老金。

其次，新农保实施时，家中没有满60周岁老人、已参保的受访者60人。57人认为是筹资原则与自己参保没有关系，之所以选择参保在于自己收入不高，家庭无儿子，老了没有儿子养老（偏远农村有儿子养老的习俗）。3名受访者认为筹资原则与自己选择参保没有多大关系，有没有自愿或强制原则规定意义不大。理由是自己选择参保，原因在于年老没有劳动能力时，可以获得最基本的生活保障。再者，自己离60岁已不远，养老的问题必须提上议事日程。

再次，没有选择参保的60名受访者。有30人认为筹资原则是强制原则还是自愿原则与参保有关，如果是自愿原则，不会选择参保。反之，如果是强制性筹资原则，则会参加城乡居保制度。有30名受访问者认为二者关系不大，持无所谓的态度。在问及如果是强制性筹资会不会引起反感时，39人表示不会反感，理由是个人筹资费用不高，在承受范围之内。20人表示无所谓，可参加也可以不参加。如果待遇提高，有可能参加。1人表示强制性筹资原则会让人觉得不舒服，但如果村干部硬性规定须参保的话也会参保。

第三类对象：55岁上的受访者，包括已参保的和未参保的。首先，已参保的100名受访者。在这部群体之所以参保，总体上的理由在于交几年的保费，就可以领取基础养老金和个人账户养老金，是很合算的一件事。筹资原则对自己选择参保基本上没有影响，不关心是强制性原则还是自愿性原则。还有部分受访者认为自己年纪大了，马上进入老年，孩子在外面打工很少回家，对政府提供的基本养老金也很满意。再次，未参保的50名受访者。虽说只有交几年费用就可以领取基础养老金，却没有选择参保。主要理由是子女收入高，不需要自己考虑养老的问题。因此，这部分受访者对筹资原则是否影响参保时，持有没有关系观点的为多数，也不会对强制性原则有反感。

## 四　结论

### （一）筹资原则与居民是否参保有一定的影响

这种影响体现在居民的文化程度、年龄、收入、居住区域、土地的多少、对个人所缴费用是否放心等方面。从年龄来看，在农村，45岁以下的居民参保的主要原因在于半强制性原则，新农保实施时，年满60周岁的居民可以领取国家规定标准的基础养老金。2014年新农保和城居保合并为城乡居民基本养老保险制度，捆绑政策实际上已不存在，但农村居民并不了解这一变化，2015年依然按照过去的固定习惯做出参保与否的选择。与新农保制度不同的是，城镇居民基本养老保险制度在实施时，采取的是完全自愿的原则。正因如此，45岁以下的参保者比例远远低于农村地区，55岁以上居民成了参保主体。可见，强制性或半强制性原则有利于提高参保率，有利于壮大城乡居保基金规模。

(二) **强制性原则并不必然引起居民的反感**

在农村，45岁以下的参保者大多与捆绑政策有关，但这部分群体对捆绑政策并不反感。在参加对象中，选择反感仅占1.3%，选择不反感或是无所谓的比例高达98.7%；在未参保者中，选择强制度性筹资原则会引起反感的占比9.3%，选择不会引起反感的或是无所谓的比例高达90.7%；同时，在未来五年是否参保的受访者中，多数人认为如果是强制要求参保，也会按照规定参加城乡居保制度以防范老年风险。由此可见，随着我国经济的发展，人们对社会养老保险制度的认可度在逐渐提高。

# 第十一章

# 武陵山片区城乡居民基本养老保险筹资方式分析

## 第一节 社会养老保险筹资方式概述

### 一 社会养老保险筹资方式类型

社会养老保险的存在和发展以充足、稳定的养老保险资金为基础，而采取什么样的方式将分散在居民、企业手中的养老保险缴费筹集起来，关乎一国的养老保险基金的稳定与充足。因此，选择什么样的筹资方式构成了各国养老保险体系构建中的核心环节。由于国情的差异、养老保险筹资模式、保障范围各异，世界各国的养老保险筹资方式也不尽相同。纵观世界实行养老保险筹资实践，筹资方式分为三大类。

#### （一）以征税的方式筹集养老保险资金

美国在 1935 年出台了《社会保障法》，正式开征了社会保障税。时至今日，社会保障税已成为许多国家的第一大税种或第二大税种，在发达国家，社会保障税占税收总额多在 30%—50% 之间。[①] 1965—2016 年，OECD 国家社会保障税税收收入占 GDP 的比重由 4.6% 上升到了 2016 年的 9.1%。其中，法国、奥地利、比利时、芬兰、德国、希腊、意大利、日本、瑞典、卢森堡、西班牙等国家比例超过 10%。美国、英国、瑞士、葡萄牙、挪威等 5 个国家社会保障税税收收入占 GDP 的比重超过 6%（见图 11—1）。

从税收要素来看，社会养老保险税同其他种类的税一样，其组成要素

---

① 迟铖：《养老保险筹资方式·开征社会保障税》，《乡镇企业会计》2007 年第 9 期。

包括：

课税主体、客体、征税人以及税率等。纳税主体为一切发生工薪收入的雇主、雇员。自营人员是否为纳税人，这个议题各国的有所不同，因为自营人员不存在雇佣关系，也没有确定的工薪所得。如，阿根廷、埃及则不对自营人员征社会保障税，而美国对个体业主征收自营人员保险税。纳税客体是指征税对象，它解决的是对什么进行征税的问题，通常情况下，可以分为所得税、流转税、行为课税及资源税以及社会保障税。其中，社会保障税属于直接税，其课税对象为在职职工的工薪收入额以及自营人员的纯收益额。这里的工薪收入额，不像个人所得税的那样允许扣除相关的费用或规定额度的费用。社会保障税率表明了雇主和雇员的税收负担，各国根据受益大小和社会保障覆盖范围确定比率的高低。一般来说，高福利国家税率高于保障型社会保障国家，如瑞典等北欧国家的税率通常达到40%左右。社会保障税由税务机关征收，多采用从源课征。通过雇主这一渠道进行课征，雇主在给支付工资、薪金时扣除雇员应缴纳的税款，最后连同雇主应负担的税款一并上交税务机关。自营人员应缴税款，由自己填表，同个人所得税一起缴纳。

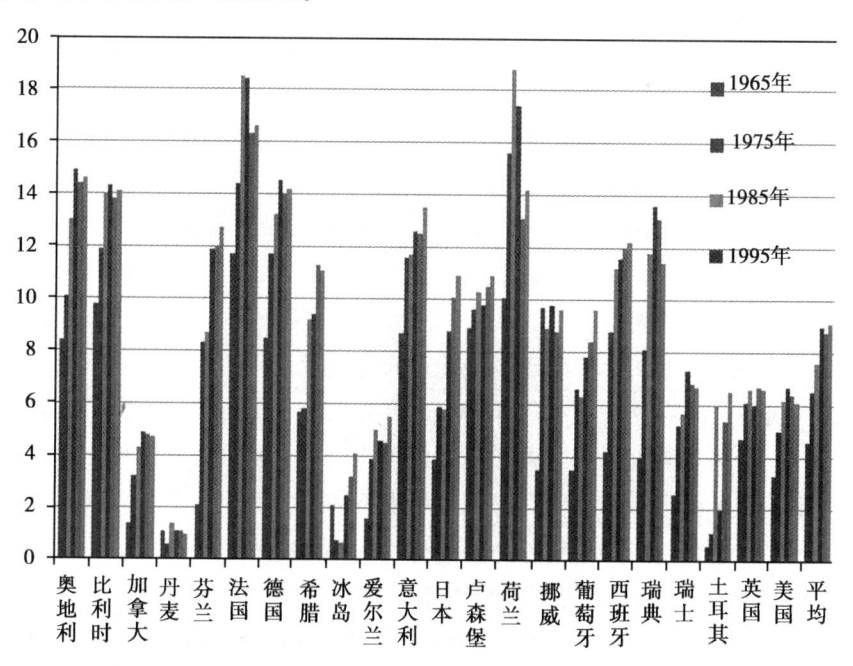

图 11-1 1965—2010 年部分 OECD 国家社会保障税收入占 GDP 比重

社会保障税作为一种新型税种，同普通税种一样具有强制性和固定性等特征。但同时又呈现出独有的个性特征。第一，具有有偿性特征。通常情况下，税收具有无偿性特征。政府凭借政治权力取得税收后，并不给予纳税者个人对等的报酬，也不需要返还给纳税人。但社会保障税却具有有偿性特征，纳税人只有当期缴纳社会保障税，将来才有资格获得包括养老保险在内的社会保险税，不是政府无偿提供的社会福利，而是政府给予缴纳社会保障税者的一种偿付。第二，社会养老保险税体现出双重的再分配功能。一方面，按照比例税率征收社会养老税，高工资或高薪金者交纳的税金明显高于低工薪者，但在社会保障收益给付的时候，如果其他支付条件相同，两者领取的社会养老保险金相同，这就形成了利于低工薪者收入分配的格局。另一方面，社会养老保险税的课征对象只限于工薪所得，而不包括资本利得等所得，而且对工薪有最高限额，超过限额的工资不交社会保障，这就使得高工薪者缴纳的税款与收入其收入的比例远小于低收入者，表现出强烈的累退性。

### （二）以缴费的方式筹集养老保险资金

在这种筹资方式下，分别规定社会保障各组成部分的缴费率，养老保险缴费率只是其中之一。缴费主体企业和个人缴纳规定标准的养老保险费。养老保险基金由政府专门成立的社会保障管理机构负责管理和运营。财政部门只对基金承担兜底责任，不参与基金的投资与管理，而且养老保险基金不纳入财政预算。财政部门除了履行财政兜底责任外，对养老保险基金具有监督的权利和责任。相对于税收的固定性和强制性，社会保障交费具有一定的灵活性，对费率的设计，可以采用综合税率，也可以采用类别费率。社会养老保险费的征集方式主要有两种：一是均等养老保险费制。这种缴费形式，不考虑每个企业和劳动者个人的收入，对所有的劳动者和企业按同样的数额收取保险费。养老保险基金的给付，也不是差异对待，实行均等的给付。这种征集方式操作简单，易于普遍实现。这种方式的不足在于，个人负担能力与收入呈现不一致的情况，高收入者的负担能力偏轻，低收入者的负担能力偏高，压缩了低收入者的消费，不利于社会福利水平的提高。二是比例保险费制。这种方式的重点在于其比例的特征，以工资为基准，依据收入的百分比作为缴费率。相对均等制缴费方式，这种方式具有更好的公平性，保险缴费负担与收入相匹配。该缴费方式的不足之处在于易导致劳动成本的增加，出现资本排挤劳动的结果，不利于充分就业的经济目标的实现。除了征缴方式，社会保障缴费还涉及费用的分担方式，费用的分担的主体有国家、企业和劳动者个人。这三个主体的不同组合产生了多种费用分担方式，同一种类型的社会保险项目，有企业和劳动者个人供款模式，有"国家+企业+个人"三方供款模式。即使在同一个国家，不同的社会保险项目费用的分担方式也有所不同，如，德国征缴方式为比例缴费制，雇主和雇员共同缴款存在于多个社会保障项目中，但工伤事故保险由雇主全额承担（见表11-1）。

表11-1　　　　　德国法定社会保险费征集及分担方式

| 项目 | 保费率 | 保费计算方法 | 分摊方式 |
| --- | --- | --- | --- |
| 社会保险 | 35%—40% | — | — |
| 养老保险 | 19.9% | 工资×19.9% | 雇主与雇员各50% |
| 医疗保险 | 14.25% | 工资×14.25% | 雇主与雇员各50% |
| 护理保险 | 1.7% | 工资×1.7% | 雇主与雇员各50% |
| 工伤事故保险 | 1%—5% | 统一核定 | 雇主全额承担 |

**（三）以强制储蓄的方式筹集养老金**

强制储蓄的方式是政府指导和监督下的一种强制性储蓄活动，通常也称为个人账户制，具有社会养老保险制度金融化特征。费率的多少由政府通过立法统一规定，政府为每个在职人员建立个人账户，实行强制参加原则，雇主和雇员必须参加，一经参加任何单位和个人不得擅自更改和中途退出。雇主和雇员按比例缴纳的社会保险费一并存入个人账户，账户资金的所有权完全归雇员个人所有。强制储蓄筹集养老资金的方式强调个人对养老的责任，实行基金的完全积累，个人对养老缴费，减轻了国家财政压力。这种办法支持的社会保险制度缴费较高，一般只适用于人口较少、经济发展水平较高的国家。目前，新加坡、智利等国家是实行强制储蓄方式，其中，以新加坡的中央公积金制度尤为成功。

新加坡的中央公积金（Central Provident Fund, CPF）制建立于1955年初，强制性由雇主和雇员交纳保险费，以个人储蓄账户为核心的社会养老保险筹资模式。雇主和雇员每个月对公积金的缴费被分别划入三个分账户。相当于工资的22%分配给普通账户，相当于工资的5%分配给特殊账户，相当于工资的6%分配给保健账户。普通账户积累的资金可用来购买房屋，支付保险或用于教育及投资。特殊账户资金主要针对老年保障，进行与金融产品相关的投资,一般在退休前不能动用。保健账户用于支付住院医疗费用和重病医疗保险。普通账户和特殊账户的存款利息参照新加坡四家主要国内银行的一年期定期存款利率的算术平均值。中央公积金制度规定了雇主和雇员的缴费率,缴费率随着经济情况的不同弹性波动,总体稳定在30%—36%。具体到每个雇员,缴费率又有所差异,年轻时多缴纳,年龄越大缴费率越低,退休前后大幅降低。同时兼顾考虑雇员工资水平,当雇员工资低于一定水平时雇员不需缴费,如,从2014年1月1日开始,雇员月工资低于500新元时不用缴费,或可以少缴费(每月750新元)(见表11-2)。

表11-2　　　　新加坡中央公积金(CPF)缴纳率①　　　　单位:%

| 雇员年龄 | 雇主交纳 | 雇主交纳 | 综合交纳 | 向三个账户的分配比例 | | |
| --- | --- | --- | --- | --- | --- | --- |
| | | | | 普通账户 | 特殊账户 | 保健账户 |
| 35岁以下 | 20 | 13 | 33 | 22 | 5 | 6 |
| 35—45岁 | 20 | 13 | 33 | 20 | 6 | 7 |
| 45—50岁 | 20 | 13 | 33 | 18 | 7 | 8 |
| 50—55岁 | 19 | 11 | 30 | 15 | 7 | 8 |
| 55—60岁 | 12.5 | 6 | 18.5 | 10.5 | 0 | 8 |
| 60—65岁 | 7.5 | 3.5 | 11 | 2.5 | 0 | 8.5 |
| 65岁以上 | 5 | 3.5 | 8.5 | 0 | 0 | 8.6 |

## 二 不同类型社会养老筹资方式比较

### (一) 保险项目的设置及社会保障管理不同

通过缴费的形式筹资社会保障金,其保险项目的设置较为复杂,不同的项目有不同的费率,且由不同管理部门进行管理。以税的形式筹集社会保障资金,其保险项目的设置通常明了、简单,政府部门直接管理保险税的交纳以及保险金的待遇支付,具有集中管理和分工明确的特征。以储蓄的方式筹集社会保险资金,保险项目按账户设置,资金的收缴、待遇的支付以及资金的管理由政府高度集中,账户设置明晰,但账户的运作难度大。

---

① 于洪:《社会保障筹资机制研究》,上海人民出版社2008年版,第239页。

## (二) 社会保障水平不同

以缴费方式筹集社会养老保险金的国家，社会保障水平较高，其社会保障普及面广。英国和德国是实行这种筹资方式典型的国家，在德国，雇主和劳动者个人缴纳较高的社会养老保险费，财政也承担了不少的保险缴费，政府随时可能出现财政压力。在法国，1998—2012 年养老金财政状况呈现出由盈余到赤字的特征，特别是 2005 年以后，出现了养老金财政持续恶化的情况（图11-2）。以基金储蓄方式筹资社会保障金的国家，强调个人责任，待遇领取取决于个人缴费资金的积累以及投资基金的收益。国际上通过强制储蓄形式筹集社会保障资金的国家以新加坡、智利等代表。由于经济比较发达，国家比较小，财政收入充足，从而使得社会保障水平较高。以税收形式筹集社会保障金的国家，如英国、法国等国家，社会保障只为公民提供基本的生活保障，建立多层次的保障体系，政府负责建立基本的社会保险制度，通过税优惠等政策鼓励私人机构为公民提供多种形式补充保障。

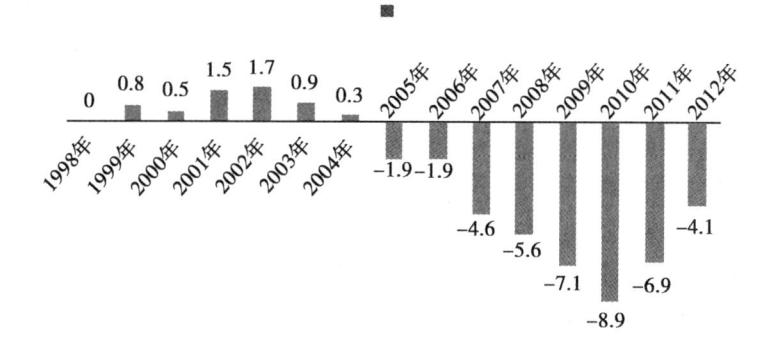

**图11-2 法国养老保险"普通制"财政状况变化**（单位：10亿欧元）

资料来源：魏南枝、何建宇：《制度碎片化与财政困境——法国养老保险制度改革及其对中国的启示》，《国家行政学院学报》2015 年第 2 期。

## (三) 体现的公平性和适应性不同

以税收的方式征收社会保障资金，适应所有参加社会保障的企业和个人，不论参加者的收入高低，一律按统一的税率缴纳税款。税款在全国范围内调剂社会保障资金的余缺，从而实现平衡地区差距的目的。因而，缴税制能很好地体现市场经济的公平性和适应性。以税收的方式征收社会保障资金，不同的保险项目按不同的费率进行缴费，且费率、待遇等方面与收入的高低、行业的不同等划分不同层次和类别，因而存在群体在享受社会保障服务方面的不均衡，损伤一部分的积极性。

### （四）政府承担责任大小不同

缴费形成的社会保障资金，由专门的管理机构负责运营和管理，基金不构成直接的财政收入，社会保障基金不足时，由财政拨款补助。强制储蓄制与财政关系同样不是很直接，账户资金不构成财政收入，但政府有使用权和调剂权。通过税收的形式筹集社会保障资金，与财政关系紧密，社会保障基金直接构成财政收入的一部分，且成为国家预算的重要组成部分。另外，财政收支状况受到社会保障收支平衡状况的影响，财政部门负责对社会保障收支的组织管理。

## 第二节　我国社会养老保险税费之争

### 一　税费之争的背景

20世纪90年代以来，随着社会保障体系不断完善，保险项目由少及多，保险对象由最初仅仅覆盖城镇国有企业职工，到目前包括农民在内的广大国民。特别值得一提的是，长期被排斥在社会保障制度之外的农民，获得了参加基本医疗保险和基本养老保险的权利，由政府主导，相继为农民建立起了新型农村合作医疗保险制度以及城乡居民基本养老保险制度。政府不仅承担了社会保障制度的组织和管理责任，还承担了财政责任。2003年新型农村合作医疗试点，采取了"政府+集体+个人"的三渠道筹资，个人筹资标准30元，其中，中央财政对中西部地区除市区以外的参加新型合作医疗的农民每年按人均10元安排补助资金，地方财政对参加新型合作医疗的农民补助每年不低于人均10元。

2015年，各级财政对新农合的人均补助标准在2014年的基础上提高60元，达到380元。2009年，针对农民的新型农村养老保险制度试点，与以往老农保农民个人完全缴款不同，新农保制度中财政成为重要的筹资主体之一。中央财政从"出口"端给予参保农民支持，即凡连续缴费满15年的农民，60周岁时可以领取国家规定标准的基础养老金。地方财政从"进口"端给予资助，凡参加新农保的农民，选择100元缴费档次的，地方财政给予不低于30元的缴费补助。选择500元缴费档次的，地方财政给予不低于60元的缴费补助。个人缴费和地方财政补助缴费一并计入个人账户。2014年，新农保与城居保合并为城乡居民基本养老保险制度，至此，我国建立起了覆盖各类群体的养老保险制度。

在农民养老保障权和健康生存权得到保障的同时，城镇社会保障体系建设不断得以发展和完善，参保企业由国有经济和集体经济向民营企业延伸，参保人员总量上呈上升趋势，基金规模不断壮大，社会保障制度的保障能力明显增强。分项目看，1995—2015年，城镇职工基本养老保险参保人数由10979万人上升到3536.2万人，年均增速为5%，基金累积节余由429.8万元上升到39937.1万元，年均增长率为24.72%；城镇职工基本医疗保险参保人数由745.9万人上升到66581.6万人，年均增速为24.5%，基金累积结余由3.1万元上升到12542.8万元，年均增长率为50.24%；工伤保险参保人数由2614.8万人上升到21432.5万人，年均增速为10.89%，基金累积结余由12.7万元上升到1285.3万元，年均增速为25.15%；失业保险参保人数由8237.7万人上升到17326万人，年均增速为3.8%；基金累积结余由68.4万元上升到5083万元，年均增长率为23.2%；生育保险参保人数由1500.2万人上升到17771.0万人，年均增速为12.92%。基金累积结余由2.7万元上升到684.4万元，年均增速为30.94%（见表11-3）。

表11-3　　　　　1995—2015年城镇社会保障体系建设情况

单位：万人；万元

| 年份 | 城镇职工基本养老保险 | | 城镇职工基本医疗保险 | | 工伤保险 | | 失业保险 | | 生育保险 | |
|---|---|---|---|---|---|---|---|---|---|---|
| | 年末参保人数 | 累计结余 | 年末参保人数 | 累计结余 | 年末参保人数 | 累计结余 | 年末参保人数 | 累计结余 | 年末参保人数 | 累计结余 |
| 1995 | 10979 | 429.8 | 745.9 | 3.1 | 2614.8 | 12.7 | 8237.7 | 68.4 | 1500.2 | 2.7 |
| 1996 | 1116.7 | 578.6 | 855.7 | 6.4 | 3102.6 | 19.7 | 8333.1 | 86.4 | 2015.6 | 5.0 |
| 1997 | 11203.9 | 682.8 | 1762 | 16.6 | 3507.8 | 27.7 | 7961.4 | 97.0 | 2485.9 | 7.5 |
| 1998 | 11203.1 | 587.8 | 1877.6 | 20.0 | 3781.3 | 39.5 | 7927.9 | 133.4 | 2776.7 | 10.3 |
| 1999 | 12485.4 | 733.5 | 2065.3 | 57.6 | 3912.3 | 44.9 | 9852 | 159.9 | 2929.8 | 13.9 |
| 2000 | 13617.4 | 947.1 | 3786.9 | 109.8 | 4350.3 | 57.2 | 10408.4 | 195.0 | 3001.6 | 16.8 |
| 2001 | 14182.5 | 1054.1 | 7285.9 | 253.0 | 4345.3 | 68.9 | 10354.4 | 226.2 | 3455.1 | 20.6 |
| 2002 | 14736.6 | 1608 | 9401.2 | 450.7 | 4405.6 | 81.1 | 10181.6 | 253.8 | 3488.2 | 29.7 |
| 2003 | 15506.7 | 2206.5 | 10901.7 | 670.6 | 4574.8 | 91.2 | 10372.9 | 303.5 | 3655.4 | 42.0 |

续表

| 年份 | 城镇职工基本养老保险 | | 城镇职工基本医疗保险 | | 工伤保险 | | 失业保险 | | 生育保险 | |
|---|---|---|---|---|---|---|---|---|---|---|
| | 年末参保人数 | 累计结余 | 年末参保人数 | 累计结余 | 年末参保人数 | 累计结余 | 年末参保人数 | 累计结余 | 年末参保人数 | 累计结余 |
| 2004 | 16352.9 | 2975.0 | 12403.6 | 957.9 | 6845.2 | 118.6 | 10583.9 | 385.8 | 4383.8 | 55.9 |
| 2005 | 17487.9 | 4041.0 | 13782.9 | 1278.1 | 8478.0 | 163.5 | 10647.7 | 519.0 | 5408.5 | 72.1 |
| 2006 | 18766.3 | 5488.9 | 15731.8 | 1752.4 | 10268.5 | 192.9 | 11186.6 | 724.8 | 6458.9 | 96.9 |
| 2007 | 20136.9 | 7391.4 | 22311.1 | 2476.9 | 12173.3 | 262.2 | 11644.6 | 979.1 | 7775.3 | 126.6 |
| 2008 | 21891.1 | 9931.0 | 31821.6 | 3431.7 | 13787.2 | 364.6 | 12399.8 | 1310.1 | 9254.1 | 168.2 |
| 2009 | 23549.9 | 12526.1 | 40147 | 4275.1 | 14895.5 | 468.8 | 12715.5 | 1523.6 | 10875.7 | 212.1 |
| 2010 | 25707.3 | 15787.8 | 43262.9 | 5047.1 | 16160.7 | 561.4 | 13375.6 | 1749.8 | 12335.9 | 261.4 |
| 2011 | 28391.3 | 20727.8 | 47343.2 | 6180.0 | 17695.9 | 742.6 | 14317.1 | 2240.2 | 13892.0 | 342.5 |
| 2012 | 30426.8 | 26243.5 | 53641.3 | 7644.5 | 19010.1 | 861.9 | 15224.7 | 2929.0 | 15428.7 | 427.6 |
| 2013 | 32218.4 | 31274.8 | 57072.6 | 9116.5 | 19917.2 | 996.2 | 16416.8 | 3685.9 | 16392.0 | 514.7 |
| 2014 | 34124.4 | 35644.3 | 59746.9 | 10644.8 | 20639.2 | 1128.8 | 17402.6 | 4451.5 | 17038.7 | 592.7 |
| 2015 | 3536.12 | 39937.1 | 66581.6 | 12542.8 | 21432.5 | 1285.9 | 17326 | 5083 | 17771.0 | 684.4 |

资料来源：根据《国家统计年鉴》（1996—2016）整理。

由表 11-3 可知，我国城市已经建立起比较成熟的社会养老保险制度，制度受益人数日渐增多。制度较为成功地发挥了熨平经济波动的稳定器功能，促进了劳动力资源的优化配置。但不容忽视的是，我国养老保险基金收支不平衡问题日益增长，社会统筹基金挪用个人账户基金，造成个人账户"空账"现象严重。近几年来，个人账户的"空账"额以每年数千万元的速度快速增长，到2014年年底已超过了3.5万亿元。即便将城镇职工积累的所有资金填补个人同账户，个人账户仍然有较大的空缺。问题的严重性还不止于此，事实上，不仅个人账户是空的，而且社会养老保险基金在将统筹基金和个人账户基金合并使用的情况下，基金当年的收入仍不抵支出，且缺口越来越大。近几年基金收入增长的速度慢于支出增长的速度。以 2011 年为例，基金收入增长 14%，增幅下降，但是支出增长了 20%。2012 年收入增长了 18.6%，支出增长了 22.9%。2014 年企业职工基本养老保险基金收入 23273 亿元，比上年增长 11.9%；支出 19797 亿元，增长 18.6%。支出比收入增幅高达 6.7 个百分点。中国社会科学院社保研究中心发布的《中国养老金发展报告2013》显示，2012 年有 19 个省份城镇职工基本养老保险基金当期"收不抵支",城镇职工基本养老保险个人账户缺口扩大了约240亿元。2014年,企业职工基金养老保险基金扣除财政补贴后,当期收不抵支省份达到22个。这一数字在2011年为12个。《中国社会保险发展年度报告2014》还披露,即使包含财政补贴在内,已有河北、黑龙江、宁夏3省份企业职工基本养老保险期基金仍收不抵支。

与此同时,我国社会养老保险基金的筹集形势不容乐观。一方面,国有企业及其职工是城镇职工基本养老保险制度的主要覆盖对象,非公有制企业、城镇个体经济组织及其从业人员的参保率低,由此而带来了养老基金筹资面过于狭窄。根据《中国统计年鉴》(2016年)的统计,2015年,我国就业人员数为77451万人,参加城镇职工基本养老参保人数3536.12万人,参保率为45.6%。另一方面,我国现行社会保险费率高,全国大部地区"五险"的总费率已达到企业工资总额的39.25%,其中,企业负担为28.25%,个人负担为11%,企业社保负担非常沉重(见表11-4)。

表11-4　　　　　　　我国现有社保体系费率情况　　　　　　单位:%

| 项目 | 费率 | |  |
| --- | --- | --- | --- |
|  | 单位 | 个人 |  |
| 养老保险 | 20 | 8 | 28 |
| 医疗保险 | 6 | 2 | 8 |
| 工伤保险 | 0.75 | — | 0.75 |
| 生育保险 | 0.5 | — | 0.5 |
| 失业保险 |  |  | 2 |

注:失业保险费率单位、个人比例各省自定。

在五项保险项目中,基本养老保险的总费率最高,达到了28%,超过了国际警戒线20%的标准,更是远远地超过了发达国家10%的缴费率。美国目前的养老保险费率为12.4%,其中雇员和雇主分别为6.2%,金融危机爆发期间,美国还曾一度降低社会保险的费率。过高的养老保险缴费率,一方面,使得一些未参保企业和职工加入养老保险体系的动力不足,"扩面"工作进展缓慢。另一方面,不少企业更是通过少报和瞒报工资总额和多头开户形式逃避缴费,以拒缴、少缴和缓缴等形式来逃避责任。特别是从2012开始,我国经济告别了改革开放以来平均两位数的增速,2015年经济增速为6.9%,创25年以来的新低。伴随经济增速放缓的是很多企业人的缴费能力下降,出现断缴保费的情况。根据统计,最近几年每年都有 3000 多万人中断缴费，2013 年我国养老保险弃缴人数累计达到了 3800 万人。

在养老基金收支矛盾突出、老龄人口数不断上涨、公平收入分配等背景下，缴费性的筹资方式开始受到前所未有的质疑。1996 年，国民经济和社会发展"九五"计划和 2010 年远景目标纲要中首次提出，要逐步开征社会保障税。2006 年 9 月 15 日《南方都市报》报道，国家有关部门正在研究社会保障费改税问题，各相关工作正在积极推进，"十一五"期间费改税有望正式实行。2010 年 4 月 1 日，财政部部长谢旭人在《求是》发文提出，"完善社会保障筹资形式与提高统筹级次相配合，研究开征社会保障税"。在这之后，学术界展开了费税的大讨论。

## 二 税费之争的代表性观点

### （一）相关文献

为把握学界关于社会保障筹资方式研究的动态，笔者以"社会保障税"为关键词，设定时间跨度为"2000—2016"，共检索到 463 篇文章。从文章年度分布情况看，总体上呈现前高后低的特征。其中，2001 年所发文章数为 48 篇，占了检索总数的 10%；2015 年所发文章数最少，为 6 篇，占比 1% 左右（图 11-3）。根据统计可知，理论界关于社会保障税的讨论具有明显的阶段性和一阵风的特征。其实，在我国社会保障体系逐步完善的过程中，在我国社会主义市场经济体制的逐步建立和完善进程中，社会养老缴费是否由社会保障税取代，是否具备了取代的条件，等等，都值得进行更深层次的研究。

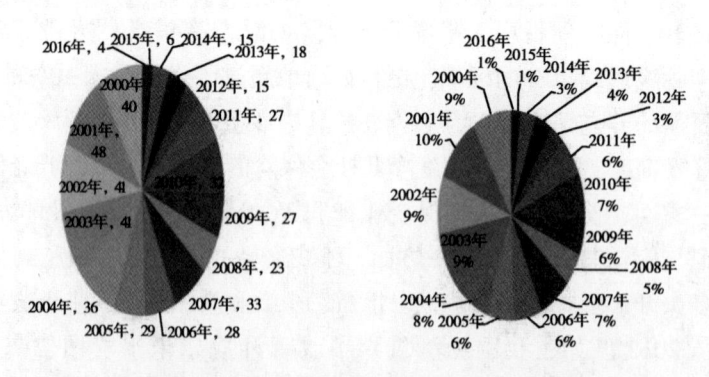

图 12-3 2000—2016 年"社会保障费税"论文数量及比重

**(二) 税费派代表性观点**

从检索的文章内容看，除了为数几位学者反对费改税外，绝大多数学者主张税改费。

1. 费派代表性学者及观点

郑功成在《社会保障中的费改税及养老保险问题》（《经济研究参考》，2001年第31期）中阐述了现行社会养老保险筹资宜采用缴费形式的理由。首先，从国际上看，凡制度模式采取积累制的或是个人账户的国家，都是通过缴费而非征税筹集社保资金的。其次，费或税的强制不在于名称而在于对社会保险基金筹集的立法。再次，费改税后，国家财政在社会养老保险制度建设中由后台走向前台，这将不利于控制社会保障支出膨胀的风险。最后，我国地区发展不平衡，缴费形式具灵活性特征。

檀莉在《也谈社会保障税的缓行》（《忻州师范学院学报中》，2004年第1期）认为，我国推行社会保障税的制度基础还不具备，这里的制度包括体系构建和法律构建。张欢、刘芳在《社会保障税应当缓行》（《财政监督》，2007年第5期）中指出，社会保障费改税未必增加社会保险基金的筹集，税制设计的角度看社会保障税的特征，如果现在把农民纳入社会保障税范围，要考虑到农民是否有能力承担社会保障税以及国家财政是否有财力承担。

张晓帆在《社会保障税不宜行》（《中国社会保障》，2010年第5期）中指出，我国现行不宜开征社会保障税，并从四个方面阐述了不宜行的理由：其一，我国实行的是社会统筹与个人账户相结合的部分积累制模式，社会统筹部分由企业缴纳，体现公平原则。个人账户由劳动者个人缴纳，体现效率原则，具有私人属性。社会保障税与具有私人性质的个人账户存在冲突。其二，我国现行城乡居民收入差距显著，如果开征社会保障税，税率和税基难以做到科学合理地确定。其三，税收具有无偿性，纳税人的收益与所缴税款之间没有直接的联系，政府能否将社会保障款税专款专用值得怀疑。其四，目前还没有出台社会保障法，以对社会保障制度作出相应的规范和约束。

郑秉文在《费改税不符合中国社会保障制度发展战略取向》（《中国人民大学学报》，2010年第5期）中从以下几个方面表达了对费改税的反对意见：第一，世界性的改革不是费改税。从20世纪80年代开始，税改费成为新的潮流，在过去30年里，包括智利、蒙古、俄罗斯、德国等40

个国家不同程度地引入了个人账户,实现了从税向费的转变;第二,费改税意味着将个人供款与未来待遇的联系割裂开来,国家财政将要承担起无限责任,这显然不符合旨在加强缴费与待遇之间联系的社会保障制度发展战略的要求;第三,在技术上,费改税不符合现行部分积累式的制度模式。从理论上,虽然可以采统筹资金由税收筹集,个人账户资金以缴费形式筹集,但这样会使社会保障制度复杂起来,人为地加大了制度运行中的成本;第四,明显的二元社会经济结构是制约费改税的重要因素。如果实行费改税后,农民是否被作为纳税对象是一个很大的问题,如果被纳入,则在农业税已取消的情况下,重新增加一个新的税种已不现实。如果不被纳入,将会加重原有的社会矛盾,与构建和谐社会目标背道而驰。

2. 税派代表性学者及观点

基于现行社会保障缴费中出现的问题以及我国加速老龄化现实,税派的研究主要集中在以下几个方面。

(1) 社会保障税的可行性和必要性

根据知网的检索,2000—2016年,共有22位学者以"我国开征社会保障税的可行性"为标题,探讨了开征社会保障税的可行性和必要性。学者对开征社会保障税的可行性分析主要以理论基础、经济基础、社会基础(李丽丽,2014;李松,2013;赵文平,2010;朱远程、刘季鹏等,2008;薛嘉,2007;余杨、支丹,2007),群众基础、法律基础(李松,2013;凡小伟、吕鹏瑜,2009;刘秀灵,2007;许应春,2005)、征管基础为主(凡小伟,2009;杨小波,2006;虞利娟,2004)。其中,经济基础体现在企事业单位工资总额的迅速增长和城乡居民收入的不断提高,税收负担能力增加,征税的物质基础厚实。征管基础体现在我国政府拥有一套严密而有效的税收征管系统和征管机构,建立起一套"以申报纳税和优化服务为基础,以计算机网络为依托,集中征收,重点稽查,强化管理"的税收征管模式,具有大量征管经验丰富、业务素质优秀的税务人员(余杨、支丹,2007)。社会保障资金由税务机关征收,可以降低征管成本,有利于提高征收和效率。群众基础和社会心理基础体现在"税收取之于民,用之于民"的观念被大部分民众接受(余杨,2008)。与重新开征一种新的税种相比,社会保障税在费的基础上转化而来,并不是额外增加人们的负担,一般不会引起人们的反感(吕鹏瑜,2010)。同时,由于市场经济体制的建立,人们前所未有地面临医疗、失业以及养老等风险,迫切需要建立政府主导建立社会保险以解决后顾之忧（李松，2013）。

（2）对社会保障税的税制设计

社会保障税制的基本要素包括纳税主体、客体、税率、税基等（杨少庆，2016；孙玉栋、曾尹嬿、赵术高等，2015；孙宇晖、安娜，2014；王增文、邓大松，2012；邓爱红、张淑芳，2011；程高全，2010；张萍，2009）。

纳税主体解决的是对谁征社会保障税的问题，社会保障税的纳税主体越宽，则制度所起的保障功能越强。张萍在《关于我国开征社会保障税的若干问题研究》（《特区经济》2009年第10期）中指出，从理论上说，社会保障税应当普遍征收，一个国家的所有劳动者都应当成为社会保障的纳税人。但考虑到农村经济发展较为缓慢的现实，农民可以暂时不考虑作为纳税义务人。程高全在《我国建立社会保障税制度问题研究》（《科技信息》2010年第21期）中指出，我国的纳税义务应由雇主和雇员共同承担，包括在我国境内的不同类型的企业以及各类自营人员，各类行政人员和社会团体及工作人员，公务员暂不宜作为纳税义务人。孙玉栋、徐达松在《社会保障税制国际比较及经验借鉴》（《中国特色社会主义研究》2015年第2期）中认为，应根据国际通行的做法确定我国社会保障税的纳税人，将我国境内各类企事业单位、干部职工、外资企业的中方人员、自由职业者（包括个体工商户）均纳入社会保障税的纳税义务人，逐渐把农民及农民工列入纳税人。①

纳税客体解决是课征对象的问题，税率体现了纳税人的负担。张锐、程贤文（2008）认为社会保障纳税对象分为个人纳税对象和企业纳税对象，个人纳税对象为个人月实际工薪收入总额，企业纳税对象为增值税。个人纳税对象仅仅为工资、薪金，而不包括诸如股息、红利等其他所得。作为一个发展中国家，我国的社会保障税率设计不宜过高，采用比例税率为主、定额税率为辅的税率结构。（张锐，2008；杨少庆，2016）钱旭东在《社会保障费改税税率设置的建议》（《财经界》2015年第9期）指出，个人税率和单位税率应有所差别，个人税率考虑到个人的文化、经济、地域甚至是性格、习惯上的差异，个人社会保障税建议设立定额税

---

① 孙玉栋、徐达松：《社会保障税制国际比较及经验借鉴》，《中国特色社会主义研究》2015年第2期。

率。单位税率参考超累进比例的累退性质的固定比率税制。蓝相洁（2014）认为我国征收社保税的时候不应规定工资限额，应该以工资总额为征税依据，应该采用比例税率以适合我国国情。

3. 开征社会保障税的措施或对策

柳延峥（2016）从四个方面提出了开征社会保障税的措施：一是开展社会保障税的宣传，二是进行社会保障立法，三是要实施社会保障税征收整体布局，四是要确保社会保障税的统一管理和专款专用。孙玉栋、徐达松（2015）肯定了税法在开征社会保障方面的作用，通过税收立法，以明确多方纳税主体纳税义务，实行强制征收，统一管理。王增文、邓大松（2012）认为，社会保障由"征费"改为"征税"须采取三方面的策略：一是把社会保障对工资替代率水平降到合理的标准。加强社会保障征缴部门与工商和税务的沟通和协调，二是制定适度水平的税率，三是实施差别化的税率，税率以累进为宜。杨燕绥、朱祝霞（2011）将国民基础保障金与人口联系起来考察后认为，推行社会保障税，必须厘清社会保障税费在性质和功能方面的区别，分离社会统筹和个人账户，社会统筹执行税制，个人账户执行费制。陈丽丽（2015）认为开征社会保障税离不开完善的法律体系，要坚持公平与效率相统一的原则。史正保、李智明在《论费改税视角下我国社会保障税的开征》（《西北人口》2014 第 2 期）中指出，社会保障税应设计为共享税，地方和中央按 7：3 的比例分成，既可以调动地方的积极性，又有利于中央的全国统筹，缩小地区差别。

### 三 税费之争的实质及比较

应当看到，税费之争主要源于对社会保障性质的不同认定。费派认为，税对应的是公共物品，而社会保险属于私人物品，它体现的是受保人之间的风险分担，不同于体现国家职能的福利机制。税具有义务的特点，而费更偏重于权利，税在性质上与个人账户不协调。而税派认为，社会保障制度是一种公共品，具有外部性，不能以价格来调节其供求。它具有一般公共品所共有的非排斥性、非竞争性和效用的不可分割性。政府是这一产品的生产者和供给者。像其他公共品一样，人们在消费这一产品时具有"搭便车"的动机，同时缺乏显示个人偏好的激励，因此需要税收手段进行筹集。

## （一）国家宏观调控力度和强制力不同

社会保障税作为一种国家税收，国家通过统一的立法明确规定了税率、纳税人、征税对象、纳税期限、法律责任等。并通过国家的强制力征收，征收制度具有严肃的法律效力。这样国家就可以根据各项经济数据及时做出宏观调控政策，发挥国家宏观调控的作用。而且有国家的强制力作为保证，各种偷税、漏税、骗税、抗税现象都会得到严厉的打击，具有很强的国家威慑力。当出现各种违反税收制度的行为时，国家税务机关还可以依据法律对违法人做出处罚，甚至可以提请人民法院强制执行社会保障。费却是由地方管理，并不是国家统一管理。而且政出多门，多头管理，各个地方依据当地情况制定不同政策法规，具体操作起来差异很大，国家很难进行有效的监控和调控。社会保障费制度虽然也体现出了一定的国家强制性，但是它定性模糊，没有明显的属性，显然强制性是不够的。

## （二）管理部门责任不同

社会保障税由于其税收的性质，是属于税务机关管理征收的。税收对于税务机关而言，是国家赋予的职责，是一种义务。如果实行了社会保障税制度，开始征收社会保障税，那么用人单位欠缴，不缴社会保障税的时候，就由税务机关进行稽查处理，以保证纳税人的权利。当出现劳动者利益受损仍得不到有效解决时，税务机关就要负相应的责任，查清是不是没有有效地履行自身的职责，是不是相关部门征缴不力，最终必然要追究其应当承担的责任，并由其上级部门对其进行审查，指导改正。社会保障费制度却不尽相同，因为多头管理，各个部门各自为政，出问题都相互推脱责任，甚至对劳动者的诉求不理不睬，还为无良的企业投上一票，严重危害了劳动者权利。

表 11-5　　　　　　　　　　社会养老保险税费之比较

|  | 社会保障税 | 社会保险费 |
| --- | --- | --- |
| 目标 | 为社会保障制度筹集 | |
| 服务对象 | 专用资金劳动者 | |
| 专用性 | 专款专用 | |
| 征收方式 | 依法强制征收 | |
| 管理效率 | 较高 | 较低 |
| 基金调剂范围 | 较大 | 较小 |
| 法律约束力 | 较强 | 较弱 |

续表

|  | 社会保障税 | 社会保险费 |
|---|---|---|
| 与财政的关系 | 与政府预算一体化 | 保持适当距离或分离 |
| 个人的权利和义务 | 模糊或非对应 | 清晰对应 |
| 资金性质 | 政府财政资金 | 劳动者公共后备金 |
| 与个人账户的关系 | 不兼容 | 兼容 |

## 第三节 武陵山片区城乡居民基本养老保险筹资方式选择

### 一 社会养老保险筹资方式的演变

我国社会保障筹资方式经历了由企业征缴到社保经办机构征收，再到目前的社保经办机构和税务机关征收的演化过程。

**(一) 社保经办机构征收 (20世纪80年代初至1995年)**

1984年，中共十二届三中全会发布《中共中央关于经济体制改革的决定》，由此展开国有企业的改革，要求国有企业成为独立核算、自负盈亏的经济主体，过去那种事实上以国家财政为依托的企业养老保障模式受到冲击，不同行业、企业之间养老负担不均的问题暴露出来，部分老工业基地的国有企业因退休职工多、企业经营困难而出现养老金的支付困难问题。结合国有企业改革带来的职工养老保障支付问题，国家开始在县市级层面进行全民所有制企业职工退休费社会统筹试点。

1986年，国务院颁布《国有企业实行劳动合同制暂行规定》规定，合同制工人养老保险企业上缴15%，工人本人交纳3%。养老金待遇取决于年限的长短和退休的工资，按月或一次性进行发放。1991年，《国务院关于企业职工养老保险制度改革的决定》（国发〔1991〕33号）的颁布，标志单位养老保险制度向社会养老保险制度的转变。《决定》提出建立"企业职工社会养老金统筹"的制度，并规定实行"基本养老保险、企业补充养老保险和职工个人储蓄性养老保险相结合的制度"，推行国家、企业、个人三方共同负担养老缴费，改变养老保险个人不缴费的局面。企业缴费由企业开户银行按月代为扣缴，职工个人缴纳基本养老保险费，由企业在发工资时代为收缴。这种制度虽然从制度安排上解决了统筹范围内不同企业之间的养老负担不均的问题，但社会统筹的范围依然不宽，再加之国有企业离退休职工工资比例的大幅增长，一些企业的养老保险缴费率提高，企业养老负担越来越重。同时，由于各省的统筹费率不一，企业的负担轻重不一，严重扭曲了企业竞争过程中的起点公平（见表11-6）。

表11-6　　　13省、自治区、直辖市实现省级统筹时间、费率　　单位（％）

| 省份 | 北京 | 天津 | 福建 | 上海 | 江西 | 山西 | 吉林 |
|---|---|---|---|---|---|---|---|
| 时间 | 1986.11 | 1987.4 | 1989.1 | 1986.10 | 1990.6 | 1991.10 | 1992.1 |
| 费率 | 19 | 20.6 | 21 | 25.5 | 23.0 | 20.0 | 26.6 |
| 省份 | 河北 | 宁夏 | 陕西 | 四川 | 湖南 | 青海 | |
| 时间 | 1992.1 | 1992.7 | 1992.7 | 1992.4 | 1994.1 | 1994.1 | |
| 费率 | 21.5 | 22.4 | 20.8 | 19.5 | 24.5 | 24.5 | |

为了有效解决以上问题，根据我国国情，许多学者提出我国的社会养老保险应该以缴费确定型为主，建立个人账户来实现，在管理体系上要实行分散化管理的原则，同时建立具有竞争关系的经营性投资机构，对养老进行投资管理，以便实现和保证养老金的保值增值。并且应当把信息管理和投资管理分开，以便完全有效地运用资金，在保证安全的前提下，获得尽可能多的投资收益。这些思想和建议被中共十四届三中全会所肯定。

1993年，中共中央十四届全会出台了《关于建立社会主义市场经济体制若干问题的决定》确立了社会保障制度改革的总体目标，提出了三项原则：一是建立包括社会保险、社会救济、社会福利等多层次的社会保障体系；社会保障政策要统一，管理要法制化；社会保障水平要与中国社会生产力发展水平以及各方面的承受能力相适应；城乡社会保障要有区别；提倡社会互助。二是按照不同类型确定资金来源和保障方式；城镇职工养老和医疗保障金由单位和个人承担，实行社会统筹和个人账户相结合。三是建立统一的社会保障管理机构，社会保障行政机构和社会保险基金经营要分开。社会保障管理机构主要是行使行政管理职能，社会保险经办机构，在保证正常支付和安全性、流动性的前提下，可依法把社会保险基金主要用于购买国债，以保证社会保险基金的保值增值。

**（二）"二元"的征缴方式（1995年至今）**

在这一阶段，我国初步建立起了"社会统筹和个人账户"相结合的社会保障制度。社会保险缴费由社会保障部门负责。随着我国经济社会的发展，国有企业改革逐步深入，许多中小企业经营困难，兼并、破产、倒闭现象增多。另外，社会保险待遇支付额不断上涨，支付缺口越来越大，社保费的征缴形势日益严峻，原有的征缴方式已不适应工作的需要。在这种情况下，有些省份开始探索更有效的社会保险筹资方式。1995年，武汉市开创了社保资金由税务机关代征的先河。1998年，财政部、劳动部、中国人民银行和国家税务总局等四部委联合下发《企业职工基本养老保险基金实行收支两条线管理暂行规定》（财社字〔1998〕6号），规定基本养老保险基金征收方式有社保经办机构征收和税务部征收两种方式，并对两者的征收程序进行了规定（见图11-4、图11-5）。

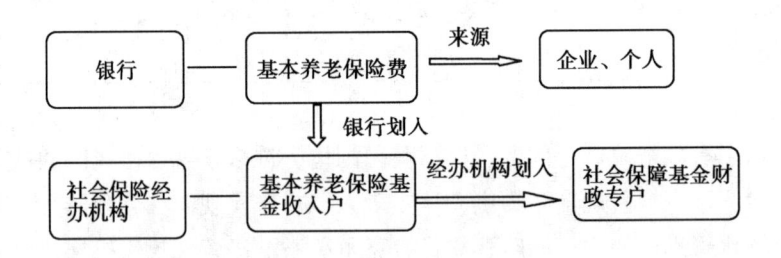

图11-4　社会保险经办机构征收养老费程序

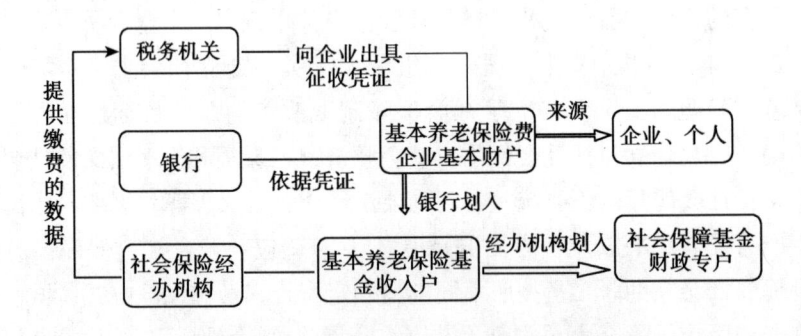

图11-5　税务机关征收社会养老费程序

《企业职工基本养老保险基金实行收支两条线管理暂行规定》出台的当年，浙江省人民政府出台政策，从1998年10月1日起，社会保障费的征收职能移交到地方税务部门，利用税务机构先进的征收网络和有效手段，加强基金收缴。1999年，由国务院发布的《社会保险费征缴暂行条例》提供了税务机关"代征"的路径。该条例规定，社会保险费的征收机构由省、自治区、直辖市人民政府规定，可以由税务机关征收，也可以由劳动保障行政部门按照国务院规定设立的社会保险经办机构征收。具有中国特色的"二元"征缴体制由此确立。

2010年，《中华人民共和国保险法》正式颁布实施，其中条文规定：社会保险费实行统一征收，但具体的实施步骤和办法由国务院另行规定。目前，全国有21个省级地区（含计划单列市）的社会保障资金由税务机关征收。一种情况是税务机关全责征收，另一种情况是省市实行委托代征模式。前者实施地区有浙江、广东、辽宁、福建、宁波、厦门以及黑龙江等7个省市，其他14个省市属于委托代征模式。然而，10多年来的社会保障资金筹资方式仍然没有得到有效解决。由谁来征收社保费更有利于社会保险事业发展的争议，延续了近20年仍未能达成共识。

## 二 武陵山片区城乡居民基本养老保险筹资方式变迁

新中国成立初期至80年代初，我国还未建立针对农民的养老保险制度。以家庭联产责任制度为核心的改革，极大地激活了农村生产力，农民收入有很大程度的提高。这一方面增加了农村的家庭养老保障功能，另一方面也为农村社会保障事业的发展准备了重要物质基础。1986年初，民政部组织力量调查研究，开展理论探讨，并在经济比较发达的地区进行了试点。10月中旬又在江苏省沙洲县召开座谈会，邀请各省、自治区、直辖市的民政厅（局）长、中央有关部门和一些专家学者，探讨我国农村建立社会保障制度的必要性和可行性，形成了《关于探索建立农村社会保障制度的报告》，同年12月，该报告提交给国务院。报告提出：农村社会养老保障制度的建立须从各方的实际能力出发，坚持先行试点，由点到面的推进原则。由于区域经济发展不平衡，农民收入不高等因素的制约，农村养老保障资金的筹集也应体现出差异性。贫困地区的农民无力完成养老保险缴费，以及提供的救灾费、救济款、优抚费和各级财政补贴为基本保障资金。富裕地区的养老保险缴费，由国家、集体和个人三方按比例分担。在养老保险制度的建设中，应增加农民的自我保障观念，体现权利和义务的统一，防止产生依赖思想。

1987年3月，在国务院批准了该报告之后，农村社会保障制度的探索在全国逐步推开。据不完全统计，截至1989年年底，全国已有19个省（自治区、直辖市）的190多个县（市、区、旗）开展了农村养老保险探索，有 800 多个乡镇已经建立了以乡镇、村为单位的养老保障制度①，参加人数达 90 多万，资金积累 4100 万元，开始领取养老金的农民已有 21.6 万人。②

1992 年 1 月，由民政部组织推动的老农保制度正式建立，并于当年 12 月在全国范围内逐步发展起来。老农保的资金筹集"以个人缴费为主、集体补助为辅、国家给予政策扶持"，参保对象为农村人口。考虑到不同地区农村经济发展的不均衡性，老农保个人缴费采取多标准多档次，月缴费标准分 10 档次，最低档 2 元，最高档 20 元。③ 个人缴费方式分为一次性缴费和逐年缴费两种，可以预交或补交。自 1999 年始，国务院开始对农村社会养老保险工作进行清理整顿，指出我国农村尚不具备普遍实行社会保险的条件，要求停止接受新业务，有条件的过渡为商业保险。至此，中国农村社会养老保险事业基本处于停滞状态。

2009 年，新型农村养老保险制度试点，采取多渠道筹集养老保险资金。其中，个人缴费分为五个档次，最低档为 100 元，最高档案 500 元。地方财政根据参保居民选择的档次和标准进行补贴，对于选择 100 元档次缴费的给予 30 参保居民，地方财政给予不低于 30 元的缴费补贴。对于选择 500 元以上档次缴费的给予 30 参保居民，地方财政给予不低于 60 元的缴费补贴。具体的缴费补贴金额各地区可以在国家规定的标准以上浮动。在试点之初，为了加深农村居民对新型农村养老保险制度的理解和认可，由乡干部每家每户地进行动员，上门收取养老保险参保费。2011 年，城镇居民养老保险制度试点，缴费档次为 10 档，最低档为 100 元，最高档为 1000 元，地方政府可以根据实际情况增设缴费档次。

2014 年，城乡居民基本养老保险制度在整合新农保和城居保的基础上诞生，缴费档次为 12 档，100—1000 元，每增加 100 元上升一档，第 11 档为 1500 元，第十二档为 2000 元。各地区可以根据实际情况增设缴费档次，最高缴费档次标准原则上不超过当地灵活就业人员参加职工基本养老保险的年缴费额。通过几年的实践，城乡居民的参保觉悟有所提高，再加上集中征缴方式虽能按时完成基金征缴任务，但也存在行政成本大、

---

① 劳动部课题组：《中国社会保障体系的建立与完善》，中国经济出版社 2007 年版，第 43 页。
② 王以才、张朴：《农村社会养老保险》中国社会出版社 1996 年版，第 20 页。
③ 2 元、4 元、6 元、8 元、10 元、12 元、14 元、16 元、18 元、20 元。

参保对象自主缴费积极性不高和基金安全隐患等问题，不利于城乡居保工作健康发展，导致了缴费方式的变化，由完全的上门收缴过渡到多种筹资方式并存（见图11-6）。

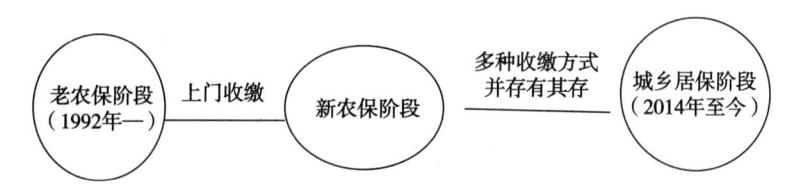

图11-6　农村社会养老保险筹资方式演变

## 武陵山片区城乡居民基本养老保险筹资方式动态

动态一：2014年，湘西自治州高度重视城乡居保自主缴费工作，将原来集中征缴方式转变为参保对象自主缴费和集中征缴相结合的征缴模式，将7300万元的20%（1460万元）作为群众自主缴费的目标任务，并要求各县市在8月底前完成，同时纳入对县市经办机构年度工作考核中。（湘西自治州新闻，2014）

动态二：为切实方便群众，2014年6月份以来，怀化市靖州县改变工作方式，在服务大厅专门开设城乡居保窗口，引导参保人员主动前来缴费，一改以前单一的村、驻村干部上门收费方式。这样缴费既方便群众查询，又便捷、透明、高效，还可减少错误信息的产生，深受广大参保人员的欢迎。（怀化市新闻，2014）

动态三：新宁镇城乡居民养老保险保费代扣代缴工作顺利开展

新宁镇组织相关部门人员开展城乡居民基本养老保险保费代扣代缴工作，结合该镇实际情况制定了详细的代扣代缴实施方案，扎实做好城乡居民照片、身份证号等信息的采集录入，同时相关部门组织专门人员对参保群众进行广泛宣传，讲解社保卡的使用方法、涵盖功能等基本常识，积极推进社保卡的普及应用。截至2015年5月31日，全镇签订代扣代缴协议书7243人，完成全年任务的60.7%；已成功代扣代缴人数2971人，代扣代缴率27.4%，现金收费17400元，参保缴费人数共计3122人，完成全年任务的28.8%。（新宁县新闻网，2015）

动态四：石门县城乡居民养老保险持卡缴费率达98.65%

为方便参保人员缴费，石门县在城乡居民养老保险持卡缴费上求突破，截至 2014 年 4 月，全县共发放农保卡 28.2 万张，发卡率 100%，持卡缴费率 98.65%。石门县地处湘鄂边陲，武陵山脉东北端，是省政府扶持的贫困县之一。以往缴费方式落后且服务网点少，山区群众缴费十分不便。针对这一问题，石门县制定了全县统一的工作规划，率先把该项工作纳入县政府为民办实事考核重点，明确了各级各部门的岗位职责和服务标准，通过组织各村（居）群众分期分批持卡缴费、增加信用社服务窗口、现场值班引导和培训等方式，确保了该项工作的稳步推进。并依托 26 个乡村信用社网点和 335 个行政村（居）构建起了全覆盖的城乡居民养老保险缴费服务网络。该县还开展了"进山区，走墟场"活动宣传持卡缴费政策，深入农户家中引导群众正确使用农保卡。（石门人社局，2014）

动态五：桑植县全面实现城乡居保参保人员自主缴费

自 2015 年以来，桑植县不断改进基金征缴工作举措，以发放国家社保卡为契机，鼓励老百姓前往银行网点自行缴纳城乡居保保费，实现由经办机构自收方式逐渐向银行代收等自主缴费方式的转变，成效显著。截至目前，银行代收人员达 11.16 万人，征缴金额达 1140.91 万元，自主缴费率达 100%，不仅大大节省了人力、物力，同时确保了城乡居保基金的安全。（张家界新闻，2016）

动态六：城乡居民基本养老保险全程电子化 POS 端自助缴费在隆回县三阁司镇试点运行

8 月 10 日，三阁司镇召开城乡居保缴费 POS 机使用培训会议，全体片线干部职工、各村（居）固补干部、协管员 200 余人参加；县人社局领导、农商行技术人员到场指导。试点运行工作主要从三方面开展：一是举办城乡居民基本养老保险政策知识培训班；二是农商行技术人员讲解 POS 机终端刷卡缴费相关知识；三是现场开展 POS 机终端缴费业务操作指导，指导村级协管员如何办理城乡居民基本养老保险代缴代扣、代发和 POS 端自助缴费业务，在现场顺利操作完成缴费人员城乡居民基本养老保险扣款与支付业务。通过现场培训、操作、指导，协管员掌握了 POS 端自助缴费业务全流程。启动 POS 机刷卡缴费，是该镇优化参保缴费的又一举措，充分利用 POS 机方便、快捷、安全等诸多优势，进一步提升了办事效率和服务水平。

(隆回县政府门户网，2016）

### 三 筹资方式的实证分析

为了解武陵山片区城乡居民对城乡居保筹资方式的选择，课题组成员通过访谈、填写调查表格等方式，分别于2016年7—8月，根据第三章至第四章对武陵山各片区农村居民收入情况，选取农村人均纯收入靠后的20个县和人均纯收入最高的10个县市作为调查的对象。在设计的问题中，涉及筹资方式的问题有两个：第一，你同意以税收的形式筹集城乡居民基本养老保险资金吗？（选项答案为：A. 同意　B. 不同意　C. 无所谓）；第二，目前的缴费方式是怎样的？（选项答案为：A. 村干部上门收缴　B. 到固定点　C. 其他）

**（一）调查区域及对象**

根据2016年的农村人均收入情况，排在后20位的县市为古丈县、安化县，排在前10位的为冷水江市、黔江区等（见表11-7）。根据随机抽样的原则，在农村人均纯收入靠后的20县发放1000份调查问卷，收回有效问卷960份，有效问卷率为96%。在农村人均纯收入靠前的10县市发放1000份调查问卷，收回有效问卷980份，有效问卷率为98%。

表11-7　城乡居保运行情况调研区域及农村人均纯收入　　单位：元

| 县（市） | 农村人均纯收入 | 县（市） | 农村人均纯收入 |
| --- | --- | --- | --- |
| 古丈县 | 4626 | 印江县 | 6037 |
| 桑植县 | 4719 | 龙山县 | 6095 |
| 通道县 | 4784 | 松桃县 | 6119 |
| 永顺县 | 4904 | 保靖县 | 6168 |
| 城步县 | 4687 | 安化县 | 6196 |
| 泸溪县 | 5256 | 冷水江市 | 16921 |
| 麻阳县 | 5373 | 湄潭县 | 9144 |
| 新晃县 | 5393 | 鹤城区 | 9608 |
| 新化县 | 5819 | 武陵源区 | 8899 |
| 花垣县 | 5509 | 丰都县 | 8679 |
| 芷江县 | 5838 | 石柱县 | 8565 |
| 德江县 | 5907 | 武隆县 | 8489 |

续表

| 县（市） | 农村人均纯收入 | 县（市） | 农村人均纯收入 |
|---|---|---|---|
| 松桃县 | 5915 | 石门县 | 8066 |
| 沿河县 | 5960 | 玉屏县 | 7921 |
| 思南县 | 5996 | 黔江区 | 7878 |

## （二）描述性统计

在 20 个调查问题中，每个选项用阿拉伯字进行赋值，见表 11-9。

表 11-9　　　　　　　　　自变量赋值情况

| 变量 | 赋值 | 均值 | 标准差 |
|---|---|---|---|
| 性别（X1） | 1=男，2=女 | 1.553 | 0.377 |
| 年龄（X2） | 1=16—40 岁，3=40—50 岁，4=50—60 岁以上 | 1.534 | 0.402 |
| 人均收入（X3） | 1=2000 元以下，2=2000 元—4000 元，3=4000—5000 元，4=5000 元以上。 | 2.031 | 1.342 |
| 文化程度（X4） | 1=小学及以下，2=初中，3=高中，4=专科及以上 | 1.456 | 0.321 |
| 健康状况（X5） | 1=良好，2=一般，3=差 | 2.321 | 0.321 |
| 家庭收入来源（X6） | 1=打工，2=务农，3=工资，4=其他 | 1.567 | 0.367 |
| 家庭子女数（X7） | 1=1 个　2=2 个　3=3 个及以上 | 1.672 | 0.785 |
| 是否参保（X8） | 1=无，2=有 | 1.313 | 0.456 |
| 交了多少保费（X9） | 1=100 元，2=200—500 元，3=600—800 元，4=900—1000 元，5=1000 元以上 | 2.313 | 1.478 |
| 是否打算参保（X10） | 1=是，2=不 4=60—69 分，5=59 分及以下 | 3.148 | 0.983 |
| 家里人口数（X11） | 1=3，　2=4，　3=5，4=6 及以上 | 1.497 | 0.623 |
| 读书人口数（X12） | 1=1，2=2，3=3 及以上 | 1.712 | 0.989 |
| 家中的老人数（X13） | 1=1，2=2，3=3，　3=4 及以上 | 1.124 | 0.647 |
| 你了解政策吗（X14） | 1=了解，2=不太了解，3=不了解 | 1.382 | 0.487 |
| 你认为高档缴费最大问题是什么（X15） | 1=收入，2=不愿意交，3=对政府不信任 | 1.801 | 0.721 |
| 你是否同意以税方式交保费（X16） | 1=是，2=不同意，3=无所谓 | 2.753 | 0.464 |
| 你交保费的方式 X17 | 1=上门收缴，　2=到固定点交，　3= | 1.264 | 0.467 |
| 你是否已婚（X18） | 1=是，　2=不是 | 1.462 | 0.446 |

1. 筹资方式调查总体情况

在1940份有效调查问卷中,村干部上门收缴的对象有1105人,占比达到了57%。固定地点交的对象为680人,占比35.1%。代缴代扣的对象为155人,占比8%。在所调查的1940名对象中,不能接受以税征收养老保险费的有1035人,占比为53.4%。能接受以税征收养老保险费的有702人,占比为53.4%。选"无所谓"选项的有203人,占比为10.5%。

表 11-10　　　　　　　　城乡居保缴费方式的总体情况

你的参保费是如何交的

|  |  | Freguency | Percent | Valid Percent | Cumulative Percent |
|---|---|---|---|---|---|
| Valid | 村干部上门收 | 1105 | 56.9 | 57.0 | 5.70 |
|  | 固定地点交 | 680 | 35.0 | 35.1 | 92.0 |
|  | 代缴代扣 | 155 | 8.0 | 8.0 | 100.0 |
|  | Total | 1940 | 99.8 | 100.0 |  |
| Missing | System | 3 | 0.2 |  |  |
| Total |  | 1943 | 100.0 |  |  |

你能接受税收征保费吗

|  |  | Freguency | Percent | Valid Percent | Cumulative Percent |
|---|---|---|---|---|---|
| Valid | 能 | 702 | 36.1 | 36.2 | 36.2 |
|  | 不能 | 1035 | 53.3 | 53.4 | 89.5 |
|  | 无所谓 | 203 | 10.4 | 10.5 | 100.0 |
|  | Total | 1940 | 99.8 | 100.0 |  |
| Missing | System | 3 | 0.2 |  |  |
| Total |  | 1943 | 100.0 |  |  |

2. 筹资方式的回归分析

在进行城乡居保筹资方式的交互分析之前,"筹资方式"为因变量,用Y表示,以"年龄""性别"等19个因素为自变量,分别用$X_1$、$X_2$、$X_3$、$X_4 \cdots X_{19}$表示(自变量见表11-9)

以筛选出影响居民选择筹资方式的最主要因素。设定多重性线回归的方程表达式:

$$Y = b_0 + b_1X_1 + b_2X_2 + b_3X_3 + b_4X_4 + \cdots b_{19}X_{19}$$

表11-11给出了回归模型的描述,多重相关系数$R=0.397$,多重测定系数为$R^2=0.153$,表明约有15.3%的"筹资方式"选择可以用模型解

释。总体上来说,回归模型对"筹资方式"的预测效果不是很好,需要进一步调整自变量。

表 11–11　　　　　　　　　**Model Summary**

| Model | R | R Square | Adjusted R Square | Std. Error of the Estimate |
|---|---|---|---|---|
| 1 | 0.391[a] | 0.153 | 0.145 | 0.573 |

a. Predictors:(Constant),你是否已婚,性别,家庭子女数,你交了多少保费,文化程度,你是城镇还是农村居民,读书人数,你了解政策吗,人均收入,你参保没有,家中的老人数,家里人口数,家庭收入来源,健康状况,是否打算参保。

经过多次调整,"区域"($X_{16}$)、"年龄"($X_1$)、"文化程度"($X_4$)、"人均收入"($X_3$)四个自变量对城乡居保制的筹资方式影响大。多重相关系数 $R=0.697$,多重测定系数为 $R^2=0.589$,表明约有58.9%的"筹资方式"选择可以用模型解释。在输出的多项结果中,选取了多重回归方程中的常数、偏回归系数、标准化回归系数等指标(见表11–12)。由于在检验显著的预测中,判断相对重要性的标准是标准化偏回归系数 Beta,其值越大,表示对模型的贡献越大,对预测指标越重要。

表 11–12　　　　　　　　　　　**Coefficients**[a]

| Model | Unstandardized Coefficients | | Standardized Coefficients |
|---|---|---|---|
| (Content) | B | Std. Error | Beta |
|  | 1.156 | 0.332 |  |
| 年龄($X_1$) | -0.407 | 0.014 | -0.402 |
| 文化程度($X_4$) | 0.778 | 0.190 | 0.279 |
| 区域($X_{16}$) | 0.092 | 0.005 | 0.281 |
| 人均收入($X_3$) | 0.886 | 0.040 | 0.369 |

依据表11–12给出的相关系数,列出回归方程表达式,其中 $Y$ 为"筹资方式"的选择。$X_1$ 为年龄,$X_4$ 文化程度,$X_3$ 为人均收入,$X_{16}$ 为区域。

$$Y = 1.156 - 0.407X_1 + 0.886X_3 + 0.778X_4 + 0.092X_{16}$$

由此可见,年龄越大,越不能接受收税收的方式征收保险费,年龄每提高一个单位,选择征税的方式筹集养老保费下降0.41个单位。文化程度越高,越不反感征税的方式筹集城乡居保费,文化程度每提高一个单位，选择征税的方式提高 0.78 个单位。居住的区域影响居民筹资方式的选择，城镇居民更容易接收以税收的方式养老保险费，每增加一个单位的城镇居民，则选择征税的方式提高 0.09 个单位。人均收入越高，越容易接受以税收的方式征收城乡居保费，收入每提高一个单位，则对征税的认可度提高 0.886 个单位。

### 3. 城乡居民对筹资方式的认可度分析

SPSS22 输出表明，在调查的城镇居民中，选择"能接受以税收的方式征收保费"的最多，达到 321 人，选择"无所谓"的最少，只有 76 人。在调查的农村居民中，选择"不能接受以税收的方式征收保费"的最多，达到 629 人，选择"无所谓"的最少，只有 85 人。从比例来看，城镇居民中，选择"能接受"选项的比为 48.5%，选择"不能接受"选项的比为 40.0%，选择"无所谓"选项的比为 11.5%。农村居民中，选择"不能接受"选项的比为 49.5%，选择"能接受"选项的比为 43.8%，选择"无所谓"选项的比为 6.7%（见表 11-13）。

表 11-13　你是城镇还是农村居民ᵃ 你能接受税收征保费吗 Crosstablation

| | | | 你能接受税收征保费吗 | | | Total |
|---|---|---|---|---|---|---|
| | | | 能 | 不能 | 无所谓 | |
| 你是城镇还是农村居民 | 城镇居民 | Count | 321 | 265 | 76 | 662 |
| | | %Within 你是城镇还是农村居民 | 48.5% | 40.0% | 11.5% | 100.0% |
| | 农村居民 | Count | 557 | 629 | 85 | 1271 |
| | | %Within 你是城镇还是农村居民 | 43.8% | 49.5% | 6.7% | 100.0% |

### 4. 不同年龄阶段对象对筹资方式的认可度分析

SPSS22 输出表明，16—40 岁阶段中，选择"能接受"的最多，达到 292 人，选择"无所谓"的最少，只有 91 人。40—50 岁阶段中，选择"不能接受以税的方式征收保费"的最多，达到 439 人，选择"无所谓"的最少，只有 43 人。50—60 岁阶段中，选择"不能接受以税的方式征收保费"的最多，达到 364 人，选择"无所谓"的最少，只有 69 人。从比例来看，16—40 岁阶段中，选择"能接受"选项的比为 47.5%，选择"不能接受"选项的比为 37.7%，选择"无所谓"选项的比为 14.8%。

40—50 岁阶段中，选择"能接受"选项的比为 33.8%，选择"不能接受"选项的比为 60.3%，选择"无所谓"选项的比为 5.9%。50—60 岁阶段中，选择"能接受"选项的比为 27.5%，选择"不能接受"选项的比为 61.0%，选择"无所谓"选项的比为 11.6%（见表 11-14）。

表 11-14　　年龄 * 你能接受税收征保费吗 Crosstabulation

|  |  |  | 你能接受税收征保费吗 | | | Total |
|---|---|---|---|---|---|---|
|  |  |  | 能 | 不能 | 无所谓 |  |
| 年龄 | 16—40 岁 | Count<br>%Within 年龄 | 292<br>47.5% | 232<br>37.7% | 91<br>14.8% | 615<br>100.0% |
|  | 40—50 岁 | Count<br>%Within 年龄 | 246<br>33.8% | 439<br>60.3% | 43<br>5.9% | 728<br>100.0% |
|  | 50—60 岁 | Count<br>%Within 年龄 | 164<br>27.5% | 364<br>61.0% | 69<br>11.6% | 597<br>100.0% |
| Total |  | Count<br>%Within 年龄 | 702<br>36.2% | 1035<br>53.4% | 203<br>10.5% | 1940<br>100.0% |

### （二）筹资方式访谈摘要

访谈及座谈内容包括：是否参加城乡居民基本养老保险制度，是否了解城居保制度，是如何交纳参保费用的，有没有必要参加社会养老保险，愿意采取税还是费的方式缴纳养老保险金等。

1. 张某及相关村民：张某，男，湘西自治州保靖县阳朝乡人，44 岁，家庭成员 4 名，两个儿子均外出打工，现在吉首市卖水饺，家庭年纯收入 6000 元。夫妻俩已经参加了城乡居民基本养老保险制度，年交 100 元。

本次座谈的对象由张某负责组织了村子里 50 人，平均年龄 52 岁，最低的为 27 岁，最大的为 59 岁。由于想了解农民的真实想法，本次座谈中没有村干部。针对课题组的问题，受访者进行了积极发言，充分体现了本人的真实看法。

目前的缴费是每个组的组长上门收缴，只要求交 100 元。对城乡居保制度的理解仅仅限于交 100 元的养老保险费，60 岁后可领取养老金。并不愿意参加城乡居保制度，最大的原因在于不相信村干部，村里的很多好处都被干部自己得了，如上面拨给村里的扶贫资金用来种果树或是饲养动物的，但村干部将指标给了亲朋好友。再如，低保资金，村干部首先想到的是自己的亲人。鉴于村干部的种种表现，导致了村民对各种收费的排斥。有部分参保的对象表示，村干部第一次通知自己参保时，并没有答应，但当村干部说自己交100元父母每个月可以领取70元时，才改变主意选择参保的。张某夫妻双方的父母健在，村干部动员张某及哥哥两家人参保，张某的大儿子20岁，但村干部说可以不参保。在笔者清楚明白地对城乡居保制度的相关政策进行讲解后，座谈的对象一致认为，如果选择500元以上能补60元，自己会选择高档次。现在生活条件比以前好多了，一年几百块钱不成问题，很多家庭的孩子在外打工，寄了收入回家。何况只要参保了，国家就给予70元的基础养老金。在问及养老保险筹资采取征税或是缴费的形式更好时，座谈对象大多数认为缴费方式能接受，自农业税取消后在感情上不能接受税收。村干部上门收缴，不懂的地方还可以当面问村干部。

2. 向某及相关村民：向某，女，张家界市桑植官地坪乡人龙泉村人，45岁，家庭成员4名，两个女儿，其中一女读高一，一女读初二，在家务农，主要收入来源于4亩地的烤烟，家庭年纯收入10000元左右。夫妻俩已经参加了城乡居民基本养老保险制度，年交100元。

本次座谈对象由向某负责组织了村子里50人，平均年龄49岁。最低的为28岁，最大的为59岁。座谈的对象对城乡居保制度的相关政策不熟悉，村干部上门收缴养老保险参保资金，村干部只要求缴100元。都不知道养老保险缴费有14档次14个标准，不清楚自己缴费了财政有补助，不清楚只要参保了就可以领取中央财政提供的基础养老金，更不清楚选择500元档次以上缴费财政补助60元的缴费。大部分选择参保的对象，主要原因在于村干部告诉他们，只有自己参保了年满60岁的人父母才可以领到70元。家中没有60岁父母的对象，有的没有参保，有的参保了纯粹是给村干部的面子。在问及如果你决定参保了，是以征税的方式交好，还是以收费的方式交好。问题刚出来的时候，几乎都认为征税不能接受，认为这种税和农业税一样，是国家向农民征钱。但当笔者解释征税上来的养老金和收缴上来的养老金，都会给大家建立个人账户，钱都是用于自己的养老时，面谈对象则认为，哪种方式都可以接受，只要自己交的钱安全就行。

3. 彭某及相关村民：彭某，男，邵阳市新宁县崀山镇人，50岁，家庭成员名，三个女儿，均外出打工。主要收入来源于旅游漂游划船，家庭年纯收入7000元。夫妻俩已经参加了城乡居民基本养老保险制度，年交100元。

本次座谈对象由彭某负责组织了镇里50人，平均年龄47岁，最低的为25岁，最大的为58岁。座谈的对象对城乡居保制度的相关政策比较熟悉，缴费方式为到固定地点或是签订代缴代扣协议，由农村信用社从国家补的山林款等款项中扣除。在选择缴费的档次方面，座谈的对象25人选择了100元，5人选择了200元缴费。在问及是否能接受以税收的方式交纳城乡居保参保费时，全部对象第一反应是税收增加了农民的负担，农业税2006年取消之后又增加新的税收，感情上不能接受。课题组解释，社会保障税与农业税有很大的区别，以征税的方式征收城乡居民的费用，专款专用，只用于养老金的支付。同时，以征税的方式交的养老保费和以缴费形式征缴的费用一样多。听完课题组的解释之后，面谈对象则认为，哪种方式都可以接受，只要自己交的钱安全就行。

表11-15　　　　　　　　城乡居保缴费方式的选择

| 缴费方式 | 村干部上门收缴 | 100人 |
|---|---|---|
| | 代缴代扣 | 50人 |
| 参保的障碍因素 | 不信任村干部 | 90人 |
| | 经济收入 | 20人 |
| | 没有考虑养老问题 | 15人 |
| | 其他 | 15人 |
| 能否接受征税方式（解释前） | 不能 | 130人 |
| | 能 | 10人 |
| | 无所谓 | 10人 |
| 能否接受征税方式（解释后） | 不能 | 10人 |
| | 能 | 120人 |
| | 无所谓 | 10人 |

## 四 结论

### (一) 筹资方式在不断完善

2009年试点时,武陵山片区的农村以家庭养老和土地养老为主,社会养老观念淡薄。为了提高城乡居保参保率,个人所缴保费由村干部上门收取。随着农民参保意识的提高,以及县社会保险管理机构管理能力的增加,部分条件好的县市开始试点多种形式的缴费方式,如,新宁镇采取城乡居保制度代扣代缴,石门县依托26个乡村信用社网点和335个行政村构建起全覆盖的缴费服务网络,桑植县城镇居民到县城社会保险机构交缴。但总体上,由于很多偏远地区农户居住分散,离乡镇社会保险机构、农村信用社比较远,从而使得集中缴费方式没有得到根本改变。

### (二) 缴费方式仍然个人最好的筹资方式

根据SPSS22进行多元回归模型以及相关变量的交互分析,武陵山片区城乡居保筹资方式影响最为显著的因素为"年龄""文化程度""区域"以及"人均纯收入"。"年龄"与"筹资方式"的选择呈负相关,后三个因素与"筹资方式"的选择正相关。农村居民更偏向排斥以征税的方式筹资城乡居保费。文化程度越低,越不容易接受社会保障税。"年龄"越大,越倾向不接受以征收的方式筹集城乡居保费。收入越高的居民,越容易接受以税的方式征收城乡居保费。访谈结果表明,加强对农民的有关税费的解释工作,可以提高农民对社会保障税的认可度。

# 第十二章

# 武陵山片区城乡居民基本养老保险筹资水平的影响因素分析

## 第一节 城乡居民基本养老保险筹资水平分析

### 一 全国筹资水平分析

2015年城乡居民基本养老保险参保人数50472.2万人，基金总收入2854.6亿元，人均筹资额为565.6元，累计结余4592.3亿元；2014年全国城乡居民基本养老保险参保人数50107.5万人，基金总收入2310.2亿元，人均筹资额为461元，累计结余3844.6亿元。2013年全国城乡居民基本养老保险参保人数49750.1万人，基金总收入2052.3亿元，人均筹资额为412.5元，累计结余3005.7亿元。2012年全国城乡居民基本养老保险参保人数48369.5万人，人均筹资额为378.2元，基金总收入1829.2亿元，累计结余2302.2亿元。2011年全国城乡居民基本养老保险参保人数32643.5万人，基金总收入1069.7亿元，人均筹资额为328元，累计结余1199.2亿元。2010年全国城乡居民基本养老保险参保人数10276.8万人，基金总收入453.4亿元，人均筹资额为441.2元，累计结余422.5亿元。

表12-1　　　　全国城乡居民基本养老保险筹资水平

| | 参保人数（万人） | 筹资总水平（亿元） | 人均筹资水平（元） | 累计总水平（亿元） |
| --- | --- | --- | --- | --- |
| 2010年 | 10276.8 | 453.4 | 441.2 | 422.5 |
| 2011年 | 32643.5 | 1069.7 | 328 | 1199.2 |
| 2012年 | 48369.5 | 1829.2 | 378.2 | 2302.2 |
| 2013年 | 49750.1 | 2052.3 | 412.5 | 3005.7 |

续表

|  | 参保人数（万人） | 筹资总水平（亿元） | 人均筹资水平（元） | 累计总水平（亿元） |
| --- | --- | --- | --- | --- |
| 2014年 | 50107.5 | 2310.2 | 461 | 3844.6 |
| 2015年 | 50472.2 | 2854.6 | 565.6 | 4592.3 |

注：由于城乡居民基本养老保险制度是新型农村养老保险制度（2009）和城镇居民基本养老保险制度（2012）的合并，故2010年、2011年为新型农村养老保险筹资水平，2012年开始将二者合并统计。

资料来源：根据《中国统计年鉴》（2011—2016）整理，人均筹资水平根据公布的筹资总水平与参保人数计算。

从表12-1的统计来看，随着时间的推移，城乡居民基本养老保险制度的参保人数迅速增加，筹资总水平规模以及人均筹资水平在稳定增长。6年的时间，参保人数是由1亿多人增加到5亿多人，绝对量是原来的5倍；筹资总水平为原来的7倍；人均筹资水平增加了124元，累计筹资总水平为原来的10倍之多。

## 二 各地区筹资水平分析

城乡居民基本养老保险制度已在全国31省市成功地建立并实践。由于区域发展不平衡，致使各地城乡居保基金总规模和人均规模不同，以2014年、2015年的数据可见一斑。

北京：2015年参保人数187.6万人，基金总收入37.3亿元，人均筹资额为1988元，累计结余127.5亿元。2014年参保人数186.3万人，基金总收入36.7亿元，人均筹资额为1970元，累计结余116.8亿元；天津：2015年参保人数121.1万人，基金总收入46.5亿元，人均筹资额为3843元，累计结余147.3亿元。2014年，参保人数106.1万人，基金总收入41.6亿元，人均筹资额为3921元，累计结余127.7亿元。河北：2015年参保人数3440.3万人，基金总收入140.3亿元，人均筹资额为408元，累计结余211.2亿元；2014年，参保人数3404.4万人，基金总收入100.4亿元，人均筹资额为295元，累计结余169.3亿元。

山西：2015年参保人数1540.3万人，基金总收入67.9亿元，人均筹资额为441元，累计结余122.6亿元。2014年参保人数1537.4万人，基金总收入54.5亿元，人均筹资额为354元，累计结余99.4亿元；内蒙古：2015年，参保人数734.1万人，基金总收入41.4亿元，人均筹资额为 564 元，累计结余 67.3 亿元。2014 年，参保人数 761.9 万人，基金总收入 33.8 亿元，人均筹资额为 444 元，累计结余 62.7 亿元；辽宁：2015 年参保人数 1034.7 万人，基金总收入 63.1 亿元，人均筹资额为 610 元，累计结余 57.3 亿元。2014 年，参保人数 1032.0 万人，基金总收入 45.8 亿元，人均筹资额为 444 元，累计结余 50.4 亿元；吉林：2015 年参保人数 662.7 万人，基金总收入 29.6 亿元，人均筹资额为 447 元，累计结余 40.1 亿元。2014 年，参保人数 654.8 万人，基金总收入 21.6 亿元，人均筹资额为 444 元，累计结余 35.5 亿元；黑龙江：2015 年，参保人数 827.8 万人，基金总收入 25.7 亿元，人均筹资额为 313 元，累计结余 50.4 亿元；2014 年，参保人数 821.8 万人，基金总收入 30.8 亿元，人均筹资额为 375 元，累计结余 54.2 亿元。

上海：2015 年参保人数 78.5 万人，基金总收入 48.1 亿，人均筹资额为 6127 元，累计结余 74 亿元。2014 年，参保人数 78.3 万人，基金总收入 42.8 亿元，人均筹资额为 5466 元，累计结余 74.2 亿元；江苏：2015 年参保人数 2339 万人，基金总收入 274.8 亿元，人均筹资额为 917 元，累计结余 441.2 亿元。2014 年，参保人数 2347.9 万人，基金总收入 215.4 亿元，人均筹资额为 1175 元，累计结余 379.9 亿元；浙江：2015 年，参保人数 1285.9 万人，基金总收入 148.3 亿元，人均筹资额为 1153 元，累计结余 144.3 亿元；2014 年，参保人数 1342.1 万人，基金总收入 136.6 亿元，人均筹资额为 1018 元，累计结余 139.4 亿元。安徽：2015 年参保人数 3396.6 万人，基金总收入 139.6 亿元，人均筹资额为 412 元，累计结余 220.6 亿元。2014 年参保人数 3337.2 万人，基金总收入 109.3 亿元，人均筹资额为 328 元，累计结余 176.7 亿元；福建：2015 年参保人数 1480.4 万人，基金总收入 73.8 亿元，人均筹资额为 499 元，累计结余 102.8 亿元；2014 年，参保人数 1473.0 万人，基金总收入 58.1 亿元，人均筹资额为 394 元，累计结余 82.6 亿元；江西：2015 年参保人数 1829.9 万人，基金总收入 69.3 亿元，人均筹资额为 349 元，累计结余 109.7 亿元；2014 年，参保人数 1798.1 万人，基金总收入 49.0 亿元，人均筹资额为 273 元，累计结余 89.7 亿元。

山东：2015 年参保人数 4534.3 万人，基金总收入 289.6 亿元，人均筹资额为 639 元，累计结余 568.2 亿元；2014 年，参保人数 4539.9 万人，基金总收入 266.4 亿元，人均筹资额为 587 元，累计结余 469.5 亿元；河南：2015年，参保人数4855.2万人，基金总收入204.7亿元，人均筹资额为422元，累计结余239.9亿元；2014年参保人数4843.8万人，基金总收入153.1亿元，人均筹资额为316元，累计结余243.3亿元。湖北：2015年参保人数2215万人，基金总收入103.6亿元，人均筹资额为468元，累计结余165.7亿元。2014年参保人数2230.5万人，基金总收入80亿元，人均筹资额为359元，累计结余135.6亿元。湖南：2015年参保人数3280.1万人，基金总收入136.4亿元，人均筹资额为416元，累计结余184.1亿元。2014年参保人数3298.3万人，基金总收入98.1亿元，人均筹资额为297元，累计结余143.6亿元；广东：2015年参保人数2499.7万人，基金总收入206.7亿元，人均筹资额为827元，累计结余357.3亿元；2014年，参保人数2707.7万人，基金总收入180.6亿元，人均筹资额为667元，累计结余297.7亿元。

广西：2015年参保人数1741.5万人，基金总收入87.6亿元，人均筹资额为503元，累计结余88.9亿元。2014年，参保人数1713.9万人，基金总收入60.3亿元，人均筹资额为352元，累计结余66.1亿元。海南：2015年，参保人数281.1万人，基金总收入21.8亿元，人均筹资额为776元，累计结余34.9亿元；2014年，参保人数247.8万人，基金总收入14.4亿元，人均筹资额为581元，累计结余20.4亿元；重庆：2015年参保人数1111.1万人，基金总收入53.8亿元，人均筹资额为484元，累计结余94.1亿元。2014年参保人数1112.5万人，基金总收入63.8亿元，人均筹资额为573元，累计结余89.2亿元；四川：2015年，参保人数3020.4万人，基金总收入192亿元，人均筹资额为636元，累计结余303亿元。2014年参保人数3013.9万人，基金总收入150.5亿元，人均筹资额为499元，累计结余255.1亿元。贵州：2015年，参保人数1649万人，基金总收入62.2亿元，人均筹资额为377元，累计结余75.8亿元；2014年，参保人数1586.6万人，基金总收入47.8亿元，人均筹资额为301元，累计结余59.8亿元；云南：2015年，参保人数2253.3万人，基金总收入83.5亿元，人均筹资额为371元，累计结余157.1亿元；2014年，参保人数2160.5万人，基金总收入66.4亿元，人均筹资额为307元，累计结余124.7亿元；西藏：2015年，参保人数157.7万人，基金总收入6.5亿元，人均筹资额为412元，累计结余11.5亿元；2014年，参保人数140.9万人，基金总收入5.9亿元，人均筹资额为419元，累计结余 9.1 亿元。

陕西：2015 年，参保人数 1714.5 万人，基金总收入 91.7 亿元，人均筹资额为 739 元，累计结余 148.5 亿元。2014 年，参保人数 1710.8 万人，基金总收入 73 亿元，人均筹资额为 427 元，累计结余 122.1 亿元。甘肃：2015 年参保人数 1240.1 万人，基金总收入 54.37 亿元，人均筹资额为 438 元，累计结余 95.9 亿元。2014 年参保人数 1236.7 万人，基金总收入 41.7 亿元，人均筹资额为 336 元，累计结余 78.2 亿元。青海：2015 年参保人数 233.5 万人，基金总收入 12.8 亿元，人均筹资额为 548 元，累计结余 21.6 亿元。2014 年，参保人数 224.6 万人，基金总收入 10.4 亿元，人均筹资额为 463 元，累计结余 16.5 亿元。宁夏：2015 年，参保人数 183.1 万人，基金总收入 10 亿元，人均筹资额为 546 元，累计结余 19.3 亿元。2014 年，参保人数 182.1 万人，基金总收入 8.5 亿元，人均筹资额为 467 元，累计结余 16.1 亿元；新疆：2015 年参保人数 546.1 万人，基金总收入 26.7 亿元，人均筹资额为 489 元，累计结余 52.2 亿元。2014 年参保人数 545.2 万人，基金总收入 18.3 亿元，人均筹资额为 335 元，累计结余 42.6 亿元。

表 12-2　2013—2015 年各地区城乡居民基本养老保险筹资水平

| 地区 | 筹资总水平（亿元） | | | 人均筹资水平（元） | | |
| --- | --- | --- | --- | --- | --- | --- |
| | 2013 年 | 2014 年 | 2015 年 | 2013 年 | 2014 年 | 2015 年 |
| 北京 | 29.9 | 36.7 | 37.3 | 1660 | 1970 | 1988 |
| 天津 | 50 | 41.6 | 46.5 | 5235 | 3921 | 3843 |
| 河北 | 99.9 | 100.4 | 140.3 | 297 | 295 | 408 |
| 山西 | 53.9 | 54.5 | 67.9 | 351 | 354 | 441 |
| 内蒙古 | 44.1 | 33.8 | 41.4 | 565 | 444 | 564 |
| 辽宁 | 42.8 | 45.8 | 63.1 | 409 | 444 | 610 |
| 吉林 | 24.4 | 21.6 | 29.6 | 379 | 330 | 447 |
| 黑龙江 | 30.4 | 25.7 | 30.8 | 373 | 313 | 375 |
| 上海 | 34.1 | 42.8 | 48.1 | 4263 | 5466 | 6127 |
| 江苏 | 190.4 | 215.4 | 215.4 | 799 | 917 | 1175 |
| 浙江 | 121.1 | 136.6 | 148.3 | 839 | 1018 | 1153 |
| 安徽 | 109.9 | 109.3 | 139.6 | 332 | 328 | 412 |
| 福建 | 48.9 | 58.1 | 73.8 | 333 | 394 | 499 |
| 江西 | 17.9 | 49 | 69.3 | 101 | 273 | 349 |
| 山东 | 209.3 | 266.4 | 289.6 | 464 | 587 | 639 |

续表

| 地区 | 筹资总水平（亿元） | | | 人均筹资水平（元） | | |
|---|---|---|---|---|---|---|
| | 2013年 | 2014年 | 2015年 | 2013年 | 2014年 | 2015年 |
| 河南 | 146.2 | 153.1 | 204.7 | 305 | 316 | 422 |
| 湖北 | 78.3 | 80 | 103.6 | 350 | 359 | 468 |
| 湖南 | 99.1 | 98.1 | 136.4 | 299 | 297 | 416 |
| 广东 | 141.7 | 180.6 | 206.7 | 604 | 667 | 827 |
| 广西 | 73 | 60.3 | 87.6 | 438 | 352 | 503 |
| 海南 | 12 | 14.4 | 21.8 | 441 | 581 | 776 |
| 重庆 | 64.8 | 63.8 | 53.8 | 577 | 573 | 484 |
| 四川 | 154.2 | 150.5 | 192 | 484 | 499 | 636 |
| 贵州 | 45.2 | 47.8 | 62.2 | 301 | 301 | 377 |
| 云南 | 63.9 | 66.4 | 83.5 | 253 | 307 | 371 |
| 西藏 | 4.4 | 5.9 | 6.5 | 313 | 419 | 412 |
| 陕西 | 65.9 | 73 | 91.7 | 387 | 427 | 739 |
| 甘肃 | 37.4 | 41.7 | 43.8 | 302 | 336 | 438 |
| 青海 | 7.7 | 10.4 | 12.8 | 356 | 463 | 548 |
| 宁夏 | 8.0 | 8.5 | 10 | 446 | 467 | 546 |
| 新疆 | 18.0 | 18.3 | 26.7 | 331 | 335 | 489 |

由表12-2可知，全国31省的筹资水平存在很大不均衡性。以2015年为例，人均筹资水平达到1000元以上的有上海（6127元）、天津（3843元）、北京（1988元）、江苏（1175元）、浙江（1153元），西部地区人均筹资水平整体偏低。人均筹资水平位于后5位的分别是：江西（349元）、云南（371元）、黑龙江（375元）、贵州（377元）、西藏（412元）。

### 三 武陵山片区城乡居保筹资水平分析

由于每个县的数据可得性难，在这儿，只对片区的四个省市2012—2015年的筹资人数、筹资总水平及人均筹资水平进行分析。

图12-1表明，总体上人均筹资水平是上升的。6年间，上升的幅度不大，属于曲折式上升。其中，以重庆市的筹资水平波动为最大，2011年、2012年人均筹资水平大幅增加，2013年之后稳定下降，直到2015年下降到484元，相对2010年增加了71元。出现这种现象，应该是扩面过程中选择低档次缴费群体的比重大。

■ 重庆 ■ 贵州 ■ 湖北 ■ 湖南

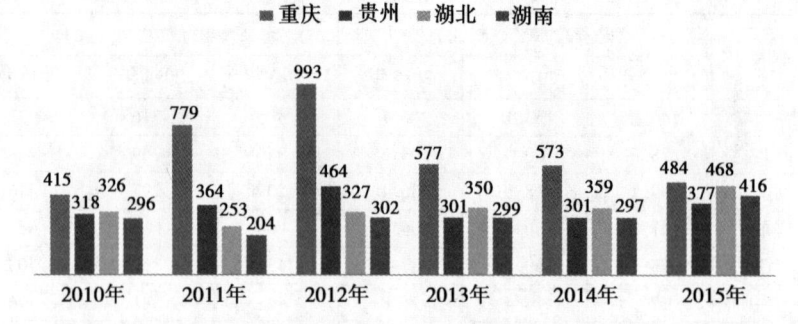

图 12-1 武陵山片区所在 4 省市城乡居保人均筹资水平（单位：元）

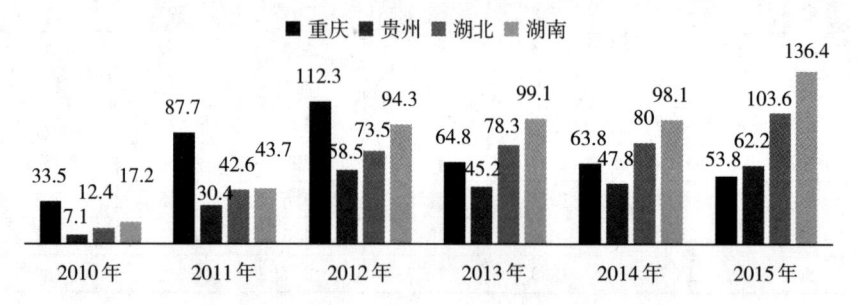

■ 重庆 ■ 贵州 ■ 湖北 ■ 湖南

图 12-2 武陵山片区所在 4 省市城乡居保筹资总水平（单位：亿元）

图 12-2 表明，筹资总水平是上升的。截至 2015 年，除了重庆市以外，其他 3 省市的城乡居保筹资水平为 2010 年的 2—5 倍。2010—2015 年，重庆市城乡居保筹资水平的年均增速为 8.2%，贵州省城乡居保筹资水平的年均增速为 43.7%，湖北省城乡居保筹资水平的年均增速为 42.4%，湖南省城乡居保筹资水平的年均增速为 41.2%。其中，贵州省的年均增速最高。

## 第二节 武陵山片区城乡居保筹资水平影响因素的实证分析

### 一 研究方法的选取及数据来源

#### （一）研究方法的选取

理论上，回归方法常用于自变量对因变量的相关性分析。回归分析是一种通过一组预测变量来预测一个或多个响应变量因变量的统计方法。

它也可用于评估预测变量对响应变量的效果[①]。回归分析的基本思想是：虽然自变量和因变量之间没有严格的、确定性的函数关系，但可以设法找出最能代表它们之间关系的数学表达形式。在这里，由于武陵山片区城乡居民基本养老保险筹资水平的影响因素是多元的，故选取多元回归方法。同时，由于全面推行城乡居保制度的具有趋势一致性，以及各县城乡居保筹资水平数据的难以获得性，本书使用的数据以省为分析的单元。

设 $x_1$, $x_2$, $\cdots$, $x_p$ 是 $p$ 个可以精确测量或可控制的变量。如果变量 y 与 $x_1$, $x_2$, $\cdots$, $X_p$ 之间的内在联系是线性的，那么进行 $n$ 次试验，则可得 $n$ 组数据：$(y_i, x_{i1}, x_{i2}, \cdots, x_{ip})$, $i=1, 2, \cdots, n$

多元线性回归模型的表达式为：

$$Y = b_0 + b_1 x_1 + \cdots + b_p x_p + e$$

其中，$b_0$ 称为常数项或截距；$b_1$, $b_2$, $\cdots$, $b_p$ 为回归系数，反映了该自变量与因变量的相关程度；$x_1$, $\cdots$, $X_p$ 等是自变量；$Y$ 是因变量，$e$ 为随机变量。

**（二）数据来源及自变量和因变量的确定**

自变量的确定：这里分别对筹资总水平和人均筹资水平的影响因素进行分析。令筹资总水平为 $Y_1$，人均筹资水平为 $Y_2$。自变量选取 12 个，包括：GDP（$X_1$）、人均 GDP（$X_2$）、财政收入（$X_3$）、农村居民人均纯收入（$X_4$）、城镇居民人均可支配收入（$X_5$）、财政支出（$X_6$）、农村人口数（$X_7$）、城镇居民人均消费支出（$X_8$）、农民人均消费支出（$X_9$）、社会保障和就业支出（$X_{10}$）、税收收入（$X_{11}$）、城乡居保参保人数（$X_{12}$）。

数据来源：本数据来源于《中国统计年鉴》（2016），使用 2015 年的数据进行分析；使用分析工具 SPSS22，模型为多元线性回归方程。

由于本次使用的数据单位不尽相同，需要将数据标准化，标准化后得到数据值，在自变量前面加入"Z"字，以下的回归分析将使用标准化数据。

## 二 实证分析过程

**（一）描述性分析及直方图**

表 12-3 给出了 14 组数据的最大值、最小值、平均数以及标准偏差。

---

[①] 包凤达、翁心真：《多元回归分析的软件求解和案例分析》，《数理统计与管理》2000 年第 9 期。

表 12-3　　　　　　　　　描述性统计资料

| | N | 最小值 | 最大值 | 平均数 | 标准偏差 |
|---|---|---|---|---|---|
| $Y_1$ | 31 | 6.50 | 289.60 | 90.9129 | 70.85729 |
| $X_1$ | 31 | 605.83 | 53210.28 | 16972.5371 | 13634.00526 |
| $X_2$ | 31 | 26165.00 | 107960.00 | 53116.0645 | 23326.73225 |
| $X_3$ | 31 | 137.13 | 9366.78 | 2680.4232 | 2137.45957 |
| $X_4$ | 31 | 6936.20 | 23205.20 | 11876.4597 | 4054.21375 |
| $X_5$ | 31 | 2636.40 | 52961.90 | 29164.4710 | 8983.64744 |
| $X_6$ | 31 | 1138.49 | 12827.80 | 4849.5306 | 2485.04838 |
| $X_7$ | 31 | 234.00 | 5039.00 | 1921.6452 | 1324.46640 |
| $Y_2$ | 31 | 349.00 | 6127.00 | 885.9355 | 1179.15127 |
| $X_8$ | 31 | 15818.60 | 176575.00 | 25855.3548 | 28471.70045 |
| $X_9$ | 31 | 5579.70 | 16152.30 | 9419.3871 | 2973.30697 |
| $X_{10}$ | 31 | 103.00 | 1111.75 | 590.1810 | 272.37809 |
| $X_{11}$ | 31 | 92.00 | 7377.07 | 2021.3326 | 1793.80279 |
| $X_{12}$ | 31 | 79.50 | 4855.20 | 1628.1355 | 1306.60697 |
| 有效的 N (listwise) | 31 | | | | |

由于皮尔逊极差相关只适用于双元正态分布的变量,即两个变量都是正态分布。如果正态分布的前提不满足,两变量之间的关系可能属于非线性相关。在 SPSS22 频率中选取"直方图",输出 14 个变量的直方图,发现 14 个变量基本符合正态分布。如:城镇居民人均可支配收入($X_5$)、社会保障和就业支出($X_{10}$)的直方图表明,2 个变量均属于正态分布。(限于篇幅的限制,这里只给出 2 个自变量的直方图)

**(二) 影响筹资总水平的回归分析**

在设置绘制选项的时候,选择绘制标准化残差图,其中的正态概率图是 rankit 图。同时还需要画出残差图,Y 轴选择:ZRESID,X 轴选择:ZPRED。

在以上选项设置完毕之后点击确定,SPSS22 将输出一系列的回归分析结果。我们来逐一贴出和分析,并根据它得到最后的回归方程以及验证回归模型。

表 12-4 所示是模型汇总,$R$ 称为多元相关系数,$R$ 平方($R^2$)代表着

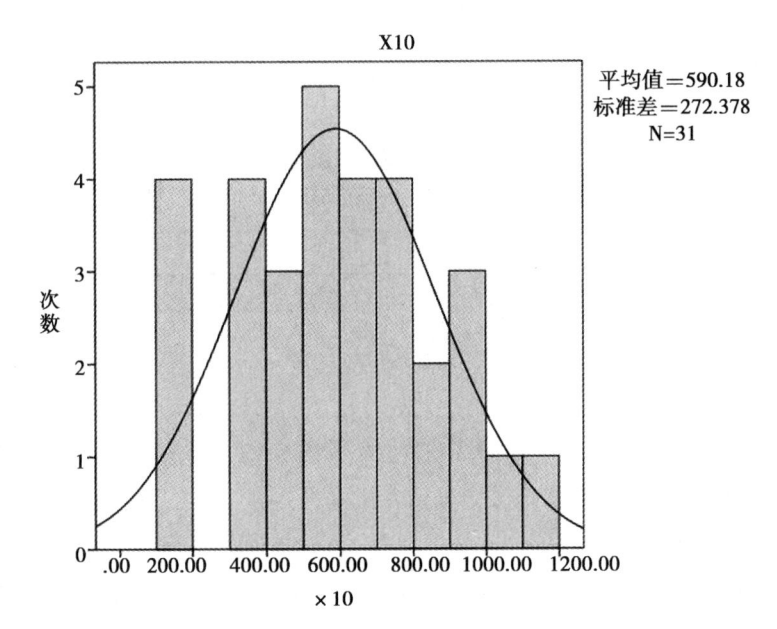

# 第十二章　武陵山片区城乡居民基本养老保险筹资水平的影响因素分析

图 12-3

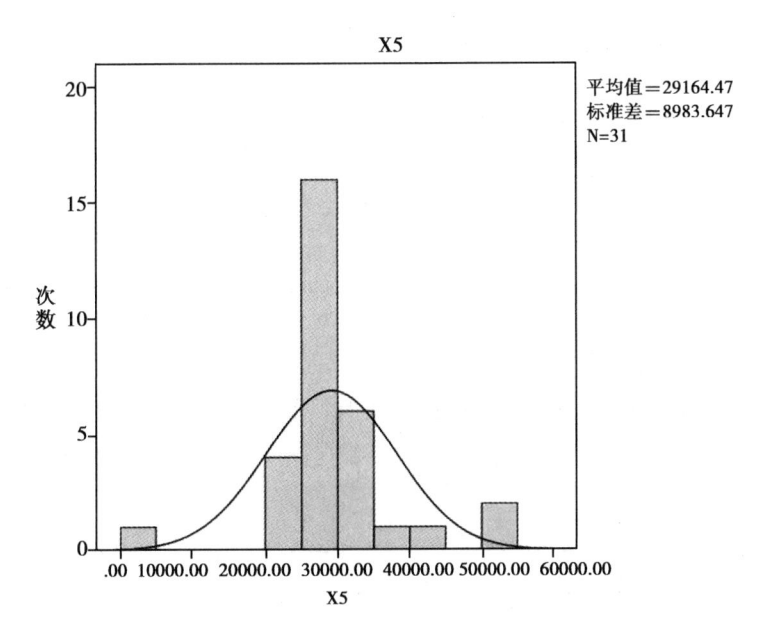

图 12-4

模型的拟合 $R^2 = \dfrac{\Sigma(\hat{y} - \bar{y})^2}{\Sigma(y - \bar{y})^2}$ 优度。

表 12-4　　　　　　　　　　　模型汇总模型摘要[b]

| 模型 | R | R 平方 | 调整后 R 平方 | 标准偏斜并错误 |
|---|---|---|---|---|
| 1 | 0.972[a] | 0.945 | 0.914 | 0.29372988 |

a. 预测值：（常数）Zscore：×11，Zscore：×8，Zscore：×7，Zscore：×4，Zscore：×6，Zscore：×3

b. 应变数：Zscore：Y

从模型汇总表可知，$R = 0.972^{a}$，$R$ 平方 $= 0.945$，调整后的 $R$ 平方为 0.914。我们可以看到该模型是拟合优度良好。

表 12-5　　　　　　　　　　　　离散分析

| 模型 | | 平方和 | dr | 平均值平方 | F | 显著数 |
|---|---|---|---|---|---|---|
| 1 | 过错 | 28.361 | 11 | 2.578 | 29.883 | 0.000[b] |
| | 残差 | 1.639 | 19 | 0.086 | | |
| | 总计 | 30.000 | 30 | | | |

a. 应变数：Zscore：Y

b. 预测值：（常数）Zscore：×11，Zscore：×8，Zscore：×7，Zscore：×5，Zscore：×10，Zscore：×9，Zscore：×2，Zscore：×1，Zscore：×4，Zscore：×6，Zscore：×3

表 12-5 是离散分析，$F$ 的值较大，代表着该回归模型显著，也称为失拟性检验。

结果显示，回归方程，$F(11, 19) = 29.883$，$P = 0.00$ 小于 0.01，说明模型与数据拟合程度非常好。

表 12-6 所示的是回归方程的系数，根据这些系数我们能够得到完整的多元回归方程。观测以下的回归值，都是具有统计学意义的。

表 12-6　　　　　　　　　　　　系数[a]

| 模型 | | 非标准化系数 | | 标准化系数 | T | 显著性 | 相关 | | |
|---|---|---|---|---|---|---|---|---|---|
| | | B | 标准错误 | Beta | | | 零阶 | 部分 | 部分 |
| | （常数） | -0.0008 | 0.054 | | 0.000 | 1.000 | | | |
| Zscore： | $X_1$ | -0.037 | 0.247 | -0.037 | -0.148 | 0.884 | 0.831 | -0.036 | -0.008 |

续表

| 模型 | | 非标准化系数 | | 标准化系数 | T | 显著性 | 相关 | | |
|---|---|---|---|---|---|---|---|---|---|
| | | B | 标准错误 | Beta | | | 零阶 | 部分 | 部分 |
| Zscore： | $X_2$ | 0.344 | 0.237 | 0.344 | 1.449 | 0.165 | 0.091 | 0.332 | 0.079 |
| Zscore： | $X_3$ | 0.821 | 1.161 | 0.821 | 0.707 | 0.489 | 0.700 | 0.169 | 0.038 |
| Zscore： | $X_4$ | 0.087 | 0.349 | 0.087 | 0.249 | 0.806 | 0.166 | 0.060 | 0.014 |
| Zscore： | $X_5$ | -0.059 | 0.121 | -0.059 | -0.486 | 0.633 | 0.168 | -0.117 | -0.026 |
| Zscore： | $X_6$ | -0.464 | 0.682 | -0.464 | -0.680 | 0.506 | 0.831 | -0.163 | -0.037 |
| Zscore： | $X_7$ | 0.894 | 0.450 | 0.894 | 1.989 | 0.063 | 0.867 | 0.434 | 0.108 |
| Zscore： | $Y_2$ | -0.129 | 0.127 | -0.129 | -1.02 | 0.322 | -0.118 | -0.240 | -0.056 |
| Zscore： | $X_8$ | -0.036 | 0.057 | -0.036 | -0.633 | 0.535 | -0.017 | -0.152 | -0.034 |
| Zscore： | $X_9$ | -0.188 | 0.300 | -0.188 | -0.626 | 0.540 | 0.176 | -0.150 | -0.034 |
| Zscore： | $X_{10}$ | -0.139 | 0.156 | -0.139 | -0.887 | 0.387 | 0.728 | -0.210 | -0.048 |
| Zscore： | $X_{11}$ | -0.032 | 0.791 | -0.032 | -0.041 | 0.968 | 0.644 | -0.010 | -0.002 |
| Zscore： | $X_{12}$ | 0.137 | 0.307 | 0.137 | 0.447 | 0.660 | 0.863 | 0.108 | 0.024 |

a. 应变数＼＼：Zscore： $Y_1$

由表12-6的回归系数，可以写出影响城乡居保筹资总水平的回归方程：

$$Y_1 = -0.0008 - 0.037X_1 + 0.344X_2 + 0.821X_3 + 0.087X_4 - 0.059X_5 - 0.464X_6 + 0.894X_7 - 0.036X_8 - 0.0188X_9 - 0.139X_{10} - 0.032X_{11} + 0.137X_{12}$$

回归分析最重要的一环是对模型进行检验，只有适合的模型才能得出正确的结论，分析自变量对因变量的影响才有意义。本书利用残差图进行残差分析，结果发现各散点随机分布在e=0为中心的横带中。图12-5残差正态概率图（rankit图）表明残差符合正态分布，证明该模型是适合的。

3. 影响人均筹资水平的回归分析

在分析城乡居保人均筹资水平的影响因素时，将人均筹资水平作为因变量，记作$Y_2$。GDP（$X_1$）、人均GDP（$X_2$）、财政收入（$X_3$）、农村居民人均纯收入（$X_4$）、城镇居民人均可支配收入（$X_5$）、财政支出（$X_6$）、农村人口数（$X_7$）、城镇居民人均消费支出（$X_8$）、农民人均消费支出（$X_9$）、社会保障和就业支出（$X_{10}$）、税收收入（$X_{11}$）、城乡居保参保人

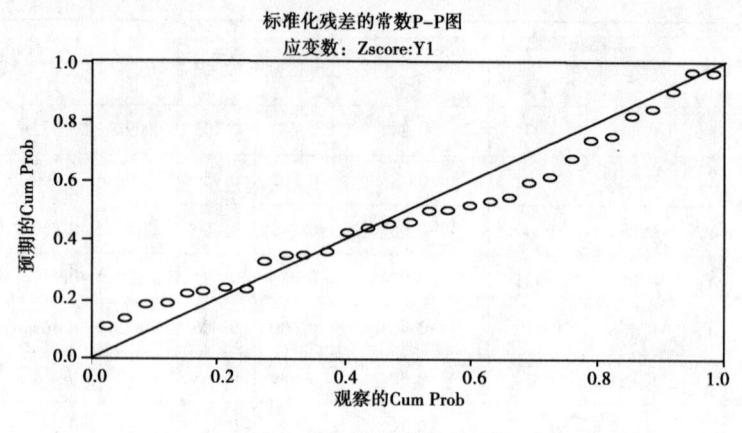

标准化残差的常数P-P图
应变数：Zscore:Y1

图 12-5　标准化的残差图

数（$X_{12}$）等 12 个指标为解释变量。

从模型汇总表 12-7 可知，$R=0.903^a$，$R$ 平方 $=0.816'$，调整后的 $R$ 平方为 0.693。可以看到该模型是拟合优度良好。

表 12-7　　　　　　　　模型汇总模型摘要[b]

| 模型 | $R$ | $R$ 平方 | 调整后 $R$ 平方 | 标准偏斜并错误 |
|---|---|---|---|---|
| 1 | $0.972^a$ | 0.945 | 0.914 | 0.29372988 |

a. 预测值：（常数）Zscore：×12，Zscore：×8，Zscore：×5，Zscore：×11，Zscore：×10，Zscore：×9，Zscore：×2，Zscore：×1，Zscore：×4，Zscore：×7，Zscore：×6，Zscore：×3

表 12-8 离散分析结果显示，回归方程，$F(11,18)=26.5999$，$p=0.00$ 小于 0.01，说明模型与数据拟合程度非常好。

表 12-8　　　　　　　　离散分析

| 模型 | | 平方和 | $dr$ | 平均值平方 | $F$ | 显著数 |
|---|---|---|---|---|---|---|
| 1 | 过错 | 24.473 | 12 | 2.039 | 6.642 | $0.000^b$ |
| | 残差 | 5.527 | 18 | 0.307 | | |
| | 总计 | 30.000 | 30 | | | |

a. 应变数：Zscore：Y2
b. 预测值：（常数）Zscore：×12，Zscore：×8，Zscore：×5，Zscore：×11，Zscore：×10，Zscore：×9，Zscore：×2，Zscore：×1，Zscore：×4，Zscore：×7，Zscore：×6，Zscore：×3

表 12-9 所示的是回归方程的系数，根据这些系数我们能够得到完整的多元线性回归方程观测以下的回归值。

表 12-9　　　　　　　　　　　　　　系数ᵃ

| 模型 | 非标准化系数 | | 标准化系数 | T | 显著性 | 相关 | | |
|---|---|---|---|---|---|---|---|---|
| | B | 标准错误 | Beta | | | 零阶 | 部分 | 部分 |
| （常数） | 0.0001 | 0.100 | | 0.000 | 1.000 | | | |
| Zscore：$X_1$ | -1.142 | 0.372 | -1.142 | -3.066 | 0.007 | 0.136 | -0.586 | -0.310 |
| Zscore：$X_2$ | 0.340 | 0.434 | 0.340 | 0.783 | 0.444 | 0.736 | 0.182 | 0.079 |
| Zscore：$X_3$ | 3.645 | 1.981 | 3.645 | 1.840 | 0.082 | 0.352 | 0.398 | 0.186 |
| Zscore：$X_4$ | 1.741 | 0.503 | 1.741 | 3.464 | 0.003 | 0.760 | 0.632 | 0.350 |
| Zscore：$X_5$ | 0.122 | 0.223 | 0.122 | 0.548 | 0.590 | 0.623 | 0.128 | 0.055 |
| Zscore：$X_6$ | -0.992 | 1.247 | -0.992 | -0.796 | 0.437 | 0.118 | -0.184 | -0.080 |
| Zscore：$X_7$ | 0.854 | 0.812 | 0.854 | 1.052 | 0.307 | -0.356 | 0.241 | 0.106 |
| Zscore：$X_8$ | -0.008 | 0.107 | -0.008 | -0.074 | 0.942 | 0.063 | -0.018 | -0.008 |
| Zscore：$X_9$ | -1.267 | 0.471 | -1.267 | -2.689 | 0.015 | 0.692 | -0.535 | -0.272 |
| Zscore：$X_{10}$ | 0.043 | 0.291 | 0.043 | 0.147 | 0.885 | -0.073 | 0.035 | 0.015 |
| Zscore：$X_{11}$ | -0.120 | 1.384 | -2.120 | -1.532 | 0.143 | 0.385 | -0.340 | -0.155 |
| Zscore：$X_{12}$ | -0.460 | 0.561 | -0.460 | -0.820 | 0.423 | -0.343 | -0.190 | -0.083 |

a. 应变数\\：Zscore：$Y_2$

由表 12-9 的回归系数，可以写出影响城乡居保筹资平均水平的回归方程：

$$Y_2 = -0.0001 - 1.142X_1 + 0.340X_2 + 3.654X_3 + 1.74X_4 - 0.122X_5 - 0.992X_6 - 0.854X_7 - 0.008X_8 - 1.267X_9 - 0.043X_{10} - 0.120X_{11} - 0.460X_{12}$$

采用残差分析进行模型的适合性检验，各散点随机分布在 e=0 为中心的横带中。图 12-6 残差正态概率图（rankit 图）表明残差符合正态分布，证明该模型是适合的。

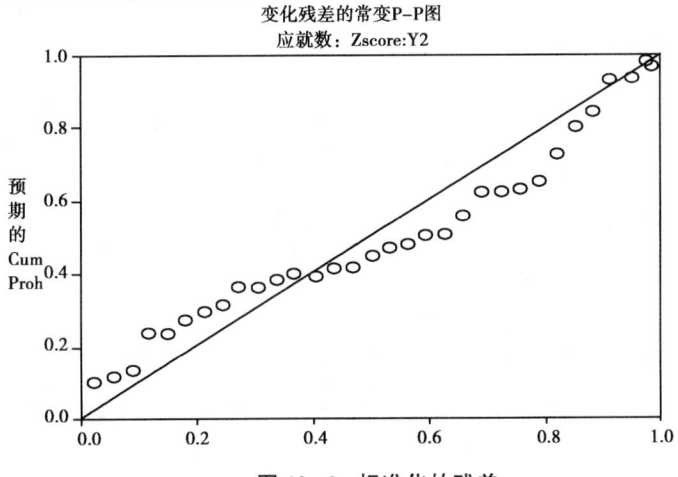

图 12-6　标准化的残差

## 三 深度分析及结论

回归分析表明，在对城乡居保筹资水平的影响中，既有正相关因素也有负相关因素。

### （一）筹资总水平的影响因素分析

正相关的因素包括人均 GDP（$X_2$）、财政收入（$X_3$）、农村居民人均纯收入（$X_4$）、农村人口数（$X_7$）等四个因素；负相关的因素包括：GDP（$X_1$）、城镇居民人均可支配收入（$X_5$）、财政支出（$X_6$）、城镇居民人均消费支出（$X_8$）、农民人均消费支出（$X_9$）、社会保障和就业支出（$X_{10}$）、税收收入（$X_{11}$）、城乡居保参保人数（$X_{12}$）等8个因素。农民人均消费支出（$X_9$）、税收收入（$X_{11}$）、GDP 总量（$X_1$）、城镇居民人均可支配收入（$X_5$）等因素为负相关，表明越是经济发达地区，筹资总水平占 GDP 的比重越低，但其影响不是很大，如 GDP 提高 1 个百分点，筹资总水平占比降低 0.4 个百分点。对筹资总水平影响最大的为农村人口数（$X_7$），这是由于城乡居保制度主要群体为农村居民，城镇居民的比重小，农村人口多的地区筹资总水平高。对筹资总水平影响排名第三的为财政收入，财政收入提高 1 个百分点，带来筹资总水平 8 个百分点的提高。

人均 GDP 也是影响筹资总水平的重要因素之一，人均 GDP 提高一个百分点，筹资总水平提高 3 个百分点。参保人数（$X_{12}$）的增加可致筹资总水平的提高，但提高的幅度不是很大，这与农村居民选择低档次水平缴费有关。在课题组近三年的跟踪调查中，从 2009 年新农保的试点至 2016 年的全面覆盖，武陵山片区参保人数大幅增加，但缴费档次的选择基本没有变化，九成居民选择 100 元的个人缴费。社会保障和就业支出（$X_{10}$）呈负相关关系，表明在社会保障总支出越高的地区，筹资总水平占的比重越低。农村人口（$X_4$）的增加，会导致筹资总水平的增加，但提高的幅度不大。农村人口增加 1 个百分点，筹资总水平提高 0.87 个百分点，这与农村居民选择档次偏低有关。

### （二）人均筹资水平的影响因素分析

在 12 个自变量中，影响最大的因素为财政收入（$X_3$），财政收入变动一个百分点，导致人均筹资水平提高 3.65 个百分点。这是因为城乡居保制度中，财政承担了"补入口"的责任。按国家统一规定，对于选择 100 元缴费的城乡居保参保居民，地方财政给予 30 元的缴费补助；对于选择500元以上缴费的参保居民，地方财政给予不低于60元的缴费补助。据各地运行的实践，财政的缴费补助多元多档次，远远超过国家规定的30元或60元的财政缴费补助。农村居民人均纯收入（$X_4$）为第二大影响因素，农村人均纯收入1个百分点的变动，可以带来城乡居保人均筹资水平1.74个单位的变动，二者同方向变化。农民人均消费支出（$X_9$）是第三大影响因素，为相反的方向变动，意味在农村居民收入一定的情况下，消费支出越高，人均筹资水平比重越低。这是由于农民社会化养老的意识不强，只是将养老保险费的交纳作为基本生活消费以外的开支，基本生活的开支越大，剩下用于交纳城乡居保的费用越少。

GDP（$X_1$）与人均筹资水平呈负相关，影响力位居第四，这表明，相对于经济不发达地区，经济总规模越大的地区，人均筹资水平占GDP比重越低。人均GDP（$X_2$）越高的地区，人均筹资水平越高。财政支出（$X_6$）也是影响人均筹资水平的重要因素之一，二者呈反方向变化。这意味财政支出规模越大的地区，用于城乡居保筹资的补助比例越低。另外，农村人口数（$X_7$）对人均筹资水平有显著的负相关，农村人口越多的地区，人均筹资水平越低。出现这种情况的原因在于，农业大省往往是经济处于后位的省份，农民收入低，选择的缴费档次和标准也很低。如2015年上海市的城乡居保人均筹资水平达到了6127元，而云南省人均筹资水平仅为371元。城镇居民人均消费支出（$X_8$）、社会保障和就业支出（$X_{10}$）、城乡居保参保人数（$X_{12}$）等三个因素与城乡居保人均筹资水平负相关，但影响力比较小。

（三）结论

第一，对筹资总水平和人均水平的影响因素综合分析后发现，在12个自变量中，大部分因素对筹资总水平和人均筹资水平的影响是同方向的，但影响程度有大小之分。第二，农村人口数（$X_7$）、城乡居保参保人数（$X_{12}$）等2个因素对二者的影响方向相反。农村人口数（$X_7$）与筹资总水平正方向变化，与人均筹资水平呈反方向变化。参保人数（$X_{12}$）与筹资总水平同向变化，而与人均筹资水平反方向变化。第三，财政收入（$X_3$）无论是对筹资总水平还是人均水平影响显著。

# 第十三章

# 武陵山片区城乡居民基本养老保险参保意愿的实证研究

2014年2月,国务院合并新农保和城镇居保,建立起统一的覆盖城乡居民的城乡居民基本养老保险制度(以下称城乡居保)。与城镇职工社会养老保险制度的"强制参保"原则不同,城乡居保制度遵循"自愿参保"原则。按《国务院关于建立统一的城乡居民基本养老保险制度的意见》规定,居民是否参保以及选择哪一个档次参保,均由个人自愿决定。在这种条件下,城乡居民的自身参保意愿将影响其是否实际交纳个人应该承担的筹资额,如果居民参保意愿较低,不愿意为城乡居保制度筹资,势必会影响城乡居民养老保险的实际运行效果,因此城乡居民的参保意愿问题应该引起关注。城乡居民基本养老保险的需求对象包括农村居民和城镇居民,由于长期来的城乡二元经济结构,使得两类参保对象的思想观念、认知水平和参保意愿不尽相同。因此,为了更好地比较农村居民和城镇居民两类对象参保意愿的异同,并提炼出影响二者的主要因素,以便为后面章节中提出更为科学的对策建议提供依据,本章在实地调研的基础上,对两类参保对象的参保意愿进实证研究。

## 第一节 农民参加城乡居民基本养老保险意愿影响的实证

### 一 研究设计

(一) 数据来源

本次数据来源于2017年7月1日至8月1日课题组成员以及部分成

员带队的"武陵山片区大学生三下乡社会实践"的调研。此次调研历时一个月,选取了湘西自治州比较贫困的联团村(吉首市)、十八洞村(花垣县)、石门村(古丈县)、老官村(古丈县)、红岩村(泸溪县)、高峰村(凤凰县)、两头羊村(凤凰县)、冷水村(永顺县)、马湖村(保靖县)、大坪村(保靖县)10个行政村作为调研的地理单元。这些村为省级贫困村,地理位置偏僻,海拔较高,产业落后,农村居民收入低、传统养老文化根深蒂固,具有典型性。调查采取问卷的方式和入户一对一调查的方法,每个家庭选择一位主要成员作为被调查对象,共涉及1000个家庭。经过对问卷的完善和整理,本书对农民参保意愿的研究共得到有效问卷984份,有效问卷率98.4%。

## 二 计量模型及变量的确定

农民的参保意愿为离散变量,分析二值离散变量选择问题比较适合的模型有Logit、Probit及Tobit模型。但反映农民参保意愿的离散数值数是大于两类且是有序的,因此,本书选取了有序Probit模型(Ordered Probity)。因变量"参保意愿"包括五个等级,即很不愿意、不愿意、一般、比较愿意、愿意。参保意愿为"一般""比较愿意"和"愿意"的被调查对象分布比较均匀,占比分别为46.6%、32.0%和12%,而选择"很不愿意"和"不愿意"的被调查对象占比为11.2%。因变量"城乡居保的参保意愿"的分布情况见表13-1。

表13-1　　　　　　　　农民参保意愿的分布

| 参保意愿 | 人数(人) | 占比(%) | 累计占比(%) |
|---|---|---|---|
| 很不愿意 | 22 | 2.2 | 2.2 |
| 不愿意 | 67 | 6.8 | 9 |
| 一般 | 459 | 46.6 | 55.6 |
| 比较愿意 | 315 | 32.0 | 87.6 |
| 愿意 | 121 | 12.4 | 100 |
| 合计 | 984 | 100 | |

本次调查的内容包括三个方面,农民个体特征、家庭特征以及对制度和政策的认知。农民个体特征的基本信息包括性别、年龄、文化程度、健康和婚姻状况五个变量。家庭特征指标确定为家庭经济状况、人均耕地数、家庭收入主要来源、家庭子女数和家庭老年人数5个变量。将对城乡

居保制度的认知情况指标确定为对制度政策的了解程度、认为参保是否划算、政府补贴满意度、个人缴费额度四个变量。自变量总计为 14 个，城乡居保参保意愿影响因素的选取、类型及数值特征见表 13-2。

表 13-2　参保意愿影响因素的选取、类型及数值特征

| 变量 | 变量取值 | 观测值 | 平均值 | 标准差 | 最小值 | 最大值 |
| --- | --- | --- | --- | --- | --- | --- |
| 参保意愿（因变量） | 1=很不愿意；2=不愿意；3=一般；4=比较愿意；5=愿意 | 984 | 3.45 | 0.875 | 1 | 5 |
| 性别 | 1=男；2=女 | 984 | 1.52 | 0.500 | 1 | 2 |
| 年龄 | 1=16-26 岁；2=27-37 岁；3=38-45 岁；4=46-59 岁 | 984 | 42.69 | 1.054 | 17 | 59 |
| 文化程度 | 1=小学以下；2=小学；3=初中；4=高中；5=大专及以上 | 984 | 2.17 | 0.657 | 1 | 5 |
| 健康 | 1=较差；2=一般；3=较好 | 984 | 2.10 | 0.694 | 1 | 3 |
| 婚姻 | 1=已婚；2=未婚；3=丧偶 | 984 | 1.34 | 0.668 | 1 | 3 |
| 家庭经济状况 | 1=很富裕；2=比较富裕；3=一般；4=比较差；5=很差 | 984 | 3.0 | 0.500 | 2 | 5 |
| 家庭人均耕地面积 | 1=0.1 亩-0.5 亩；2=0.6 亩-1 亩；3=1 亩以上 | 984 | 1.89 | 0.735 | 1 | 4 |
| 家庭主要收入来源 | 1=农业经营；2=打工收入；3=其他 | 984 | 1.42 | 0.666 | 1 | 3 |
| 家庭子女数 | 1=0 个；2=1 个；3=2 个；4=3 个；4=4 个以上； | 984 | 2.66 | 0.967 | 1 | 5 |
| 家庭老年人数 | 1=0 个；2=1 个；3=2 个；4=3 个及以上 | 984 | 2.77 | 0.896 | 1 | 5 |
| 财政补贴满意度 | 1=很满意；2=比较满意；3=不太满意；4=满意 | 984 | 2.13 | 0.911 | 1 | 4 |
| 对城乡居保制度的了解程度 | 1=不了解；2=比较了解；3=了解 | 984 | 2.11 | 0.637 | 1 | 3 |
| 参加城乡居保是否合算 | 1=是；2=不是 | 984 | 1.49 | 0.500 | 1 | 2 |
| 个人缴费额 | 1=0 元；2=100 元；3=200 元；4=300 元；5=400 元；6=500 元以上 | 984 | 2.10 | 0.758 | 1 | 6 |

### 三　计量模型的估计结果与解释

根据选择的自变量和因变量，对影响因变量的因素进行有序 Probit 模型估计。为了全面分析农民群体参保意愿影响因素的估计结果，验证回归结果的稳健性，本书采用逐步回归的方法来控制自变量的作用范围，回归

结果见表13-3。

表 13-3 　　　　　　农民参保意愿影响因素的回归分析结果

| 自变量 | 总体模型 | 模型一 | 模型二 |
| --- | --- | --- | --- |
| 性别 | -0.5231* | -0.5425* | -0.6213** |
| 年龄 | 0.0195** | 0.0164** | 0.0211*** |
| 文化程度 | 0.1508** | 0.1927** | 0.2788*** |
| 健康状况 | 1.0329* | 1.1035* | 1.2054* |
| 婚姻 | 0.2146 | 0.1718 | 0.2413 |
| 家庭经济状况 | -0.06158 | -0.0607 | -0.05447 |
| 家庭人均耕地面积 | -0.0027* | -0.0061** | -0.0051** |
| 家庭主要收入来源 | 0.0549 | 0.0571 | 0.0601 |
| 家庭子女数 | -1.122** | -0.8553** | -1.1021*** |
| 家庭老年人数 | 0.5296* | 0.5296** | 0.5401** |
| 财政补贴满意度 | -0.0156 | 1.2965 | -0.7668 |
| 对城乡居保制度的了解程度 | -0.6348** | -0.6562** | -0.6388*** |
| 参加城乡居保是否合算 | 0.3552** | 0.3621** | 0.3604*** |
| 个人缴费额 | 0.1343 | 0.1431 | 0.1214 |
| Log pseudolilihood | -753.87 | -809.16 | -788.21 |
| Wald chi2 | Wald chi2 = 130.80 | Wald chi2 = 28.15 | Wald chi2 = 43.76 |
| Prob > chi2 | 0.0000 | 0.0010 | 0.0001 |
| Pseudo R2 | 0.0887 | 0.0201 | 0.0370 |
| 观测值数 | 964 | 984 | 964 |

注：*，**，*** 分别表示达到10%、5%、1%显著性水平。

### （一）个体特征的影响因素分析

将反映个人特征的四个因素纳入分析模型，总体样本的估计结果显示，"性别""年龄""文化程度""健康状况"四个变量在三个模型中均通过了显著性检验。"婚姻"变量影响不显著。具体分析如下：

性别在总体模型和模型一中通过了10%水平上的显著性检验，在模型二中通过了5%水平上的显著性检验，三个模型中系数为负数，表明在同等条件下，女性更倾向选择参加城乡居保制度。从描述性统计来看，在440名已婚调查对象中，参保意愿选择"愿意"和"比较愿意"的有410

名，占比93.2%。而在544名未婚调查对象中，参保意愿选择"愿意"或"比较愿意"的仅占同年龄组的87%。

年龄在总体模型和模型一中通过了5%水平上的显著性检验，在模型二中通过了1%水平上的显著性检验，系数为正。说明农民年龄越大，参保意愿越强。从描述性统计来看，年龄在46—69岁之间的农民，选择"很愿意"参保的占该年龄组的95%，而年龄组在16—26岁之间的农民，选择"不愿意"参保意愿的占该年龄组的88%。针对这种情况，课题组与农民座谈得出的解释主要有两点：年龄不大的农民认为自己身体健康，养老似乎离自己很远，所以还未考虑未来的养老问题；而46岁以上的农民，已近老龄期，到了正视养老问题的时期，况且还有政府的资金资助。

文化程度总体模型和在模型一中通过了5%水平上的显著性检验，和模型三中通过了10%水平上的显著性检验，系数为正，表明文化程度越高，越愿意参保。根据描述性统计给出的结果，在31名高中及以上文化程度的调查对象中，有29名对象选择"很愿意"和"愿意"，占比94%。而在95名小学文化以下文化程度的对象中，选择"很愿意"和"愿意"的仅为该同龄组的25%。文化程度较高的农民对城乡居保制度的认识比较充分，能了解制度分散老年风险的益处，有积极的参保意识。

健康状况在总体模型中通过了10%水平上的显著性检验，在模型一和模型二中通过了5%水平上的显著性检验，系数为正，农民的身体状况越差，就越倾向于参加城乡居民基本养老保险制度。描述性统计显示，在293名健康差的调查对象中，有276名对象参保意愿选择了"很愿意"和"愿意"，占比达到了94%。而191名健康良好的调研对象中，参保意愿选择"很愿意"和"愿意"的仅占该组农民的15%。

(二) 家庭特征的影响因素分析

在5个变量中，通过显著性检验的家庭特征变量有3个，即"家庭人均耕地面积""家庭子女数""家庭老年人数"。"家庭经济状况""家庭收入主要来源"2个变量影响不显著。具体分析如下：

家庭人均耕地面积在三个模型中均通过了1%水平上的显著性检验，系数为负数，表明人均耕地面积越多，越不愿意参保。描述性统计发现，在家庭人均耕地面积1亩以上的219名调研对象中，有199名对象参保意愿选择"不愿意"或是"很不愿意"，占比为91%。而在家庭人均耕地面积0.1—0.5亩的323名调研对象中,有90%的对象选择了"很愿意"和"愿意"。这说明,土地养老和社会养老具有一定的替代作用。我国农村,特别是像武陵山片区偏远的农村地区,长期以来土地养老占据了很重要的位置,短期内让农民快速认可社会养老保险制度不太现实。

家庭子女数在总体模型中和模型一中通过了5%水平上的显著性检验,在模型二中通过了1%水平上的显著性检验,系数为负数,表明家庭子女数越多,参保意愿越弱。通过SPSS22对参保意愿和家庭子女数作交叉分析发现,在家庭子女为3个及以上的38名调研对象中,参保意愿均选择了"很愿意"和"愿意"。在家庭子女为2个的579名调研对象中,参保意愿选择"很愿意"和"愿意"的为410人,占比为72%。在家庭子女为1个的131名调研对象中,参保意愿选择"很愿意"和"愿意"的为89人,占比68%。在家庭子女为0个的171名调研对象中,参保意愿选择"很愿意"和"愿意"的为92人,占比为54%。

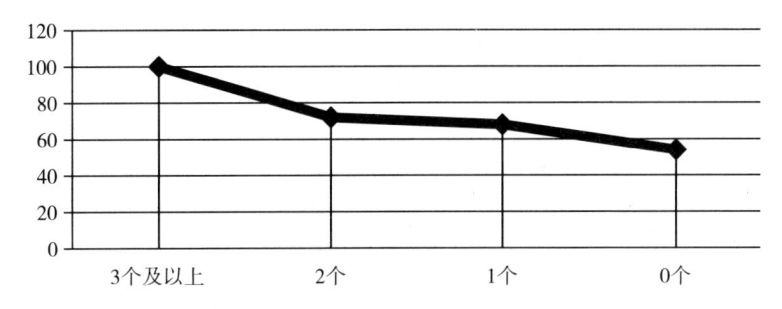

图13-1 家庭子女数与"很愿意""愿意"选择数的比例情况(单位:%)

通过调研中对农民的访谈得知,家庭子女越多参保意愿越弱的原因在于,落后地区农村传统的"养儿防老"的观念根深蒂固,子女越多的家庭,多是靠子女分担老年的开销,或是在子女家轮流居住,参保与否并不会造成多大的影响。

家庭老人数总体模型中通过了10%水平上的显著性检验,在模型一和模型二中通过了5%水平上的显著性检验,系数为正,表明家庭老人数越多,参保意愿越强。通过SPSS22对参保意愿和家庭老人数的交叉分析发现:在家庭老人数为3个及以上的164名调研对象中,参保意愿选择"很愿意"和"愿意"的为160名,占比97.5%。在家庭老人数为2个的545名调研对象中,参保意愿选择"很愿意"和"愿意"的为472名,占比86.6%。在家庭老人数为1个的141名调研对象中,参保意愿选择

"很愿意"和"愿意"的为 102 名,占比 72.3%。在家庭老人数为 0 个的 141 名调研对象中,参保意愿选择"很愿意"和"愿意"的为 79 名,占比 61.2%。

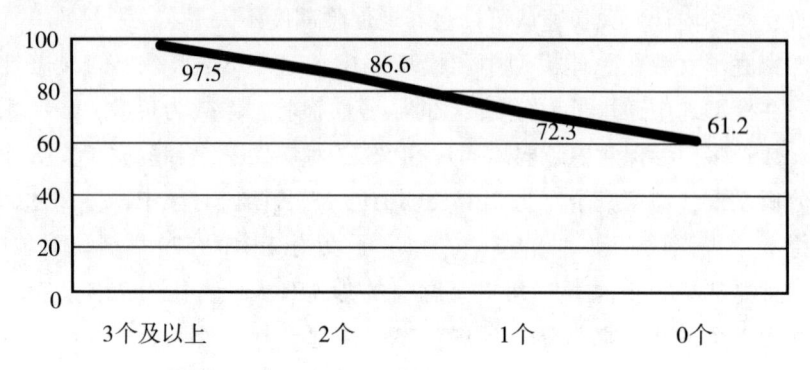

**图 13-2 家庭老人数与"很愿意""愿意"选择数的比例**(单位:%)

在课题组成员所到的 10 个行政村,通过座谈发现,在选择"愿意"参保的对象中,家庭老人数为 2 个以上的家庭均选择了参加城乡居民基本养老保险制度,主要原因有两点:一是新型农村养老保险在农村试点时,规定了"捆绑"政策,即试点时年龄达到 60 岁的老人可以领取国家规定金额的基础养老金,但符合条件的子女必须参保。二是家庭老人多的子女养老负担重,更迫切通过社会化的养老方式减轻自己和未来的负担。

值得注意的是,本次实证分析过程中,家庭特征影响因素"家庭经济状况"没有通过显著性检验。这与理论界的主流观点"家庭收入越高,参保意愿越强"不同。[①] 可能的解释是,在落后的农村地区,农民收入普遍不高,总体收入差距不大,为提高城乡居保制度的参保率,村干部在政策宣传时只要求农民交纳 100 元的参保费,只要不是家庭特别贫困,100 元的参保费并不多。

**(三)制度及认知的影响因素分析**

在纳入分析模型的四个变量中,通过显著性检验的制度认知变量有 2 个,即对"城乡居民基本养老保险制度的了解程度"以及"参加城乡居保是否合算"。"财政补贴满意度"以及"个人缴费额"变量未通过显

---

① 朱烨、王洪春:《新型农村社会养老保险参保影响因素个案研究》,《经济纵横》2015 年第 8 期;陈雯:《农民参加城乡居民基本养老保险意愿影响因素分析》,《江西农业大学学报》2015 年第 4 期。

著性检验。具体分析如下：

城乡居保制度的了解程度在总体模型和模型一中通过了5%水平上的显著性检验，在模型二中通过了1%水平上的显著性检验，且系数为正。对城乡居保政策越了解的农民就更愿意参保。对城乡居保了解程度和参保意愿做交叉分析后发现：在对城乡居保了解的257名调研对象中，参保意愿选择"很愿意"和"愿意"的为252名，占比98%。在对城乡居保比较了解的574名调研对象中，参保意愿选择"很愿意"和"愿意"的为547名，占比95%。在对城乡居保不了解的153名调研对象中，参保意愿选择"很愿意"和"愿意"的为102名，占比66%。

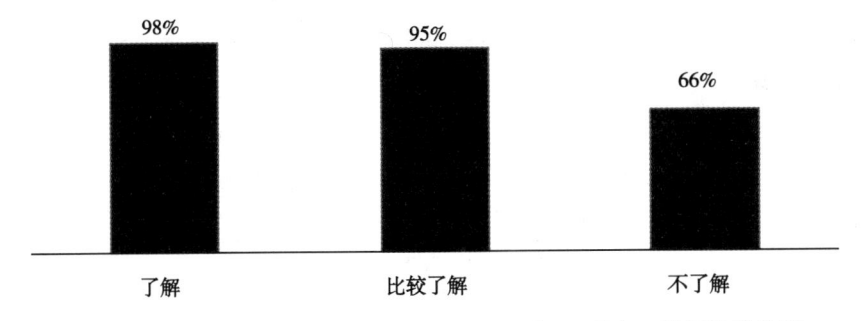

**图 13-3 对城乡居保制度了解程度与"很愿意""愿意"选择数的比例**

这不仅是数据分析的结果，在入户走访调查中，我们也发现对城乡居保政策了解越全面的农民，越愿意参保，这给我们的启示是要加强对政策的解读和宣传。

参加城乡居保是否合算在总体模型和模型一通过了5%水平上的显著性检验，在模型二中通过了1%水平上的显著性检验，且系数为正。表明越是认为参保合算的农民，越愿意参加城乡居保制度。对参加城乡居保是否合算和参保意愿做交叉分析后发现：在认为参保合算的500名调研对象中，参保意愿选择"很愿意"和"愿意"的为491名，占比98.2%。在认为参保不合算的484名调研对象中，参保意愿选择"很愿意"和"愿意"的为457名，占比82.2%。从理论上讲，农民是理性经济人，在做出是否参保时，必然进行收益和成本的比较，当收益大于成本时才愿意参保。反之，不愿意参保。虽然在所调研的地区大部分农民参加了城乡居保制度，但真正出于自愿原则参保的并不多，更多是在村干部苦口婆心地动员，甚至将农民的参保情况与某些福利捆绑在一起的情况下实现高参保率的。而且，参保交费九成以上选择最低档 100 元。

## 四 结论与建议

总体样本估计结果显示，性别、文化程度、年龄、家庭子女数、家庭老人数、家庭人均土地面积、对城乡居保制度的了解程度以及参加城乡居保制度是否合算等 8 个变量通过了显著水平的检验。其中，土地面积、家庭子女数和家庭老人数对城乡居保的参保意愿负向影响。性别、文化程度、年龄、家庭子女数、家庭老人数具有正向影响。基于分析结论，我们提出如下提高农民参保意愿的政策建议。

一是多渠道多方式地加大城乡居保制度的宣传力度。对制度的了解程度是城乡居民参保意愿的重要影响因素。目前，武陵山片区的农民对制度不太了解，仅仅知道个人缴费 100 元 60 岁时就可以领取养老金。根据调研访谈，我们发现，当地农民基本上不清楚城乡居保制度有 14 档次可以选择，也不清楚选择不同档次的缴费后地方财政给予不同额度的缴费补贴，不清楚城乡居保制度实行"个人账户"和"社会统筹"结合的运行模式，不清楚养老金待遇由基础养老金和个人账户养老金构成。等等，这些问题的了解，对提高农民的参保意愿有基础性意义。因此，武陵山片区应多渠道多方式广泛宣传城乡居保制度的缴费档次、待遇水平、待遇计算及政府补助等问题，以提高农民对政策的了解度，使农民切切实实地感受到国家对自己养老问题的重视，做出参加城乡居保制度合算的判断，从而选择更为稳定的社会养老，以此推动片区城乡居民养老保险制度的发展。

二是制定有效的参保激励机制。回归实证及座谈的情况表明，年龄越大的农民参保意愿越强，45 岁以下的农民参保意愿不强，特别是 17—27 岁的农民，如果没有村干部直接的或间接的强制，几乎不会选择参保。为提高年轻人的参保率，除了加强宣传外，还应设计有效的参保激励机制。激励的机制可以从"入口"端或"出口"端，或是兼顾二者。具体来说，"入口"激励包括提高各档次缴费的财政补助，对各档缴费的财政补贴适当拉开差距等。"出口"激励包括加发基础养老金，加发的基础养老金额与参保时间成正比变动等。

## 第二节 城镇居民参加城乡居民基本养老保险意愿的实证

### 一 问卷设计与数据来源

在大量阅读国内外文献综述的基础上,设计了"城镇居民参加城乡居民基本养老保险情况调查问卷"。内容包括居民个人信息、家庭特征以及对制度和政策的认知,总共设计了20个指标。本次数据来源于2017年8月2—31日课题组成员以及部分成员带队的"武陵山片区大学生三下乡社会实践"的调研。此次调研所选的区域五道水镇(桑植县)、翔凤镇(来凤县)、凤仪镇(正安县)、钟多镇(酉阳县)等。这些地区的社会经济各项指标不仅在全国处于后位,在武陵山片区也处于后列,对这些地方的实证研究具有典型意义。

### 二 调查对象的说明

根据《国务院关于开展城镇居民社会养老保险试点的指导意见》(国发〔2011〕18号)的规定,城镇居民是城镇居民基本养老保险制度的参保主体。在这儿,城镇居民并非指所有具有城镇户口的居民,而是指具有城镇户口,没有参加城镇职工基本养老保险的,无收入或者低收入的城镇居民,学生群体除外。主要包括三类:一是城镇失业居民,二是城镇自主、灵活就业人员,三是城镇残疾居民。城镇残疾居民地方政府代缴了保险费,因而不在此次调研的范围。为了减少调研的盲目性,调查组借助居委会,查找锁定符合条件的城镇居民共423份,并通过在人群聚集的公园、发动亲朋好友等方式完成调查问卷216份,样本量为639。通过对收回的问卷进行初步筛选,确定合格问题600份,问卷有效率为93.8%。

### 三 模型构建、变量赋值

#### (一)模型构建

在研究变量之间的关系时,最常用到的是相关分析、回归分析。由于一般线性回归模型要求因变量必须是连续变量,而对城镇居民参保意愿的调查,很难获得连续性数据。本书的因变量只涉及两类离散数值,属于二分类变量,城镇居民参保意愿属于二分类变量(愿意、不愿意)且受多个因素影响,因此适合选择二元 Logistic 回归模型,具体模型为:

$$\ln\left(\frac{P_i}{1-P_i}\right) = \beta_0 + \beta_1 x_1 + \beta_2 x_2 + \cdots \beta_i x_i$$

其中,$Pi$ 表示事件发生的概率,$1-Pi$ 表示事件未发生的概率。这里的 $Pi$ 表示城镇居民愿意参保的概率,$1-P$ 表示不愿意参保的概率。$\beta 0$ 表示常数项,$X_1$,$X_2$,$X_3 \cdots$,$X_i$ 表示各自变量,$\beta i$ 表示各自变量的回归系数,意味着自变量每改变一个单位,居民愿意参保与不愿意参保发生比的自然对数值的改变量。

(二)变量赋值

因变量为参保意愿,"愿意"赋值为 1,"不愿意"赋值为 0。本着全面、客观、可行等原则,从个人基本特征、家庭特征、对制度和政策的认知等三个层面设定 20 个自变量。其中,个人情况包括性别($X_1$)、年龄($X_2$)、文化程度($X_3$)、健康状况($X_4$)、婚姻状况($X_5$)、对"养儿防老"的看法($X_6$)、是否担心养老问题($X_7$)。家庭特征主要涉及子女数量($X_8$)、家庭年均纯收入($X_9$)和就业人数($X_{10}$)、儿子数量($X_{11}$)、是否与子女同住($X_{12}$)、家庭老年人数($X_{13}$)。对制度和政策的认知包括:财政补贴满意度($X_{14}$)、是否了解城乡居保制度($X_{15}$)、对政府监管养老金的信心($X_{16}$)、个人缴费额($X_{17}$)、参保是否划算($X_{18}$)、缴费年限设置的合理性($X_{19}$)、对基础养老金的态度($X_{20}$)。

表 13-4 变量分类及赋值

| 一级变量 | 二级变量 | 变量赋值 |
| --- | --- | --- |
| 个人情况 | 性别($X_1$) | 1=男,2=女 |
| | 年龄($X_2$) | 1=16-26 岁,2=27-37 岁,3=38-45 岁,4=46-59 岁 |
| | 文化程度($X_3$) | 1=小学以下,2=小学,3=初中,4=高中,5=大专及以上 |
| | 健康($X_4$) | 1=较差,2=一般,3=较好 |
| | 婚姻($X_5$) | 1=已婚,2=未婚,3=丧偶 |
| | 对"养儿防老"的看法($X_6$) | 1=完全赞同,2=比较赞同,3=一般,4=不太赞同,5=完全不赞同 |
| | 是否担心养老问题($X_7$) | 1=是,2=不担心 |

续表

| 一级变量 | 二级变量 | 变量赋值 |
|---|---|---|
| 家庭特征 | 家庭子女数（$X_8$） | 1=0个，2=1个，3=2个，4=3以上 |
| | 家庭年均纯收入（$X_9$） | 1=5000元以下，2=5000—10000元，3=1万—5万元 |
| | 就业人数（$X_{10}$） | 1=0个，2=1个，3=2个，4=3个，5=4个以上 |
| | 儿子数（$X_{11}$） | 1=0个，2=1个，3=2个，4=3以上 |
| | 是否与子女同住（$X_2$） | 1=0个，2=1个，3=2个，4=3个，5=3个及以上 |
| | 家庭老年人数（$X_{13}$） | 1=0个，2=1个，3=2个，4=3个及以上 |
| 对制度和政策的认知 | 财政补贴满意度（$X_{14}$） | 1=很满意，2=比较满意，3=不太满意，4=满意 |
| | 对城乡居保制度的了解程度（$X_{15}$） | 1=非常了解，2=比较了解，3=不了解 |
| | 对政府监管养老金的信心（$X_{16}$） | 1=很有信心，2=比较有信心，3=一般，4=不太有信心，5=没有信心 |
| | 财政补贴对参保选择的重要性（$X_{17}$） | 1=很重要，2=重要，3=一般，4=不重要 |
| | 参保是否划算（$X_{18}$） | 1=划算，3=一般，4=不划算 |
| | 缴费年限设置的合理性（$X_{19}$） | 1=完全不合理，2=不太合理，3=一般，4=比较合理，5=完全合理 |
| | 对基础养老金的态度（$X_{20}$） | 1=很低，2=比较低，3=一般，4=比较高，5=很高 |

## 四 数据分析结果及讨论

### （一）数据分析结果

1. 回归分析结果参数的含义

分析报告显示的参数包括 B（回归系数）、S.E（标准误差）、Wals（卡方值）、Sig（显著度）、df（自由度）、Exp（B）（发生比率）。其中，B 越大，表明自变量对因变量的影响越大。B 为正，表明因变量与自变量同方向变化，因变量随自变量的增大而增大，B 为负，表明因变量与自变量反方向变化，因变量随自变量的增大而减少；Wals（卡方值）是卡方检验的统计量，检验数据的相关性，卡方值越大，说明实际频数与理论频数的差别越明显；Sig 是卡方值的显著性，主要用来说明两变量之间的相关性，大于 0.000 表示显著因素，小于 0.05 表示比较显著因素；Exp（B）称为 OR，表明自变量每增加一个单位，因变量的发生比率将是原定的多少倍。

## 2. 模型检验

在 Logistic 模型中，要证明选用模型的有效性和适用性，就要验证因变量和自变量之间有明显的解释效果。由表 13-5 知，似然比检验中的卡方值为 142.099，sig=0.000<0.05，检验结果否定原假设，表明所选择的因变量与自变量呈现显著的 Logit 线性关系，即模型成立，且效果较好。（见表 13-5）

表 13-5　　　　　　　　Logistic 回归的检验结果

| 统计量 | 统计值 | df | sig |
| --- | --- | --- | --- |
| Likelihood Ratio Test | 30.468 | 19 | 0.000 |
| Score | 142.099 | 19 | |

## 3. 回归分析

为了精确地甄别出所有影响城镇居民参保意愿的影响因素，利用 SPSS22 软件，运用二元 Logistic 回归分析模型。在数据处理的过程中，为增强方程的稳健性，采取按类别分块进入方式。为消除变量的多重共线性，在引入 20 个自变量时采用"向后条件"方法，依次剔除 Wald 最小的变量，共建立 19 个模型，直到所有的变量都在 10% 的水平上统计显著为止。考虑到篇幅的限制，这里仅保留自变量全部进入方程的模型一和所有变量进入 10% 水平上的模型（用模型二表示）。采用直接将 20 个自变量全部进入方程，得到模型一。模型一显示年龄（$X_2$）、文化程度（$X_3$）、对"养儿防老"的看法（$X_6$）、财政补贴满意度（$X_{14}$）、是否了解城乡居民基本养老保险制度（$X_{15}$）、对政府监管养老金的信心（$X_{16}$）、财政补贴对参保选择的重要性（$X_{17}$）、参保是否划算（$X_{18}$）、对基础养老金的态度（$X_{20}$）9 个因素显著（见表 13-6）。

表 13-6　　　　　　　　Logistic 回归模型一（进入法）

| 自变量 | B | S.E | Wals | Sig | d.f | Exp（B） |
| --- | --- | --- | --- | --- | --- | --- |
| $X_1$ | -1.393* | 0.489 | 5.677 | 0.512 | 1 | 3.402 |
| $X_2$ | 0.466* | 0.379 | 12.543 | 0.013 | 1 | 2.112 |
| $X_3$ | 0.396* | 0.203 | 6.425 | 0.003 | 1 | 1.463 |
| $X_4$ | 1.256 | 0.631 | 10.45 | 0.453 | 1 | 0.304 |
| $X_5$ | 0.378 | 0.888 | 0.001 | 0.237 | 1 | 0.307 |
| $X_6$ | -0.415* | 0.888 | 9.753 | 0.003 | 1 | 5.356 |

续表

| 自变量 | B | S.E | Wals | Sig | d.f | Exp（B） |
|---|---|---|---|---|---|---|
| $X_7$ | 0.678 | 0.433 | 12.532 | 0.042 | 1 | 3.321 |
| $X_8$ | -0.612** | 779 | 11.329 | 0.016 | 1 | 2.345 |
| $X_9$ | 0.458 | 0.647 | 7.897 | 0.655 | 1 | 1.063 |
| $X_{10}$ | -0.168 | 0.835 | 0.043 | 0.076 | 1 | 0.946 |
| $X_{11}$ | 0.252 | 0.279 | 0.869 | 0.352 | 1 | 1.365 |
| $X_{12}$ | 0.046 | 0.805 | 0.869 | 0.078 | 1 | 1.503 |
| $X_{13}$ | 0.094 | 0.805 | 0.869 | 0.064 | 1 | 1.503 |
| $X_{14}$ | 1.570** | 0.653 | 13.436 | 0.001 | 1 | 3.679 |
| $X_{15}$ | 2.421** | 0.578 | 17.452 | 0.002 | 1 | 13.643 |
| $X_{16}$ | 1.128 | 0.043 | 10.536 | 0.015 | 1 | 9.358 |
| $X_{17}$ | 2.649** | 0.889 | 9.367 | 0.026 | 1 | 23.573 |
| $X_{18}$ | 0.956** | 0.235 | 16.215 | 0.019 | 1 | 14.675 |
| $X_{19}$ | 0.252 | 0.279 | 0.010 | 0.073 | 1 | 1.365 |
| $X_{20}$ | 1.893*** | 0.463 | 29.367 | 0.045 | 1 | 22.434 |
| 常量 | -12.359 | 7.348 | 7.646 | 0.009 | 1 | 0.003 |
| -2loglikehood =77.252 | Cox 及 SnellR$^2$ =.832 | | | NagelkerkeR$^2$ =.907 | | |

注：*、**、*** 分别表示达到10%、5%、1%显著性水平。

模型二采用后筛选法，自变量与模型一相同，但模型二中因素的显著性水平高于模型一，其中，财政补贴对参保选择的重要性（$X_{17}$）、参保是否划算（$X_{18}$）、对基础养老金的态度（$X_{20}$）的显著性水平均在1%以上（见表13-7）。

表13-7　　　　Logistic 回归模型二（后筛选法）

| 自变量 | B | S.E | Wals | Sig | d.f | Exp（B） |
|---|---|---|---|---|---|---|
| $X_2$ | 0.479** | 0.342 | 13.546 | 0.013 | 1 | 2.245 |
| $X_3$ | 0.404** | 0.200 | 6.757 | 0.001 | 1 | 1.589 |
| $X_6$ | -0.412** | 0.816 | 10.327 | 0.002 | 1 | 5.823 |
| $X_8$ | -0.667** | 0.745 | 12.647 | 0.012 | 1 | 2.576 |
| $X_{14}$ | 1.589** | 0.625 | 13.963 | 0.000 | 1 | 3.702 |
| $X_{15}$ | 2.776** | 0.569 | 18.225 | 0.001 | 1 | 14.014 |

续表

| 自变量 | B | S.E | Wals | Sig | d.f | Exp（B） |
|---|---|---|---|---|---|---|
| $X_{17}$ | 2.699*** | 0.784 | 10.112 | 0.020 | 1 | 23.668 |
| $X_{18}$ | 1.038*** | 0.214 | 17.204 | 0.000 | 1 | 14.682 |
| $X_{20}$ | 1.994*** | 0.402 | 29.752 | 0.000 | 1 | 22.546 |
| 常量 | −12.217 | 6.463 | 15.675 | 0.000 | 1 | 0.000 |
| 2loglikelihood =75.974 | Cox 及 SnellR² =.864 | | | NagelkerkeR² =.936 | | |

注：\*、\*\*、\*\*\* 分别表示达到10%、5%、1%显著性水平。

根据模型二得出回归方程为：

$$\text{Logit}(P) = 0.479^{**}X_2 + 0.404^{**}X_3 - 0.412^{**}X_6 - 0.667^{**} + 1.589^{**}X_{14} + 2.776^{**}X_{15} + 2.699^{**}X_{17} + 1.038^{***}X_{18} + 1.994^{**}X_{20}$$

**（二）数据分析结果解释**

由于模型二优于模型一，在比较所有通过10%以上显著性的因素时，采用模型二给出的参数。由模型二可知，在9个通过显著性检验的自变量中，对城镇居民参保影响最显著的为财政补贴满意度（$X_{14}$）、财政补贴对参保选择的重要性（$X_{17}$）、参保是否划算（$X_{18}$）、对基础养老金的态度（$X_{20}$）等。影响最大的因素为了解城乡居民基本养老保险制度（$X_{15}$），系数为2.776。财政补贴对参保选择的重要性（$X_{17}$）、对基础养老金的态度（$X_{20}$）分别排在第二、第三位。

**1. 个人信息分析**

在选取的7个自变量中，年龄（$X_2$）、文化程度（$X_3$）、对"养儿防老"的看法（$X_6$）通过了显著性检验。

年龄（$X_2$）在模型一中通过了10%水平上的显著性检验，在模型二中通过了5%水平上的显著性检验，系数为正，表明年龄越大，参保意愿越强。Exp（B）值为2.245，意味着城镇居民年龄每增大一单位，愿意参保的居民是不愿意参保的2.245倍。这可能是由于年龄越大养老需求越迫切，支付能力更强，更倾向于参保。

文化程度（$X_3$）在模型一中通过了10%水平上的显著性检验，在模型二中通过了5%水平上的显著性检验，系数为正，表明文化程度高的居民，参保意愿越强。Exp（B）值为1.589，意味着城镇居民文化程度每提高一单位，参保性的可能性是原来的1.589倍。究其原因在于，文化程度高的居民能理解城乡居保制度分散养老风险的好处，从而更愿意参保。

对"养儿防老"的看法（$X_6$）在模型一中通过了10%水平上的显著性检验，在模型二中通过了5%水平上的显著性检验，系数为负，表明有"养儿防老"观点的居民更不愿意参保。持有该观念每增加一单位，其参保意愿没有"养儿防老"观点的居民的1/5.823倍。受城市文化的熏陶，多数城镇居民在淡化养儿防老的观念，开始能接受社会化的养老方式。

2. 家庭特征分析

在选取的6个自变量中，只有子女数量（$X_8$）通过了显著性检验，家庭年均纯收入（$X_9$）和就业人数（$X_{10}$）、儿子数量（$X_{11}$）、是否与子女同住（$X_{12}$）、家庭老年人数（$X_{13}$）等5个变量均未通过显著性检验。

家庭子女数对参加城乡居保制度意愿影响显著（sig=.002<0.05），在模型一和模型二中均通过了5%水平上的显著性检验，系数为负，表明家里子女数越多，参保意愿越低。根据Exp（B）为2.576可判断，家庭子女每增加一单位，其参保意愿是子女少家庭的2.576倍。可能的解释在于女子多的家庭养老负担轻，与农村不同的是，在我国城镇，儿子和女儿对父母承担了相同的赡养责任。这也解释了反映家庭特征的"儿子数"和"女儿数"未通过显著性检验的原因。

3. 对制度和政策认知的分析

在选取的7个自变量中，除了对政府监管养老金的信心（$X_{16}$）、缴费年限设置的合理性（$X_{19}$）没有通过显著性检验外，其他的5个自变量均通过显著性检验。

财政补贴满意度（$X_{14}$）对居民参保意愿的影响显著。显著度为：0.000，回归系数2.776**，且为正，表明二者呈正相关关系，对补贴满意度每提高一单位，居民参加城乡居保的意愿就会提高3.702倍。

是否了解城乡居保制度（$X_{15}$）对居民参保意愿的影响显著。显著度为：0.001，回归系数1.589**，且为正，表明二者呈正相关关系。对制度了解每提高一单位，居民参加城乡居保的意愿就会提高14.014倍。

财政补贴对参保选择的重要性（$X_{17}$）对参加城乡居保制度意愿影响显著（sig=0.002<0.05），在模型一中通过了5%水平上的显著性检验，在模型二中通过了1%水平上的显著性检验，系数为正，意味越是承认财政补贴的重要性，参保意愿越高。根据Exp（B）判断，认为财政补贴的重要性每增加一单位，参保意愿是原来的23.668倍。究其原因在于，财政补贴增加了居民的缴费额，未来可以领取更多的养老金。

参保是否划算（$X_{18}$）对参加城乡居保制度意愿影响显著（sig = 0.000<0.05），在模型一中通过了5%水平上的显著性检验，在模型二中通过了1%水平上的显著性检验，系数为正，越是认为参加城乡居保制度合算，参保意愿越强。回归系数为1.038，且为正，表明二者呈正相关关系。根据Exp（B）判断，认为参加城乡居保制度合算每增加一单位，参保意愿是原来的14.682倍。主要原因在于居民是理性经济人，是否选择参加城乡居保制度建立在成本和收益比较的基础之上，只有当其认为参保收益大于成本时，才会考虑参保。

对基础养老金的态度（$X_{20}$）对参加城乡居保制度意愿影响显著（sig = 0.000<0.05），在模型一和模型二中均通过了1%水平上的显著性检验，系数为正，表明越是认为现行基础养老金高，参保意愿越高。根据Exp（B）判断，认为基础养老金高每增加一单位，参保意愿是原来的22.546倍。认为现行基础养老金很低的居民，选择参保的可能性要低，主要是因为低的基础养老金不能改善其老年生活。

## 五 结论及对策

回归结果显示，文化程度、年龄、对"养儿防老"的看法、家庭子女数、财政补贴满意度、是否了解城乡居保制度、参保是否划算、财政补贴对参保选择的重要性及对基础养老金的态度9个变量对参保意愿影响显著。其中，家庭子女数为负相关关系。结论具有如下政策含义：

第一，政府应当承担合理的出资责任，提高财政支持力度，积极探索多种途径的支持政策，这样可以提高城镇居民的参保意愿。第二，应加大城乡居保制度的宣传力度，让城镇居民理解该政策的惠普性。第三，应依据经济发展阶段和物价水平，动态上调基础养老金，使基础养老金成为老年生活的重要来源。以增加制度的吸引力。

# 第十四章

# 武陵山片区城乡居民基本养老保险筹资机制完善的对策建议

## 第一节 总体思路

城乡居民基本养老保险制度的建立是我国社会生活领域的重大变革，为了使这一制度健康可持续发展，须有明确的思路，须处理好以下几对关系。

### 一 自愿和强制之间的关系

世界各国无一例外地建立起了包括养老保险在内的社会保障制度，无论是欧洲福利性社会保障制度，还是美国的保障性的社会保障制度，都是由政府主导建立的。究其原因在于，社会养老保险市场存在市场失灵的问题，这些问题包括由于保险双方信息不对称引起的道德风险和逆向选择问题，分散决策成本过高的问题，个人在养老方面的短视问题等，这些问题依赖于强势政府为社会成员撑起"保护伞"，为社会的稳定建立"安全网"。我国的城镇职工基本养老保险从建立起，实行的强制性参加和强制性的筹资原则，这体现了明显的规范性和统一性，并已被各阶层认知和接受。但是，以农民为主要对象的社会养老保险制度从试点开始，便将自愿作为制度设计与安排的一条重要原则。而"自愿"性原则是一种典型的商业保险，同社会保险的本质特征相悖。

从理论上，强制性原则是社会保险制度的基本原则之一。强制性原则有利于保证城乡居保制度的稳定和持续性，有利于提高参保率，增大社会保险基金规模，从而增加城乡居保制度的抗风险能力。社会保险的强制性原则是社会保险基金多方负担筹资原则的保证。一方面，就城镇职工基本养老保险来看，如果采取自愿筹资原则，雇主有不为职员交纳养老保险费的激励，因为不缴费意味企业利润的增加；另一方面，即使在劳动者选择参保是最优策略的情况下，也会因为劳动者个体差异大，养老意识强弱有别，使所有符合条件的居民自愿地加入社会保险体系，并按期如实地缴纳养老保险费用在实践推广中也是非常困难的。因此，从城乡居保制度的可持性来看，强制性筹资原则是发展的趋势，只有在社会保险参与以及费用缴纳等方面实行强制性原则，才能明确居民在养老保险中的责任，实现更大范围、更大程度的社会养老保险的互济作用。另外，根据对武陵山片区的调查，自愿原则在一定程度将排挤了部分居民加入城乡居民基本养老保险制度。调查实证还表明，强制性原则并不必然引起居民的反感，相反，有利于提高居民的参保率以及壮大基金规模。因此，我们建议城乡居民基本养老保险制度与城镇职工基本养老保险制度一样，体现强制性和规范性。

## 二 公平与效率之间的关系

长期以来，理论界围绕公平与效率关系中的先后问题展开了激烈的讨论，二者的先后关系的最终结果会影响政策层面的侧重点不同。根据课题组所收集到的材料，发现理论界在公平与效率兼顾方面达成了一致，但具体到侧重点方面有三种代表性的观点：一是突出效率的优先地位，但同时须兼顾公平的观点。持这种观点的学者认为，物质财富是公平最基本的要义，而物质财富的增加离不开效率。因而，高水平的效率才会有高水平的公平。包括基本养老保险在内的社会保障制度，政府"大包大揽"的绝对公平是福利病。[①] 二是突出公平的优先地位，兼顾效率的观点。持这种观念以郑功成为代表，他认为看不见的手和看得见的手区别在于，由看得见的手主导的社会养老保险制度天然地追求公平，而市场天然地追求效率。社会养老制度具有调节国民收入差距，矫正"市场失灵"的功能。因而，公平优先兼顾效率应是我国目前和今后一段时间社会养老保险制度的政策取向。[②] 三是将公平与效率放在并列的地位，公平与效率并重的观

---

[①] 景天魁：《社会保障：公平社会的基础》，《中国社会科学院研究生院学报》2006年第6期。

[②] 郑功成：《中国社会保障制度变迁评估》，中国人民大学出版社2002年版，第41页。

点。持这种观点的学者认为如果单纯以公平优先为价值取向，则会容易导致平均主义，获得的保障也仅仅是低水平的，不可持续性的。如果单纯以效率优先为价值取向，则会错失建立农村社会养老保险制度的时机，因为这种观念理所当然地认为，只有等到农村经济充分发展了才具备建立社会养老保险制度，这样对广大的农民是不公平。① 中国的社会保险模式应是城乡结合、传统与现代相结合的社会保障制度，应是公平与效率并重，应扩大社会保险的覆盖面，建立覆盖城乡劳动者的基本养老保险制度。②

城乡居民基本养老保险制度作为我国养老保险制度的重要组成部分，是在我国经济发展到一定阶段后的产物。我国针对农民的养老保险制度经历了旧农保、新农保及城乡居保制度三个阶段。在实行农民完全缴费的老农保时期，更多地突出了效率原则。旧农保制实行完全的个人缴费制度，没有财政资金的资助，养老待遇完全取决于个人账户的积累。因而，旧农保制度实质为个人储蓄制度，不体现公平为取向的收入分配调节职能。新农保制度和城乡居保制度由中央财政提供了惠普性的基础养老金，地方财政给予参保对象以规定额度的参保补助，体现了制度设计的公平性。另一方面，在各地实际运行的城乡居保制度中设计了体现效率的激励机制。激励机制主要表现在两方面：一是多缴多得机制。城乡居保制度将筹资标准设定为12个档次，对于选择高档次缴费标准的，财政参保补助相应提高，激励收入较高的居民选择高档次缴费。二是对于长缴多得机制。45岁以下，城乡居保制度规定缴费期为15年，60岁开始领取养老金。对于缴费15年依然选择缴费的城乡居民，各地设计了不同的激励机制。如湖南片区参保人缴费累计超过15年的，每增加1年缴费，基础养老金每月增加1元。

由此看来，以农民群体为主体的城乡居民基本养老保险制度设计更倾向于"公平与效率并重"观。然而，城乡居民基本养老保险制度体现更多的是参与机会的均等性，结果公平很难体现。我国现行"碎片化"的养老制度，致使不同身份不同阶层的参保居民待遇差异很大。由于历史和现实原因，在不断扩大养老保险制度覆盖面的过程中，按照参保主体的不同，现行的养老保险制度包括事业单位养老保险、企业基本养老保险制度

---

① 徐凯赞、欧阳喜：《当前我国社会保障问题综述》，《探索》2005年第2期。
② 李迎生：《中国社会保障制度的模式选择》，《科学社会主义》2004年第4期。

以及城乡居民基本养老保险制度。但三类参保对象养老金领取待遇以前者最多，后者最少，而且这种差距有扩大的趋势。以企业基本养老保险和城乡居民基本养老保险制度进行对比为例，从 2015 年 1 月 1 日起，我国将企业退休人员基本养老金再提高 10%。我国连续第十一年上调企业退休人员的养老金后，企业退休人员每月平均退休养老金超过 2000 元。同期，城乡居民基本养老保险领取待遇平均为 120 元左右，二者相差 10 倍之多。可见，城乡居民养老保险制度的建立，虽然使长期被在排斥在养老保险制度之外的农民获得了参与的均等性，但如何通过养老保险统筹与再分配功能，缩小与企业职工和事业单位领取待遇的差距，仍是制度运行中需要不断修正的议题。

### 三 各级财政责任大小的关系

美国学者戴维·奥斯本曾说过："传统的政府忙于'划桨'以至于忘记了'掌舵'，那些为航船掌舵的人对目的地影响的力量比那些划桨的人要大得多。"[①] 因此，政府在养老保险制度建设中的主要作用是"掌舵"，主要是为城乡居保制度建设提供财政补贴和政策导向。财政对城乡居保制度的资金责任，源于社会养老保险制度公共品属性。从世界其他国家的实践来看，在具体建立农民养老保险制度的过程中，几乎无一例外地由政府给予财政支持。如，德国的农村养老保险资金除了来源于参保农民缴费外，财政补贴缴费占到了 2/3；波兰的农民养老保险基金来源于农民和财政，其中农民缴纳的保险金占 1/3，财政出资占 2/3。[②]

我国财政对城乡居保制度资金的支持分为中央财政和地方财政，中央财政负责支付参保居民规定额度的基础养老金，地方财政进行参保缴费的资助，资助额省财政和县市财政按规定比例分担。这种做法，在很大程度上体现了中央财政和地方财政明晰的分工和合作，有利于保证城乡居保制度的健康可持续运行。然而，自我国分税制度改革以来，财政资金有向上集中的趋势，不少地区财政吃紧，特别是农业大省、大县，农业人口比重大，按照符合条件的农村居民全参保的目标，将是很大一笔财政补助。故此，划分公共财政在城乡居保制度筹资责任时，应摒弃目前一刀切的做

---

① 陈功：《我国养老方式研究》，北京大学出版社 2003 年版，第 50 页。
② 于洪：《社会保障筹资机制研究》，上海世纪出版集团 2006 年版，第 107 页。

法,应采取综合多项指标对各省、县(市)的财政筹资能力进行科学分类,指标可以包括人均 GDP、人均财政收入、农村人均收入、人均农业人口等。对于财政筹资能力处于中等以下的省,中央财政承担完全额度的基础养老金。对于财政筹资能力处于中等以下的县(市),由省财政承担或者中央财政和省财政共同承担财政补助。

### 四 基金安全与增值之间的关系

保罗·萨缪尔森在研究养老保险筹资模式时认为,只有当养老保险投资收益高于"生物回报率"(人口增长率+实际工资增长率)时,积累制才是有效的。在个人所缴基金长达十多年的积累期间,养老保险基金面临保值增值压力。出于安全性考虑,目前,我国养老保险基金主要的投资渠道为银行存款和购买国债。城乡居民基本养老保险基金投资收益参照一年期银行存款利率。然而,我国的一年期利率大部分时间低于物价消费水平的增长率,致使实际收益率偏低。另外,我国的基本养老保险基金结余规模庞大(见表 14-1)。

表 14-1　　　　2006—2015 年我国社会保险基金　　　单位:亿元;%

| 年份 | 社会保险基金 | 养老保险基金 | 养老保险基金累计结余 |
| --- | --- | --- | --- |
| 2005 | 6975.2 | 5093.3 | 1278.1 |
| 2006 | 8643.2 | 6309.8 | 1752.4 |
| 2007 | 10812.3 | 7834.2 | 2476.9 |
| 2008 | 13696.1 | 9740.2 | 1310.1 |
| 2009 | 16115.6 | 11490.8 | 1523.6 |
| 2010 | 19276.1 | 13872.9 | 1749.8 |
| 2011 | 25153.3 | 18004.8 | 2240.5 |
| 2012 | 30738.8 | 21830.2 | 2929.0 |
| 2013 | 35252.9 | 24732.6 | 3685.9 |
| 2014 | 39827.7 | 27619.9 | 4451.5 |
| 2015 | 46012.1 | 32195.5 | 5083 |

与我国基本养老保险基金同步增长的还有城乡居民基本养老保险基金。2015 年,城乡居民基本养老保险基金结余规模达到 4592.3 亿元,是

2010年的9倍之多。由于城乡居民基本养老保险制度的筹资标准设定了12档，当农民收入提高到一定程度的时候，一般会倾向于选择高档次的参保标准，与此对应的财政补助会相应提高，从而导致城乡居保基金累计结余远远高于目前的数额。

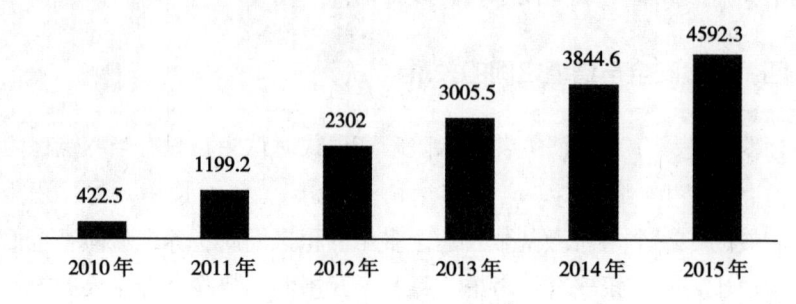

图14-1　2010—2015年城乡居民基本养老保险基金累计结余（单位：亿元）

数据：2010年 422.5；2011年 1199.2；2012年 2302；2013年 3005.5；2014年 3844.6；2015年 4592.3

按照目前规定，如此庞大规模的养老保险基金只能够买国债、存银行，其优点在于保障了基金的安全，但问题是没有实现保值增值的目的。从前几年的情况来看，收益率还低于CPI，实际上是处于一种贬值的状态。2000—2012年我国基本养老保险的存入银行的年均收益率不到2%，但期间通胀率均值达到2.47%。以此推算，养老保险基金的损失约6000亿元。因此，在养老保险基金"隐形缩水"日益严峻的形势下，应有效处理好安全性与收益性的关系，在保证养老保险基金安全的前提下，最大限度地实现基金的收益率。

总体上，构建和完善武陵山片区城乡居民基本养老保险筹资机制，应以邓小平理论和"三个代表"重要思想为指导，认真贯彻党的十八大和十八届三中、四中全会精神，落实科学发展观和构建社会主义和谐社会的要求，统筹考虑当前和长远的关系，坚持全覆盖、保基本、多层次、可持续方针，以增强公平性、适应流动性、保证可持续性为重点，坚持社会保险的强制性和社会化原则，公平与效率并重，安全性为前提突出收益性，合理划分各级财政责任，保证农村居民老有所养，过上体面的晚年生活。

## 第二节 具体对策建议

### 一 发展经济，夯实制度财力基础

在国家政策稳定的情况下，经济的发展有利于城乡居民基本养老基金规模的增长。从城乡居民基本养老保险制度的资金来源的角度看，无论哪一种筹资模式，城乡居保资金的增加主要来源之一是新的缴费。居民个人的缴费来源于其收入，那么，收入的增加显然有助于城乡居保基金增加。从整个国民收入再分配看，所有的基金缴费无非都是来源于社会经济生活中所创造的 V 和 M，而它们来源于国民收入。因此，城乡居民基本养老保险基金的很大程度上取决于国民收入的增长速度。显然，国民收入的增长速度取决于实体经济的增长速度。可以得出的结论是：国民经济的增长速度影响国民收入的增长速度，而国民收入增长的速度进一步影响城乡居民保险制度中的个人缴费、公共财政补贴，这最终影响到城乡居民保险筹资机制的巩固和发展。因此，大力发展经济是巩固城乡居民基本养老保险制度的根本保证。

目前，世界经济增长持续乏力，国际市场需求持续疲软，我国投资和消费需求增长放缓，产能过剩问题突出。经济增长速度告别了改革开放以来的两位数，进入了 7%左右的中高速增长。在新常态下发展经济，宏观层面：国家应牢固树立创新、协调、绿色、开放、共享的发展理念，优化发展结构，变规模速度型发展方式为质量效益型，实现依靠要素投入向更多依靠创新驱动的转变。中观层面：武陵山片区各省、县（市）应结合当地实际情况，立足特色优势，发展特色经济，积极发展绿色富民产业，加快培育支撑县域经济发展的支柱产业。微观层面，城乡居民应积极参与工业化和城镇化进程中来，稳步提高家庭经营性收入、工资性收入以及财产性收入。

### 二 壮大农村集体经济

武陵山片区的筹资主体虽然体现了多元化原则，实质是"个人+政府"的二元主体模式，集体没有能力承担缴费补助。集体缴纳城乡居保费，在一定程度上能降低参保者的缴费负担，进而提高居民参保积极性。

有关学者对集体补助与居保参保积极性之间曾做过定量分析,结果显示[①]:一方面,保费收入与集体补助相关系数为0.995,个人缴费与集体补助相关系数为0.789,说明集体补助与参保率的正相关程度非常高。另一方面,参保率与集体补助比重相关系数为0.219,呈弱相关关系,说明只要集体参与补助,居民参保的积极性会提高。武陵山片区的集体补助责任缺失,一方面固然与集体经济发展落后有关。但也与现行的规定有关。《意见》的规定有很强的弹性,"有条件的村集体经济组织应当对参保人缴费给予补助"并不是一个强制性的规定,从而难以对集体补助形成硬性规定。集体补助资金来源于集体经济,具体地,主要从乡镇企业利润和集体积累中予以支付,通过出让集体土地控股分红、直接创办农村集体企业等方式,从而成为城乡居保制度的有力支撑。因此,国家应给予武陵山片区补贴参保居民的集体企业财税优惠,片区各县市以土地流转改革、乡村旅游等为契机,发展并壮大农村集体经济的实力,增加城乡居保制度的集体补助能力,为推动制度的平稳、协调、可持续发展贡献力量。

## 三 立足实情,选择部分积累制模式

第七章中的表7-5的测算值表明,在一般均衡模型下,六个经济变量在两种模式中的效用差别很大。部分积累制下劳动者的福利以及农村经济增长指标均优于现收现付制度,是最优的筹资模式选择。协方差分析模型两种筹资模式表明,部分积累制筹资模式对储蓄的正面影响更大。同时,严重的老龄化问题及巨额基金形成的基金保值增值之难,使得统账结合的部分积累制度成为城乡居民基本养老保险筹资模式的必然选择。在部分积累制下,个人账户属于完全积累,社会统筹属于现收现付制度。在这种模式下,城乡居民交纳的保险费用用于两部分,一部分是用于当期60岁以上老人的养老金,另一部分用于个人积累,用于城乡居民自己退休之后的养老金。年满60周岁符合条件的城乡老年居民,可以领取包括基础养老金和个人账户养老金的养老金。个人账户养老金采取完全积累制,多缴多得,长缴多得,实际所得按个人账户总额除以139。基础养老金采取政府补贴型的现收现付制,基础养老金现行标准为:中西部地区符合条件

---

① 杨燕绥、赵国平、韩军平:《建立农村养老保障的战略意义》,《战略与管理》2004年第2期。

的老年居民 70 元,东部地区为 35 元。武陵山片区 71 县处于中西部,参保居民在年满 60 周岁后可领取 70 元的基础养老金。

## 四 探索灵活多样的筹资方式

城乡居民基本养老保险制度可以采取缴费制和税收制。从发展趋势来看,税收制是社会养老保险筹资的最佳选择。但鉴于我国农民税收意识普遍不高,特别是经济社会发展处于后位的农村地区的农民,更是认为社会保障税和取得的农业税一样会加重个人的负担。根据课题组通过对武陵山片区的调研,"不能接受以税的方式征收保费"的比例达到了 80%,在不同年龄组中,40 岁以上农民不能接受征社会保障税的比例更大,20—36 岁的农民对征税筹集城乡居保资金不是很反感。特别要说明的是,为了防止农民误认为社会保障税是额外增加了负担,课题组在调研对象填写调查问卷之前,对社会保障税的性质、用途等进行了耐心的解释。也就是说,即使在了解到社会保障税不是额外增加的税收负担,与缴费取得的资金性质一样的情况下,反对以税收形式筹资的比例依然高达 80%。可见,在相当长的时间内,城乡居民基本养老保险制度的筹资方式采取缴费制为宜。

在新农保演化到城乡居保制度的 6 年时间里,广大城乡居民逐渐认识和接受了城乡居保制度的情况下,为降低筹资成本,保证基金安全,筹资方式应转变单一地靠村干部上门收缴的方式,本着便民利民的原则,探索适合本地实际、高效的资筹资方式,这些方式包括:委托银行代扣代缴;给参保居民发放社会保障卡,采取持卡缴费;利用信用社"E 讯通"业务,足不出村便可缴养老保险费;启用社保卡、保险存折、身份证号码"三通道"缴费方式,参保人持卡或身份证村到村级支付通代办点缴费;运用支付宝、微信扫一扫等付费方式。另外,由于武陵山片区不少乡镇农户居住分散,青壮年常年流动在外,可以将缴费时间分为正常缴费期和集中缴费期,正常缴费期为当年的 1—12 月,集中缴费时间为 1—6 月。对于当年已缴费而愿意参保更高档次的参保居民,允许年内申请二次缴费。

## 五 设计个人筹资激励机制

城乡居民基本养老保险制度个人账户养老金采取完全积累制模式。养老保险的权利和义务之间存在很强的关系,个人获得养老金待遇是以承担一定的缴费义务为前提的。个人缴费是个人账户最主要的来源,除此之外,还包括地方财政不低于30元的补贴部分,以及集体补助部分等。个人账户产权归参保人所有,参保人死亡,个人账户资金余额可以依法继承。由于产权明确,资金来源多渠道,调动了城乡居民的参保积极性。个人缴费标准目前设为每年100—2000元12个档次。这只是国家统一的规定,武陵山片区经济社会发展整体落后于发达地区,有部分县(市)人均财力和人均收入远远落后于全国水平。即使在武陵山片区四省内部,各县(市)发展也不平衡,城乡居民的收入差别很大。因此,武陵山片区的个人缴费标准应在国家规定的12档次的基础上,结合当地城乡居民收入增长等情况,精算出科学的个人筹资标准。设计个人筹资激励机制,尽可能使城乡居民参保长缴、多缴。设计青年农民积极参保的筹资机制,对于长缴多缴的参保居民可以增加基础养老金的金额,或是增加财政缴费补贴,或者同时增加基础养老金和财政缴费。

## 六 建立基础养老金正常调整机制

获得基本的生活保障是城乡居民愿意参保缴费的重要条件之一,而基础养老金正是老年参保居民晚年基本生活保障的稳定来源。新农保(2009年)和城居保(2011年)试点之前已满60周岁的农村居民和城镇居民,不需要交纳个人保费,可以直接领取规定标准的基础养老金。缴满规定年限的参保城镇居民,60周岁时,可以按月领取养老待遇。从2009年至今,中央财政支付城乡居民保险制度参保居民的基础养老金标准仅调整一次,由当初的55元上调到目前的70元。基于基础养老金的保障目标是保障最基本的生活需要,有必要将其与低保的保障水平进行比较。2015年,农村最低生活保障水平达到年均3178元,占当年全国农村人均纯收入11422元的27.8%,而城乡居保基础养老金为840元,占农村人均纯收入的7.35%。2015年,农村人均消费9223元,农村低保的保障水平为34.5%,基础养老金提供的保障水平9.1%。表13-1为2016年第二季度武陵山片区各县市农村低保发放标准,71县市的农村低保水平月均为136.7元,而同期武陵山片区基础养老金的月平均标准为78.75元,其中,湖南片区月为80元,湖北片区每月70元,贵州片区70元,重庆片区95元,武陵山片区基础养老金月平均标准低于农村低保标准近60元,前者为后者的57%左右。可见,从保障参保居民基本生活来看,应逐步提高基础养老金的待遇水平，建立基础养老金正常调整机制。有条件的地区，可以发挥根据实际情况增加地方性基础养老金。

表 14-2　　　　2016 年第二季度武陵山片区 71 县（市）
农村最低生活保障标准　　　　单位：元

| 地区 | 最低保障标准 | 地区 | 最低保障标准 | 地区 | 最低保障标准 |
| --- | --- | --- | --- | --- | --- |
| 吉首市 | 104.59 | 石门县 | 126 | 务川县 | 109.94 |
| 泸溪县 | 84.38 | 安化县 | 126.24 | 正安县 | 147.35 |
| 凤凰县 | 99.87 | 新化县 | 102.16 | 凤冈县 | 91.07 |
| 花垣县 | 101.12 | 冷水江市 | 163.07 | 湄潭县 | 194.66 |
| 保靖县 | 111.9 | 涟源市 | 118.87 | 余庆县 | 297.36 |
| 古丈县 | 105.54 | 新邵县 | 111.5 | 丰都县 | 161.12 |
| 永顺县 | 103.8 | 邵阳县 | 103.54 | 黔江区 | 179.69 |
| 龙山县 | 102.12 | 隆回县 | 127.6 | 武隆县 | 187.9 |
| 永定区 | 126.01 | 洞口县 | 109.62 | 石柱县 | 150.42 |
| 武陵源区 | 136.88 | 绥宁县 | 111.08 | 秀山县 | 183.81 |
| 慈利县 | 112.31 | 新宁县 | 117.87 | 酉阳县 | 175.48 |
| 桑植县 | 104.48 | 城步县 | 119.51 | 彭水县 | 164.58 |
| 鹤城区 | 109.17 | 武冈市 | 117.02 | 秭归县 | 153.22 |
| 中方县 | 108.83 | 沿河县 | 165.96 | 长阳县 | 130.63 |
| 沅陵县 | 110.15 | 德江县 | 186.66 | 五峰县 | 133.36 |
| 辰溪县 | 102.04 | 印江县 | 153.10 | 恩施市 | 116.91 |
| 溆浦县 | 108.26 | 松桃县 | 172.71 | 利川市 | 104.65 |
| 会同县 | 104.19 | 江口县 | 178.85 | 建始县 | 157.08 |
| 麻阳县 | 130.11 | 碧江区 | 212.9 | 巴东县 | 162.2 |
| 新晃县 | 108.76 | 万山区 | 196.96 | 宣恩县 | 130.26 |
| 芷江县 | 103.36 | 玉屏县 | 178.85 | 咸丰县 | 146.81 |
| 靖州县 | 108.9 | 思南县 | 174.2 | 来凤县 | 181.05 |
| 通道县 | 109.69 | 石阡县 | 173.75 | 鹤峰县 | 114.48 |
| 洪江市 | 114.15 | 道真县 | 172.9 | | |
| 平均 | | | 136.7 | | |

注：根据中华人民共和国民政部网站公布的数据整理：http：//www.mca.gov.cn/article/sj/tjjb/dbsj/201607/2016021120.html。

## 七　拓宽筹资渠道，增强资金的供给能力

多渠道筹集城乡居民基本养老保险资金，可以从以下几个方面来努力。第一，尽可能扩大城乡居民基本养老保险制度的覆盖面，做到应保尽保。同时，应加大城乡居保基本的征缴力度，保证农民缴费的连续性，减少中断缴纳参保费的现象。第二，通过划拨部分国有资产来充实城乡居保基金。我国长期重城市工业轻农村农业的发展模式，导致了农民长期以来收入低下，农民为国有资产的积累做出了很大的牺牲和贡献，通过变现部分国有资产和划拨国有股来充实城乡居保养老金，合情合理。第三，发行社会保障公债筹集城乡居保基金。将来资金的偿还以政府信用来保证，资金可以预先支付。通过发展经济增强实力，保证发债期间社保公债的偿还，还可以通过借新债偿还老债的方式，减轻当年偿债的压力。此外，还可以通过发行福利彩票、鼓励无偿捐赠等方式来筹集城乡居民基本养老保险资金。通过多元化筹集渠道，可以增加城乡居保基金的供给能力，从而减少财政直接支持城乡居民基本养老保险的风险。

## 八　合理划分各级财政的筹资责任

武陵山片区 71 县市整体上处于发展的后列，虽然财政收入增速快，但财政支出以更快的速度在增加，收支矛盾突出。以 2015 年湖南片区人均财政收支为例，当年湖南武陵山片区人均财政收入为 1129.14 元，人均财政支出为 6572.44 元，后者为前者的 5.8 倍。具体到片区内部各县，财政收支矛盾各异。其中，城步县（13.43）、绥宁县（13.05）、隆回县（11.89）、洞口县（11.6）以及新邵县（11.1）等 5 县人均财政支出与收入之比超过了 10 倍。① 巨额的财政赤字严重地制约了片区贫困县财政支出责任，特别是在经济增速放缓、土地财政吃紧的背景下，除了最大限度地承担基本支出外，其他额外的投入已无能为力。由于城乡居民基本养老保险制度的主要对象是农村居民，城镇居民的数量少到可以忽略不计。这就导致了农业大县的财政压力更大，而农业大县的财政收入远远低于非农业大县。除了吉首市（城镇化率 73.24%）、冷水江市（城镇化率 76.7%）等 2 县外，湖南武陵山片区 71 县无一例外是农业大县，农业人口超过

---

① 根据《湖南统计年鉴》（2016）公布的 37 县市的财政收支以及常住人口计算。

50%，工业产业薄弱。因此，对于城乡居保的财政筹资责任，由省财政完全负担或是由中央与省财政分担比较合理。省政府可以根据人均 GDP 和人均财政收入等指标确定筹资的责任。对于人均 GDP、人均财政收入等指标位于全省上等水平的县市，省财政可以不承担筹资责任。对于人均 GDP、人均财政收入等指标中等水平县市，省财政承担大部分出资责任。而对于那些远远低于全省人均 GDP 和人均财政收入的县，省财政承担完全的筹资责任。

## 九 探索基金保值增值的途径

打破仅仅存于银行或购买国债的局限性，包括武陵山片区城乡居民基本养老保险基金在内的基本养老保险基金投资范围应尽量拓展，投资领域可以包括：银行存款，中央银行票据，同业存单；国债，政策性、开发性银行债券，信用等级在投资级以上的金融债、企业债、地方政府债券、可转换债、短期融资券、中期票据、资产支持证券、债券回购；养老金产品，上市流通的证券投资基金，股票，股权，股指期货，国债期货。多元化投资渠道坚持四条原则：一是市场化的原则。充分地发挥市场机制的作用，由专业的投资机构按照市场规律进行投资运营，使基金能够得到支撑。二是多元化的投资方向。除了继续购买国债、存银行以外，选择一些效益比较好的、有升值前景的项目进行投资，特别是注意规避风险。多元化的投资组合能够避免鸡蛋"放在一个篮子里"，产生比较好的效应。三是相对集中的运营。中央制定大的规划、大的投资政策，适当地集中委托给专业的投资机构来进行投资运营，避免投资所造成的风险，而且也更有利于选择投资的项目。四是加强风险管理，提高投资回报率。建立健全基金投资运营监管、报告和信息披露制度，推进基金省级管理和投资运营。

## 十 建立风险准备金制度

现行公共财政对城乡居民养老的资金支持随意性大，精算性不强，基础养老金现收现付制存在着隐性支付压力。为了防止出现城乡居民养老保险基金缺口，各地应尽快建立风险准备金制度。城乡居民养老保险制度风险准备金可以来源于国有资产收益、国有土地有偿使用收入、集体土地转让收入的部分划转，也可以将社会上的慈善捐助部分划转为风险准备金。养老保险风险准备金应专账管理，进行合法投资运营，最大限度地实现准备金的保值增值。另外，城乡居民基本养老保险风险准备金只能用于社会保险支出，不得挪作他用。

## 十一　优化财政支出结构

在财政资金总量一定的情况下，优化财政支出结构可保证财政支出效率，实现资源的优化配置。湖南武陵山片区可以从三个方面优化财政支出结构：一是通过转变政府职能、机构改革，人员分流、提高办事效率等措施进一步压缩行政经费开支，降低其比例。二是将竞争性投资让位于市场，削减经济建设方面的支出。三是科学认定财政补贴的范围，严格补贴程序，减少补贴金额。将从优化财政支出结构挖掘的财源用于城乡居保制度，有利于保证地方财政筹资能力的可持续性。

## 十二　加强政策宣传，提高参保率

对城乡居民保险制度和政策的了解程度是影响居民参保的重要因素。课题组的调研发现，目前，武陵山片区的农民对制度和政策不太了解，相当多的居民仅仅知道个人缴费 100 元 60 岁时就可以领取养老金。其他的，诸如财政补贴的政策、养老金的组成、缴费的多档次金标准、多缴多得长缴多得等，居民特别是农民基本上不清楚。而这些问题的了解，对提高城乡居保制度参保率，对壮大城乡居保基金有基础性意义。因此，武陵山片区应多渠道多方式广泛宣传城乡居保制度的缴费档次、待遇水平、待遇计算及政府补助等问题，以提高农民对政策的了解度，使农民切切实实地感受到国家对自己养老问题的重视，做出参加城乡居保制度合算的判断，从而选择更为稳定的社会养老模式，以此推动片区城乡居民养老保险制度的发展。

## 十三　重视教育，增加居民的社会化养老意识

调研实证表明，居民的教育与参保意识正相关，居民文化程度越高，参保意识越强。同时，居民的文化程度越高，也越能接受社会化养老。短期看，教育对年龄大的居民参保与否的选择影响作用不大。但长期来看，教育可以从根本上解决社会化养老意识薄弱的问题。城乡居保制度是一项长期的制度，其参保主体是一代又一代的居民，而不仅仅是这一代群体。

接受过学校正规教育的居民，不仅能很好地理解城乡民保制度和政策，而且更容易认可社会化养老方式。今后，武陵山片区城乡居保制度无论是提高参保率，还是让选择更高的缴费档次，都离不开对教育的重视。具体来说，一是通过免除学费、现金转移、提供学校营养餐项目、加大卫生和基础设施等多种措施，提高义务教育巩固率和高中阶段的毛入学率。二是通过大学生助学贷款、奖学金制度等多种方式，保证家境贫困的大学生完成学业。三是通过学费减免政策、学生助学金政策、专项支持政策等，大力发展职业教育。

# 附录 1

# 城乡居民基本养老保险制度运行情况调查

1. 年龄：（　　）岁
   A. 16—44 岁　B. 45—55 岁　C. 55 岁以上
2. 性别：
   A. 男　B. 女
3. 居住地：（　　）
   A. 城市　B. 农村
4. 目前是否参加城乡居保：（　　）
   A. 是　B. 否
5. 如果没有参保，今后五年是否参保（　　）
   A. 是　B. 有可能　C. 不是
6. 家庭人均可支配收入（　　）元。
   A. 3000—5000 元　B. 5001—10000 元　C. 10001—19000 元　D. 20000 元以上
7. 家庭主要收入来源（　　）
   A. 务农收入　B. 打工　C. 工薪收入　D. 其他经营收入
8. 文化程度（　　）
   A. 小学　B. 初中　C. 高中　D. 大专以上
9. 你目前交的养老保险金额为（　　）元
   A. 100 元　B. 200 元　C. 300 元　D. 400 元　E. 500 元　F. 500 元以上
10. 你对自己上交的养老保险金放心吗？（　　）
    A. 放心　B. 不完全放心　C. 不放心
11. 你对城乡居民基本养老保险制度的政策了解吗？（　　）

A. 了解　B. 不太了解　C. 不了解

12. 你家的土地亩数（　　）

A. 1亩以下　B. 1—2亩　C. 2—3亩　D. 3亩以上

13. 目前，你领取的养老金每个月是（　　）

A. 55元　B. 55元以上

14. 你认为参加城乡居保最大的困难在于（　　）

A. 收入低　B. 待遇低　C. 对政府不信任　D. 已买其他保险

15. 你是怎样缴纳城乡居保费的（　　）

A. 自己到固定地点　B. 相关人员上门收取　C. 其他

16. 你主要通过何种渠道了解城乡居保的（　　）

A. 亲友　B. 电视网络　C. 报纸　D. 干部

17. 你是否参加城乡居保与"强制原则"或是否"自愿原则"有关吗？

A. 有　B. 无　C. 影响不大

18. 强制性筹资原则会引起你的反感吗？

A. 会　B. 不会　C. 无所谓

19. 你选择缴费档次与政府补贴有关吗？（　　）

A. 有　B. 没有

20. 你对目前的基础养老金满意吗？（　　）

A. 满意　B. 基本满意　C. 不满意

# 附录 2

# 农民参加城乡居民基本养老保险制度意愿调查

1. 你愿意参加城乡居民基本养老保险制度吗？（    ）
   A. 很不愿意   B. 不愿意   C. 一般   D. 比较愿意   E. 愿意
2. 你的性别是（    ）
   A. 男   B. 女
3. 你有多大了？（    ）
   A. 16—26 岁   B. 27—37 岁   C. 38—45 岁   D. 46—59 岁
4. 你的文化程度（    ）
   A. 小学以下   B. 小学   C. 初中   D. 高中   E. 大专以上
5. 你的健康状况是（    ）
   A. 较差   B. 一般   C. 较好   D. 良好
6. 你的婚姻状况如何？（    ）
   A. 已婚   B. 未婚   C. 丧偶
7. 你家的经济状况如何？（    ）
   A. 很富裕   B. 比较富裕   C. 一般   D. 比较差   E. 很差
8. 你家人均耕地面积是多少？（    ）
   A. 0.1 亩—0.5 亩   B. 0.6 亩—1   C. 1 亩以上
9. 你家庭的主要收入来源什么？（    ）
   A. 农业经营   B. 打工收入   C. 其他
10. 你家里有几个子女？（    ）
    A. 0 个   B. 1 个   C. 2 个   D. 3 个   E. 4 个以上
11. 你家里有几个老人？（    ）
    A. 0 个   B. 1 个   C. 2 个   D. 3 个以上

12. 你对财政补贴满意吗？（   ）

A. 很满意   B. 比较满意   C. 不太满意   D. 满意

13. 你对城乡居保制度了解吗？（   ）

A. 不了解   B. 比较了解   C. 了解

14. 你认为参加城乡居民基本养老保险制度合算吗？（   ）

A. 是   B. 不是

15. 你年交城乡居民基本养老保险费是多少？（   ）

A. 0元   B. 100元   C. 200元   D. 300元   E. 400元   F. 500元以上

# 附录3

# 城镇居民参加城乡居民基本养老保险意愿调查

1. 你愿意参加城乡居民基本养老保险制度吗？（　　）
A. 很不愿意　B. 不愿意　C. 一般　D. 比较愿意　E. 愿意
2. 你的性别是（　　）
A. 男　B. 女
3. 你有多大了？（　　）
A. 16—26 岁　B. 27—37 岁　C. 3＝38—45 岁　D. 46—59 岁
4. 你的文化程度（　　）
A. 小学以下　B. 小学　C. 初中　D. 高中　E. 大专以上
5. 你的健康状况是（　　）
A. 较差　B. 一般　C. 较好　D. 良好
6. 你的婚姻状况如何？（　　）
A. 已婚　B. 未婚　C. 丧偶
7. 你赞成"养儿防老"吗（　　）
A. 完全赞同　B. 比较赞同　C. 不太赞同　D. 完全不赞同
8. 你是否所以养老？（　　）
A. 是　B. 不是
9. 你家里有几个子女？（　　）
A. 0 个　B. 1 个　C. 2 个　D. 3 个　E. 4 个以上
10. 你家庭年均纯收入是多少？（　　）
A. 5000 元以下　B. 5000—10000 元　C. 1 万—5 万元
11. 你家里有几个人就业？（　　）
A. 0 个　B. 1 个　C. 2 个　D. 3 个　E. 4 个以上

12. 你家里有个儿子?(    )

A. 0个   B. 1个   C. 2个   D. 3个以上

13. 你与孩子们住在一起吗?(    )

A. 是   B. 不是

14. 你家里有几个老人?(    )

A. 0个   B. 1个   C. 2个   D. 3个以上

15. 你对财政补贴满意吗?(    )

A. 很满意   B. 比较满意   C. 不太满意   D. 满意

16. 你对城乡居保制度了解吗?(    )

A. 不了解   B. 比较了解   C. 了解

17. 你对政府监管养老金有信心吗?(    )

A. 很有信心   B. 比较有信心   C. 一般   D. 不太有信心   E. 没有信心

18. 你认为财政补贴对参保选择重要性?(    )

A. 很重要   B. 重要   C. 一般   D. 不重要

19. 你认为缴费档次设置合理吗?(    )

A. 完全不合理   B. 不太合理   C. 一般   D. 比较合理   E. 合理

20. 你对基础养老金怎么看?(    )

A. 很低   B. 比较低   C. 一般   D. 比较高   E. 很高

21. 你年交城乡居民基本养老保险费是多少?(    )

A. 0元   B. 100元   C. 200元   D. 300元   E. 400元   F. 500元以上

# 参考文献

安领娟：《城乡居民基本养老保险缴费激励机制及其实施效果研究——基于河北省两县的分析》，《科技视界》2014年第10期。

安领娟：《城乡居民基本养老保险缴费激励机制及其实施效果研究——基于河北省两县的分析》，《科技视界》2016年第20期。

常维全：《新型农村社会养老保险筹资机制实证研究——以山东省寿光市为例》，《社会保障研究》2011年第2期。

陈佳贵、王延中：《中国社会保障制度发展报告（2010）》，社会科学文献出版社2010年版。

陈谊娜：《老龄化背景下中国养老保险研究》，博士学位论文，天津大学，2012年。

成思危：《中国保障体系的改革与完善》，民主建设出版社2000年版。

储昭将：《再论我国基本养老保险筹资模式——基于人口年龄结构视角》，《金陵科技学院学报》（社会科学版）2012年第1期。

崔富春：《农村社会养老保险制度解析》，中国社会出版社2010年版。

崔强：《新型农村养老保险中财政支持状况及未来走势分析》，硕士学位论文，华中师范大学，2014年。

崔文娟：《影响失地农民基本养老保险筹资机制各要素的关系分析》，《吉林农业》2011年第12期。

邓大松、丁怡：《城乡养老保险一体化视域下的财政支出结构研究》，《理论与改革》2014年第5期。

邓大松、刘昌平：《新农村社会保障体系研究》，人民出版社2007

年版。

邓大松、仙蜜花：《新的城乡居民基本养老保险制度实施面临的问题及对策》，《经济纵横》2015年第2期。

丁建定：《西方现代社会保障制度发展的政治基础》，《新疆师范大学学报》（哲学社会科学版）2017年第1期。

房汉廷：《新型农村社会养老保险筹资主体行动的嵌入性分析》，《商业时代》2013年第3期。

封铁英、董璇：《以需求为导向的新型农村社会养老保险筹资规模测算——基于区域经济发展差异的筹资优化方案设计》，《中国软科学》2012年第1期。

谷彦芳：《社会保险筹资方式的影响因素及国际比较》，《特区经济》2011年第9期。

郭士征：《可持续发展养老保险制度的外部环境分析》，《上海财经大学学报》2006年第1期。

郭婷：《城乡居民基本养老保险中央财政补贴政策探讨——基于公平视角》，《财政监督》2016年第14期。

韩龙菲、葛开明：《基于收入分配理论的养老保险筹资问题的研究综述》，《劳动保障世界》（理论版）2010年第5期。

韩晓建：《新型农村社会养老保险资金筹集可持续性研究》，《河北师范大学学报》（哲学社会科学版）2010年第6期。

胡升辉：《新型农村养老保险筹资研究》，硕士学位论文，吉林财经大学，2010年。

黄晗：《新型农村社会养老保险筹资标准的测算与分析》，《江西财经大学学报》2011年第6期。

黄晗：《新型农村社会养老保险筹资标准的测算与分析》，《农业经济》2011年第9期。

建立新型农村社会保障制度研究课题组编：《建立新型农村社会保障制度研究》，安徽大学出版社2008年版。

柯华、柯元：《新型农村社会养老保险筹资主体相互关系及均衡机制探究——基于博弈论分析视角》，《江西财经大学学报》2014年第3期。

李海燕：《关于我国农村基本养老保险筹资问题的几点思考》，《市场周刊》（理论研究）2015年第1期。

李琼、李湘玲:《城乡居民基本养老保险筹资水平影响因素的实证分析》,《开发研究》2017年第3期。

李琼、李叶定:《武陵山片区城乡居民基本养老保险筹资机制研究》,《吉首大学学报》(社会科学版)2015年第6期。

李琼、汪慧:《统一的城乡居民基本养老保险筹资机制构建研究》,《甘肃社会科学》2015年第2期。

李琼、朱鹏:《经济欠发达地区城乡居民基本养老制度筹资主体负担能力分析——以湖南武陵山片区为例》,《吉首大学学报》(社会科学版)2017年第12期。

李绍光:《社会保障税与社会保障制度优化》,《税务研究》2004年第8期。

李升、薛兴利:《新型农村社会养老保险筹资主体利益均衡的博弈分析》,《生产力研究》2012年第1期。

李杨、浦千里:《评瑞典养老保险制度改革——兼论对中国的启示》,《西北人口》2007年第5期。

李颖华:《我国城乡居民社会养老保险制度公平性研究》,硕士学位论文,河南大学,2014年。

李玉英、朱璐华:《新型农村社会养老保险筹资中存在的问题及对策研究》,《统计与管理》2013年第3期。

李珍:《我国城镇养老保险制度挤进了居民消费吗?——基于城镇的时间序列和面板数据分析》,《公共管理学报》2014年第4期。

林义:《积极应对人口老龄化挑战的战略思维》,《西华师范大学学报》(哲学社会科学版)2015年第2期。

林毓铭:《体制改革:从养老保险省级统筹到基础养老金全国统筹》,《经济学家》2013年第12期。

刘昌平、孙静:《再分配效应、经济增长效应、风险性——现收现付制与基金制养老金制度的比较》,《财经理论与实践》2002年第23期。

刘畅:《社会保险缴费水平的效率研究——基于天津市的实证分析》,《江西财经大学学报》2007年第1期。

刘海英:《城乡居民基本养老保险的财政激励机制研究——基于效率与公平双重价值目标的考量》,《兰州学刊》2016年第2期。

刘林奇、杨新荣:《我国养老保险筹资模式对经济增长影响的实证分析》,《统计与决策》2012年第7期。

刘晓玲、屠堃泰:《城乡居民基本养老保险基金运行效率评价》,《统计与决策》2017年第12期。

刘鑫宏:《企业社会保险缴费水平的实证评估》,《江西财经大学学报》2009年第1期。

刘学侠:《建立全覆盖的新型农村社会养老保险制度》,《中共中央党校学报》2008年第2期。

龙玉其:《中国农村社会养老保险筹资问题研究——基于供求分析的模式选择与机制构建》,《农村金融研究》2010年第8期。

孟晓薇:《社会养老保险筹资模式研究》,《现代经济信息》2015年第3期。

聂华林、杨建国:《中国西部农村社会保障概论》,中国社会科学出版社2006年版。

彭高建:《中国养老保险责任问题责任研究》,北京大学出版社2005年版。

彭浩然、申曙光:《现收现付制养老保险与经济增长:理论模型与中国经验》,《中国世界经济》2007年第20期。

覃双凌:《广西政府购买城乡居民基本养老保险经办服务模式探析》,《广西社会科学》2016年第3期。

汪慧:《城乡居民基本养老保险筹资机制研究》,硕士学位论文,吉首大学,2016年。

王美桃:《我国城乡居民基本养老保险制度一体化问题探讨》,《中国财政》2014年第11期。

王相争:《城乡居民基本养老保险筹资主体中农民和地方政府筹资能力测算——以河南省为例》,《平顶山学院学报》2016年第2期。

王增文、邓大松:《"费改税"——软环境与硬制度下社会保障筹资模式研究》,《理论探讨》2012年第5期。

魏丽:《基于一般均衡模型对我国农村社会养老保险筹资模式的研究——以宁夏农村为例》,《湖南师范大学自然科学学报》2014年第3期。

魏南枝、何建宇:《制度碎片化与财政困境——法国养老保险制度改革及其对中国的启示》,《国家行政学院学报》2014年第2期。

项洁雯:《城乡居民基本养老保险制度缴费档次研究》,《中国人力资源社会保障》2016 年第 2 期。

肖娜：《论当前社会养老保险筹资问题与隐形债务化解》，《价格月刊》2009 年第 4 期。

谢沐阳：《城乡居民基本养老保险基金监管问题研究》，硕士学位论文，广西医科大学，2017 年。

薛宇峰、余斌：《基于马克思主义学说的中国社会养老保障筹资模式的探讨——兼论中国国有土地权益的归属》，《马克思主义研究》2010 年第 5 期。

杨斌、丁建定：《经济增长视角下城乡居民基本养老保险地方财政责任评估》，《江西财经大学学报》2016 年第 3 期。

杨复兴：《中国农村养老保障模式创新研究——基于制度文化的分析》，云南人民出版社 2006 年版。

杨新荣：《不同养老保险融资模式分析及其政策选择》，《求索》2013 年第 12 期。

杨燕绥：《弥补供给侧短板按照生命周期构建养老保险制度》，《中国人力资源社会保障》2017 年第 1 期。

张芳芳：《论我国新型农村养老保险的筹资结构》，《法制与社会》2013 年第 31 期。

张惠英：《长沙市新型农村社会养老保险筹资机制研究》，《农村经济与科技》2011 年第 9 期。

张铭：《建立和完善农村社会保障制度》，社会科学文献出版社 2006 年版。

张晓燕：《济南市城乡居民基本养老保险制度实施中的问题及对策研究——以济南市长清区为例》，《山东工会论坛》2016 年第 5 期。

张怡、薛惠元：《城乡居民基本养老保险缴费标准的优化——以武汉市为例》，《税务经济》2017 年第 2 期。

赵曼：《劳动力外流对农村家庭贫困的影响研究——基于湖北省四大片区的调查》，《中国人口科学》2016 年第 3 期。

郑秉文：《费改税不符合中国社会保障制度发展战略取向》，《中国人民大学学报》2010 年第 5 期。

郑秉文：《社会保险筹资方式的影响因素及国际比较》，《中国社会保障》2007 年第 2 期。

郑秉文：《社会保障制度改革攻坚》，中国水利出版社2004年版。

周莹：《中国农村养老保障制度的路径选择研究》，上海社会科学院出版社2009年版。

朱青：《社会保障制度改革完善与财政支出结构优化》，中国人民大学出版社2009年版。

朱顺贤：《论我国社会养老保险统账结合融资模式的改革与完善》，《甘肃社会科学》2009年第1期。

朱小娟、毛羽：《湖北新型农村社会养老保险筹资主体分析》，《当代经济》2012年第7期。

Allen Walker, Sharing Horgtrem Care Between the Family Perspective, Who Should Carefor the Elderly Singapore and the state—A European University Press, 2000.

Atkison, A. B., "Is the Welfare State Necessarily an Obstacle to Economic growth?" European Review, Vol. 39, 1995.

Hurd Michael D. Research on Elderly: Economic Status Retirement and Consumption and Saving [M]. Journal of Economic Literature, 1990 (06): 565-637.

Jhy - yuan Shieh, Jhy - hwa Chen, Ching - chong Lai. Government spending, capital accumulation and the optimal policy rule: The role of public service capital [J]. Economic Modelling. 2006, (6): 875-889.

Lassila J, Valkonen T. Population Ageing and Fiscal Sustainability of Finland: A Stochastic Analysis [R]. Bank of Finland Research Discussion Papers, 2008 (28).

Lei, G. Q. and Su, X. C. (2010) Analysis on the Change of Endowment Insurance System in China. Journal of Xiamen University (Philosophy and Social Sciences), No. 1, 55-61. 2013.

M Groneck, A golden rule of public finance or Growth and welfare. Economic Modelling. 2009, a fixed deficit regime (2): 523-534.

Manfred Koch, Christian Thimann. From Generosity to Sustainability: The Austrian Pension Systemand Options for its Reform [R]. Working paper of international monetary fund. 1997.

Sheng Cheng Hu. social Securitym, the supply of Labbor and Capital Accumulationg [J]. American Review, 1970 (3).

Su, X. C. and Yang, Z. Y. (2007) Economic Analysis on the Change of Endowment Insurance System in China. Journal of Financial Research, 33, 15-27. [Citation Time (s): 1].

Wilmore L, Universal Pensions for Developing Countries [J]. World Development, 2007 (1): 24-51.